내란의 밤, 시민의 기록

내란의 밤, 시민의 기록

강문민서 송소연 조용환 지음

진실의힘

일러두기

1. 한글 표기를 원칙으로 하되 필요한 경우 이해를 돕기 위해 원어를 함께 표기했다. 외래어는 국립국어원의 외래어표기법에 따라 표기했다.
2. 313명 시민의 이름은 실명을 원칙으로 했다. 다만 익명을 요청한 경우 성姓뒤에 '○○'으로 표기했다. 이름이 동일한 경우에는 직업으로 구분했다.
3. 시민들의 발언은 가능한 한 그대로 옮겼다. 가독성을 위해 의미를 해치지 않는 범위에서 최소한으로 윤문·정리했다. 또한 시민들의 발언 가운데 자신의 생각을 전하는 부분은 일반적인 부호 사용법에 준하지 않고 큰따옴표로 처리했다.
4. 내란세력, 정치인, 군인의 직책은 2024년 12월 3일 당시 기준으로 표기했다.
5. 3부에 서술한 내란세력의 계엄 계획 및 실행 내용은 서울중앙지검의 윤석열에 대한 공소장(2025형제5770, 2025. 1. 26)과 국방부검찰단 보통검찰부의 김현태 등 7인에 대한 공소장(2024년 형제169-5, 169-6, 2025년 형제9, 14-1, 14-2, 15-1, 24, 29호, 2025. 2. 28)에 기반했다. 이 두 사건 공소장은 내란 직후 아직 윤석열이 대통령 지위를 유지하고 내란세력이 여전히 정권을 장악하고 있는 상황에서 충분한 수사가 이루어지지 않은 채 만들어진 것으로 시간과 사실관계가 정확하지 않고 허술한 부분이 있다. 그 후 내란 특검이 임명되어 수사를 진행하고 있으나 아직 수사가 끝나지 않았고 전모도 발표되지 않았기 때문에 사실관계를 확인하는 데 한계가 있었다.

서문
내란의 밤, 시민들의 이야기

 이 책은 2024년 12월 3일 밤 시민의 눈으로 본 '그날의 기록'이다. 〈진실의 힘〉은 2025년 1월 국회의 탄핵소추 의결에도 여전히 윤석열이 대통령 자리에 있고, 내란세력이 정권을 장악한 가운데 정국의 혼란과 불안이 고조되던 상황에서 이 작업을 시작했다.
 이번 내란을 '한겨울 밤의 꿈' 수준의 활극으로 치부해서는 안 된다. 그들은 오랜 기간에 걸쳐 치밀하게 음모를 꾸몄고, 성공을 확신하고 결행했다. "하느님이 보우하사" 실낱 같은 행운과 시민의 저항 덕분에 가까스로 막아냈지만 온 나라가 벼랑 끝으로 내몰렸다. 전쟁에 휘말릴 수도 있었다. 그야말로 바늘 한끝 차이로 아슬아슬하게 피했다. '민주정치가 자리 잡은 선진국'을 한순간에 무너뜨릴 뻔했던 그 내란은 도대체 어디서 왔나? 우리 사회에 의미하는 바는 무엇인가? 그것을 이해하려면 그날 국회 앞에 나가 내란군과 맞섰던 시민들의 이야기를 듣는 데서 시작해야 한다고 생각했다.

　서둘러 〈진실의 힘 12·3 내란기록팀〉을 꾸리고 시민들을 찾았다. 처음에는 500명 이상을 면담하려고 했다. 그 정도면 '12·3시민'의 모습을 그려낼 수 있을 터였다. 예상보다 빨리 많은 분이 응답했다. 사실 시민들은 이미 그날 국회 앞에서부터 "민주시민의 힘은 잊지 않는 것"이라며 기록과 기억과 전승의 중요성을 강조했다.

　"왜 나가셨나요?" "무엇을 하셨나요?" "무엇이 당신을 나가게 했나요?" "우리 사회에 바라는 것은 무엇인가요?"

　질문은 단순했지만, 답은 넓고 깊었다. 죽음의 기운을 느끼면서도 결단하고 행동한 내공이 배어 있었다. 자신의 삶을 돌아보고, 우리 사회의 현실과 장래를 고민하고 염려하는 이야기가 펼쳐졌다. 다채로운 삶의 기록이자 놀라운 연대의 기록이었다. 보이지 않는 곳곳에서 묵묵히 우리 사회를 떠받치며 여기까지 이끌어온, 평범하면서도 비범한 시민의 실체를 확인하는 것 같았다.

　일의 진행은 더뎠다. 2월 초부터 면담을 이어갔지만 7월까지 313명에 그쳤다. 녹취록 작성에도 많은 시간과 노력이 들었다. 이야기를 정리해 우리 사회가 공유할 수 있는 기록을 만들겠다는 약속을 지키려면 더 이상 면담을 진행할 수 없었다. A4 용지 1만 장이 넘는 녹취록을 분석하고 정리하는 일은 더욱 난감했다. 도저히 버릴 수 없는 귀한 이야기들을 덜어내야 했다.

1부「결단의 순간」은 비상계엄으로 촉발된 충격과 공포가 결단으로 이어지고, 전국 각지에 동시다발적 공분公憤으로 확산되는 모습을 정리했다. 2부「국회로 가는 길」은 길 위에서 시민들 사이에 형성된 공감과 연대를 그렸다. 3부「내란을 막아내다」는 국회 앞과 국회의사당 안에서 내란군 및 경찰과 맨몸으로 맞선 시민들의 절박한 저항을 기록했다. 그들은 그렇게 '민주주의를 지키는 시민'으로 거듭났고, 우리는 그들에게 '12·3시민'이라는 이름을 붙인다. 4부「그들은 누구인가?」는 313명의 삶을 통해 12·3시민, 나아가 민주주의를 지향하는 전체 시민의 모습을 그렸다. 5부「12·3시민과 민주주의의 미래」는 그들이 본 내란의 원인과 우리 사회의 과제를 정리했다. 시민들이 지켜낸 국회와 다시 태어난 민주정부는 약속의 정치를 통해 새로운 '사회계약'을 만들고 갈라진 구성원들을 묶어내야 한다. 그것이 12·3시민의 희망이자 요구다.

　내란의 밤, 12·3시민은 '광주'의 정신을 승리와 회복의 서사로 계승했다. 그날 광주가 그들을 불러냈듯이 12·3시민의 이야기도 새로운 세대에 전승되며 민주주의를 쇄신하고 구원하는 규범이자 영감의 원천이 될 것이다.

　313명의 이야기를 한 권에 담기란 불가능하다. 이 책은 시작이다. 〈진실의 힘〉은 그들의 이야기를 우리 사회의 역사로 남길 수 있게 계속 모색할 것이다. 12·3시민에 대한 깊은 감사와 존경을 담아 이 책을 펴낸다. 이 책은 그들의 헌신에 대한 작은 헌사다.

차례

서문 내란의 밤, 시민들의 이야기　5

1부 결단의 순간
1장 고요한 밤 — 13
2장 깨어 있는 사람들 — 17
3장 정의로운 분노 — 23
4장 정당·노조·사회단체 그리고 책임자의 자리 — 56

2부 국회로 가는 길
1장 두려움 속에서 일어나다 — 71
2장 멀리서 온 사람들 — 83
3장 길 위의 만남, 연대의 예감 — 90
4장 국회 앞 만남과 연대 — 107
5장 그들을 움직인 것 — 114

3부 내란을 막아내다
1장 국회를 봉쇄한 경찰 — 133
2장 블랙호크와 계엄군 국회 침입 — 146
3장 맨몸 바리케이드 — 170

4장 대오를 갖춘 시민들 — 188
5장 최후의 저지선 로텐더홀 — 212
6장 계엄 해제 의결과 '2차 계엄' — 228
7장 잠들지 않은 새벽 — 253

4부 그들은 누구인가?

1장 '12·3시민'의 얼굴 — 281
2장 시민은 어떻게 탄생되는가? — 309
3장 다시 만날 세상 — 361

5부 12·3시민과 민주주의의 미래

1장 12월 3일과 '광주' — 397
2장 시민들이 본 한국 민주주의 — 404
3장 약속의 정치와 기억의 전승 — 413

12·3시민 313인이 전하는 한마디 419
참고자료 442
감사의 말 446

1부
결단의 순간

두렵지 않기 때문에 나서는 것이 아니다.
두렵지만, 나서야 하기 때문에 나서는 것이다.
그것이 참된 용기다.
그럴 때 우리는 약해도 강하다.
—김대중, 『다시, 새로운 시작을 위하여』

1장
고요한 밤

"저 씨발 새끼!"

어머니의 입에서 날카로운 쌍욕이 터져나왔다. 내성적인 성격에 항상 낮은 목소리로 말하는 어머니가 그런 소리를 낸 건 처음이었다. 옥채원은 잠이 확 달아났다. 그날 아침 해외여행에서 돌아온 터라 시차 때문에 종일 자다깨다를 반복하던 그는 벌떡 일어나 거실로 뛰어갔다. 어머니의 시선이 향한 TV 화면으로 고개를 돌린 순간, 그의 눈이 휘둥그레졌다.

"와, 미친놈이다!"

우민규는 두 돌이 지난 딸을 재우고 있었다. 휴대전화로 들려주는 자장가 소리에 딸은 도롱도롱 콧소리를 내며 잠들었다. 밤 10시 반, 딸의 얼굴을 바라보며 몸을 일으켰다. 고단했던 하루를 행복하게 마무리하는 마지막 일과였다. 34번째 생일이 1시간 반 후로 다가와 있었다. 딸의 방을 나서면서 휴대전화를 들여다보던 우민규가 걸음을 멈췄다. 거실로 가서 TV를 켠 그의 입에서 탄식이 흘러나왔다.

"아니, 이거 진짜 대단한 프로그램이네! 이런 세팅까지 한단 말이야?"

여성단체 활동가 송란희는 아버지 생신모임을 마치고 밤 10시쯤 집에 돌아왔다. 늘 야근에 시달리던 그는 오랜만에 집에서 TV를 볼 수 있어 즐거웠다. 채널A의 〈강철부대W〉. 국군 최정예부대의 여군 예비역들이 팀을 이뤄 겨루는 전투·전략 경연 프로그램이었다. 육군특수전사령부 제707특수임무단(707특임단) 예비역의 인터뷰 도중 TV 하단에 자막이 떴다. "윤 대통령 긴급 브리핑…… '헌정질서 위해 비상계엄 선포'."

그 시각 평화로운 일상을 마친 윤재은과 예정민도 〈강철부대W〉를 보고 있었다. "저는 707팀을 응원하고 있었거든요. 갑자기 비상계엄이라는 말이 뜨는 거예요. 처음에는 방송의 일부분인 줄 알았어요. 추가 미션인가?"(윤재은) 예정민 또한 "벙 쪄서 '헉' 해가지고 막 놀랐다".

"내가 알고 있는 계엄의 뜻이 다른가?"

유튜브로 뉴스를 보던 김혁중은 화면에 뜬 "비상계엄 선포" 자막을 보고 처음엔 방송사가 해킹을 당했다고 생각했다. 윤석열의 담화를 보면서도 "페이크"라고 생각했다. 너무 어이가 없어 자신이 알고 있는 계엄의 뜻이랑 다른가, 헷갈리기까지 했다. 검색을 해보고서야 "진짜 계엄"임을 확인했다.

"또 흔한 오보군."

유학에서 돌아온 지 얼마 안 된 전유섭은 양치를 하다 여자친구가 보낸 카톡을 보고 속보를 확인했다. "계엄?" 그는 "어디 다른 나라 이야기인가?" 했다. 그런데 대한민국 얘기였다. 이번에는 국제 뉴스에 들어가야 할 소식을 국내정치 뉴스로 잘못 처리한 오보라고 생각했다. 하지만 다시 확인해보니 진짜였다.

"말 같지도 않은 소리 좀 하지 말고 (회) 나왔으니 먹기나 해!"

이남표는 국회도서관에서 논문을 쓰다 친구들 저녁모임에 참석했다. 방어회를 한 점 막 집으려던 참이었다. "비상계엄이다!" 소리에 짜증이 났다. "무슨 소리야? 요즘 시대가 어느 땐데 비상계엄이야?" "셋이서 보기로 했는데 그때 한 친구가 좀 늦어서 둘이서 먹고 있었어요. 그래서 뭐 먹겠냐 해가지고 요즘에 방어가 제철인데 방어 한번 먹어야 되지 않냐? 대방어가 되게 비싼 거잖아요? 사실은 그 두툼하게 살도 빨가니까 먹음직스럽게 딱 나왔는데, 한 점을 먹으려는데 계엄이라고 해서 되게 짜증이 났던 것 같아요."

"MBC가 대단한 사고 쳤네!"

다큐멘터리 감독 복진오는 집에서 MBC〈PD수첩〉'349억 원 연구비와 교수님' 편을 보고 있었다. 실시간 자막으로 비상계엄 소식이 떴다. 가슴이 철렁했다. 더 볼 것 없는 대형 방송사고였다. "MBC가 자막 연습하다 사고로 CG를 눌렀구나. 잘나가다가는 정말 대단한 사고 쳤네. 저거 어떻게 하지? 저거 나중에 굉장히 공격을 받을 텐데……." 걱정하다가 혹시나 싶어서 채널을 돌렸더니 속보가 나오고 있었다.

12월 3일, 한동안 포근하던 날씨가 갑자기 차가워졌다. 북쪽에서 몰려온 찬 공기가 수은주를 7도나 끌어내렸다. 체감온도는 더 낮았다. "내가 구속되면 한 달 안에 정권이 무너진다"고 큰소리치던 정치브로커가 구속기소되면서 윤석열 부부의 비리 정보가 담겨 있다던 그의 휴대전화에 잠시 관심이 쏠렸다. 여야의 공방전에 정국이 더 어수선해지는 분위기였지만 항상 그래온 일이기도 해서 오히려 그게 정상처럼 보이기도 했다.

시민들에게는 여느 때와 다름없는 평범한 하루였다. 방송사들의 저녁 뉴스는 당분간 추위가 계속될 것이며 밤사이 서울과 경기, 충청 지역에 눈이 올 거라고 예보하면서 안전운전을 당부했다. 성탄절 분위기는 없었지만 연말을 앞둔 '고요한 밤'이었다.

2장
깨어 있는 사람들

"……비상계엄을 선포합니다."

밤 10시 27분, 실제인지 조작인지 가늠하기도 어려운 영상에서 그가 내뱉은 한마디가 순식간에 나라를 벼랑 끝으로 몰아붙이며 평온했던 시민의 일상을 여지없이 깨뜨렸다.

일상 속의 시민들

대부분의 시민은 깊은 밤 사전 예고 없이 이루어진 기습적 계엄 선포 소식을 제때 듣지 못했다. 설령 들었다 해도 고단한 하루 일과를 마친 터라 무방비 상태였다. 도시의 불빛도 하나둘 꺼져가고 있었다.

많은 이들이 집에 있었다. 〈진실의 힘〉이 면담한 313명의 시민 가운데 대략 60%가 집에 있었다고 답했다. 유현주는 퇴근 후 딸과

늦은 저녁식사를 마친 뒤 이야기를 나누고 있었고, 서범진은 아내와 야식으로 시킨 피자를 막 먹으려던 참이었다. 서명숙은 가벼운 운동으로 몸을 풀었다. 거실 소파에 편안히 기대거나 누워서 TV를 보거나, 휴대전화로 유튜브를 보거나, SNS 대화방에서 친구·동료·지인들과 대화를 나누기도 했다. 김석현, 김예은, 김정아, 류호성, 박찬희, 박태훈, 변지선, 신지영, 오종길, 유예빈, 정가은, 채윤은 게임을 하다가 계엄 소식을 들었고, 김서정은 온라인으로 영어 공부를, 김다인은 프랑스어 공부를 하고 있었다. 그냥 쉬거나 잠자리에 들어 하루를 마감하려는 이들도 있었다. 김진용과 황인선은 잠이 들었다가 전화와 문자 메시지 소리에 깼다.

　야근을 한 김성민은 회사 대표가 수고했다며 사준 치킨을 여자친구와 나눠 먹었다. 그는 이틀 전 사서 읽고 있던 책을 꺼내들었다. 김재규에 관한 책이었다. 마침 비상계엄의 불법성에 관한 부분을 읽다 여자친구에게 물었다. "비상계엄이 뭔지 알아?" "몰라, 그게 뭔데?" 막상 설명하려니까 잘되지 않아서 좀 더 알아보려고 컴퓨터를 켜자 비상계엄 소식으로 도배가 돼 있었다.

　퇴근 후 '짝꿍'과 늦은 저녁을 먹은 고선도는 평소처럼 집 근처에서 산책을 하고 있었다. 휴대전화가 울려 열어보니 회사 단톡방에 사장이 보낸 메시지가 있었다. "계엄? 이게 무슨 말이지?" 평소 잘만 오던 재난문자 하나 없이 날아든 소식에 갈피를 잡을 수 없었다. "지금 옆에 있는 식당에서 회식을 하고 있는 이 사람들은 이제 어떻게 되는 건지, 나 지금 산책을 해도 되는 건지, 집으로 들어가야 되는 건지……." 최근에 읽은 『소년이 온다』에 그려진 계엄 장면이 떠오른 데다 아버지에게 전화했다가 집에 있으라는 말까지 들으니 무섭고 큰일 났다는 생각이 들었다. "이게 진짜 계엄이고, 지금 진짜 큰일이 난 상황이구나." 서둘러 집에 들어와 그동안 SNS에 올린 글들을 지우기 시작했다.

일터에서 소식을 들은 이들도 상당수였다. 엠네스티 활동가 김한민영은 12월 5일 예정인 이스라엘의 팔레스타인 집단학살 보고서 (「인간 이하가 된 느낌: 가자지구의 팔레스타인인들에 대한 이스라엘의 집단학살」) 발간을 준비하느라 저녁도 못 먹고 야근을 하고 있었다. 밤 10시가 넘자 밥 먹을 데가 없어 근처 이자카야에서 동료와 오뎅을 먹다가 소식을 들었다. 홍준모는 행당동에 있는 악기공방에서, 황준성은 자신이 경영하는 맥주집에서 알았다. 정우진은 서초동 사무실에서 야근하다 아내의 전화를 받고 "헛소리"를 하는 줄 알았다.

겨울방학을 앞둔 학생들은 집이나 도서관에서 공부하다가 보도를 보기도 했다. 대학원생 노경배는 학교 연구실에서 소식을 들었다. 대학생 임유현과 최시원도 기말시험 공부 중이었다. 채윤도 기말 과제를 하다가 잠깐 쉬는 동안 휴대전화를 켰다가 "카톡 알림창이 터질 정도로" 많은 소식이 들어와 있는 것을 보고 깜짝 놀랐다.

은평구 구의원 신현일은 지역주민 간담회 참석 후 동료 구의원들과 맥주집에서 뒤풀이를 하다가 TV 화면에 뜬 빨간색 배경의 자막을 봤다. 일행은 서로 떠드느라 정신이 없었다. "저게 뭘까? 저게 진짜일까?" 잠깐 생각하다가 입을 열었다. "야, 야, 저거 봐봐!"

고경현은 퇴근 후 배드민턴 동호회에 가서 운동을 한 뒤 회원들과 밥을 먹고 있었다. 대학생 이찬용은 학교 동아리에서 마지막 세미나를 마치고 친구들과 뒤풀이를 하다가 계엄 소식을 접했다. 모두들 놀라고 황당해했다. 최보근도 성공회대 앞 호프집에서 친구들과 술을 마시다가 뉴스 알람을 봤다. 여인서는 노래방에서 노래를 부르다가 어머니의 전화를 받았다.

어떤 이들은 귀가하는 길에서 내란의 밤을 맞았다.

박수현은 집에 가는 버스에서 유튜브로 〈사장 남천동(〈남천동〉)〉을 보다가 계엄 사실을 알았다. 도저히 믿기지 않아 포털사이트에 들어가 검색해보니 사실이었다. 그런데도 "뭔가 외계인을 마주치는 느낌처럼, 그때 되면 처음엔 아무것도 못하게 되는 것처럼" 멍했다. 공유된 담화문을 읽자 섬뜩했다. "현대사 책에서 예전 포고령들을 봤었는데, 그게 지금도 이렇게 나온다? 그걸 보면서 진짜 옛날 쌍팔년도로 회귀하는 듯한 기분이 들고. 그래, 이건 아니다 싶더라고요." 국제민주연대 활동가 나현필은 국회 앞에서 '세계 장애인의 날'을 기념한 전국장애인차별철폐연대(전장연) 집회에 참석한 뒤 지하철로 귀가하던 중이었다. 단톡방에 계엄 소식이 올라오는 걸 보고 뉴스를 확인했지만 너무 어이가 없고 황당했다. 천호역에서 내려 집으로 가는데 거리가 비정상적으로 조용하고 한산해 공포가 밀려왔다. 일부러 큰 소리로 윤석열을 욕했다.

홍대 부근에서 카페를 경영하는 임동균은 영업 중이었다. 영업시간은 12시까지였다. 밤 10시 15분에 유튜브 〈남천동〉을 틀었다가 방송이 끝나고 손님들이 다 가면 문을 닫았다. 그날은 손님 3팀이 있었다. 어느 순간 〈남천동〉 분위기가 무거워지면서 계엄 얘기가 나왔다. 처음엔 덤덤했다. "계엄? 왜? 갑자기? 뭐, 해제되겠지. 민주당에서 다 연락했겠지." 남은 일을 처리하고 채널을 바꾸자 〈이재명 TV〉 생방송(《이재명 라이브》)가 나왔다. "국민 여러분, 지금 국회로 와주십시오." 정신이 번쩍 들었다. "계엄은 안 돼, 말도 안 돼! 국회로 와달라고? 아, 가긴 가야 되는구나!" 그는 "국회의원이 만약에 못 들어가 이렇게 막고 있으면 내가 대신 몸빵을 해서 시간을 좀 벌어야지!"라고 생각했다. 남아 있던 손님들에게 "급한 일이 있어서 지금 가게문을 닫아야 될 것 같다"고 양해를 구한 뒤 돈도 받지 않고 내보냈다. 그리고 가게문을 닫았다.

시민들이 계엄 소식을 접한 통로는 다양했다. 313명 가운데 경위를 분명하게 밝힌 228명을 분석한 결과, 100명(43.9%)이 카카오톡(카톡)과 텔레그램 단체대화방, 트위터/X, 인스타그램 등 SNS를 통해 소식을 알았다. 다음으로 60명(26.3%)이 가족, 친구, 동료로부터 직접 또는 전화로 소식을 전달받았다. SNS 역시 많은 경우 가족, 친구, 동료로부터 온 것이므로 결국 대부분의 시민은 가장 가까운 이들로부터 직접 또는 간접으로 소식을 들었고, 그 수단으로 가장 많이 이용한 것이 SNS라고 할 수 있다. 인터넷 포털이나 언론사의 뉴스 속보 등을 통해 소식을 들은 시민은 27명(11.8%), TV 뉴스나 속보로 처음 소식을 접한 시민은 20명(8.8%)에 지나지 않았다. 유튜브를 보다가 소식을 들은 시민은 17명(7.5%), 라디오나 거리에서 다른 사람의 말을 듣고 안 경우는 4명(1.8%)이었다.

이는 갑작스러운 위기가 닥쳤을 때 시민들이 정보를 확인하고 소통하는 창구가 전통적인 공식 언론매체에서 사적 연결망과 SNS로 이동했음을 의미한다. 혼란 속에서 개인이 정보를 검증하고 행동을 결정하는 데 '사회적 검증', 즉 가깝고 믿을 수 있는 이들과 직접 소통하면서 안전을 확인하고 대처방안을 논의하는 수단으로 SNS를 제일 많이 사용한다는 것을 알 수 있다. 공식적인 언론매체가 소식을 전파하더라도 시민들은 SNS와 지인 사이의 연락망을 통해 가장 빠르고 광범위하게 정보를 소통하고 확산시켰으며, 이것이 겨울날 밤늦은 시간임에도 많은 시민이 빠르게 결심하고 국회 앞으로 나갈 수 있었던 원동력이다.

3장
정의로운 분노

충격

소식을 듣고 곧바로 믿은 사람은 별로 없었다. 비상계엄 소식이 불러일으킨 첫 감정은 충격과 당황, 혼란이었다. 절반 이상의 시민이 계엄 소식을 접하고도 믿지 않았다고 대답했다. 그렇지 않은 이들도 대부분 현실의 일로 받아들이는 데 어려움을 겪었다. '가짜뉴스'라고 생각한 사람이 다수였고, 비상계엄을 선포하는 윤석열의 영상조차 날조된 조작영상('딥페이크')이거나 방송사고라고 생각한 이들이 적지 않았다. 소식을 전해준 이에게 "헛소리하지 말고 잠이나 자라"고 타박하기도 했다. 너무나 황당했고, '2024년의 대한민국'에서 도무지 말이 되지 않는 일이었기 때문이다.

정선영은 윤석열의 계엄 선포문을 다 듣고도 현실감이 들지 않아 손바닥으로 자신의 뺨을 때렸다. 달라지는 게 없자 이번엔 휴대전화 화면을 '새로고침'했다. 그러고도 헷갈렸다. "이게 뭐지? 이게 뭐지?" 하면서 "지금 계엄을 선포하는 것도 사실은 술 깨고 일어나면 '아니, 사실은 없었던 일입니다' 하는 거 아닐까?" 생각하기도 했다. "윤석열이라는 그 존재가 하도 허무맹랑하게" 온갖 일을 벌이는 걸 봐오다보니 비상계엄이라는 엄청난 소식까지도 가짜뉴스로 착각한 것이다.

팟캐스트 진행자 금OO은 그날 친구와 2박 3일의 광주여행을 마치고 돌아왔다. 광주에서 이것저것 보고 들었다. 친구가 어릴 적부터 보고 들어온 5·18에 대한 기억도 듣고, 금남로 전일빌딩에서 학살 상황을 생생하게 재현한 전시도 봤다. 집에 도착해 쉬고 있는데 바로 그 친구에게서 전화가 왔다. "야, 지금 윤석열이 계엄을 선포했대!" "이게, 지금 내가 뭘 들은 거야?" 뉴스를 봤다. 그 시각 룸메이트 우지안도 트위터를 보다가 소식을 확인했다. 둘이 "이거 어떡하냐, 어떡하냐" 하던 중 우지안이 국회로 가자고 했다. "근데 나가야 될 것 같다. 이거는 나가냐 마냐가 아니라 몇 시에 나가냐의 문제인 것 같다." 금OO도 동의해서 함께 갔다.

그날 시민들이 느낀 충격과 혼란과 불안은 서울시 '120다산콜센터' 상담 전화에서도 드러난다. '전쟁이 난 것인지', '대통령이 계엄을 선포해도 되는지', '이게 합법적인 상황인지' 등 근본적인 질문부터 '집 밖에 나가도 되는지', '내일 학교는 갈 수 있는지', '전기가 차단되는 것은 아닌지', '국민들이 할 수 있는 일은 무엇이고, 없는 일은 무엇인지' 등 일상에 관한 것까지 문의가 쏟아졌다. 서울시의 입장 표명 부재를 질책하는 항의도 많았다.

올 것이 왔다

비상계엄 소식을 듣고 비교적 빨리 기정사실로 받아들인 이들도 꽤 있었다. 2024년 가을 무렵 더불어민주당(민주당)이 비상계엄 준비 의혹을 제기했다가 언론과 여론의 비판을 받았지만 그 가능성을 진지하게 받아들이고 경계한 이들이었다. 이성태는 사람들이 "괴담"이라고 했지만 "어느 정도 믿었기 때문에" 소식을 듣는 순간 "올 것이 왔다"는 느낌이 들었다. 최진영도 계엄 경고가 "자동 입력돼 있던 상태"라 전화로 언니의 말을 듣는 순간 "뉴스를 검색할 필요도 없이 바로 환기"가 됐다. 하지만 이들에게 '올 것이 왔다'는 느낌은 비상계엄을 운명처럼 받아들이고 포기하는 감정과는 거리가 멀었다. 그 반대였다. 그들은 민주주의를 내면화하고 그것을 위해 비싼 대가를 치를 의사가 있는 사람들이었다.

혜화동에서 친구와 뮤지컬을 보고 나오다가 사람들이 웅성거리는 걸 보고 소식을 확인한 장예지는 "예전에 계엄한다 안 한다 그랬던 게 진짜였구나" 깨달으면서 "독재정치를 위해서일 거"라고 확신했다. 국회가 계엄을 해제해야 하는데 "여태까지 당연히 그래 왔듯이" 국회의원부터 잡아갈 테니 계엄군도 국회로 올 것 같았다. "계엄군이 모이기 전에 먼저 가서 물리적으로 막는 수밖에 없겠다"는 생각이 들어 친구를 보내고 국회로 가는 지하철에 몸을 실었다.

박보정은 2주쯤 전에 논쟁을 했다. "아무리 그래도 계엄이 말이

나 되냐?"는 친구에게 "지금 윤석열한테 남은 수단이 현실적으로 뭐가 있냐? 1년에서 2년 정도 그냥 끝나고 내려가면 지금까지 막아 놨던 거 다 터질 텐데, 걔가 내려온 다음에 막을 수 있는 수단이 없으면 현실적으로 계엄 말고 수단이 있냐?"고 반박했다. 바로 그 친구가 단톡방에 "아씨, 보정이한테 계엄 절대 안 한다고 그랬는데, 내가 졌네"라고 쓴 글을 보고 곧바로 부모님을 깨웠다. 김경신은 국회에 나와 계엄 의혹을 반박한 국방부장관 김용현이 "진짜로 거만한 태도로 그렇게 하는 장면들, 너무나 뻔뻔하게 국회를 무시"하는 태도를 보면서 "저 사람들은 내려올 생각이 없는 거 아닐까" 싶었다. 계엄 소식을 듣고는 "이제 끝나는 건가, 그런 생각"이 들면서 "'이걸 어떻게 하면 좋아?' 하며 아주 암흑 같은 느낌에 발을 동동 굴렀다".

외국계 기업의 한국지사에서 일하는 김진용은 계엄 가능성을 누구보다 진지하게 받아들이고 할 일을 구체적으로 대비했다. 윤석열이 대통령으로서 하는 행동이 정상적이지 않았기 때문이다. "진짜 거리낌이 없는 사람이기 때문에, 그야말로 법이건 헌법이건 지킬 생각 자체가 없었던 거잖아요? 그렇다면 대비책이 있을 거고, 결국 계엄밖에 없지 않겠나? 게다가 9월, 10월 이때부터 오물풍선 나오고 드론 날리고, 어떻게 보면 전쟁을 도발하려는 그런 느낌들 진짜 많이 받았거든요." 그는 10월 무렵 계엄을 하리라고 예상했다. 그리고 계엄을 하면 국회로 가야 한다고 생각하고, "이미 장갑차랑 군인들이 와 있을 거" 같아서 "꽤나 비장하게 가방 하나에 다

준비"해두었다. 시간이 지나 "이제는 없겠구나" 했는데 일이 터진 것이다. 준비해놓은 가방은 "가을용이라" 물품을 보충했다. "핫팩 챙기고, 물도 더 챙기고", "유혈사태가 일어나면 그들을 보호하는 방법은 내가 찾아야 되지 않겠냐" 싶어서 구급세트와 삼단봉, 등산 스틱까지 넣었다.

아, 이게 리얼이구나!

대부분의 사람들에게 비상계엄은 '아닌 밤중에 홍두깨'처럼 뜬금없고 느닷없는 일이었다. 평소 기이하고 폭력적인 언행을 일삼는 윤석열의 행태를 보면서 '무슨 짓이든지 할 사람'이라고 불신하고 경계해온 이들은 물론 '계엄 의혹'에 적극 공감하고 가능성을 염려했던 이들조차도 놀라고 당황했다. "쟤 진짜 그러는 거 아니야?" 하고 우려했지만 "정말 그럴 줄은 몰랐다".(홍은기, 이성태) 서범진도 윤석열이 "뭔가 심각한 똥볼을 찰 거라는 생각"을 항상 했기 때문에 계엄 소식에 "올 게 왔다"는 생각도 했지만 "이런 타이밍에 이런 사이즈로 이런 일을 한다는 게 너무 놀라웠다". 윤석열의 입장에서 생각하더라도 터무니없었기 때문이다.

민주당의 의혹 제기와 경고로 계엄 가능성이 줄거나 사라졌다고 생각한 이들도 있었다. 윤석열을 비판하며 탄핵을 요구해온 비상시국회의 활동가 최덕희는 "권력 핵심부 내에서 비상계엄을 해서 정국을 강압적으로 돌파하자는 제안이 있다 하더라도 …… 내부 논의 과정에서 아마 추진 동력을 얻기 어려울 거"라고 판단했다. 민주당 소속 국회 국방위 수석보좌관으로 민주당의 계엄 의혹 제기에 관여한 이규정도 "가짜뉴스, 딥페이크"로 여겼다.

김민석 의원님 등, 저희 의원님 포함해서 비상계엄을 준비하고 있다는 의혹 제기를 많이 했거든요. 그런 효과 때문에 하기 어려워졌겠다고 약간은 안심했던 것 같아요. 이걸 진짜 해버리다니, 그러면 우리가 예상했던 게 다 맞았던 거야, 그 제보받았던 게 맞았던 거야…….

도저히 이해할 수 없다보니 오히려 "정말 뭐가 있기는 있는 건가" 헷갈린 이들도 있었다. "북한이 쳐들어왔는지, 군사적 충돌이 있었는지"(정우진), "국지전을 도발했나"(오종길) 걱정하기도 했다. "소규모 간첩단 같은 것들을 잡아놓고 침소봉대하는 건가"(이찬민) 의심하기도 했다. 임OO은 "북한이 쳐들어온 줄" 알고 "내 세대에서 결국 3차 세계대전이 터지는구나" 생각했다. 하지만 인터넷을 아무리 뒤져봐도 아무것도 없었다.

이제 인정하지 않을 도리가 없었다. 윤석열이 쏟아낸, 적대와 증오에 가득 차서 국회와 야당을 반국가세력으로 규정하는 폭력적 언사에 "이게 뭔 개소리야?"(이해승), "역겹다, 너무너무 역겹다"(박서영)는 부정적 감정이 올라왔지만 현실을 깨닫기 시작했다. "아, 이게 리얼이구나!"(이해승) 이찬민은 윤석열이 "국가를 처음부터 뭔가 다시 만들어가고 싶어하는, 지금까지의 모든 것을 다 부정하고 처음부터 자기가 박정희처럼 그렇게 싹 청소하고 싶어한다는 그런 인상"을 받았다.

경찰 병력이 국회를 봉쇄하고, 계엄군이 국회에 난입하는 영상이 쏟아지고, 민주당 대표 이재명이 국회로 와달라고 호소하는 영상이 나돌고, 야당 국회의원들이 국회로 집결한다는 소식이 전해졌다. 계엄사령관 박안수는 한술 더 떴다. 국회의 정치활동을 금지하겠다고 포고령으로 협박한 것은 그 자체로 내란이었다. 언론출판을 검열하고, 의사를 처단하겠다고도 했다. "진짜 이거 장난이 아니다."(최재직) "진짜 심각하게 좀 잘못 돌아가겠다."(우민규) "중요한 인물들은 이미 다 잡아서 어디 비밀 대공분실같이 주변에 알려지지 않은 그런 데 데려다놓고, 국회의원 같은 사람들은 집에 가둬놓은" 것 아닌지 불길한 예감도 들었다.(권용석)

조국혁신당 당직자 김진현은 지하철을 타고 국회로 가면서 가깝게 지내던 국민의힘 당직자와 통화한 이야기를 전했다. "위수령이 없으니까 참 천만다행"이라고 했다는 것이다. 위수령衛戍令은 1950년 이승만 정부가 법적 근거 없이 공포한 법령으로, 육군참모총장이 위수구역을 정하고 위수사령관을 임명해 육군을 주둔시킨 다음 치안유지와 시설보호, 재해 또는 비상사태를 명분 삼아 병력을 출동시키고 병기를 사용할 수 있게 했다. '축소판 계엄령'이라고 할 수 있는 위수령은 사전이든 사후든 국회가 통제할 수 있는 방법과 절차가 전혀 없다는 점에서 헌법과 계엄법에 어긋나는 것이었다. 하지만 박정희는 이 위수령을 정치적 목적에 악용했다. 1965년 8월

한일협정 반대 시위와 1971년 대학생들의 교련 반대 시위, 1979년 10월 마산의 반정부 시위 때 위수령을 발동해 군대의 힘으로 시위를 진압한 것이다. 2016년 박근혜 정권에서도 위수령 발동 음모가 있었는데, 2018년 9월 문재인 정부가 폐지했다. 김진현과 통화했다는 국민의힘 당직자의 말은, 위수령이 존속했다면 윤석열이 계엄령 대신 위수령을 발동해 국회의 통제를 받지 않은 가운데 군부 통치를 기도했을 가능성이 있음을 보여준다.

지가 지 무덤 파는구나!

계엄 소식을 확인한 후 혼란스러운 와중에도 윤 정권이 끝날 수도 있다고 느낀 이들이 있었다. 권민성, 김경신, 민성기, 복진오, 서도원 등이 표현한 것처럼 "지 무덤을 지가 팠구나!" 하는 예감이었다. 김혜정과 이원영은 "자살골", 홍준모와 허우진은 "똥볼"이라고 표현했다.

계엄 소식을 전해주는 아들에게 "무슨 말이야? 어디서 잘못 보고, 뭐 하는 거야?" 하고 핀잔을 줬던 유현주는 뉴스를 확인하자 "어, 너는 자승자박이야. 니 발로 니가 한 거야. 너는 끝났어!"라고 생각했다. 이찬민은 계엄 선포문을 "아무리 들어도 계엄을 할 만한 명분이 될 만한 어떤 사건 같은 것"이 없어 "이제 대통령 그만하고 싶으신가보다" 하는 생각이 들었다. 그 생각은 "이제 역풍이 불고 내려오지 않을까, 어차피 국회에서 계엄이 해제되면 금방 끝나지 않을까?" 하는 생각으로 이어졌다. 김장성은 정보유통 방식이 완전히 달라진 상황에서 터무니없는 계엄이 성공할 수 없다고 생각했다. "자기 무덤을 파는구나"에 이어 "너 잘 걸렸다, 안 그래도 끌어내리고 싶은데 잘 걸렸다" 하는 생각까지 들었다. 김진현은 윤석열이 "더 이상 정권을 유지할 수 없을 거"라고 확신했고, 서도원도 "아, 이거 너무 웃기다"고 생각하면서 "그렇게 오래가지 않을 거"라고 직감했다.

신재형은 평소 윤석열을 탄핵해야 한다는 주장에 공감하지 않았다. 옳고 그름을 떠나 대통령으로서 죄를 짓지 않으면 탄핵할 수 없다고 생각했다. 그런데 계엄 선포를 확인하는 순간 "지가 지 무덤 파는구나!" 하는 생각과 함께 내란죄를 저질렀으니 "이제 탄핵당하는 거"라고 판단했다. 한해나 역시 윤석열을 탄핵할 만한 결정적인 사정이 없다고 생각해왔지만 계엄은 "100% 탄핵" 사유였다. 그래서 국회 앞으로 나가면서도 그다지 무섭다는 생각은 들지 않았다. 장주성도 계엄군이 국회에 난입했다는 말을 듣는 순간 "윤석열은 끝났다"고 생각했다. "그건 내란죄"이기 때문에 "빼박"이었다. 김혜정 역시 "빼박 탄핵"이라고 생각했다.

이들과는 결이 조금 다르게 '끝'을 예감한 경우도 있었다. 국문학을 공부한 김현지(회사원)는 "그냥 내가 죽든, 쟤가 어떻게 되든, 그 시절은 끝나겠구나!" 하고 느꼈다. "그렇게 스트레스받던 시절은 내가 죽어서 끝나든, 쟤가 지금 자폭해서 끝나든 끝나겠구나. 진짜 그냥, 그래 갈 데까지 가보자, 약간 그런 느낌……."

이거는 가야겠다!

계엄 선포 소식을 듣자마자 또는 국회로 와달라는 이재명 대표와 시민들의 요청에 특별한 감정이나 다른 고려 없이 곧바로 국회로 출발한 이들도 있었다. 상황을 지켜보다가 계엄군이 국회에 난입하는 장면을 보고 일어난 이들도 있었다.

언론사의 국회 출입기자 김준은 술자리에서 소식을 듣자 회사에 보고하고 국회로 갔다. 하지만 취재가 주목적은 아니었다.

사실 저는 취재하러 간 게 아니었어요. 취재하러 간 게 아니고, 상황을 전하고 '이 상황을 막아야 된다'는 생각에 마음이 너무 급해가지고 취재 쪽은 별로 생각을 못했던 것 같아요. …… 취재를 넘어서, 그러니까 '가서 내가 몸으로 막아야 된다'는 생각이 강했던 것 같아요. 그러니까 제 눈으로 보고, 무슨 상황인지 보고, 그게 상식적이지 않으면 '행동을 해야 된다'는 생각이었던 것 같아요.

황인선은 휴대전화 문자 소리에 잠을 깼다. "니네 나라에서 마샬로martial law를 했는데 너 괜찮냐?"고 묻는 싱가폴 거래선의 문자였다. 뉴스를 확인한 다음 "뭐 생각할 겨를도 없이" 일어났다. "노티스notice 고맙다"고 답장을 보낸 뒤 "그냥 옷 갈아입고 …… 내복도 못 입고, 그냥 잠바하고 핸드폰 들고 …… 지갑에서 돈 한 10만 원 정도" 꺼내가지고 집을 나섰다.

컴퓨터 프로그래머 이병준은 퇴근길에 트위터에서 소식을 확인했다. "너무 상상할 수 없는 글자다보니까" 처음에는 "이게 뭐지?" 하면서 "한 1분 정도 가만히 있다가" 국회로 가야겠다고 마음먹었다. 집에 가서 "난방만 끄고 보조배터리 챙기고" 바로 나왔다. 국회로 가서 뭘 할 수 있다고도 생각하지 않았다. 그는 국회로 가야 한다고 생각한 이유에 대해 "사실 그거는 잘 모르겠어요. 그냥 아무 생각 없이 '이거는 가야겠다'는 생각이 무조건 들었어요"라고 대답했다. "그렇게 사는 것보다는 '차라리 거기에 나가가지고 죽는 게 낫겠다'는 생각이 더 컸던 것 같아요."

김철수열사추모사업회 활동가 한현우는 그날 민주유공자법 제정을 촉구하는 국회 앞 천막농성장에 머물다 전국민주화운동유가족협의회 사무실로 돌아오자마자 윤석열이 계엄 선포하는 장면을 봤다. 저절로 "미친놈, 지랄하고 자빠졌네!" 소리가 나오면서 국회 앞 천막이 걱정됐다. 물리적 충돌이 생기면 천막이 망가질 텐데 민주유공자법 제정을 위해 반드시 지켜야 하는 공간을 그냥 내버려둘 수 없어 다시 국회로 향했다. "총을 쏘거나 이러지는 않는 시대이기 때문에" 두렵다는 생각은 하지 않았고, 오히려 퇴근해서 좀 쉬려고 했는데 다시 나가야 하는 상황이 귀찮고 화가 났다.

명진희는 소식을 접한 뒤 잠시 망설이기도 했지만 "그냥 좀 가서 힘을 보태서 뭘 막아야 될 것 같다, 되도록 빨리 가야 된다"는 생각이 들었다. 그래도 해외 근무 중이던 남편에게 얘기는 하고 가야 할 것 같았다. 남편은 안 갔으면 했지만 그는 "어쩔 수 없다"고 대답했다. 남편은 "꼭 막아라, 근데 다치지는 마라"고 문자를 보내왔다. 다시는 집으로 못 돌아올 수도 있다는 생각에 속옷까지 갈아입었다. "혹시 잘못되면 못 찾거나 어떻게 될까봐" 두려움이 컸지만 여의도에 빨리 가서 인원수라도 많게 해야 할 것 같다는 생각이 앞섰다.

김규리(대학원생)는 잠자리에서 트위터로 소식을 확인한 후 "군인들과 총과 칼, 거기에 그냥 맞고 피 흘리는 시민들과 광주의 이미지나 이런 것들"이 제일 먼저 떠올라 30분 정도 고민했다. 국회로 나와달라는 요청이 올라오는 것을 보고 "그냥 옷을 갈아입고" 나갔다. 가수 미루(예명)는 밤 10시까지 취미인 풋살을 하고 집에 다 와서야 트위터를 통해 소식을 알았다. "이 말도 안 되는 소리가 막, 뭔 소리지?" 하다가 "우리를 죽이려고 하는구나, 국민을 뭔가 본인 마음대로 하기 위한 계엄이구나" 하는 느낌과 함께 "딱히 뇌를 거치지 않고 그냥 '나가야 되겠다'는 생각이 바로 들었다". "어디로 가야 될까를 생각하기도 전에 이미 '국회 가실 분 있나요?'"라고 쓴 뒤 얼른 씻고 국회로 향했다.

할아버지 형제가 독립운동가였고 동생이 '80년 광주'에서 총을 들었던 신재형은 아내가 울면서 "계엄이래!"라고 얘기하는 것을 듣고는 곧바로 "나가세!" 하며 일어났다. 목도리를 두르고 파카를 입고 모자를 썼다. "이런 같잖은 새끼!", "웃긴 새끼!", "이런 싸가지 없는 놈!", "지가 지 무덤 판 거지!" 온갖 험한 말이 쏟아져 나왔다. "국회로 가는 거죠. 가야죠. 개새끼들을 막을 수 있고 없고는 그다음 문제죠. 많이 모이면 무력화할 수 있는 거고, 설사 계엄 해제 선언을 못한다 하더라도…….”

이현무는 이불 속에서 〈남천동〉을 보다가 "비상계엄 어쩌고저 쩌고, 이런 말"을 듣고는 뉴스 속보를 봤다. "완전히 그냥 벙쪄가지고 '이거를 어떻게 해야 되나'" 생각하다가 "반국가세력을 일거에 척결하고 자유민주주의를 수호한다"는 말을 듣자 "이거 완전히 미친놈이구나, 이런 생각밖에 안 들어서, 순간적으로 그냥 나가야 된다는 생각밖에 안 들었다". 컴퓨터공학을 연구하는 대학원생 홍○○도 친구들과 채팅을 하던 중 소식을 듣고 확인하자마자 "나가야겠다"는 생각이 들었다. "계엄령 철폐하라!"고 적은 A4용지도 챙겼다. "계엄을 할 거네 마네, 막 이런 소리가 있을" 때 주변 사람들한테 "난 계엄 터지면 바로 나가서 뭐라도 할 거"라고 한 약속을 지키기 위해서였다.

장진기는 누워서 아이를 재우다 친구 전화를 받았다. "이거 어떻게 해야 되나" 생각하던 중 〈이재명 라이브〉를 보고 "가야 될 것 같다, 1명이라도 더 모여서 참여해서 막아야겠다"는 생각에 아내에게 그냥 "나, 갔다 올게" 말하고 집을 나섰다. 경찰관 남편을 둔 이현숙은 기자로 일하는 아들이 가족 단톡방에 올린 것을 보고는 "아니, 기자가 무슨 거짓뉴스, 가짜뉴스를 그렇게 하냐?"고 답을 달았는데 〈이재명 라이브〉를 보고는 곧바로 차를 타고 출발했다. 혹시 잡히기라도 하면 "남편한테 직업상 좀 문제가 생기지 않을까" 염려했지만 "이제 독재는 막아야 된다, 내가 사회에 기여한 것도 없는데 이번만은 나가야겠다"는 생각이 앞섰다.

'5월 광주'의 그 목소리

중학교 3학년 때인 1980년 광주 충장로에 살았던 김현구는 그날 입사 동기들과 한잔하고 막 집에 도착할 즈음 친구 전화를 받았다.

"야, 현구야! 네 말이 맞더라. 계엄한대."

"야, 장난치지 마! 지금 그게 말이 되는 소리야? 무슨 계엄이야?"

집에 들어서자마자 TV를 보고 확인했다. "이거 이대로 있어서는 안 되겠다"는 생각과 "내가 할 게 뭐가 있나"라는 생각이 오락가락하는 가운데 유튜브에서 이재명 대표가 "국민 여러분, 국회로 모여주십시오"라고 호소하는 장면을 봤다. 그 순간 1980년 5월 27일 새벽 "시민 여러분, 도청으로 모여주십시오"라고 호소하던 여성의 목소리가 들려왔다. "여기 이대로 있으면 안 되겠다." 당장 택시를 불러 타고 출발했다.

"이제 모든 게 끝난" 1980년 5월 27일 새벽, 고등학생 이재승은 광주상고 부근 집에서 그 방송을 들었다. 살아오면서 "구조신호를 보내는데 방기했다는 죄책감"이 떠나지 않았다. 하필 그날 윤 정권을 비판하는 '시국선언'을 함께 준비한 동료 교수들과 가진 술자리에서 계엄 소식을 듣는 순간 '광주'의 그 목소리가 들려왔다. "모임은 이걸로 끝내고 각자 행동을 정하자. 나는 국회로 가겠다" 말하고 집에 돌아와 샤워를 했다.

〈진실의 힘〉이사님한테 들었는데, 그 고문당한 사람들이 자기 속옷이 더럽혀진다는 거에 대한 공포심 같은 것을 좀 들었거든요. 그런 얘기, 그런 것이 일상적으로 올 수도 있겠구나, 라는 생각이 들더라고요. 그래서 그날은 내가 죽을 수도 있겠다 하고 샤워를 하고…….

조윤호도 1980년 광주 금남로에서 들었던 그 목소리를 떠올렸다. 그때 7살이었다. 집 앞에 "기관총을 든 군인들이 모래주머니 같은 거 이렇게 쌓아가지고 참호 같은 거" 만들고, 탱크도 지나다녔다. 그리고 그 방송을 들었다. 윤석열의 입에서 "척결"이라는 단어가 튀어나오는 순간 많은 사람이 죽겠다는 예감과 "우리 아이들은 미래가 없겠구나" 하는 생각에 나가야겠다고 결심했다. "총 맞으면 아플 텐데……"라는 생각이 들면서 지난가을 계엄 얘기가 나왔을 때 방탄조끼를 사두지 않은 걸 살짝 후회하기도 했다.

걱정은 했는데, 그 이후에 어떤 일이 벌어질지는 사실 별로 의미 없잖아요? 생각을 한다는 것 자체가. 그리고 말씀드렸듯이 이제 계엄이 성공하면 우리 아이들의 미래가 없어지는 것과, 내가 가서 이제 막을 수 있다면 …… 우리 아이 셋의 미래와 나의 미래를 바꿀 수도 있다, 그 생각을 좀 했던 것 같고요…….

스멀스멀 올라오는 두려움

대다수의 시민들(78.1%)에게 제일 먼저 다가온 것은 두려움과 공포였다. 역사책이나 영화에서 보던, 과거 군사독재의 분위기를 그대로 되살리는 조잡하고 천박한 문장은 그래서 더 폭력적이었고, 피 냄새를 풍겼다. 충격과 혼란에서 제대로 벗어나지 못한 사람들은 "옛날 쌍팔년도로 회귀하는 듯한 기분"(박수현) 속에 '80년 광주'를 떠올리면서 공포와 두려움을 느꼈다. 자신이나 아들이 다시 군대에 끌려갈 것에 대한 염려(김동현, 신민준, 양두섭)부터 체포와 구금과 고문과 피신(김병태, 권용석, 홍은기), 실종(김지연), "어디 끌려가거나 정말 소리소문 없이 죽을 수도 있겠다"(김연우)는 공포와 더 나아가 전쟁이 날지도 모른다는 불안감(고경현, 용단홍)까지 들면서 "그냥 나라 망하는 건가?"(김규리〔음악인〕) 싶었다. 개인이 감당할 수 없는 국가폭력 앞에서 나약한 육체를 가진 존재의 본능적이고 자연스러운 심리적 도피flight 반응이었다.

유현미는 가까이 살던 유현주, 유현실 두 언니와 연락해 함께 나가기로 했다. "정말 다른 생각 없이 가자"고 했지만 포고령을 듣고 나서는 "스멀스멀 속에서 마음이 이상해지는 게" 느껴졌다.

감정이 변화되는 거예요. 무서워지더라고. 두려워지더라고. 막 무서워서 어떡해, 이런 두려움이 아니고 겁이 좀 나더라고. …… 엄연하게 계엄 선포를 했고 군이 움직인다 말이죠. 장갑차라든가 총이 나온단 말이에요. 우리 눈에 가시적으로 보이는 상황이고 여차해서 총이 발사돼도 이상하지가 않은 그런 물리적인 조건이 된 상황이라는 거는 아니까…… 한치 앞을 모르는 마음으로 간 거죠. 우리 정말 어떻게 될까? 막막한 마음으로 간 거죠.

"산업시대부터 계속 이어져내려온 인간 역사의 부조리"를 다룬 인디게임 〈더 파이어 노바디 스타티드The Fire Nobody Started〉를 개발한 김OO은 동료의 전화를 받았다. "포고령을 봤는데 이거 당신 게임이 여기에 저촉이 될 수 있을 것 같은데 위험하지 않겠냐?"는 질문을 받고 "사실 쫄렸다". 계엄 소식이 사실임을 확인한 김다인의 어머니는 충격이 가시지 않은 가운데 "다인아, 이제 아빠가 잡혀갈 수 있어!"라고 하더니 "뭘 버려야 될 게 있으면 지금 빨리 버려야 된다"면서 집 정리를 시작했다. 사회운동과 노동운동에 참여해온 전승우는 제일 먼저 '예비검속'을 떠올렸다. "1군, 2군, 3군 나누면 나는 한 3군쯤 되겠지만, 순서 없이 잡혀가는 거니까 솔직히 모를 일이다. …… 집에 있는 자료 어떡하지? …… 나 아는 사람들도 다 예비검속 대상인데 어떡하지? 다 같이 도망가야 되나? …… 오면 잡혀가는 거고, 그 전에 어떤 걸 남기고 어떤 걸 지울지, 그거를 좀 판단해야겠다……."

진보당 관계자들 상당수도 서늘한 공포감을 느꼈다. 윤석열이 척결하겠다는 '반국가세력'이 진보당을 가리킨다고 직감했기 때문이다. 홍희진은 국회 앞으로 나가려고 짐을 싸면서도 앞으로 상황이 어떻게 흘러갈지, 며칠이나 있어야 할지, 집에 돌아올 수나 있을지 갈피를 잡을 수 없었다. "진짜 그냥 내가 사라질 수도 있겠구나" 불안했다. 신하섭도 자신의 "존재나 활동이 지워질 수 있겠다"는 생각에 두려웠다. "혹시나 빌미가 될 수 있는 것"을 처리했다. 종이로 된 자료는 불태웠고, 컴퓨터와 하드디스크는 따로 모아 본가에 있는 부모님께 처리를 부탁했다. "저와 지근거리에서 활동했던 사람들…… 같이 회의를 하거나 연락을 나누거나 했던 사람들이 그것을 빌미로 계엄 상황에서 어려움을 겪을 수도 있지 않을까 하는 생각이 있었기 때문에 주변에 피해가 가지 않게 하기 위해서"였다. 임한국도 제일 먼저 노트북과 외장하드를 점검했다. "괜히 잘못 걸리면 뭔가 공안적으로 문제가 될 수도 있겠다" 싶은 것들, 예컨대 진보정당 운동사나 해외 좌파정당에 관한 파일은 지웠다. 책장에 꽂혀 있는 『러시아 혁명사』같은 책도 괜히 신경이 쓰였다.

전국비상시국회의 대외협력위원 이강수는 버스에서 졸다가 사람들이 웅성거리는 소리에 잠을 깼다. 계엄을 확인하는 순간 그의 머리를 스친 것은 자신이 아니라 "선생님들"의 안위였다. '시국회의'를 구성하는 함세웅 신부, 김상근 목사, 이부영 전 동아투위 위원장, 권영길 전 민주노총 위원장 등 평생을 민주화운동, 통일운동, 노동운동 등에 몸담아온 사회 원로들이 '수거 대상'[1]으로 표적이 될 수 있기 때문이었다. 집에 돌아와 원로들의 신변 안전부터 확인했다.

대학원생 김은결은 공부하다가 소식을 들었다. 텔레그램방에서 친구들과 논의하다가 국회로 가겠다고 마음먹었지만 "죽을 수도 있을 거"라는 생각에 두려웠다. 경찰 프로파일러가 되고 싶었던 꿈을 포기해야 한다는 것도 아쉬웠지만 "운명이겠거니" 했다. "할 게 있으니까 이거는 해야겠다"는 생각이었다.

김도헌은 동료 기자들과 가진 술자리에서 소식을 듣고 일어났다. 집이 여의도 국민의힘 당사 맞은편 오피스텔에 있었다. 국회까지는 걸어서 3분도 걸리지 않았다. 대로로 나가 신호등만 하나 건너면 국회였다. 군인들이 국회로 온다면 "굉장히 큰일"이 일어나 "진짜, 사람 죽을 수도 있겠다" 싶어서 부상자가 생기면 집에 데리고 와서 숨겨주어야겠다고 생각했다. 그러나 한편으로 체포되거나 구금될 수도 있다는 생각과 "오늘 밤 무사히 넘어갈 수 있을까" 하는 걱정이 밀려왔다.

웹소설 작가 김서정은 친구들 단톡방에서 계엄 소식을 듣자 군 복무 중인 사촌동생이 가장 먼저 떠올랐다. 과거 전두환의 쿠데타 때 전방부대를 빼서 투입한 게 기억났기 때문이다. 자신이 '뽀로로'라는 별명까지 붙여준 '뽀상병'을 국회 앞에서 만나는 건 아닐까 하는 걱정에 작은엄마에게 전화 좀 해보라고 부탁했다. 친구들 단톡방의 화제는 "걔네가 전방부대를 뺄까? 실탄을 쏠까?"였다. 결론은 "전방부대를 빼지는 않을 거다, 병력은 동원하지만 실탄은 못 쏠

---

1. '수거'라는 단어는 쓰레기나 버려진 물건을 치운다는 뜻이다. 12·3 내란의 실행계획을 세운 전 정보사령관 노상원은 주요 정치인, 진보 인사, 언론인 등을 대거 체포해서 살해할 계획을 세우면서 그들을 "수거 대상"이라고 표현했다. 그가 작성한 내란계획 중 "수거 대상 처리 방안" 항목에 의하면 체포한 인사들을 휴전선 "일반전초(GOP)선상", "비무장지대(DMZ) 공간", "연평도 등 무인도" "민통선 이북" 등으로 옮겨 사살하거나 "민간 대형 선박" 등을 이용해 연평도로 이송한 뒤 "집행 인원은 하차"하고, "적정한 곳에서 폭파"해 살해할 계획이었다. 물건 배송 절차를 기술하듯 메모한 그의 계획에서 인간은 인간이 아니라 '처리해야 할 대상' 또는 '사물'일 뿐이었다. 사유가 멈추고 생명이 행정화된 것으로, 유대인과 집시 등 소수자를 물건으로 취급하며 대량학살한 나치의 사고방식과 판박이다.

거다"였다. "현장에서 발포 명령을 내릴 수 있는 지휘관들이 이걸 정치적으로 감당할 자신이 없을 거"라고 판단했다. '물대포'는 맞겠지만 죽지는 않을 거라고 생각했다.

국회의원 보좌진으로 일했던 김은지는 후배의 전화를 받고 말렸다. 자기는 어떻게 할까 고민하다가 이미 국회에 가 있는 선배에게 연락하자 선배는 "너무 위험하니 오지 말라"고 했다. 김은지가 후배를 걱정했듯 선배도 김은지를 염려한 것이다. 그 순간 결심이 섰다. "떠오르는 얼굴이 너무 많아서" 가만히 있을 수가 없었다. 가기로 결심하고 울면서 '생존가방'을 쌌다. 턱이 덜덜 떨리고 이가 딱딱 부딪히며 소리를 냈다.

동작구 신대방동에서 자영업을 하는 김희태는 10살 때 목포에 살면서 '광주' 이야기를 들었다. 유튜브에서 〈남천동〉을 보다가 계엄 소식을 들었다. 처음에는 상황을 이해하지 못했는데 무장한 군인이 진압봉으로 시민을 무자비하게 두들겨 패는 '광주'의 사진이 떠오르면서 온몸이 부들부들 떨리고 손이 저려오고 눈물이 났다. 그런 경험은 처음이었다. "광주에 대한 트라우마가 없을 거라고 생각했는데" 공포가 밀려왔다.

> 제가 그때 10살이었는데 동네가 너무 조용했어요. …… 그날, 그러니까 5·18 그즈음해서 어른들도 안 나오고 집 안에 계시고, 어린 나도, 돌아다녀도 이게 너무나 조용하다 싶을 정도로, 거의 진공상태 같은 느낌? 도시 자체가 그런 느낌이 있어서 하

늘만이 무겁다는 느낌, 그 당시는. 그래서 이제 계엄이라는 말을 들었을 때 내가 사는 공간이 다시 한 번 그런 상황이 되는 건가 하는 생각을 했습니다.

저거는 아니다, 저건

윤석열과 박안수 등이 거칠기 짝이 없는 언어폭력으로 노린 것도 시민들에게 공포감을 심어주는 것이었다. 그래야 저항할 엄두를 내지 못하리라고 판단했을 것이다. 그런 점에서 그들은 즉각적인 효과를 거두었다고 볼 수 있다. 그러나 거기까지였다. 시민들은 순간적으로는 개인적 안위에 대한 공포로 움츠러들었지만 공동체의 운명에 대한 묵시록적 공포를 함께 느꼈다. 국회는 그냥 국회의원끼리 모이는 장소에 지나지 않는 것이 아니었다. 국민을 대표하는 기관이자 지난 수십 년 동안 어렵게 쌓아온 민주주의를 상징하는 곳이었다.

"지금 이 대명천지에"(이현숙) 황당무계한 이유로 비상계엄을 선포하고 계엄군을 국회에 난입하게 하는 것은 '80년 광주'를 거쳐 쌓아온 민주주의를 다시 한 번 군홧발로 짓밟고 "독재로 가려고 하는"(김정빈) 게 명백했다. 개인의 존엄성과 공동체의 역사에 대한 모욕이었다. 비록 현실에서 보여주는 국회의 모습이 실망스러울지라도 입법부의 존재는 "국가에 형태를 부여하고 생명을 불어넣고 하나의 통일체가 되게 해주는 영혼"이었다. 시민들은 "입법부가 무너지거나 해산되면 국가의 해체와 죽음이 이어진다"(존 로크)는 사실을 너무나 잘 알고 있었다. "국회라는 공간은 정치인들이 있는 공간이지만, 그 정치인들은 국민이 위임한 사람들이잖아요? 나의 공간인데, 국회라는 곳이. 진짜 속된 말로 이 새끼들이 여기를 장악하겠다고 하는 게 꼭 나를 장악하는 느낌이었어요."(김한민영)

"계엄 같은 거, 그런 거 정도는 우리가 안 할 수 있는 나라에 살고 있고 그 정도는 만들었다는 자부심, 그렇게 만드는 데 내가 그래도 작은 거라도 보태지 않았을까 하는 자부심을 완전히 무너뜨린 거"였다. 지난 몇십 년의 역사가 부정되고 자신의 존재이유를 박탈당한 느낌에 참을 수가 없었다. 국회의 계엄 의혹 제기에 "요즘 세상에 누가 따라하겠냐?"는 김용현의 뻔뻔스러운 답변에 오히려 고개를 끄덕거렸던 기억 때문에 모욕감은 더 컸다.(민희)

우리 사회의 "전제를 그냥 다 부수는 상황"이고, "이래서는 안 되는 거"(정OO), "사람답지 않은" 짓(최영균), "공동체의 최저한도"를 무너뜨리는 짓(이규호), "민주주의의 기반이 완전 뒤틀리는 그런 일"(조근욱), "파시즘적인 …… 어떤 상황에서도 용납이 안 되는 거"(정가은), "우리 공화국에 대한 도전"(이현무)이었다. "이거 막지 않으면 진짜 나라가 끝장이 나겠다."(장진기)

우리가 준 권력을 가진 대통령이 우리한테 총뿌리를 겨누면서 우리를 자기 멋대로 하겠다고 생각한 것 자체가 너무 용납이 안 되는 거예요. 그게 너무 슬펐고 그게 화가 났어요. 그래서 더 분노가 생겼죠.(김정빈)

시민들은 "완전히 빠치는" 기분(김장성)이 들었다. "더러워서 못 살 것 같은 기분"(민OO), "저거는 아니다, 저건!"이라는 느낌(최영균), "국민을 바보로 아나? 어떻게 저런 거짓말을 뻔뻔하게 하지?"(김경주) "어? 이거 진짜 괘씸하네? 이 새끼 미친 거 아니야? 지금이 어느 땐데 계엄이야?"(유현주) 모욕감은 분노로 바뀌었다. "니가 뭔데 내 자유를 억압해?"(노해인) "화가 나고 분노가 막 끓고 올라오기 시작"(김정빈)했다. "치가 떨리는 느낌"(이진)이 들었다. "계엄이 성공한다면 그게 유지되는 데서 나는 도저히 살 수 없다. 장갑차에 깔려 죽어도 나는 가서 죽겠다."(민희) 시민들에게 "국회를 지키러 가는 것은 우리를 돕는 거"(홍준모)가 됐다.

10명 중 4명 이상(40.6%)이 극도의 분노 감정을 표현했다. 분노는 단순한 감정의 폭발이 아니라 "무엇이 옳고 그른지를 감지하고자 하는 도덕적 지각의 형식"(마사 누스바움)이다. 그날 생존본능에서 나온 개인적 '도피' 반응은 공동체의 존엄을 지키려는 '정의로운 분노'로 바뀌었다. '저거는 아니다!'는 느낌이 '독재는 막아야겠다', '이번만은 나가야겠다'는 '투쟁fight' 의지에 불을 붙였다. 불의에 대한 도덕적 분노인 의분義憤이 공동체의 정의를 회복하려는 집단적 도덕감정인 공분公憤으로 승화했다. 동양의 언어로 표현하면 내란은 "하늘과 땅이 함께 분노하고, 신과 인간이 함께 토벌할天地所共憤, 神人所共討"(『조선왕조실록』「명종실록」) '역적질逆賊之事'에 해당한다. 헌정을 파괴하려는 '역적질'에 대한 시민의 공분은 공동체의 정의와 질서를 회복하려는 이성의 반응이었다.(한나 아렌트)

79학번으로 한국신학대에 입학한 유길종은 5·18 유공자다. 1980년 10월 8일 비상계엄 상태에서 전국 대학교 가운데 처음으로 '피의 선언'이라는 제목의 성명서를 발표하고 시위를 벌였다. 5월 27일 새벽 전남도청에 남아 끝까지 싸우다 계엄군의 총탄에 희생된 동기 류동운 열사를 기리는 시위였다. 계엄 포고령 위반으로 수도경비사령부(옛 수도방위사령부)에 구속되어 고초를 겪었다. 그날 수도권 외곽에서 회식에 참석했다가 소식을 듣는 순간 과거의 경험이 즉각 "그대로 다 복귀"했다. 계엄군과 시민이 충돌하는 모습이 떠오르고 "이 인간이 결국은 이렇게 대한민국을 피바다로 만들려는구나, 이런 생각"이 들면서 눈물이 났다.

도저히 용납할 수도 없고, 이대로 가서 그런 폭압적 물리력과 집중적으로 부닥치는 상황이 되더라도 우리가 그냥 물러설 수는 없지 않냐, 이대로 죽더라도 싸우러 가야 한다, 그렇게 막 울면서 갔죠.

나중에 후회하기 싫다

밴드 활동을 하는 음악가 김하민은 30대가 되면서 "지금 내가 살아 있다는 게 너무 중요하다는 것을 느끼면서 행복하게 살고 싶다"고 생각해왔다. "음악을 만들고 연극을 만들고 누군가 상처 주고 상처받고 …… 다시 화해하고" 그러는 게 살아 있는 거 같았다. 그날, 하루 종일 일하느라 "완전 녹초가 된 상태"에서 밤 10시 넘어 동료들과 화상회의를 하다가 소식을 들었다. "그럴 리가 없다", "오보 겠지" 했는데 아니었다. 동료들이 "가야겠다", "가기로 결정했다" 고 하는데, 무섭고, 가기 싫고, 도망가고 싶었다. 하지만 안 간다고 할 수 없었다. "당연히 가야 되는" 일이었다.

너무 피곤하고, 너무 자고 싶고, 진짜 그날 거의 근 두세 달간 가장 힘들고 피곤하고 지친 날이었단 말이에요. 그래서 너무 화가 났어요. 내가 이걸 가야 돼? 왜 이런 일이 하필 오늘 일어나가지고 …… 근데 또 안 갈 수 없잖아요? …… 국회의사당이고 난 연남동에 거주하고 있는데 '당연히 가야 되는 건데, 이거는' 싶은 거예요. 다른 동료들은 막 노원 쪽, 정릉 쪽에서 오고 …… 내가 제일 가까운데 안 갈 수 없는 거예요.

하지만 두렵고 무섭고 주저하는 마음도 여전했다. 그들로 하여금 두려움과 무서움을 안고라도 가야겠다고 결심하게 한 중요한 동기는 '나중에 후회할 것 같다'는 느낌이었다. 그것은 '당연히 가야 한다'는 의무감을 바탕으로, 그 의무를 이행하지 않으면 앞으로 부끄러워하며 살게 될 것 같다는 느낌, 책임감이었다. 그 책임감은 자기 자신에 대한 것에서 시작해 가족, 친구, 동료, 더 나아가 다른 시민과 역사에 대한 것으로 확장됐다. "떠오르는 얼굴, 지켜야 하는 얼굴이 가자고 해주었기 때문에 저는 움직였어요. 혼자 보낼 수 없으니까. 그 동호, 동호 같은 애인 거죠. 이번에는 지켜야 한다는 생

각을 했어요. 『소년이 온다』에서도 각자가 할 수 있는 방식으로 민주주의를 지키잖아요?"(김은지)

공기업 직원 조근욱은 자려고 하다가 소식을 들었다. "그냥 진짜 침대에 누워서 자면 나중에 너무 부끄러울 것" 같았다. "누군가한테 말하기도 떳떳하지 않을 것 같고, 내가 진짜 그동안 화내왔는데 이게 말뿐인 사람밖에 안 될 거라고 생각"했다. "경찰이나 군인이랑 대치하는 경우"도 예상했지만 "계엄 일어나는 세상이 오면 나도 별로 이 나라에서 살고 싶지 않다"는 기분으로 나갔다.

대학원생 김은결은 친구들과 논의하다가 상황이 너무 급박하게 돌아가는 것 같아서 "되는 사람들끼리 먼저 국회로 가자"는 이야기가 나오자 바로 결심했다. "죽을 수도 있을 거"라는 생각에 두려웠지만 "이거는 해야겠다"고 생각했고, "제가 할 수 있는 건데 못해서 나중에 다른 일이 생긴다면 그게 더 후회될 것 같았기" 때문이다. 그래서 "우선 현장에 잘 있자, 도망치지 말고" 하며 마음을 다잡았다. 정우진은 국회로 가겠다는 아내 말에 고민했지만 아내를 혼자 보낼 수 없어 같이 가기로 했다. "저렇게 담담하게 가는데 내가 어떻게 발을 빼겠냐?"란 생각에 "그럼 가자!"고 대답하고 일어섰다.

동료와 늦은 저녁을 먹다가 소식을 들은 김한민영은 무서웠다. 가겠다는 동료를 말렸지만 동료는 "가야 된다. 지금 아니면 못 막는다. 너무 무서우면 여기 있어라" 하며 혼자 가겠다고 했다. 하지만 무섭다고 동료를 혼자 보낼 수는 없었다. 분명히 후회할 것 같았다. "뭔 일이 있건 없건 나중에 후회할 것 같다는 생각"이 들어서

"그럼 같이 가자"며 자리에서 일어났다. 송태현은 가족이 참여하는 합창단 공연을 보고 동생을 태워다주는 길에 소식을 들었다. 처음에는 "경황이 없어서 그냥 그런가보다 하고" 지나갔는데 돌아가는 길에 "이거 되게 큰일 아닌가?" 하는 생각이 들었다. 휴대전화를 열어보니 카톡에 난리가 나 있었다. "참여를 해야 되지 않겠냐"는 친구들의 얘기를 보고 "그럼 나도 가야겠다"고 마음먹었다.

박다솜은 룸메이트인 홍다예와 또 다른 친구와 함께 3명이 함께 갔다. "새벽에 가는 게 맞나? 가면 위험해질 수 있다"는 걱정이 들었지만 급박한 상황에 와달라는 '속보'들이 막 뜨는 걸 보면서 "지하철로 10분이면 갈 수 있는데 안 가는 건 좀 책임이 아니지 않나?" 하는 생각이 들어서 "그러면 우리가 머릿수라도 채우러 가긴 해야겠다"고 결심했다. 나가면서 "반국가세력은 당신이다"라고 손글씨로 쓴 피켓을 만들었다.

"아, 정말 가기 싫다"와 "가야 한다"는 마음이 오락가락하던 장O O도 "가서 계엄을 막겠다거나 어떤 역할을 하겠다는 거창한 생각보다는 서울 시민으로서 세금 내러 간다는 생각"으로 마음을 정했다. 지리적으로 가까운 데 살고 있는 자신이 안 나갔는데 "거기서 무슨 일이 일어난다면 스스로 용납할 수 없을 거 같은 기분"이 들었기 때문이다. "혹시 모르니까 뭔가 가장 나다운 모습"으로 가고 싶어서 이미 세수한 얼굴에 화장을 하고 머리는 양 갈래로 땋고 따뜻하고 귀여운 곰돌이 모자를 쓴 다음 보온을 위해 체크무늬 원피스 위에 뜨개조끼를 입었다.

이〇〇은 기말시험이 얼마 남지 않은 데다가 다음 날 수업에서 발표를 할 예정이었다. "꼭 가야 되나? 어차피 나 말고도 갈 사람이 되게 많아 보여서 갈까 말까 고민"했다. 하지만 "더 멀리서 오는 사람들"에게 부끄럽다는 생각이 들었다. "아무리 생각해도 30분 거리인데, 안 가면, 더 멀리서 오는 사람들도 있을 텐데, 이게 무슨 말도 안 되는 부끄러운 일인가 하는 생각이 들어서, 그럼 가는 게 맞다고 생각했다." "정말 안 좋은 상황"이 벌어질 경우에 대비해 담당 교수에게 "내일 발표가 있는 건 알지만 이런 상황이라서 일단은 가기로 했다, 만약에 못 가게 된다면, 살아 있으면 자료 올릴 테니까 늦어지는 거 좀 감안해주시라"는 이메일을 남겼다.

류호성은 "지금 국회로 가서 (군대가) 못 들어오게 막아야 된다는 생각"에 나가기로 결심했지만 "죽을 수 있다는 생각도 했고, 뭐 죽지 않으면 끌려가서 고문을 당할 수도 있고, 뭐 감금될 수도 있고, 그 뒤에 어떻게 될지 같은 것"들이 떠올랐다. 하지만 "나중에 이게 군사독재로 이어지거나 했을 때 후회하기 싫다는 생각도 있었고, 그다음에 그런 일이 있을 때 '내가 행동할 수 있는데 그때 왜 안 했지?' 같은 후회를 하기 싫었다".

상상으로는 '목구멍에 칼이 밀려들어와도 내 소신을 지키겠다' 같은 생각을 했는데 …… 예전부터 내가 스스로 그렇게 결정했던 거를 좀 지키고 싶었어요. 그러니까 속으로는 이제 그렇게 하겠다고 생각했지만 실제 이런 일이 터졌을 때 '무서우니까 나는 안 나가야지, 내가 굳이 왜 나가, 누군가 나가주겠지' 그렇게 하면 옛날에 제가 갖고 있던 것, 제가 예전에 했던 것들이 이제 거짓말인 거잖아요? 그래서 그런 거가 싫었던 것도 좀 있었던 것 같아요.

민주노총 산하 금속노조 부위원장 허원은 1980년에 광주 수창국민학교 1학년이었다. 금남로 끝에 학교와 집이 있었다. 노래를 부르면서 가던 시민군 행렬과 유리창이 다 깨진 버스들, 총소리, 총에 맞은 사람을 차에 태워와서 병원 문을 다급하게 두드리던 어른들의 모습이 그의 기억에 남은 '80년 광주'였다. "그때는 내가 초등학교 1학년인 게 참 다행이었다. 근데 다시 또 그러면 어떡하지?" 하는 생각이 항상 마음에 있었다. 그는 그날 계엄 소식을 듣자 "이거 난 무조건 나가겠다, 나갈 수밖에 없는 거다, 안 그러면 내가 평생 후회하고 살겠다" 하는 "개인적인 죄의식" 때문에 그냥 나갔다.

홍○○은 "다른 사람의 압제 속에서 살고 있는 나 자신을 견딜 수 없고 용납할 수 없어서, 그런 상황에 놓이는 걸 아무런 저항도 없이 받아들이는 거를 더더욱 견딜 수 없을 것 같아서" 국회로 향했다. 홍○○이 말한 '압제'가 예정민에게는 우리 사회의 소수자들에게 닥칠 더 심각한 고통을 의미했다. 그것은 민주주의를 해치는 "진짜 엄청난, 큰" 문제였다. 그렇지 않아도 "굉장히 힘든 싸움을 감내하면서 살아가고 있는" 이들에게 계엄은 "이제 정말 그냥 죽음을 앞둔 느낌"으로 다가올 것 같았다. "이거는 나가지 않고는 안 되겠다"

고 생각했다. 박보정은 자신과 후손에 대해 떳떳하고 싶었다. "독재자 손에 나라를 건네준 민주주의 후손, 이런 소리는 듣기 싫다. 애초에 난 저 새끼 안 뽑았고, 그리고 나한테는 좀 떳떳하고 싶다"는 감정으로 국회에 가야 한다고 생각했다. "이래 죽나, 저래 죽나" 하는 마음이었다.

목사면서 대리운전 기사로 일하는 최헌국은 "만약에 정말로 심각한 상황으로 가면 절대적으로 그거를 막아내려고 하는 시도를 누군가는 해야" 한다고 생각해 국회 앞으로 갔다. "그래야지 그것들이 더 알려지는 거니까. 거기에 굴복해버리면 정말로 오히려 짓밟혀버리고 묻힐 수가 있는 거니까" 그랬다.

광주의 문제도 그렇고, 우리 사회에 일어나는 모든 항쟁의 역사가 저항의 희생이 있었기 때문에, 그걸로 인해서 더 알려지고 더 이상의 피해는 막아야겠다고 사람들이 같이 움직이는 거지, 처음부터 무서워해버리면 그거는 완전히 짓밟혀버리는 거죠. 그러니까 결국은 우리가 늘 하는 말처럼, '민주주의는 피를 먹고 자란다'고 하는 것처럼, 어떤 저항과 어떤 것들이 보여질 수밖에 없다…….

'비겁하지 않겠다'며 길을 나선 사람도 있다. 모처럼 값비싼 제철 방어회를 한 점 먹으려는 순간 '계엄' 소리를 듣고 짜증을 냈던 이남표는 "계속 오라고 그러는" 유튜브를 보면서 갈팡질팡했다. 무서웠고 이런저런 핑계가 마음에 떠올랐지만 "이거는 피하면 안 될 것 같다, 그런 게" 있었다. "맨정신에 못 가겠고 술 한 병만 먹고 가야겠다, 그래서 술을 마시면서 방어를 막 먹는데, 계속 유튜브가 옆에서 막 죽어가는 소리"를 했다. 결국 "에이씨, 하고선 일어나서 '나, 간다' 그러면서 나왔다". 그는 "더 비겁하고 싶지 않았다"면서 역사에 대한 부끄러움을 이야기했다.

왜 꼭 가야 되느냐…… 정말로 중요한 시기에, 역사가 뒤로 갈지 모르는 시기에 내가 가서 막을 수 있었는데 그냥 안 갔다는 죄책감을 갖고 있기는 싫었어요. 그리고 그런 거 있잖아요. 옛날에 그런 시기에 나섰다가 죽은 사람들, 4·19라든가, 박정희 정권 때 독재 타도 투쟁이라든가, 아니면 5·18 광주 때라든가, 그분들이 결사적으로 싸워서 역사가 여기까지 왔는데 지금 이 시대에 아무도 안 싸운다면 부끄러운 일이 아닌가? 그런 생각과 무서움과, 어쨌든 아무도 안 나가더라도 나는 가겠다, 숫자가 중요할 수도 있지만 중요하지 않을 수도 있고, 어쨌든 막을 수 있을지 모르겠지만 가겠다…….

국회 앞으로 나가겠다고 결심한 과정을 밝힌 239명을 분석해본 결과 가족, 친구, 동료 등과 의논한 경우는 모두 98명(41%)이었고, 주변 사람들과 의논하지 않고 혼자 결심한 경우는 63명(26.4%)이었다. 주변과 의논한 98명 가운데 67명(28%)은 직접 또는 전화로 의논했고, 31명(13%)은 SNS, 특히 단체대화방을 이용했다. 남은 78명(32.6%)은 〈이재명 라이브〉나 민주당, 진보당, 정의당, 민주노총, 연세민주동우회(연민동)처럼 정당, 노조, 사회단체가 당원이나 조합원, 회원에게 보낸 소집 요청을 보고 결심했다.

절대다수의 시민이 직접이든 간접이든 가족, 친구, 동료 등 가까운 사람들과 정보를 소통하면서 상황을 파악하고 어떻게 행동할지 결심한 것은 자연스러운 현상이다. 특히 아무도 예상하지 못한 가운데 겨울날 밤늦게 느닷없이 선포된 비상계엄이라는 점과 '80년 광주'의 기억이 생생한 한국 시민들에게 비상계엄에 맞서는 것은 목숨을 걸거나 최소한 심각한 폭력 내지 체포·구금을 감수해야 하는 일이었으니 결코 섣불리 판단할 수 있는 문제가 아니었다. 게다가 시간도 없고 정보도 부족했다. 그런 상황에서 신뢰하는 이들에게 의견을 묻고 상의하는 일은 인간의 본성에 따른 필연적 반응이라고 할 수 있다.

중요한 것은 한시가 급하게 진행되는 내란 상황에서 시민들이 가까운 이들과 신속하게 정보를 소통하고 의견을 교환할 수 있는 통신수단을 가지고 있었다는 점이다. 혼자 결심한 63명도 다른 사람과 의논하지는 않았지만 SNS로 유통되는 정보를 참조한 경우가 많았던 점을 고려하면 SNS는 12월 3일 많은 시민이 국회 앞으로 나가겠다고 결심하는 데 대단히 중요한 역할을 했다고 평가할 수 있다. SNS는 계엄군 등 내란세력뿐 아니라 국회의장과 야당 대표, 각 정당의 움직임과 목소리를 신속하게 소통하고 확산함으로써 시민들이 현재 진행되는 상황은 물론 그 의미와 해야 할 행동에 관해서도 정확한 정보를 얻을 수 있게 했다. 나아가 서로 의견을 교환할 수 있는 공론장 역할을 함으로써 자신들의 판단이 옳다는 것을 확인하고 '나 혼자가 아니다'라는 감각을 확산시켜 국회 앞으로 나갈 수 있는 용기와 자신감을 가질 수 있는 환경을 마련했다는 점에서 시민들의 결집에 크게 기여했다고 평가할 수 있다.

12월 3일 시민들의 빠른 결단과 결집에 SNS가 중요한 촉매 역할을 했다는 점은 최근 10여 년간 전 세계에 걸쳐 진행된 대규모 시위와 맥락을 공유하는 것처럼 보인다. 다만 SNS를 통해 결집한 대중 시위는 '지도자 없는 수평적 운동'에 그치기 때문에 일시적 성과는 거둘 수 있지만 장기적인 방향성과 책임성, 지속가능성을 담보하기 어려워 사회의 구조적 변화나 권력의 실질적 변화를 이끌어내지 못하며, 허위·왜곡 정보를 확산하고, 반대 진영 사이에 정치적 양극화를 부추기는 한계가 있다는 지적(빈센트 베빈스 외)도 고려할 필요가 있다.

4장
정당·노조·사회단체 그리고 책임자의 자리

민주당과 〈이재명 라이브〉

민주당 대표 이재명은 밤 10시경 귀가했다. 아내 김혜경이 계엄 소식을 전했다. 휴대전화를 보여주는 아내에게 그는 "이거 딥페이크야. 가짜뉴스야" 하고 일축했다. 그 순간 민주당 의원 정청래의 전화가 왔고, 실제 상황임을 확인했다. 즉시 원내대표 박찬대에게 연락해 모든 의원의 국회 집결을 요청했다. 최고위원과 주요 당직자 텔레그램방에도 "국회로"라고 썼다(10시 30분). 곧바로 출발한 그는(10시 48분) 아내가 운전하는 차 안에서 유튜브 〈이재명 라이브〉를 시작했다. 비상계엄 선포 20분 후였다. 시민들에게 "국회로" 모여달라고 호소했다.

23분간 이어진 생방송은 동시접속 약 20만 명을 기록했고, 수백만 명에게 확산됐다. 〈진실의 힘〉이 면담한 313명 중에도 113명

(36.1%)이 〈이재명 라이브〉를 봤다고 답했다.

목회자 9명이 있는 단톡방에서는 의견일치가 이루어지지 않았다. "지금 가야 하나, 내일 가야 하나, 가는 게 맞나?" 뭐라도 해야 한다는 데에는 대부분 공감하면서도 의견 일치가 이루어지지 않았다. 새벽기도가 있으니 내일 가자는 의견도 있었다. 김병년 역시 분노와 혼란 속에 갈피를 잡지 못하다가 〈이재명 라이브〉를 보자 "이거다!" 싶어 옷을 갈아입고 집을 나섰다. "시민들이 뭘 할 수 있을지는 모르지만 오라고 했으니까 무조건 간다"는 마음이었다. 〈이재명 라이브〉는 국회로 가는 문제를 놓고 옥신각신하던 옥채원 가족에게도 닿았다. 어머니는 계엄을 선포하는 윤석열을 향해 쌍욕을 퍼부을 정도로 화를 냈지만 국회로 가려는 부녀를 막고 나섰다. 그러던 중 〈이재명 라이브〉를 보고는 마음을 돌려 "바로 가자"고 했다. 3명이 다 같이 갔다.

이 대표의 유튜브 생방송은 갈피를 못 잡고 있던 시민들이 마음을 정하는 데 큰 역할을 했다. 여전히 긴가민가 헷갈려 하던 사람들도 그 방송을 보고 사실임을 깨달았다.(이남표) 박수현은 "정신을 차렸고", 신강희는 "정신이 들었다". 김정빈은 "국민으로서 내가 해야 할 일을 해야 되는구나" 하고 인식했다. 뭔가 해야 한다고 느끼면서도 뭘 해야 할지 모르던 이들(노태손, 이덕호, 이동규), 광화문, 용산, 여의도 중 어디로 가야 할지 정하지 못하던 이들(한재희, 백경진)에게도 국회로 가서 계엄군을 막는 것이 유일한 길임을 인식시켰다. 박다솜처럼 이재명 지지자가 아닌 사람들과 다른 정당 당원들에게도 마찬가지였다. 민주당이 혹시라도 "각자 살 길을 찾는" "멍청한 생각을 하게 될까봐" 염려하던 진보당원 신석진은 이재명과 민주당 의원들의 소식을 듣고 걱정을 "좀 덜었다".

민주당원 상당수는 〈이재명 라이브〉를 보고 국회 앞으로 나갔겠지만 민주당은 밤 11시 15분 민주당 보좌진을 소집한 데 이어 11시 40분 전 당원에게 국회 앞으로 나와달라고 공지했다. 그날 국회 앞으로 나간 시민 가운데 민주당원 숫자가 비교적 많았다. 〈진실의 힘〉이 면담한 313명 중 66명(21.1%)이 민주당원이라고 답했다.

진보당과 정의당

진보당은 더 빨리 움직였다. 대표 김재연은 10시 36분 당내 5개 산하 조직 대표들을 국회로 소집한 데 이어 11시 20분 당원 소집 문자를 보냈다. 313명의 시민 가운데 진보당원이라고 밝힌 이는 모두 25명(8%)이다.

정의당 대표 권영국은 밤 10시 40분쯤 줌ZOOM으로 당 지도부 회의를 열고 국회로 모이기로 했다. 정의당의 당원 소집 문자는 4일 0시 4분에 발송됐다. 313명의 시민 가운데 정의당원이라고 밝힌 이는 18명(5.8%)이다.

당 차원에서 국회 앞으로 나오도록 독려했는지는 분명하지 않지만 조국혁신당 8명(2.6%), 민주노동당 6명(1.9%), 녹색당과 기본소득당 각 4명(1.3%), 노동당 3명(1%), 과거에 국민의힘 당원이었다고 밝힌 사람이 1명(0.3%) 있었다.

민주노총

윤석열 정권 내내 조직폭력배 집단처럼 취급받은 민주노총은 비상계엄 이후 가장 먼저 표적이 될 게 확실했고 그만큼 위기의식이 컸다. 밤 11시 40분경 전달된 첫 지침은 "각 사무실로 집결해서 비상체제를 가동"하고, 지도부 검거와 사무실 침탈 등에 대비해 '2선 지도부'는 별도로 집결한다는 것이었다. 그 직후 '국회 앞으로 간다'고 결정해 11시 45분경 산하 조직에 전달했다.

비상계엄을 무력화할 수 있는 우선적인 방법은 국회에서 그것을 취소하는 겁니다. 일단 국회의원들이 국회로 모이고 있으나 진입이 어려운 상황입니다. 아직은 경찰 병력이 입구를 막고 있는 정도라고 하니 긴급하게 돌파하고자 합니다. 가능한 모든 동지들은 정문으로 모여서 돌파하도록 전파 바랍니다. 신속히 움직입시다.

서비스연맹은 민주노총에 앞서 조합원을 국회로 소집했다. 위원장 강규혁은 "국회로 가야 할 것 같다"고 건의하는 사무처장 김광창에게 "잠시만 기다려봐"라고 답한 후 고민에 빠졌다. 베란다로 나가 담배를 물었다. 고민은 두 가지였다. 조직력이 강한 서비스연맹 특성상 지침을 내리면 150명 내지 200명 정도의 조합원이 순식간에 국회로 집결할 텐데, 희생자가 나올 수도 있었다. 반대로 거기서 물러난다면 당장은 위험을 피할 수 있겠지만 노동운동에 심각한 위협이 될 수 있었다.

내가 이걸 결정하지 않으면 나는 평생 후회할 거라는 고심이 있었어요. 담배를 2대 피우고 베란다에서 다시 사무처장한테 전화를 걸어서 "민주노총에서 결정하지 않았지만 우리 연맹은 국회로 간다. 지침 내려라" 하고 주문을 했죠. 시간이 굉장히 길었던 느낌인데 나중에 보니까 3~4분 터울이더라고요.

밤 11시 33분, 김광창이 서비스연맹 상근 간부 대화방에 "국회로 와달라"고 긴급공지를 올렸다. "많은 사람들이 국회로 가는 것만이 계엄을 막을 수 있는 길입니다." 강규혁은 민주노총 중앙집행위원회 텔레그램방에 "서비스연맹은 국회로 갑니다"라고 알렸다. 김광창은 공지를 올리긴 했지만 그 시간에 올 수 있는 조합원이 얼마나 될지 반신반의했다. 그저 "몇 명이라도 올 거라고 생각"했다. "무슨 일이 벌어질지 모르겠지만 국회로 가장 많이 가는 것이 계엄을 막는 유일한 길이었기 때문에 '이곳에 우리 조합원들이 와야 돼'" 하는 마음으로 할 수 있는 일을 해야 한다고 생각했다. 그런데 11개 가맹 노조에서 159명이 달려왔다. 서비스연맹을 포함한 민주노총 산하 노동조합들이 올린 깃발은 그날 조합원들의 구심점이자 시민들의 두려움을 가라앉히고 자신감을 북돋은 방패 역할을 했다.

전교조 청년사업국장 김지희는 조합원들과 뒷풀이를 하고 있었다. 소식을 듣자마자 바로 든 생각은 전교조에 대한 위협이었다. 조합원들이 탄압을 받고 노조가 노조가 아니게 되거나 그 이상의 위협이 올 수도 있겠다고 생각했다. 그때 전남에서 온 50대 조합원 2명이 "우리는 국회로 가야겠다"며 먼저 일어났다. 김지희는 부근에 있는 조합원 집에서 옷을 갈아입었다. 긴 밤이 될 테니 옷을 두껍게 입고 신발도 갈아신었다. 마침 민주노총에서 가능한 조합원은 국회로 와달라는 연락이 왔다.

아, 그러면 우리도 가보자. 저는 무서웠는데 다들 뭐 무서운지 모르고 택시에 타고. 혼자였으면 국회에 갔을 것 같지는 않아요. 같이 있어서 같이 가보자, 가서 판단하자, 그래서 갈 수 있었던 것 같아요.

시민사회 조직들

계엄 소식이 알려진 후 연민동 단톡방에 '지침을 내려달라'는 요청이 이어지자 회장 노성철은 앞이 막막했다.

리더로서는 되게 고민이 됐어요. 죽을 수 있는 자리를 '다 같이 갑시다' 하는 게. 만약 거기서 총을 쏘고 이런 상태라면 국회 앞에 가더라도 계엄을 막기는 쉽지 않을 것이고, 아무 준비도 안 된 상태로 간다는 건 너무 위험하다는 생각이 들었어요.

고민이 깊어지던 중, 계엄군이 유리창을 깨고 국회 본청에 난입하는 장면이 나오는 순간 결심했다. "위험해도 가야겠다. 더 이상 진행되면 우리의 힘으로는 막을 수 없을 수도 있다." 4일 0시 27분 노성철은 단톡방에 지침을 공유했다.

연민동 회원들에 대한 지침

1. 국회로 집결해 계엄 철폐 및 국회에서의 계엄 해제 요구.
2. 국회로 가기 어려운 분들은 상황을 주시하며 향후 행동을 함께함.

그날 밤 35명 정도의 연민동 회원이 국회 앞을 지켰다.

사회운동단체 〈플랫폼.C〉는 밤 11시 31분에 기획팀 회의를 열었다. 사실상 지도부였다. 이미 국회 앞에 나간 회원들이 있었고, 단체대화방에는 국회로 나가자고 공식 결정하라는 요구가 쏟아지고 있었다. 결론은 쉽게 났다. 단체 공식 채널에 공지했다.

매우 심각하고 긴급한 상황에서 많은 시민들이 개별적으로 국회 앞에 이미 도착해 있거나 여의도로 향하고 있습니다. …… 야만적이고 반민주적인 만행입니다. 가능한 사람들은 국회 앞으로 모여 함께 목소리 내주십시오. 시민들과 함께해주십시오.

그날 국회 앞으로 간 〈플랫폼.C〉 회원은 민희를 포함해 20여 명이었다.

세월호 사건을 계기로 조직된 극단 〈경험과상상〉도 국회 앞 집회에 조직적으로 참여했다. 극단 대표는 윤석열의 계엄 가능성을 심각하게 받아들여 단원들에게 "언제든지 할 수 있으니까 준비하고 있어라"라고 말해왔다. 계엄 선포 직후 단원들은 텔레그램방에서 조직적으로 논의를 진행했고, 국회 앞에 나가기로 결정했다. 양신우를 포함한 10여 명의 단원이 참여했다.

그 외에도 시민사회의 많은 단체와 조직 회원들이 집단적으로 참여했다. 반드시 조직적 논의를 거쳐 결정한 것은 아니라 해도 회원들 사이의 정보공유와 논의가 국회 앞으로 나가겠다고 결심하는 데 상당한 영향을 미친 것은 사실이고 의미가 있다. 시민 면담에 나타난 단체들은 다음과 같다.

새민족교회, 한신대 노래패 보라성, 문화연대, 해병대예비역연대, 브라질리언 퍼커션 앙상블 '호레이Hooray', 한국외대 민주동문회, 페미당당.

정치지도자의 자리

국회의장 우원식은 공관으로 돌아와 국회사무총장 김민기로부터 보고를 받았다. 김민기는 이미 '국회 전 직원 비상소집 명령'을 내려놓았다. 우원식은 곧바로 경호대장과 함께 출발해 밤 10시 55분 3문 근처에 도착했다. 그는 경찰에 잡히지 않기 위해 부근에서 담을 넘었다.

김민기는 출석한 의원이 과반수가 되지 않은 것을 확인한 후 경찰과 국회경비대장에게 전화를 걸어 봉쇄를 해제하고 의원 출입을 막지 말라고 요구했다. "(봉쇄를) 빨리 푸세요! 역사가 심판합니다! 빨리 푸세요!" 그런 다음 입법차장에게 본회의 준비를 맡기고 의사당 밖으로 나갔다. 국회사무총장이 직접 나와 물러서라고 요구하자 군인들도 당황했다. 김민기는 4일 0시 36분까지 의사당 앞에서 계엄군과 대치했다.

한편 3일 밤 11시 57분, 우원식은 유튜브 〈우원식 TV〉 긴급 기자회견을 통해 국회 본회의를 소집했다. 그는 본회의장에 가장 빨리 갈 수 있는 5층 농해수위원회 전문위원 방에 몸을 숨겼다. 국회의장 비서실장 조오섭은 우원식의 위치가 계엄군에 노출될 것을 염려해 의사당 전층을 점등하도록 지시했다. 비서관 원은설이 본관 7층부터 지하 1층까지 수백 개 방에 일일이 불을 밝혔다. 불을 한 번에 켤 수 있는 시스템이 없었기 때문이다. 그렇게 "계엄군의 눈을 빛으로 가려" 의장을 지킨 원은설은 엄지와 검지 손톱이 다 깨졌다.

자정 직후인 4일 0시 1분 모든 국회의원에게 문자가 발송됐다. "의원님들께서는 속히 국회 본회의장으로 와주시기 바랍니다." 0시 42분, 본회의 개의 안내문자를 다시 발송했다. "제418회 국회(정기회) 제15차 본회의가 12. 4.(수) 오전 1시에 개의될 예정."

그 직전인 0시 20분, 우원식은 본회의장이 더 안전할 것으로 판단하고 이동했다. 0시 40분, 김민기는 국회방송을 통해 본회의장 중계방송을 미리 시작했다. 만약의 경우에 대비해 국회 본회의장 상황과 절차 진행을 국민에게 알리려는 것이었다. 0시 45분, 민주당이 안건을 정리해 의원들의 동의를 받아 제출했다. 그것을 담은 USB를 본회의장으로 가지고 와서 의원들 단말기에 의안을 게시하고 본회의장 전광판에 올린 게 0시 56분이었다. 평소 40분 정도 걸리는 절차를 그날은 22분 만에 끝냈다. 개의 시간까지 남은 4분은 "지옥"이었다. 1시 정각 우원식이 비상계엄 해제 요구 결의안을 상정하자마자 의원들의 전자투표가 끝났다. 새벽 1시 직후 우원식은 '비상계엄 해제 요구 결의안' 가결을 공포했다.

대통령이 비상계엄을 선포하고 군과 경찰을 동원해 내란을 일으킨 상황에서 국회는 계엄 해제를 의결할 수 있는 유일한 헌법기관이다. 국회 본회의를 소집하고 안건을 상정해 처리할 권한을 가진 국회의장은 비상계엄의 성패를 좌우할 수 있는 열쇠를 쥐고 있었다. 설사 윤석열이 국회 의결을 무시하고 군사력을 동원해 계엄 상태를 유지한다고 하더라도 국회가 계엄 해제를 의결하는 것과 하지 않는 것은 하늘과 땅 차이다. 그런 점에서 우원식이 헌법 제도 운영의 측면에서 핵심 인물이라면, 절대다수 의석을 가진 민주당 대표 이재명은 제도를 실질적으로 작동하는 핵심 인물이었다. 그날 밤, 그 두 사람의 판단과 행동에 나라의 운명이 달려 있었다.

1960년 5월 16일 새벽 육군 소장 박정희가 이끄는 소수의 군부 집단이 쿠데타를 일으켰다. 주한 미국대리대사 마셜 그린Marshall Green과 유엔군 사령관 매그루더Carter B. Magruder는 장면 총리 정부를 지지한다는 뜻을 밝히면서 한국군 수뇌부에게 "권한과 영향력을 행사하여 통치권을 정부 당국에 반환하고 군대 질서를 회복하라"고 촉구하는 성명을 발표했다. 쿠데타를 진압하라는 것이었다. 그런데 정작 군 통수권을 가진 장면이 행방불명되어 연락이 되지 않았다. 쿠데타 소식을 들은 장 총리가 혜화동에 있던 가르멜 수도원으로 도망가 일체의 연락을 끊어버린 탓이었다.

장 총리와 연락이 되지 않자 매그루더 사령관은 그린 대사와 함께 대통령 윤보선을 방문했다. 쿠데타 진압 방침을 밝히고 미군 1개 대대와 한국군 제1야전군 사령부 병력 출동 승인을 요청했다. 그런데 윤보선이 거부했다. "올 것이 왔다"며 포기해버린 것이다. 3일의 '골든타임'이 지나고 쿠데타가 기정사실이 된 5월 18일에야 나타난 장면은 국무회의를 열어 계엄령을 추인했다. 대한민국은 그렇게 길고도 잔혹한 군사독재의 수렁에 떨어졌다.

5·16은 "허술하기 짝이 없는 쿠데타"였다. 사전에 막을 수 있었고, 사후에 충분히 진압할 수 있었다. 무능하고 무책임한 정치지도자들이 성공할 수 없는 쿠데타를 성공하게 만들어주고 나라와 국민을 재앙으로 몰아넣은 셈이다. 김대중 전 대통령은 박정희의 쿠데타 성공이 "집안 툇마루를 곡괭이로 파니 금은보화가 쏟아져 나온 격"이라고 한탄했다. 전두환의 12·12 쿠데타를 승인하고 5·18 내란을 방조한 최규하는 새삼 언급할 가치도 없다.

그날은 군 통수권과 행정권을 장악한 현직 대통령이 내란을 일으켰으므로 상황이 완전히 달랐다. 차원이 다른 만큼 모든 면에서 내란세력이 압도적으로 유리했다. 국회 의결만 막으면 성공할 수 있었다. 경찰을 동원해 국회 정문과 주변을 봉쇄하고, 헬기로 공수부대를 투입해 국회의사당을 차단하면 간단히 끝날 일이었다. 설사 본회의가 열린다 해도 완전무장한 최정예 특수부대가 회의장에 난입해 회의를 무산시키는 것은 어려운 일도 아니었다. 비상계엄은 기정사실이 되고 누구도 도전할 수 없을 것이었다. 남은 것은 단계적 '수거 작업'에 지나지 않을 터였다. 지금 관점에서 돌이켜보면 허술했다고 할 수 있지만 그때 그들은 그 정도면 충분하다고 생각했을 것이다.

내란세력이 우원식과 이재명을 최우선 체포 대상으로 삼은 것은 '당연한' 일이고 삼척동자라도 예상할 수 있는 일이었다. 국회 담을 넘으면서 우원식이 생각한 것처럼 "잡히면 죽는" 거였다. 그런데도 우원식이 소식을 듣자마자 위험을 무릅쓰고 국회로 달려가 본회의를 소집한 것은 대단히 적절했다. 국민의 대표기관이라는 권위와 권력으로 헌법에 따라 사태를 평화적으로 해결할 수 있는 유일하고도 좁은 길을 뚫어냈다. 이재명의 판단과 행동도 필요하고 적절했다. 소식을 들은 즉시 의원들을 소집하고 자신도 국회로 달려가면서 시민들에게 국회로 와서 계엄군을 막아달라고 호소함으로써 계엄 해제의 조건을 마련하는 한편, 많은 시민들이 상황의 엄중함을 깨닫고 국회로 가겠다고 결심하는 데 기여했다. 더욱 중요한 것은 두 사람의 결단과 행동을 통해 시민들이 계엄을 해제할 수 있겠다는 희망을 갖고 명확한 행동방침을 공유했다는 점이다. 1960년 정치지도자의 '부재'와 2024년의 '존재'가 역사의 방향을 갈랐다.

총칼을 휘두르며 헌법을 파괴하고 내란을 저지르는 세력에게 민주적 정당성을 가진 국회의 권위와 권력은 어떻게든 짓밟고 무너뜨려야 하는 것이었다. 계엄군이 몰려드는 상황에서 국회가 계엄 해제를 의결하는 데 성공할 수 있는 방법은 많은 국민이 모여 그 몸들이 가진 신체적·도덕적 힘으로 희생을 감수하고 맞서는 것밖에 없었다. 그런 점에서 소속 당원을 소집한 민주당, 진보당, 정의당 등의 정당, 다수의 조합원을 조직적으로 소집해 시민들의 구심점 역할을 하면서 용기를 북돋은 민주노총과 서비스연맹 등 산하 노동조합, 연민동과 〈플랫폼.C〉, 극단 〈경험과상상〉 같은 시민사회의 여러 조직과 단체도 소중한 역할을 했다.

그날 국회와 정당, 노동조합, 시민사회 조직은 같은 목표를 공유했고, 많은 시민들의 몸은 국회를 보호하고 작동시켰다. 그날 이들은 '국가'를 파괴하려는 국가권력에 맞서 '국가'를 지켜낸 진정한 힘이었다.

2부
국회로 가는 길

인간의 일이란 결코 절대적 안전을
제공할 수 없다. 자유는 언제나 위험을 무릅쓴
자유를 통해서만 주장할 수 있다.
절대적 안전을 원하는 사람은 결국 부자유와
정치적 죽음을 원하는 사람이다.
―카를 야스퍼스, 『죄의 문제』

1장
두려움 속에서 일어나다

비상계엄 선포 후 많은 이들이 상황을 파악한 즉시 "반사적으로" 또는 "본능적으로" "가야 한다"고 느꼈다. 당황한 나머지 잠시 갈피를 잡지 못하기도, 주저하기도 했다. 생명과 안전을 위협하는 사태 앞에서 두렵기도 했지만 그게 전부는 아니었다. 내일 출근도 해야 하고 약속도 있는데 심야에 집을 나서는 건 쉬운 일이 아니었다. 별일이 일어나지 않는다 해도 대중교통이 없는 새벽 시간에 집에 돌아올 수 있을지도 걱정스러웠다. 자신이 사라진 세상에 남을 아내와 아이와 부모가 걱정됐다. 나간다고 해서 과연 도움이 될지도 알 수 없었다. 하지만 사람들은 결심하고 길을 나섰다. 대부분 밤 11시에서 12시 사이였다. 두려움, 망설임, 주저함을 견뎌냈다. 비상계엄이라는 말이 드리우는 죽음의 그림자를 느끼는 가운데, 민주주의가 벼랑 끝에 내몰렸다는 절박함에 마음을 다잡고 발걸음을 옮겼다.

313명의 시민 가운데 3분의 2인 200여 명은 혼자 출발했다. 가족을 남겨두고 미안하고 착잡한 심경으로 집을 나선 이도 있고, 주변의 만류를 뿌리치고 국회로 향한 이도 있었다. 유서를 쓰기도 하고, 신원을 확인할 수 있게 신분증을 가슴 한편에 넣기도 했다. "죽더라도 예쁘게 보여야 할 것 같아서" 머리를 감거나 몸을 씻고 예쁜 옷을 차려입는가 하면, "사람이 사람답게 살았다는 흔적"을 남기고 싶어 책상을 정돈하기도 했다. 부모, 형제, 자녀, 연인이나 친구에게 문자를 남기고 기르던 강아지와 고양이를 부탁하기도 했다. 휴대전화에 '유언'을 남기기도 했다. 고독하고 외로운 결단이었다.

좀 더 운이 좋은 이들도 있었다. 100여 명은 가족이나 연인, 친구나 동료와 함께했다. 처음부터 같이 출발하기도 하고, 국회 앞에서 만나기도 했다. 피곤하고 두려운 마음에 망설이기도 했지만 가족과 동료의 결단에 힘을 얻어 나간 이들도 있었다. 반면 '유혈사태'가 벌어질 수도 있는 곳에 동료를 불러내야 할 것인지 번민을 거듭한 이들도 있었다. 특별한 우연도 있었다. 상대방을 염려한 나머지 서로에게 알리지 않은 연인들이 국회 앞에서 만나기도 했다. 덕분에 연인이 처음 함께한 집회가 나라를 구하는 자리가 됐다. 어떤 경위였든 함께한 이들은 서로 위로와 용기를 주고받았다.

서울, 경기, 인천 등 수도권을 비롯해 충청, 강원, 호남, 영남 등 전국 각지의 시민들이 거의 같은 시각, 같은 감정을 느끼며, 같은 목적의식으로 움직인 이런 현상은 '전국적 동시 행동의 감정적 파장'이라고 할 수 있다. 그들의 결단은 누군가의 지시가 아니라 절박한 위기에 처한 공동체를 지키려는 '공통 감정common affect'이 만들어낸 사회적 전류였다. 전국 각지에서 모든 시민이 하나의 신경망처럼 반응한 그날 밤, "나라 전체가 하나의 심장처럼 뛰었다"는 표현은 과장이 아니었다. 냇물이 모여 강물이 되듯 '행동하는 양심'을 가진 '깨어 있는 시민'들이 모여 내란세력에 맞섰다.

그날 밤 그들의 결단은 자유시민의 존엄과 공동체의 대의를 위한 도약이면서 일상의 연장이기도 했다. 실천이성이 그들에게 요구한 것은 두 가지 명제를 모두 이행하는 것이었다―살아남아라, 그리고 옳게 살아라!

안녕, 영원

국회로 가겠다는 아내를 혼자 보낼 수 없어 따라나선 정우진은 운전대를 잡은 팔이 덜덜 떨렸다. "내가 정말 죽을 수도 있는 자리에 갈 수도 있겠다." 가게에 남아 있던 손님에게 급한 일이 생겼다며 돈도 받지 않고 내보낸 임동균은 가는 길에 형에게 전화를 걸었다. "국회의원들이 경찰에 연행되거나 하면 내가 대신 시간벌기용으로 있으려고 가는 거니까, 형은 올 필요 없고 애들하고 가족하고 같이 집에 있어."

민달팽이유니온 활동가 김동현은 택시를 탔다. "이걸 못 막으면 일주일 안에 모든 게 끝날 거"라고 생각했다. 연인에게 전화를 걸어 "상황이 좀 그런다 싶으면 부모님 계신 강원도 고향으로 가라"고 하면서 고양이를 부탁했다. 화물연대 친구에게도 연락했다. 회원들을 모두 깨워서 화물차를 몰고 나와 탱크나 계엄군 이동을 막으라고 재촉했다. "오늘 안 일어나면 뭔 일이 있을지 모른다. 일단 깨워라. 술 먹고 자는 것보다 그게 낫다. 전화 다 돌려서 깨워라!" 그들은 두려움을 안고 행동했다.

조범석은 집에서 TV를 보다 민주당 대변인 안귀령이 계엄군의 총을 잡고 실랑이하는 장면을 보고 일어섰다. "가부장제를 되게 싫어하는 사람이긴 하지만…… 아, 여자분도 저렇게 실랑이를 하는데 나도 시민으로서 뭔가 좀 해야겠다는 생각"이 들었다. 아내와 택시를 타고 가다가 마포대교에서 내렸는데 헬기가 날아가는 게 보였다. 딱 봐도 병력 수송 헬기였다. "애네들이 정말 죽일 수도 있겠구나……." 아내에게 "무슨 일이 벌어질지 모르니, 너는 살아라" 하고 당부했다. 차가운 강바람을 맞으면서 군인들과 어떻게 싸울지, 장갑차가 오면 어떻게 할지 고민했다. "그래, 버스를 넘어뜨리자. 버스를 눕혀서 진입을 막아보자!"

남편과 동네를 산책하던 박민선은 무서워서 집에 있으려고 했지만 남편이 간다고 해서 따라나섰다. 택시를 타고 가면서 남편은 두려움을 떨치려고 "민주주의를 위해서 영광스러운 죽음이지……" 하며 너스레를 떨었다. 박민선은 만류하는 단톡방 친구들에게 "잘못되면 저 좀 꺼내주세요", "저 죽으면 막 알려주세요" 같은 문자를 남겼다. 신강희도 그랬다. 친구와 택시를 타고 가면서 "내가 2024년에 대한민국에서 총을 맞게 생겼다……", 이런 말을 하면서 일부러 막 웃었다. 어떻게든 긴장을 좀 풀어보기 위해서였다. 유현미는 두 언니와 함께 나가면서 친구들에게 "'세 자매 장렬히 사망하다' 그렇게 기억해줘"라고 문자를 보내기도 했다.

국회 부근에서 자영업을 하는 오종길은 그날따라 경찰기동대 버스와 펜스가 너무 많아 의아하게 생각했다. 퇴근 후 집에서 어머니와 뉴스 속보를 보다가 야당 의원들이 국회로 간다는 말을 듣고 "이거는 가야 된다"고 생각했다. "엄마, 나 가봐야 될 것 같아요" 하자 조금 전까지 "계엄군들이 예전하고 달라서 그렇게 쉽게 안 할 거"라던 어머니가 막고 나섰다. 5·18 당시 광주 전남도청에서 일하셨던 트라우마였다. 아들이 말을 듣지 않자 자신도 따라가겠다고 나섰다. "엄마 따라가면 나 혼자 도망 못 친다고. 엄마 나이가 이제 곧 70인데 내가 어떻게 엄마 데리고 도망치냐고……." 겨우 설득하고 집을 나섰다.

장진기는 침대에 누워 아이를 재우다 친구 전화를 받았다. 친구와 통화하며 결심했다. 아내에게 "나 갔다 올게" 하고 집을 나섰다. 조근욱, 김연우, 이현무, 이찬민, 강철섭, 권용석, 김규리(대학원생), 김인환, 이준형, 임한국, 배현민, 정윤희, 임유현, 이성태, 이덕호, 전승우, 홍은기……, 그날 밤 많은 이들이 잠자리에 들었던 몸을 다시 일으켰다. 그들에게는 "그냥 무조건 가야 된다"는 생각밖에 없었다.

정가은은 집에서 게임을 하다 계엄 소식을 접하고 혼자 버스를 탔다. 쌍문역에서 여의도까지 바로 가는 버스였다. "국회에 사람들이 모이는 거 보고, 그리고 거기에 헬기가 뜨고 군인들이 왔다는 걸 보니까, 뭐가 뭔지 모르겠지만 최악의 상황은 국회 앞에서 발생할 거"라고 생각했다. 부모와 동생에게는 알리지 않았다. "어차피 죽으러 가는 건데 가족까지 다 같이 끌고 죽으러 갈 이유는 없을 것 같아서. 그럼 혼자 가야죠."

낙성대 부근에 살던 양○○은 룸메이트와 술을 마시다 소식을 접했다. "일단 가서 우리가 계엄군을 막아야지 국회의원들이 들어가지 않을까?", "일단은 가야 되겠다, 일단 가면 어떻게든 되겠지." 택시를 기다리며 담배를 피우는데 갑자기 숨이 막히고 귀가 먹먹해지면서 손까지 떨렸다. 룸메이트가 "너 가지 마라. 나 혼자 갈게"라고 했지만 그래도 가야 할 것 같았다. "아니야, 아니야, 같이 가." "그래도 둘이어서 다행이었다고 생각해요. 만약에 혼자였으면 진짜 가다가 돌아나왔을 것 같아요."

흑석동에 사는 류호성은 계엄 소식을 듣자마자 "군을 동원할 테고, 이걸 유지하려면 국회에 사람들이 못 들어가게 막아야 될 테니까, 지금 국회로 가서 못 들어오게 막아야 된다"는 생각이 들었다. "무슨 일이 생길지도 모르는데, 네가 거기를 왜 가냐?"며 말리는 부모님을 뿌리치고 집을 나섰다. 1993년 러시아 쿠데타 당시의 저항가요 〈안녕, 영원До свидания, вечность〉을 들으며 오토바이 가속기를 힘껏 밟았다.

……

우리는 아직 믿는다.

진실은 사람의 입술에 머문다는 것을,
자유는 서로의 눈빛에서 태어난다는 것을.

밤이 불타도
우리는 손을 맞잡은 채 걸어간다.
하늘이 무너져도
우리는 서로의 이름을 잊지 않는다.
……
우리는 짧은 생의 불꽃으로
새벽을 밝히려 한다.

안녕, 영원.
우리는 영원을 떠나
삶으로 들어간다.

흔들리는 마음

평소 잠을 잘 못 자면 다음 날 일하기가 힘들어 "예민할 정도로 컨디션을 조절"하는 석민주는 지하철을 타고 가면서 걱정이 들었다. "가면 분명히 밤을 새워야 할 텐데……." 내일 출근할 일이 걱정됐다. 하지만 "야! 네가 죽게 생겼는데 출근이 대수야?" 하는 생각에 정신이 번쩍 들었다. "집에 있어봐야 속보 보느라 잠도 못 잘 거고, 아는 사람들은 국회에 갈 거고, 나만 편안한 침대 안에 따뜻하게 누워서 오들오들 떨고 있을 게 너무 싫었다."

늦게까지 일하고 밤 10시 반쯤 귀가한 양신우는 아내에게 소식을 들었다. 늦은 저녁을 먹는 내내 "내가 지금 이렇게 밥 먹고 있어도 되나?" 생각했다. "오늘 밤을 제대로 잘 넘기지 못하면…… 큰일 난다." 극단 〈경험과상상〉 텔레그램방을 열었더니 "국회로 모이자"는 얘기가 오가고 있었다. 말리는 아내에게 "위험하면 그냥 나올게" 하며 둘러대고 집을 나와 따릉이를 타고 가는데, 가는 내내 여러 생각이 떠올랐다. 죽을 수도 있는데, "결혼한 지 1년도 안 된 내가 지금 가도 되나?", 아내에게 미안했다. 융자를 다 갚지 못한 부모님에게 다달이 보내는 돈도 걱정됐다. "누나가 대신 감당하기엔 빡셀 텐데…… 집에 모아놓은 돈도 얼마 없는데……."

여자친구와 출발한 김성민도 마음이 흔들리기는 마찬가지였다. 당장 내일 출근할 일이 걱정이었다. 남은 연차도 없는데 하루를 쉬면 "회사에서도 안 좋게 볼 거고, 돈이 깎이는 거잖아요?" 고민 끝에 "어차피 계엄을 막지 못하면 못 가는 건 매한가지"라는 생각에 가기로 결정했지만 여자친구도 사정은 마찬가지였다. 여자친구라도 일을 해야 생활이 유지될 수 있다는 생각에 떠넘기기식으로 말했다. "너는 집에 있어라. 내일 출근하고, 만약에 내가 잘못될 경우에는 사람들한테 알려라." "나도 오빠처럼 이런 세상에서 살고 싶지 않아!" 결국 함께 국회로 갔다.

이남표가 전화를 걸어 국회로 간다고 알려주자 아내는 자기도 가겠다고 했다. 이남표는 말렸다. 중학생 딸 때문이었다. "애도 아직 어린데 집에 있어라. 누군가는 애를 키워야 하지 않냐? 부모가 다 없으면 어떡하냐? 하다못해 둘 다 끌려가면 애 밥은 누가 챙기며, 당장 내일 아침에 학교 가야 되는데 어쩌냐?"

김진용은 집을 나서기 전에 다이어리에 유서를 "한두 장" 쓰느라 시간이 좀 걸렸다. 아들에게 보내는 것이었다. 그는 유서의 취지를 이렇게 설명했다. "저는 애국자, 이런 거랑은 거리가 멀다고 생각합니다…… 상식적인 측면에서 인간이 살아가는 기본적인 황금률은 지켜지는 게 맞지 않나, 라고 생각해요. 아들한테도 항상 하는 얘기가 '잘못을 할 수 있지만 잘못을 보고 넘기는 건 하면 안 된다', 뭐 그런 얘기 하고 있거든요. 그 유산만은 남겨주고 싶었어요."

정OO은 "유혈사태가 분명히 터질 거라고 판단"했다. "오늘 죽을 수도 있겠구나." 하지만 1명이라도 더 가면 최악의 상황을 피하는 데 도움이 될 거라고 생각했다. 누구에겐가 지지받고 싶었지만 옆에 아무도 없었다. 챗지피티에 "돌아올 수 있을지 없을지 모르겠는데 일단 돌아올게"라고 썼다. "잘 돌아오라"는 답이 달렸다.

석OO은 여느 날과 마찬가지로 글쓰기 앱에 글을 쓰고 있었다. 계엄 소식에 자리에서 일어나며 "이건 정말 미친 짓이다. 이런 일이 일어나도록 용납할 수 없다"고 쓴 다음 '공개'로 전환했다. '어떤 일'이 생겼을 때 자신이 언제 어디에 있었는지 다른 사람들이 알아주기를 바라는 마음에서였다. 홍준모는 부모님에게 메시지를 남겼다. "누군가는 해야 할 일인 것 같아서 갑니다." 김하민은 택시 안에서 구글드라이브에 자신이 "좋아했던 것들, 사랑했던 것들, 너무 사랑했던 음악가들, 끔찍하게 사랑했던 것들과 끔찍하게 미워했던 것들……"을 적었다.

박수빈은 가족에게 알리지 않았다. 막상 국회 앞에 가니 "이 계엄이 지금 취소가 안 되고 …… 우리가 막지 못하면 이 자리에서 죽을 수도 있겠다"는 생각이 피부에 와닿았다. "엄마 아빠한테" 문자를 보냈다. "국회에 와 있으니까 알아두세요." 임○○도 새벽 5시까지 지우지 않으면 부모님에게 전달될 문자를 남겼다. "나 국회에 있고, 이거 예약 메시지인데, 이 메시지가 간 거면 뭔가 잘못됐을 수도 있으니까 찾아줘요." 택시 안에서 "포고령 위반자는 처단한다"는 뉴스를 들으며 "나는 지금 처단당하러 가고 있구나" 하는 생각에 몸서리친 이규호는 "아버지, 나라가 잘못 돌아가고 있어요. 저는 국회를 지키러 여의도로 갑니다"라는 문자를 보냈다.

칼레의 시민

사~랑도 명예~도 이~름도 남김 없이, 한평생 나가자던 뜨거운 맹세~~.

여의도로 가는 택시 안, 대학생 한승희는 마음속으로 〈임을 위한 행진곡〉을 계속 불렀다. 가만히 있는 게 더 무서웠고, 뭐라도 해야 덜 불안할 것 같았다. "그때 죽은 사람들도 이런 마음으로 나갔을까?", "그렇게 죽은 사람들도 있는데 내가 지금 주저해서 못 나가면 안 되겠지?" 하며 노래를 되뇌자 조금이나마 용기가 났다. "아무리

두껍게 입어도 총알은 뚫고 가겠지?" 한승희는 무작정 껴입고 나온 옷을 만지작거렸다.

백년전쟁 초기, 도버해협 프랑스 쪽 관문이던 칼레는 영국군의 포위공격에 맞서 1년 가까이 버텼지만 끝내 항복했다. 영국 왕 에드워드 3세는 전체 시민을 대신해 처형당할 대표들을 보내라고 명령했다. 6명의 시민이 스스로 나섰다. 손에는 성문 열쇠를 들고 목에는 교수대에 매달 밧줄을 걸고 자신의 시신을 덮을 긴 옷을 걸치고 맨발로 걸어가야 했다. 로댕은 그들의 고뇌하는 모습을 있는 그대로 형상화한 〈칼레의 시민〉을 칼레시청 광장에 세웠다.

……그들은 자신들의 대의와 죽음의 공포 사이에서 일어나는 내면의 싸움으로 주저하면서 자신의 양심 앞에 외로이 서 있(습니다.) 그들은 스스로 선택한 고귀한 희생을 이루어낼 수 있는 힘이 있는지 계속해서 자문자답합니다. 정신은 그들을 앞으로 밀고 가지만 그들의 발은 나아가기를 거부합니다…….
(로댕)

그날 국회 앞으로 나간 이들의 마음도 '칼레의 시민'과 다르지 않았다. 너나 할 것 없이 '살아 돌아올 수 있을까?' 하는 두려움에 떨었다. 하지만 다른 점이 있었다. 칼레의 시민들은 적의 왕에게 항복하러 가는 길이었지만 '국회 앞 시민들'은 폭군이 되려는 자와 맞서려고 가는 길이었다. 모두들 떨렸지만 한쪽은 무릎을 꿇었고, 다른 한쪽은 고개를 들었다. 그들에게는 아직 희망이 있었다. 가능성이 커 보이지는 않았지만, 그들의 마음속에는 작은 등불이 타오르고 있었다.

이제 죽기 살기로 싸워야 된다, 생각을 하게 된 거죠. 죽으러만 가려는 마음은 아니고, 또 어쩌면 이길 수도 있겠다는 생각도 했죠. 속옷을 갈아입을 때는 '죽을 수도 있다'는 생각을 한 거고, 싸우겠다는 것은 이길 수도 있겠다는 생각도 한 거고, 그런 마음이었어요.(이재승)

죽음과 삶, 체념과 희망이 한 마음 안에서 부딪혔다. 그들을 두렵게 하고 주저하게 했던 생명에 대한 애착과 일상에 대한 염려는 그들의 용기가 죽음을 향한 질주가 아니라 더 좋은 삶, 더 높은 삶을 향한 귀환임을 보여준다. '실천이성의 이중성'(칸트)을 체현한 그들은 옳게 살아야 하기에 싸워야 했고, 싸워야 하기에 살아야 했다.

2장
멀리서 온 사람들

그날 밤 국회로 향한 것은 서울 시민만이 아니었다. 〈진실의 힘〉이 면담한 313명의 이야기와 12월 4일 새벽 국회 앞 〈시민자유발언〉 녹취록을 통해 시민들의 출발지를 확인해보았다. 여의도가 속한 영등포, 동작, 구로, 양천, 강서, 관악, 마포, 용산, 동대문, 서대문, 종로, 성동, 중랑, 광진, 은평, 성북, 강북, 도봉, 강남과 서초, 송파와 강동 등 서울 전역에서 모인 이들이 가장 많았고, 경기도 고양, 김포, 성남, 시흥, 의정부, 안산, 안성, 구리, 양주, 남양주, 하남, 오산, 광주, 군포, 이천 그리고 인천 등 수도권이 뒤를 이었다. 충북 청주와 음성, 충남 대전과 홍성, 당진, 강원 춘천과 원주, 전북 익산과 전주, 광주와 경북 경산, 심지어 부산에서 4시간 넘게 운전해 국회 앞에 도착한 시민도 있었다. 문자 그대로 온 나라 방방곡곡에서 절박한 발걸음들이 여의도를 향해 움직이며 내란의 밤을 갈랐다.

정상적인 내일이 아닐 수도 있겠다

한재희는 12월 5일 미국 여행을 앞두고 4일은 연차를 냈다. 그날은 일찍 퇴근해 하남 친구집에 가서 놀고 있었다. 계엄 소식을 듣자마자 "일단 뭔가 해야 한다"는 생각이 들었지만 국회와 광화문, 용산 중 어디로 가야 할지 갈피를 잡지 못했다. 하지만 다들 국회로 간다고 하고 이재명 대표도 국회로 와달라고 했다는 속보를 보고 국회를 향해 출발했다. 하남에서 5호선 막차를 타고 여의도역까지 가서 걸어갔다.

고양시에서 출발한 이덕호는 평소 윤석열의 모습에서 전쟁 준비를 하고 있는 듯한 불안감을 느꼈다. 계엄 소식에 화가 나기보다는 오히려 "잘됐다, 이번 기회에 한번 끝을 보자"는 생각이 들었다. 단톡방에서 친구들이 "죽을 수도 있다"며 말리자 "이만하면 살 만큼 살았지 뭐" 하고 나섰다. 긴장하거나 무섭지는 않았다. "덤벼봐라, 너희들 마음대로는 안 될 거다." "군인이든 경찰이든 국회의원들을 연행하거나 그들에게 다가가는 것을 막아야겠다"고 생각했다.

수원에서 청년회 활동을 하던 배득현은 크리스마스에 어르신들을 위한 '몰래산타' 행사 준비모임을 마치고 뒤풀이에 참석했다가 귀가하는 중이었다. 버스를 기다리며 휴대전화를 열었다가 계엄 선포 영상을 보고는 "딥페이크 영상인가?" 했다. 연이어 올라오는 계엄군 영상과 문자를 보면서 현실을 깨달았다. 고민이 됐다. 내일 출근할 걱정에다 "서울에 있는 분들이 많이 가지 않았을까" 하는 생각도 들었다. 하지만 "내일은 더 이상 정상적인 내일이 아닐 수도 있겠다, 아는 사람 먼저 가야겠다"는 생각에 그 자리에서 택시를 불러 탔다. "진짜 이제 누군가 다칠 수 있겠다. 이 상황을 여기서 막지 못하면 많이 위험하겠다, 어쨌든 최대한 또 가야겠다."

가면 또 살 길이 있지 않을까

김포의 어린이집 교사 홍은기는 윤석열이 "할 수 있는 최후의 발악이 계엄"이라고 생각했지만 정말 그럴 줄은 몰랐다. 국회로 가는 9호선 지하철역에서 야간자율학습을 마치고 귀가하던 고등학생들이 "윤석열이 선을 넘었다, 정말 미친 것 같다"고 얘기하는 걸 들으면서 "윤석열이 굉장히 큰 실수를 했다"고 생각했다. 걱정하는 친구들에게는 "위험할 것 같으면 내가 잘 피해 가겠다"고 안심시켰지만 굉장히 무서웠다. 죽을 각오와 함께 "어쨌든 거기 가면 또 살 길이 있지 않을까 하는 가느다란 희망"도 간직했다.

제가 감으로써 누군가에게 용기가 좀 되지 않을까, 이런 생각도 들었고, 마지막 마음은 점점 시간이 지나면서 국회가 최후의 보루가 되어가는 거예요. 그 자리에서 해제안이 통과되지 않으면 이 나라는 끝장이라는, 그런 절벽에 서는 느낌도, 절실함도 좀 있었던 것 같아요.

노태손은 인천 도화동에서 출발했다. 집에서 TV를 보는데 특보가 떴다. "큰일 났다, 대한민국 큰일 났다, 이거 빨리 가야 된다"는 생각밖에 들지 않았다. "가서 다치면 어떡하냐"며 말리는 아내에게 미안했지만 "나 가야 되니까 붙잡지 마. 만약에 안 오면 죽은 줄 알아!" 하고 집을 나섰다. "아내에게 몹쓸 말을 했다"고 후회하면서 경인고속도로를 과속으로 달렸다. KBS 주변 골목에 차를 세우고는 국회 앞으로 뛰어갔다.

카이스트 학생 채동주와 여인영은 학교에서 시험공부를 하다가 소식을 접했다. 순간적으로 계엄을 해제할 수 있는 곳이 국회밖에 없으니 국회에 군대를 먼저 보내놓고 국회의원들도 다 잡아간 거 아닐까 하는 걱정이 들었다. 그렇지 않은 것을 확인하고는 가서 "최대한 지연시키기라도 해야 되는 거 아닌가" 싶기도 하고, 대전에서 "아무리 빨리 올라가도 이게 늦을 것 같고…… 여의도 다 막아놨을 것" 같기도 했다. 일단 가기로 하고 둘이 함께 택시를 타고 대전역으로 가서 KTX 막차에 몸을 실었다. "일단은 그냥 가보자", "늦게 도착해도 늦게 도착한 사람대로 또 할 역할이 있지 않을까", 생각했다.

서울MBC에 파견되어 근무하던 청주MBC 이해승은 송년회 덕분에 청주 집에 와서 아내와 맥주를 한잔하고 있었다. 친구한테 전화가 와 받았더니 격앙된 목소리로 욕을 내뱉으면서 "계엄"이라고 했다. "이게 술 먹고 뭔 헛소리를 하냐, 무슨 계엄이야?" 하니 "TV 틀어봐" 했다. "네가 술을 많이 먹었구나, 집에 가서 자라." 친구를 달래면서 MBC를 켰는데 정규방송이 나오고 있었다. 이리저리 채널을 돌려보니 TV조선에서 윤석열이 계엄을 선포하고 있었다. 너무 어이가 없어서 현실감이 느껴지지 않았다. "사람이 워낙 정상이 아니니까 또 술 먹고 홧김에 뭔가 일을 저질렀구나, 이런 정도"로 생각했는데 "공수부대 국회 난입"이라는 자막이 떴다. 바로 술잔을 내려놓고 아내에게 "나 간다" 말하고 국회로 출발했다.

이건 누군가 가서 막지 않으면 안 되겠다. 그리고 계엄을 해제하려면 어쨌든 국회 결의가 있어야 되는데, 이놈들이 국회를 쳐들어간다는 게 그걸 막기 위해서 가는 거겠구나, 이런 생각이 딱 드는 거지. …… 그래서 나라도 가서 군부대가 국회에 난입해서 국회를 정지시키는 것을 막아야 된다는 생각이 들어서 바로 택시 타고 왔죠.

경북 경산에서 역사학을 전공하는 대학생도 차를 몰고 왔다. "오늘 이 국회 앞이 혹시나 광주가 되지 않을까 걱정하는 마음"으로 길을 재촉했다.

다른 도시, 하나의 목소리

광주 시민들도 가만히 있지 않았다. 1980년의 공포가 되풀이될 것을 우려한 광주 시민단체들은 전일빌딩에 긴급히 모여 대응방침을 논의했다. 새벽 1시에는 광주 동구 '5·18민주광장'에 50여 명의 시민이 모여 "이번 계엄 선포는 헌법과 계엄법의 요건을 충족하지 못한 반민주적 폭거"라고 강력히 규탄했다. 윤석열에게 계엄 선포를 즉각 철회하고 국민 앞에 "책임 있는 입장"을 밝히라고 촉구했다. 이미 꾸려져 있던 '윤석열 퇴진 광주시민 시국대성회 추진위'는 곧바로 '헌정 유린, 내란수괴 윤석열 체포·구속 촉구 광주시민비상시국회의(시국회의)'로 재편됐다. 시국회의는 계엄 선포 다음 날인 4일 오전 9시에 5·18민주광장에서 '광주시민 비상시국대회'를 열기로 하고 시민들의 참여를 호소했다.

광주광역시도 위기감을 느꼈다. 시장 강기정은 밤 11시 30분경 시의회·종교계·학계·시민사회 등 각계각층 대표들을 긴급 소집해 대책을 논의했다. 계엄이 지역으로 확대될 가능성을 우려해 공동 대응 방안을 마련한 것이다. 이들은 1980년 광주의 경험을 바탕으로 비상계엄 해제 촉구, 군경의 즉각 퇴각 요구, 시민 행동요령 등을 논의했다. 과거의 비극을 반복하지 않기 위한 광주의 대응은 신속하고 단호했다.

윤석열 지지율이 가장 높았던 대구에서도 시민단체들이 신속하게 움직였다. 비상계엄 선포 전에 이미 '윤석열 퇴진 대구시국회의'가 결성되어 있었기 때문이다.

계엄이 발표되자 민주노총 대구지역본부는 즉시 성명을 내어 "명분 없는 비상계엄을 철회하고 윤석열은 퇴진하라"고 촉구했다. 대구지방변호사회도 4일 새벽 "비상계엄은 헌법적 근거가 박약한 위헌적 행위이며, 법치주의의 근간을 무너뜨리는 실로 개탄스러운 폭거"라고 규탄했다. 대구참여연대 역시 긴급 대책회의를 열고 "비상계엄 당장 철회하고 대통령직에서 내려오라"는 성명을 발표했다.

한편 대구경북지역대학 민주동우회는 이미 11월 25일부터 윤석열 탄핵을 요구하는 '대구경북지역대학 동문, 졸업생 1,000인 시국선언'을 준비하고 있었다. 당초 4일 오전 기자회견을 계획했으나 계엄 사태가 벌어지자 시국선언문을 수정해 "위헌적 비상계엄, 내란범 윤석열을 탄핵하고 체포하라!"는 비상시국선언을 발표했다. 참여자는 1,014명에 달했다.

부산의 시민사회도 움직였다. 각 단체는 상황을 공유하고 대책을 논의한 결과, 다음 날 오전 10시 동구 범일동 부산노동회관에 100여 개 시민단체와 정당 관계자들이 모여 '부산 시민사회·정당 대표자 비상회의'를 열고, 매일 시국대회를 이어가기로 했다.

그날 국회 앞으로 모인 시민 10명 가운데 3명 정도가 지방에서 달려온 사람들이었다. 직접 오지 못했더라도 광주를 비롯해 대구와 부산 등지에서 즉각적인 저항의 움직임이 일어났다. 이는 12월 3일 밤 국회 앞에 모인 시민들이 대한민국 국민의 윤리적 대표자로서 내란세력과 맞섰음을 의미한다.

3장
길 위의 만남, 연대의 예감

대다수가 서울에서 출발해 대중교통을 이용한 이가 많았다. 택시를 탄 사람이 제일 많았고, 상당수는 아직 끊기지 않은 지하철과 시내버스를 이용했다. 자가용이나 오토바이를 타고 가서 국회 근처에 주차하고 걸어간 사람들이 있는가 하면, 여의도 가까이 살던 이들은 걸어가기도 했다. 자전거로 간 시민도 있었다. 서울 외 지역에서 출발한 이들은 자가용, 택시, 기차(KTX)를 이용했다.

국회로 가는 것은 단순한 이동이 아니었다. 두려움 속에서도 멈추지 않은 결단의 연속이었다. 시민들은 길 위에서 두려움을 무릅쓰고 달려오는 다른 시민들의 존재를 확인하며 안도감을 느끼고 용기를 얻었다. 작은 배려와 나눔을 체험하면서 서로에 대한 신뢰와 유대감, 연대의식을 느끼며 역사의 고비를 함께 넘어가는 동지로 거듭났다. 국회로 가는 길, 그들이 이용한 교통수단은 단순한 이동수단이 아니라 그들의 결단과 심리를 드러내고 마음을 연결해 집단적 흐름을 만들어낸 매개였다.

자가용과 오토바이

당장 편한 것은 자가용이었다. 막상 차를 몰고 나오니 눈발이 날리고 길이 미끄러웠다. 여의도와 국회 주변 상황이 어떨지도 걱정이었다. 군경이 도로를 통제하고 있을 거란 예상에 생각이 복잡하고 불안했다.

1970년생 강철섭에게 계엄은 "장난이 아니고 되게 무서운 거"였다. 그는 1979년 마산 시내 도로변 2층집에서 부마항쟁을 겪었다. 야간 시위 때 유리창을 깨고 날아든 돌멩이에 방 안에 누워 있던 강철섭과 여동생은 혼비백산했다. 그날 집에서 뉴스 속보를 보고 처음에는 "술 처먹고 헛소리하나?" 하다가 정신이 번쩍 들었다. "야, 이거는 바로 국회로 가야 한다." "지금 가지 않으면…… 여의도는 고립될 수밖에 없는 지역이기 때문에 시민들이, 국민들이 가지 않으면 안 된다. 한 사람이지만, 한 사람의 힘이라도 보태야겠다!" 따라가겠다는 중2 아들을 떼어놓고 운전해가는데 온갖 생각이 오갔다. "안 가면 그냥 죽지는 않겠지만" "우리 일상생활이 정말 말도 못하는 그런 상황이 될 수 있다, 그런 생각", "우리나라는 진짜 끝이니 그거는 막아야겠다"는 생각, "내가 지금 죽으면 우리 아들 대학교 가는 데까지 해줘야 되는데 아내 혼자 감당할 수 있을까" 하는 걱정, 생명보험을 들어놓지 않은 후회, "내가 죽으면 시체라도 찾아야 될 건데……", 군경이 무력으로 진압하면 "화염병과 짱돌은 어디서 준비해야 하지?" 등등 "별 말도 안 되는 웃기는 생각"부터 "진지한 생각"까지 다 했다.

민성기는 충남 홍성에서 출발했다. 술을 마셨기 때문에 택시를 타려고 하다가 후배 오홍순이 운전하는 차에 동승했다. "빨리 가야 한다, 눈비가 내려 운전 조심해야 한다"고 생각했을 뿐 무섭다는 생각은 하지 않았다. 원래 오홍순은 다른 사람 차에 얹혀가려고 했다. 충남을 벗어나 차를 몰아본 적이 없었기 때문이다. 하지만 민성기에게 연락했더니 술을 먹어 운전할 수 없다고 했다. 오홍순은 "내비게이션을 못 봐서 모르는 곳은 운전을 못한다"고 했지만 "옆에서 봐주겠다"고 하는 민성기와 최선미까지 태웠다. 여차하면 돌아갈 생각이었다. "계엄이면 서울 가는 사람 막으려고 도로마다 바리케이드를 쳐놓고 못 가게 막겠지, 제발 길이나 좀 막아주면 좋겠다, 그러면 돌아올 수도 있으니까 그냥 일단 한번 가보자." 막상 출발해보니 생각과 달랐다. 차는 별로 없었고, 길을 막는 바리케이드도 없었다. 눈과 비가 교대로 내려서 미끄럽고 깜깜한 길을 안절부절못하며 나아갔다.

밤 10시 55분경, 선유도 부근에서 소식을 듣자마자 출발한 출판 편집사 유현기의 예상과 달리 도로는 한산했다. 국회로 가는 차량 행렬이 이어져 번잡하리라 생각했는데 별로 없었다. "차가 너무 빨리 가는데? 일찍 출발해서 그런 거겠지?" 최악의 상황이 떠올랐다. 군인들이 총을 쏠 것이라고 생각하니 운전대를 잡은 손부터 온몸이 떨렸다. 경찰이 국회 주변에 차벽을 쌓던 시각, "너무 일찍 왔다"고 생각하며 도착했다. 무서웠다. "이게 통과되면 내 인생은 오늘을 분기점으로 완전히 바뀌겠구나. 이거 어떻게 막지? 뭘 할 수 있지?"

헌법학을 전공한 김래영은 아내와 함께 귀가하다가 소식을 들었다. 국회의 정치활동을 금지한다는 포고령을 보고 "이거 완전히 쿠데타다"라고 생각했다. 국회를 정지하는 일은 "할 수가 없는 것으로, 이제 형법상의 내란죄가 되는 거"였다. 아내가 먼저 "가봐야겠다"고 해서 국회로 향했는데 운전하던 아내가 흥분 상태여서 위험한 상황이 발생할까봐 걱정됐다.

선배를 태운 홍준모는 민주당사 부근에 주차했다. 가는 동안 "전투력에 그렇게 큰 도움은 안 되겠지만, 그래도 뭐 만약에 총을 쏘든 진압을 한다 그러면 발목이라도 붙잡고 늘어질 수 있지 않을까…… 대가리 수라도 많으면 어떻게 막을 수 있지 않을까?" 생각했다. "탱크만 없으면 좋겠다"는 생각도 잠시 스쳤다.

뭘 해야 할지 모르는 상태에서 "이제 가야 될 것 같다"는 말에 얼떨결에 "어, 알았어" 하고 대답한 김다인은 부모님을 태우고 국회로 갔다. 운전면허를 딴 지 얼마 지나지 않은 상태였다. "내가 이걸 진짜 경험하게 된다고? 이거는 제 인생에서 없었던 시나리오였기 때문에…… 군인이 진짜 총을 쏘면 그게 최악의 상황이겠다고 생각했어요. 그러니까 제가 죽든 아니면 뭐 누가 다치든 그게 정말 최악의 상황이겠구나…… 저는 사실 (계엄 해제) 못할 거라고 생각했어요."

예비역 해병대 장교 박세환은 자다가 동기생의 전화를 받았다. 상황을 파악하고는 국회의원들이 국회로 들어가는 걸 조금이라도 도와야겠다는 마음으로 출발했다. 동기생과는 국회 앞에서 만나기로 하고, 70대 중반의 해병대 선배를 태운 다음 KBS 부근에 차를 세웠다. "어차피 계엄이 되면 국민들이 할 수 있는 게 아무것도 없어요. 그냥 계엄군에 의해서 이래라저래라 그냥 지시받는 거 수동적으로 따라야 되는 건데, 그때 되면 아무것도 할 수 없는데, 지금 할 수 있을 때 뭔가를 해야 되지 않나, 이런 생각 때문에 좀 급박한 상황에서 가야겠다는 생각이 먼저 들더라고요."

이찬민은 망원동 집에서 소식을 들었다. 처음에는 쉽게 해제할 수 있을 거라고 가볍게 여겼는데, 국회를 봉쇄하는 걸 보고 생각이 달라졌다. "이것을 제대로 대처하지 못하면 과거의 일이 반복되지 말라는 법이 없겠구나." 그는 집 근처에 사는 새민족교회 목사에게 연락해 차를 얻어 탔다. 가는 동안 "통신 끊기고 발포하는 상황"을 예상해서 "엄청 긴장된 분위기"였다. 계엄을 해제하는 데 자신이 중요한 역할을 할 거라는 기대는 하지 않았다. "그냥 내가 지금 할 수 있는 건 그것밖에 없으니까 알아서 간 거"였다.

707특임단과 특전사 모두에서 군생활을 한 배우 이관훈은 뭔가 해야 할 것 같아 출발했다. 하지만 "아씨, 괜한 짓 하나? 아니, 내가 가서 뭐 해?"와 "그래도 가봐야 되겠네" 사이에서 마음이 오락가락했다. 서강대교 부근에서 "사람들이 막 뛰어가고…… 여성들도 막 뛰어가는" 모습을 보고 마음을 다잡았다. 순복음교회 맞은편 횡단

보도 부근에서 경찰이 통제하는 것을 보고 그냥 횡단보도 중간에 차를 세웠다. "그냥 내려가지고 차 키 딱 잠그고 인파 속으로 들어가버렸어요."

배달노동자 위대한은 송파구 집에서 소식을 듣고 "몸이 자동적으로 움직였다". "이거 계엄군 막아야 된다…… 어떻게 해서든 지연시켜야 된다"는 생각밖에 없었다. 부모님에게 "갔다 올게" 하고 말하는 순간 "갔다 올게가 될까?", "내가 지금 외동인데 불효를 저지르는 게 아닌가?" 하는 생각이 스쳐지나갔다. 경찰의 검문에 막히면 한강공원을 이용해서라도 가려고 배달용 오토바이를 탔다. 짐칸에는 다른 시민들을 위해 핫팩과 응급키트를 챙겨넣었다. 가는 동안 이미 도착한 동료들이 "오면 죽어, 오지 마" 하며 만류했다. "죽어도 같이 죽고, 가서 죽으면 민주열사 되는 거다"라고 호기롭게 대답했지만 "오늘 밤 총을 맞을 수도 있다"는 불안감을 떨칠 수 없었다. "교과서에서만 보던 상황을 내가 왜 겪어야 되지? 나름 선진국이라는 곳에서…… 이렇게 민주주의 때 민주주의를 위해서 내가 피를 흘려야 되나?" 만감이 교차하면서 눈물이 났다.

버스와 지하철

목사로 기독교 사회운동에 참여하는 김준표는 기독교환경운동 후원의 밤 행사를 마친 다음 광역버스를 타고 용인에 있는 집으로 돌아가는 길이었다. 서수지IC 부근에서 아내에게 문자를 보내려고 휴대전화를 열었다가 상황을 알게 됐다. 너무나 긴박한 상황인데 승객들은 아직 아무도 모르는 듯해서 답답했다. 버스가 정류장에 서자 소리를 질렀다. "시민 여러분, 죄송한데 지금 빨리 TV나 핸드폰을 켜고 확인해보십시오. 지금 윤석열이가 비상계엄을 선포한 것 같습니다. 이거는 너무 말이 안 되는 상황인데 빨리 보시고 같이 움직이면 좋겠습니다." 승객들이 웅성거리면서 휴대전화를 열고 "이게 뭐야?" 하는 가운데 차에서 내린 김준표는 집에 들러 떨고 있는 아내를 진정시킨 뒤 지인의 차에 동승해 국회로 갔다.

전시형은 직장 생활을 하면서 대학원을 다니고 있었다. 퇴근 후 집에 있다가 아내로부터 소식을 듣고 국회로 가기로 했다. 광흥창역 주변 버스정류장으로 갔더니 이미 국회로 가려는 것으로 보이는 사람들이 두세 명씩 모여 있었다. 그들과 함께 버스를 타고 국회 근처에서 함께 내렸다. 전시형은 7문 쪽으로 갔고, 다른 이들은 정문 쪽으로 갔다.

홍제동에서 버스로 출발한 김○○은 대학원에 다니면서 민주당 정책연구원에서 일하고 있었다. 대학원 마지막 학기라 석사논문을 쓰고 있었는데 얼마 전 남북 사이에 긴장이 고조되는 것을 보고 "갑자기 전쟁이 나서 졸업논문을 못 내면 어떡하지" 하는 걱정을 한 적이 있었지만 계엄은 상상하지 못했다. 버스를 타고 가면서 계엄군이 국회로 가고 있다는 보도를 보고 "내가 다시 돌아올 수 있을까?", "갔다가 무슨 일 나면 어떡하지?" 하며 불안해했다. 연인을 보고 싶은 마음과 가고 싶지 않다는 생각이 다 있었지만 결국 "어쨌든 그래도 가야지"가 앞섰다. 떨리는 마음으로 국회 앞에서 버스를 내렸는데 여러 명의 승객이 함께 내리는 것을 보고 혼자만 가는 게 아니라는 생각에 안도감이 들었다.

뉴스를 보자마자 옷을 갈아입고 집에서 뛰쳐나온 함칠성은 "저들이 계엄을 성사시키려면 당연히 국회를 봉쇄할 것"이라고 생각해 지하철을 탔다. 국회로 향하는 지하철 안에서 〈이재명 라이브〉를 뒤늦게 보고 자신의 판단이 옳았음을 확인했다. 지하철에는 침묵이 흘렀다. 침묵 속에서 공포가 밀려오기 시작했다. "죽을 수도 있다"는 생각이 뇌리를 짓눌렀다. 동작역에서 전동휠체어를 타고 들어온 40대 후반의 여성이 외쳤다. "지금 국회가 계엄군들에게 침탈당하고 있으니 국회로 향해주십시오." 함칠성은 그에게 힘을 주고 싶었지만 목소리가 나오지 않았다. 잠시 후 다른 칸으로 옮겨갔던 그가 다시 돌아와 같은 말을 외치자 이번에는 여러 사람이 대답했다. "저희도 국회 가고 있습니다." "저도 가요." "저도 가요." 그 말을 들으니 신기하게도 공포심이 조금씩 사그라지면서 "오길 잘했다"는 생각이 들었다. 국회의사당역에 도착하자 지하철을 꽉 채웠던 승객 가운데 "5%의 시민만 빼놓고" 다 내리더니 출구를 향해 걸어갔다. "거기서부터 힘이 생기더라고요. 이게 나 혼자가 아니었구나 하는 안도감, 위안 이런 게 솟구치면서요."

해병대 예비역인 장현우는 회식을 하다가 소식을 듣고 동기회장인 박세환에게 전화했다. 박세환이 "뭣도 모르고" 가겠다고 하자 "아, 이 새끼가 아직 그 두려움을 모르네, 안 겪어봐서. 그래, 너 가면 나도 갈게" 하고 자리에서 일어났다. 지방으로 내려가는 일행을 고속터미널까지 데려다준 뒤 국회 앞으로 가는 9호선 지하철을 탔다. 전동휠체어를 탄 여성이 외치고 다니던 그 지하철이었다. 장현우는 겁도 나는 데다가 군의 전술을 알기 때문에 외곽에서 상황을 파악하기 위해 국회의사당 직전 역에서 내릴 생각이었다. 그런데 그 여성에게 호응하는 승객들을 보고 "다행이다, 나만 내리는 건 아니구나" 하는 생각을 했고, 결국 국회의사당역에서 내렸다.

이재우도 그 지하철을 탔다. 휠체어를 탄 여성과 직장인처럼 보이는 아저씨 한 분이 "지금 국회로 가야 된다, 이 상황은 자기의 평소 사상이 어느 쪽인지와는 상관없이, 이거는 매우 불법적인 상황이고 말이 안 되는 상황이니까 계엄을 해제하기 위해서 국회를 지켜야 된다"고 말하는 것을 봤다. 지하철 갈아탈 때 국회 가냐고 물어서 함께 탄 여성과 "그 말이 맞다"며 박수를 쳤는데, 옆에 있던 20대 커플도 고개를 끄덕이는 게 보였다.

고등학교에서 진학상담을 하는 박인희는 버스를 타고 노량진역으로 가서 지하철 9호선을 탔다. 방금 헬기를 보고 내려온 터라 무서운 생각이 들어 "그냥 집에 갈까?" 잠시 망설였지만 그래도 가보기로 했다. 다만 열차가 국회의사당역에 정차하지 않으면 "운명인가보다" 하고 포기하기로 미리 타협했다. 여의도역에 도착하자 좌석에 앉아 있던 한 남성이 일어서더니 "여러분, 지금 국회에 계엄군이 도착해서 국회를 봉쇄하고 있습니다. 다 같이 나가서 우리 국회를 지킵시다!"라고 소리쳤다. 국회의사당역에서도 "여러분 내리셔야 됩니다!" 하고 외치는 그에게 "저도 국회에 갑니다!"라고 화답하는 사람들을 보면서 "대단하시다, 너무 영화 같다"고 생각하며 함께 내렸다.

버스와 지하철은 두려움으로 굳어 있던 시민들의 마음을 풀어주고 안도감과 연대의 감정이 자라날 수 있게 했다.

택시기사들이 전해준 시민의 마음

교통수단을 밝힌 시민 가운데 택시를 탄 경우가 제일 많았다. 국회로 간다는 말을 듣고 위험하다며 거부하거나 머뭇거린 기사도 있었지만 대부분 태워주었고, 적극적으로 공감을 표시하며 격려해준 이들도 있었다.

국회로 가자는 신석진에게 기사가 "국회에 어쩐 일로 가시냐" 묻기에 "사실은 계엄 때문에, 급히 막아야 될 것 같아서 간다. 근데 어떻게 될지 모르겠다"고 대답했다. 신석진이 내릴 때 기사는 "수고하시라"면서 "딱 우리 편 같은 응원 메시지"를 보내주었다.

"손님은 계엄이 처음이죠?"
"그쵸, 그쵸. 저는 첫 번째죠."
"저는 세 번째예요, 세 번째. 계엄 현장에 가면 엄청 위험할 수 있어요. 조심해야 해요. 상황이 한순간에 바뀔 수 있다니까요."
"저도 정말 나오기 싫었거든요. 정말 엄청나게 나오기 싫었는데요, 친구가 간다고 해서 친구 때문에 용기 내서 가요."

"별일 없을 거예요."

장OO은 "기사님은 아마 자식도 있고 가정도 있을 테지만 나는 별로 책임질 것도 없고, 무슨 일 있어도 별일 없겠지. 차라리 내가 죽는 게 낫겠지"라고 생각했다. 40분 정도 가는 내내 장OO의 안전을 걱정한 기사는 배 고픈 기색을 보이는 그에게 차를 다 털어 음료수, 초코파이, 견과류와 카카오닙스를 건네주었다. 내릴 땐 "무슨 일 있으면 연락하라"면서 전화번호까지 적어줬다.

매봉에서 택시를 탄 이성태는 기사와 계엄군의 움직임에 관해 얘기를 나눴다. 올림픽대로에 차가 많은 것을 보고 탱크가 빨리 올 수 없겠다고 하자 나이 든 기사는 "탱크 말고 공수부대가 오는 것이 정상"이라면서 공수부대가 오기 전에 국회가 의결을 해야 하는데 자기가 생각했을 때 "공수부대는 어차피 헬기를 타고 올 거니까 이게 애매하다"며 걱정했다.

박사과정을 밟고 있는 김선해는 카카오택시를 잡았다. 멀리서 다가온 기사는 배차 콜이 여러 번 있었지만 다 거절하고 여의도 갈 사람을 계속 기다렸다고 했다. 옛날 민주화운동 세대라는 그는 "예전에 그래도 목숨 걸고 싸워서 이 나라가 많이 나아진 줄 알았는데, 이렇게 되니까 황망하고 모든 게 무너지는 기분"이라면서 눈물을 흘리기까지 했다. "어린 사람들한테 이런 나라를 물려줘서 미안할 뿐"이라고 말하는 그에게 김선해는 "우리도 마냥 어린 사람들이 아니라 이 나라를, 이 사회를 책임지는 사람들인데 이런 일을 자꾸만

겪게 해서 죄송하다"고 말했다. 기사는 택시비를 받지 않았다.

이진은 퇴근 준비를 하다가 여자친구의 연락을 받았다. 국회를 찍고 카카오택시를 불렀는데 기사가 "거기" 가는 거냐고 몇 번이나 물었다. 이진은 광주가 떠올랐고, 사람들이 많이 죽을 거라고 생각했다. "옛날이랑 요즘은 또 다르기 때문에 사람들이 지금 안 막으면 이후에 막을 수 있을지 확신할 수 없다"는 역사적 사명감 같은 것도 느꼈다. 여의2교에 도착했을 때 갓길에 주차해놓은 차들과 쏟아져나온 사람들로 혼잡하고 앞에서는 통제를 해서 더 이상 갈 수가 없자 기사는 "지금 여기에서 내려라, 그리고 목적지까지 가지 못했으니까 돈은 안 받겠다"고 했다.

삼양동에서 출발한 이동규는 택시를 타고 가는 20~30분이 지옥 같았다. 어떻게든 빨리 도착해야 한다는 초조감이 앞섰다. "너는 여자인데 가지 말자. 너 안 가면 안 돼?" 하고 말리는 친구에게 "여기서 여자, 남자가 어딨어?"라고 대답하는 걸 들은 기사는 "이럴 때는 여성 동지들이 더 위대하더라"며 격려했다. 내릴 때는 택시비도 받지 않고 "밤새 고생하시라"는 인사를 남기고 떠났다. 이동규는 "우리들의 마음이 다 똑같구나" 하고 생각했다.

대학생인 이OO은 친구와 만나기로 하고 자취방에서 나와 택시를 탔다. 트위터에 기사들이 국회 쪽으로 가지 않으려고 한다는 얘기들이 뜨는 걸 보고 여의도공원 부근을 찍었다. "거기로 찍으면 친구 만나러 가는 사람이나 집에 가는 사람인 줄 알고 태워줄 거라는 생각"을 했기 때문이다. 가는 동안 기사와 별다른 대화를 하지 않았다. 기사는 뉴스를 들었고 이○○은 친구와 통화했다. 그런데 어떻게 알았는지 "국회의사당 문 가까운 데로 내려줄 테니까 그쪽으로 가서 내려라" 하더니 요금 결제하지 말고 그냥 가라고 했다.

마포에서 출발한 황인선을 태워다준 기사도 택시비를 받지 않았다. "아저씨 저, 국회 앞으로 가주세요"라고 한 것 외에는 별다른 대화도 하지 않았다. 순복음교회 근처에서 내리며 돈을 꺼내자 기사는 "그냥 가세요, 몸 조심하십시오" 하고 떠났다. 서비스연맹 위원장 강규혁도 조합원에게 들은 이야기를 전했다.

경기도 광주에 사는 우리 간부가 1명 있어요. 거기서 오려고 카카오택시를 불렀는데 기사님이 딱 "여의도 계엄 때문에 가죠?" 하고 물었대요. "네, 맞습니다. 민주노총이에요" 하니 본인도 계엄 막으러 가려던 참이라며 "같이 가자" 했대요. 택시비도 안 받았대요. 도착해서 같이 있진 않았지만 그분도 어딘가에서 동참하셨겠죠? 그리고 이제 계엄이 저지된 걸 확인하고 간부가 집에 돌아가려는데, 기사분이 전화를 하신 거예요. "이제 계엄 끝났고, 저지했고, 다시 광주로 가려는데 같이 가시렵니까?" 그래서 또 그 차 타고 돌아갔어요.

다음 날 새벽에 진행된 〈시민자유발언〉에서도 국회로 데려다준 택시기사가 요금을 받지 않았다고 얘기한 시민들이 여럿 있었다. 고려대 학생을 태워다준 기사는 "큰일을 하신다"고 고마워하면서 요금을 받지 않았는데, 학생 가운데 그런 경험을 이야기한 이들이 많았다.

그날 군경의 교통통제로 큰 혼란이 예상되는 상황에서 국회 부근까지 가주는 것만으로도 감사할 일이었다. 그런데 태워주는 것을 넘어 요금도 받지 않은 기사들이 적지 않았다. 진심으로 걱정하고 공감하고 먹을 것까지 나눠준 그 마음들이 국회 앞 시민들과 함께했다. 그 마음은 이런저런 사정으로 몸은 나가지 못하지만 초조하고 절박한 심정으로 TV와 컴퓨터, 휴대전화 화면을 지켜보며 국회 앞 시민들을 응원하던 모두의 마음이었다.

사건의 순간

그날 이용한 교통수단을 밝힌 시민 219명 가운데 택시를 이용한 이가 101명(46.1%)으로 가장 많았다. 자가용 운전자는 46명(21%), 지하철은 43명(19.6%)이었다. 버스를 이용한 시민은 14명(6.4%), 자전거를 타고 간 이는 7명(3.2%)이었다. 오토바이를 이용한 시민과 걸어간 시민은 각각 3명(1.4%)이었고, 2명(0.9%)은 기차를 이용했다.

평소 택시기사와 승객은 목적지를 확인하는 형식적인 대화만 나누는 게 보통이다. 버스에서도, 지하철에서도, 길거리에서도 사람들은 서로 관심을 두지 않고 눈을 마주치지 않는다. 고속도로 휴게소에서는 서둘러 자기 볼일만 보고 필요한 물건을 챙겨 떠난다. 그날 밤에도 국회를 향해 이동하는 모습 자체는 다를 것이 없었다. 하지만 사람들의 마음가짐과 행동은 완전히 달랐다.

택시기사와 승객들은 나라의 현실을 걱정하면서 대화를 나누고 서로 격려했다. 요금도 받지 않고 승객을 내려주는 기사가 속출했다. 버스와 지하철에서는 낯선 이들이 소통을 시도하며 서로 묶이기 시작했다. 자가용·오토바이·자전거를 이용하거나 두 발로 걸어간 사람들도 다른 시민의 존재와 움직임에 깊은 관심을 기울였다. 자기와 같은 곳을 향해 가는 것처럼 보인다는 이유만으로 생면부지의 시민들에게 안도감과 유대감과 신뢰를 느꼈다.

평소보다 기온이 뚝 떨어지고 진눈깨비가 흩날린 그날 국회 주변은 매섭게 부는 한겨울 새벽 강바람에 매우 추웠다. 4학년 마지막 학기 시험공부를 하다 나온 대학생 최시원은 약속한 친구와 만나지 못하고 새벽 내내 국회 앞을 지켰다. 혼자라서 외롭다는 생각은 들지 않았지만 너무 추웠다. 나올 때 롱패딩을 꺼내 입으면서 "12월 초인데 벌써 꺼냈다, 이러면서 되게 준비를 많이 하고 간 줄 알았는데" 그 정도로 추울 줄 몰랐다. 주변에 있는 편의점을 찾아보았지만 모두 건물 안에 있어 들어갈 수 없었다. "진짜 춥다……" 하면서 떨고 있는 그에게 한 시민이 너무 추워 보인다며 핫팩을 주고 갔다. "진짜 너무 감사하다"면서 받아 "그 핫팩의 원기에 기대서 첫차 갈 때까지 버텼다".

김서정은 집을 나서면서 커다란 레저용 가방에 담요 2개, 핫팩 10개들이 한 묶음, 일회용 밴드와 아이오딘 소독약을 챙겨 담았다. 국회 앞에서 만난 사람들이 너무 추워하자 담요를 "빌려주고 뒤집어쓰게" 했다. 핫팩도 "까서 돌렸다". 나중에 글래드호텔 화장실을 다녀오는 길에 편의점에 들러 초코바와 에너지바를 사서 시민들과 나눠 먹었다.

국회 앞에 모인 사람들 중에는 뭔가 싸가지고 온 사람들이 많았다. 배달노동자 위대한이 서둘러 출발하는 와중에도 시민들에게 나눠주려고 핫팩과 응급키트를 오토바이 짐칸에 챙겨넣은 것처럼 핫팩과 화장지, 빵과 음료수, 사탕과 초콜릿 같은 것들을 들고 나와 주변 시민들과 나눈 이들이 많았다. 자신을 위해 가지고 나온 물품이나 먹을거리를 아낌없이 나눴다. 오들오들 떨면서 구호를 외치는 어린 학생들에게 "너희들이 있어서 우리나라의 미래가 밝다"며 과자를 나눠준 어른들이 있는가 하면 "바리바리 급하게 편의점에서 산 핫팩 같은 거"를 들고 "어른들"을 찾아다니며 "선생님, 안 추우세요? 핫팩 드릴게요" 하며 나눠준 청년들도 있었다. 김진용은 계엄군의 무력행사로부터 사람들을 보호하기 위해 삼단봉과 등산스틱을 챙기고 구급세트까지 준비했다.

이태원참사 유족 최선미는 충남 홍성에서 오흥순의 차를 타고 올라오다 화성휴게소에 들렀다. 핫팩과 사탕을 "잔뜩" 샀는데, 진눈깨비가 내려 우비도 여러 벌 사려고 했더니 남아 있는 게 별로 없었다. "왜 이렇게 우비가 없냐"고 묻자 휴게소 직원은 "올라가는 분들이 다 사갖고 가가지고 몇 개 없다"고 답했다. 지방에서 올라오는 사람들이 "어디서 뭘 살 데가 없으니까 그 밤에 휴게소 가서 사는 거"였다. 최선미는 "사탕이랑 핫팩이랑 있는 거 마지막으로 싹

다 쓸어갖고" 서울로 올라왔다.

시민들은 지금까지 일면식도 없었고 앞으로도 그럴 사람들을 '우리'라고 생각하며 '내 것'이 아닌 '우리 것'을 준비했다. 그렇게 서로 다른 곳에서 다른 방법으로 출발해 다른 길로 간 이들이 같은 곳에서 만났다. 말 한마디, 작은 몸짓들이 그런 마음을 전달하고 또 연결하면서 내란의 밤을 녹였다.

뜬금없는 계엄 선포로 나라의 틀이 무너진 그날 밤, 시민들은 '지금 무슨 일이 벌어지고 있는지' 깨달으면서 즉각 정치적 냉소와 체념을 내던지고 자리에서 일어났다. 그들은 그냥 움직이는 군중이 아니었다. '내란을 막아야 한다'는 공동의 목표를 자각하고 위험을 무릅쓰는 집단적 행위자로 바뀌고 있었다. 그들은 "죽으면 같이 죽을 사람들이고, 살면 같이 살 사람들"(이동규)이었다. 그렇게 일상의 질서와 규칙이 무너진 곳에서 민주적 실천에 기반한 새로운 관계와 규범을 만들어낸 '사건의 순간le moment de l'événement'(피에르 부르디외)이 열리고 있었다.

4장
국회 앞 만남과 연대

　멀리서 달려온 발걸음이 여의도 국회 앞에서 뒤섞였다. 출발할 때에는 '나 혼자일지도 모른다'는 불안감에 두려웠지만 국회에 가까워지면서 뜻밖의 만남을 통해 고립감과 두려움이 조금씩 사그라지고 안도감이 자리 잡았다. '나 혼자가 아니었구나!' 친구와 동료와 지인, 연인, 낯선 시민들이 서로 만나 하나로 연결됐다. 서강대교와 여의도공원, 국회의사당역 출구와 국회 주변은 그 만남들이 내란에 맞서는 시민의 연대로 이어지는 공간으로 바뀌었다.

　장예지의 예감이 맞았다. 9호선 지하철이 국회의사당역에 다다르자 승객들이 슬금슬금 출입문으로 모여들었다. 그들은 문이 열리자마자 6번 출구를 향해 걸어갔다. 뛰는 것도 걷는 것도 아닌 빠른 걸음이었다. "가는 중간엔 진짜 무슨 일이 생길지 모르겠지만 그래도 가야지, 안 가는 선택지는 없지, 하며 무서운 마음을 달래면서 갔는데요, 주변 사람들이 같이 가는 걸 보면서 '아, 내가 맞게 생각했구나. 우리 지금 다 같이 가고 있다', 이런 느낌으로 갔어요."

지하철에서 내린 박인희의 눈에 '세계 장애인의 날'을 맞아 역사 안에서 농성하던 전장연 소속 장애인들이 제일 먼저 들어왔다. 이런 풍경이 왠지 비현실적이라고 생각하면서 국회 정문 쪽 출구를 찾았다. 에스컬레이터가 지상으로 올라가는 짧은 시간 동안 두려움이 몰려왔다. 저 위에 올라가면 어떤 상황이 펼쳐질지 두려웠다. 노량진역에서 환승할 때 본 헬기도 떠올랐다. 떨리는 마음으로 한 걸음 한 걸음 6번 출구를 향해 나아갔다.

사실 가장 두려웠던 순간, 가장 긴장된 순간이 에스컬레이터 타고 올라갈 때였어요. 올라가는 순간 군인들이 탁 잡을 것만 같기도 했고, 어떤 상황인지 잘 모르니까요. 군인들이 있을까 봐 걱정됐어요.

가정주부 권민성은 남편 백경진과 지하철을 탔다. "생각보다 이 밤에 사람이 좀 있네" 하고 생각했는데 국회의사당역에 도착하는 순간 사람들이 한꺼번에 내리더니 6번 출구 쪽 에스컬레이터로 걸어갔다. "아, 젊은이들이 이것 때문에 가는 거였네." 전율과 함께 가슴 벅찬 감동과 비장한 감정이 밀려왔다. 겨울이라 대부분 어두운 색의 옷을 입은 이들이 아무 말 없이 한곳을 향해 걸어가는 모습이 마치 '좀비'처럼 보였다. "건강한 좀비네." 속으로 쿡쿡 웃었다.

신목동역에서 지하철을 탄 김경신은 혼자 국회에 가는 게 낯설고 무서웠다. 대학 시절 이후 시위에 거의 참여하지 않았기 때문이다. 자리에 앉아 있는 젊은 사람들을 보며 "나이 든 아줌마가 이렇게 아무것도 없이 국회의사당역에서 내리면 젊은 사람들이 이상하게 볼까?" 걱정스럽기도 했다. 국회의사당역에 도착하니 함께 타고 있던 7, 8명이 다 같이 내렸고, 다른 칸에서도 젊은 사람들이 많이 내리는 걸 보고 "어머나, 이렇게 많은 사람들이, 진짜 경이롭다", "진짜 다행이다" 하고 생각하면서 행렬을 따라가는데 여기저기서 구호 소리가 들렸다. "윤석열 타도!" 곧이어 국회가 눈앞에 나타났다.

신도림동에서 버스를 타고 전경련회관 앞에서 내린 김규리(음악인)는 국회 쪽으로 가는 시민들을 보자 마음이 훨씬 편해지고 안심이 됐다. 걸어가다가 우연히 친구를 만났다. 먼저 도착해 있던 친구에게 연락해서 여의도공원에서 만나 3명이 됐다. "이거 뭔 일이냐", 그러면서 가다가 또 다른 친구에게 전화해 국회 1문 쪽에서 4명이 됐다. "그냥 계속 엄청 긴장하다가 아는 얼굴들 보니까 좀 마음이 풀어"져서 친구들도 울고 김규리(음악인)도 "살짝 울 뻔"했다. 친구들과 함께 사진을 찍다보니 "이 장면을 빨리 다큐로 찍어야 하는데!" 하는 농담도 나왔다.

허우진과 아내 송화가 KBS 부근에 차를 세웠을 때 진눈깨비가 흩날리고 있었다. 집을 나설 때에는 "윤석열이 똥볼 차줘서 진짜 땡큐"라는 생각으로 출발했는데 막상 차에서 내려 어두운 거리를 둘이 걷다보니 공포심이 밀려왔다. "두두두두두……", 분위기가 스산하다고 생각하던 중 머리 위로 헬기가 나타났다. "어, 저기 헬기다!" "와, 이거 소리 엄청 큰데? 우리 죽는 거 아니야?" "그러게, 우리 진짜 죽을 수도 있겠다. 너무 무서워."

허우진과 송화는 혹시라도 무슨 일이 생겨 서로 떨어지면 어디서 만날지 정하고는 조마조마한 마음으로 발걸음을 옮겼다. 그렇게 국회 정문으로 가는데 "우진이 형!" 하고 부르는 소리가 들렸다. 반가운 후배 얼굴을 보자 긴장이 풀렸다.

"좆됐다!" 헬기는 양○○에게도 나타났다. "두다다다다……" 하는 소리가 엄청 크고 위협적이었다. "딱 봐도 전투형"이었다. 마음은 빨리 가서 막아야겠는데 "소름이 갑자기 쫙 돋으면서" 허리가 움츠러들어 펴지지 않았다. 주변에 있던 시민들도 우두커니 서서 쳐다보기만 할 뿐 더 이상 나아가지 못했다. 국회를 향해 걸어가다가 헬기를 본 최재직도 같은 표현을 했다. "아, 좆됐다." 그런데 시민들이 계속 모여드는 것을 보자 "괜찮겠는데?", "그렇게 위험하지는 않겠구나" 하는 생각이 들면서 마음이 편해졌다. 많은 사람들과 함께 가는 게 "되게 좋았다".

문화연대 사무처장 김재상은 집행위원장과 논의한 후 택시를 타고 국회 앞에 도착했다. "뭐 분노한다거나 뭐 놀라거나 이런 것보다도 '빨리 가야겠다, 그곳에 가서 뭐라도 해야겠다'"는 생각에 "다른 감정 같은 것들은 느낄 새가 없었다". 현장에서 4명의 동료를 만났는데, "정말 역사적인 순간을 함께할 수 있는 사람들을 본 것 같아서" "너무너무 반가웠고" 보자마자 웃음이 나왔다. 그들은 "상황이 어떻게 바뀔지 모르니까 되게 위험할 수도 있는데 이거를 어떤 식으로 같이 풀어나가야 될까", "문화연대가 뭘 할 수 있을까를 또 그 자리에서 …… 이것저것 막 던지면서 시간을 보냈다".

이OO은 연인과 함께 택시를 타고 갔다. 국회로 넘어가는 다리에서 차들이 꽉 막혀 꼼짝하지 못하자 택시에서 내려 다리를 가로질러 뛰었다. "갑시다, 갑시다." "윤석열 물러나라!" 달리는 이OO의 귀에 사람들이 외치는 소리가 들렸다. 너무 감동적이라고 생각했다. "사람들이 다 이렇게 뛰쳐나와줬다. 우리가 다 함께 국회 쪽으로 가려고 뛰고 있다. 이 사람들하고 같이 있으면 안심이다." 마음이 벅찼다.

택시에서 내린 김선해의 눈에 국회를 향해 가는 수많은 사람들이 보였다. "정말 이거 미친 거 아냐?" 젊은 사람들이 특히 많이 보였는데, 그들은 거친 언어로 분노를 표출하고 있었다. 그들을 따라 걷다보니 익숙한 빨간 패딩이 눈에 띄었다. 남자친구였다. 남자친구가 걱정할까봐 알리지 않고 나왔는데 남자친구도 김선해를 생각해서 혼자 왔다가 마침 그 시각, 그 장소에서 우연히 만난 것이다. 그날의 집회는 남자친구와 함께한 첫 시위가 됐다.

박민선은 택시를 타고 국회로 가는 동안 감옥에 가거나 죽을 수도 있다고 생각했다. 하지만 막상 국회 부근에 내려서 걸어가다보니 "그렇게 막 죽을 것 같지는 않았다". "아저씨들"만 올 줄 알았는데 "이제 막 수능을 끝낸 것 같은" "어려 보이는 학생들"도 많이 오고 자기 "또래 여성"도 많이 온 것을 보니 "젊은 사람들이 이렇게 열심히 참여하고 있구나" 하는 생각에 신기하기도 하고 "되게 뭔가 마음이 뭉클"했다. "같은 곳을 바라보고 있다고 해야 되나, 그런 마음"이 들었다.

이병준도 국회로 향했다. "그냥 죽으러 가는 걸 수도 있겠다"는 생각에 긴장했지만 많은 시민이 같이 가는 모습을 보고 "아, 뭐 가더라도 혼자 죽진 않겠구나" 하는 느낌이 들면서 마음이 편해졌다.

조상기는 경기도 기흥에서 출발할 때부터 택시기사에게 "나야 돈 벌어서 좋지만 이 밤중에 쓸데없이 그런 델 왜 가세요?" 하는 타박을 받았다. 여의도공원 부근에 내려 20분가량 걸어야 했지만 거리 풍경에 감동을 받았다. 공원을 가로질러 국회로 향하는 사람들이 엄청 많았기 때문이다. 놀라운 것은 그 사람들이 서로 말을 걸고 대화를 나눈다는 사실이었다. 한 중년 남성이 조상기에게 "어쩐 일로 오셨어요?" 하고 물었다. "안 오면 쪽팔릴 것 같아서요" 하고 대답하자 그가 웃음을 터트렸다. 그렇게 함께 걸어가다보니 "배짱이 좀 생겼다". "되게 인상적이었어요. 놀랐어요. 그래서 서로 말을 하면서 갔어요. 처음 보는 사람들이잖아요. 근데 어떤 마음으로 가는지 뻔히 아니까 대화가 너무 잘되는 거예요. '어디서 오셨어요?', '계엄 어떤 것 같아요?' 이런 거 물으면 '가서 때려 죽여야죠', '지금 21세기에 이게 뭔 짓이래요?', '가서 어떻게든 막아야죠', 이렇게 답하는 사람도 있고요. '왜 오셨어요?' 이런 이야기도 왔다 갔다 했어요." 이처럼 313명 가운데 절반 이상이 현장에서 뜻밖의 만남을 통해 새로운 연결을 경험했다.

길 위에서 만난 풍경은 시민들의 마음을 흔들었다. 처음 집을 나설 때만 해도 '나 혼자일지 모른다'는 불안감이 가득했지만 국회로 가면서 만난 모르는 얼굴들이 안도감을 주었다. 여전히 두려움이 남아 있었지만 더 이상 홀로 짊어지지 않았다. 낯선 이들이 서로 위로와 든든한 힘이 돼주었고, 민주주의를 지키는 동반자가 됐다.

313명의 시민 대부분이 비상계엄 선포에 담긴 엄청난 국가폭력을 직감했다. 그들은 다른 시민들의 존재를 통해 두려움을 견디고 내려놓을 수 있었다. 그들은 "다른 사람을 보니 안심이 됐다", "같이 있다는 게 힘이 됐다"고 말했다. 고립된 상태에서 외롭게 내린 각자의 결단이 국회에 가까워질수록 다른 시민과 연결되면서 연대의 체험으로 바뀌었다.

걸어가는데…… 딱 봐도 '국회 간다, 저 사람'이 있었어요. …… 그 사람도 저 보고 그 생각을 한 것 같아요. …… '길이 정말 겹치는구나' 하고 가는데, 점점 갈수록 그런 인파가 확확확 늘어나는데, 1명, 2명, 3명, 이렇게 늘어나는 게 아니라 2제곱, 3제곱씩 늘어나는 게 있잖아요? 그게 있어서 '아, 나는 지금 위험한 데 가지만 결과적으로 위험해지지는 않겠다' 혹은 '다들 서로 위험해지게 놔두지는 않겠구나' 하는 생각이 들었어요. 물론 진짜로 들이대면 다들 위험해지고 도망도 가야죠. 그거랑 별개로 그런 것들이, 그 울컥하는 게 아직도 굉장히 남아 있어요.(김현지〔회사원〕)

5장
그들을 움직인 것

그들의 마음은 복잡했다. 만감이 교차했다. 온갖 감정의 파도가 밀려오고 밀려갔다. 〈진실의 힘〉과 가진 면담에서 시민들이 표현한 감정을 분석한 결과 충격과 혼란, 두려움과 불안, 분노, 책임감과 사명감, 역사적 부채의식이 큰 범주로 떠올랐다.

결연함 속의 두려움과 슬픔

사람마다 표현의 결에 차이가 있지만 그렇게 두렵지 않았다고 대답한 이들도 있었다. 그동안 우리 사회가 쌓아온 민주주의의 성과와 SNS를 통해 완전히 달라진 환경, 그 안에서 성장한 군인들에 대한 막연하지만 일리 있는 신뢰 때문이었다.

김규리(대학원생)는 군인들에게도 "87년 체제 이후 우리가 만들어온 민주주의"와 "평화와 비폭력에 대한 그런 의지들이 무의식적으로 다들 각인"돼 있을 것이라고 기대했다. 오윤석은 "결국엔 20대 남성"인 군인들이 "윤석열의 지시를 따를까" 반신반의했다. 조우찬도 "군을 동원한다고 하더라도 그 군인들이 그렇게까지 충성심이 높지 않을 거다. 일반 사병들도 최소한의 상식이 있는 사람들일 테니까"라고 생각했다. 이희도는 "사람들이 한곳에 모여 있는 모습이 전 세계로 송출되는 이 상황에…… 2024년 대한민국에서 시민에게 총기를 겨누겠어? 진짜 시민한테 실탄을 쏘겠어? 쏘지 못할 거라는 어떤 확신"이 있었다. 김혁중은 "이게 진짜 21세기에 될 거라고 생각을 했나? 진짜로 될 리가 없다고 생각"했다. 상대적으로 젊은 세대가 그런 믿음을 가지는 경향이 있었다.

하지만 그들의 말을 깊이 들여다보면 마음 한편에는 두려움이 한 자락 자리 잡고 있었던 것처럼 보인다. 비상계엄은 "100% 탄핵"이라고 생각하면서 무섭다는 생각을 하지 않았다는 한해나는 자신의 감정을 설명하면서 "없을 것 같은 일, 말도 안 되는 일이 이미 일어나는 중이니까 '그런 일'이 일어나도 그래도 괜찮겠다. 그래도 위험한 상황을 감수할 수 있겠다는 그런 생각이 들었던 것"이라고 설명했다. "무섭지는 않았다"고 한 고경현 역시 "예전에 군사쿠데타처럼 하면 어떡하지? 잡히면 어떡하지? 약간 그런 걱정도 하긴 했어요"라고 말했다. "포장을 하면 결연함이겠지만 그 속에는 사실 두려움이 있었던 거죠. 그러면서 〈화려한 휴가〉에 나온 장면들, 실제로 사람들이 어떠한 마음으로 거기에 나왔는지 그런 게, 국회로 걸어가면서 그 생각이 나더라고요. 두려움, 슬픔이 있기 때문

에……."(이동현)

내 몸이 부서지는 한이 있어도

"독재는 막아야 하는"데 "국회의원들이 일단 들어가서 합법적인 방법으로 막을 수 있는 거, 그것만이 유일한 방법"이라는 것은 상식이었다. 〈이재명 라이브〉를 보고 야당 국회의원들이 국회로 집결한다는 소식이 확산된 가운데 민주당을 비롯한 여러 정당이 시민들에게 국회로 모여달라고 호소한 것이 상식을 확신으로 바꾸었다. "5·18이나 4·19처럼" 되지 않으려면 "초기에 빨리 지금 이 일을 해결해야" 하므로 "일단 국회의원들을 국회 안으로 무조건 들여보내야 한다"(이현숙)는 자각이 전국 모든 시민의 가슴에 동시에 새겨졌다.

한시라도 빨리 국회 앞으로 가서 국회의원들을 안으로 들여보내고 계엄군의 난입을 막는 것이 모든 시민의 유일한 목표이자 간절한 희망이 됐다.

> 계엄은 시간 싸움이니까…… 일단 국회를 빨리 막으면 그거는 1분을 벌면…… 개네들의 10분을 늦춘다.(전유섭)
> 무슨 수를 써서라도 틀어막아야 된다.(이현무)
> 국회에 들어가는 쟤들을 막아야 한다, 나라도 가서 군부대가 난입해서 국회를 정지시키는 것을 막아야 된다.(이해승)
> 일단 가서 우리가 계엄군을 막아야지, 빨리빨리 가가지고 막

고 있자. 일단은 가야 되겠다, 가면 어떻게든 되겠지.(양OO)
무슨 일이 국회에서 일어날 것 같은데 일단 가자, 가서 뭘 할 수 있을지는 그다음에 생각하는 것이고, 일단은 가서 목격자라도 돼보자.(김지영)
우리가 지금 해제할 수 있다면 해제를 해야겠다.(김연우)
이 사람들이 이렇게 나오면 내가 할 수 있는 방법은 그냥 국회 앞에 가면 되는 거 아닌가?(이성태)
국회의원이 만약에 못 들어가 이렇게 막고 있으면 내가 대신 몸빵을 해서 시간을 좀 벌어야지.(임동균)
국회로 가야 돼.(장예지)
나도 당연히 가야 되지 않겠냐?(김하민)
내 몸이 부서지는 한이 있어도 가서 내가 엎드리면 엎드리고, 발판이 된다면 발판이 돼서 무조건 넣어줘야겠다.(이현숙)

하지만 국회가 계엄 해제에 성공할 가능성은 어떻게 봐도 높지 않은 게 객관적인 현실이었다. "훈련된 요원들이 완전무장을 하고 국회 안에 헬기를 타고 들어갔는데 점령당하는 건 시간문제"(홍은기)로 보였다. 그렇다면 그 현실을 있는 그대로 인정한 다음에는 어떻게 해야 하나? 그래도 가야 한다는 것이 시민들의 생각이었다.

국회 상태가 어떻게 됐든 …… 초기부터 반대의 목소리를 분명히 내는 게 너무 중요하다는 생각이 들었어요. 그래서 설령 국회가 윤석열한테 넘어간다 하더라도, 그 자리에서도 굴하지 않고 뭔가 처음부터 반대하는 목소리들이 계속 존재하고, 그게 언론이나 이런 걸 통해서 알려져야 그 후에 운동이 대응하는 데 훨씬 더 큰 발판이 될 수 있을 거라는 생각이 들었고요. …… 가서 뭔가 안 좋은 일이 일어날 수도 있겠지만, 폭력적인 상황이 벌어질 수도 있겠지만, 그럴 때조차도 어쨌든 누군가는 그거를 목격하고, 경험하고, 그런 일은 없어야겠지만, 누군가가 피해를 입더라도 하여튼 그 자리에 반대하는 시민들이 있어야 된다…….(서범진)

'우리가 가지 않으면 이 계엄은 성공할 것이다'였어요. 우리가 간다고 해서 계엄을 막을 수 있을지 없을지는 속된 말로 윤석열이 얼마나 미쳐 있느냐에 달려 있지만, 군대를 얼마만큼 그들이 장악했고, 동원했고, 우리를 얼마만큼 죽일 각오를 했느냐에 달려 있지만, 가지 않으면 그건 100%다, 계엄 100% 성공한다. 우리가 100% 성공할 것이라고 생각해서 갔다기보다는 100% 실패할 것을 예방하기 위해서 갔어요.(옥채원)

죽을 때까지 싸울 수밖에 없는 문제

시민들은 '끝'을 생각했다. 그 자리에 나가는 사람으로서 생각할 수밖에 없는 문제였다. 그 '끝'은 첫째 자신이 죽는 것, 둘째 계엄군의 국회 침입을 막거나 지연해 계엄 해제 의결을 하게 하는 것 중

하나 또는 둘 다였다. 윤석열 탄핵은 그다음 문제였다. "이 쿠데타에 대해서 싸우지 않으면, 종식되지 않으면 끝나지 않는 싸움이고, 그건 어쨌든 네가 죽든 내가 죽든 죽을 때까지 싸울 수밖에 없는 문제"라고 생각했다.(김병태) 김현지(회사원)도 "그냥 내가 죽든, 쟤가 어떻게 되든, 그 시절은 끝나겠구나…… 그래 갈 때까지 가보자"고 생각했다. 김상수는 "이건 무조건 탄핵되겠다"고 생각했다. 체포·구금되거나 폭력 사태에 휘말릴 수도 있고, 끔찍한 일이 발생할 수도 있고, 누가 죽거나 다칠 수도 있고(김도헌, 오윤석, 우민규), 내가 총을 맞을 수도 있겠지만(김규리〔대학원생〕), 이제 그런 차원을 넘어섰다.

노경배는 "계엄령이 해제되지 않는다면 죽을 것 같다"고 예상했다. "계엄령이 유지되는 대한민국이라면…… 이 독재체제 안에서 살아나가는 거는 어차피 고통이고, 언젠간 나도 잡혀가고, 언젠간 수배되고, 언젠간 어딘가로 끌려갈 것 같은데, 그럴 거면 오늘 이 자리에서 이걸 최대한 막아보자", "어차피 죽을 것 같다. 그러면 여기서 막다 죽는 게 좀 더 낫지 않을까" 생각했기 때문이다.

"죽기 아니면 까무러치기"(홍은기)였다. "이제 그냥 가서 죽어야 된다."(이규정) "진짜 오늘 총 맞을 수도 있겠다는 생각이 들었어요 이거는 취재를 넘어서, 그러니까 가서 내가 몸으로 막아야 한다는 생각…….."(김준) "누군가가 죽을 거라면, 가장 먼저 죽는 사람이 내가 아니면 나는 견딜 수가 없다."(정가은) "진압이 되면 그냥 제일 먼저 나가서 몸빵을 좀 쳐주자, 이 생각을 먼저 했고요, 계엄이 터져가지고 그렇게 사는 것보다는 차라리 거기에 나와가지고 죽는 게 낫겠다는 생각이 더 컸던 것 같아요."(이병준)

그런 각오로 나왔지만 그저 "머릿수를 채우러 갔다"고 표현한 이들이 적지 않았다. 국회를 지키는 데 큰 도움이 되리라고 생각하거나 국회가 계엄을 해제할 수 있으리라고 예상한 사람은 많지 않았다. 가야 한다고 느낀 것은 그냥 가만히 있을 수는 없다는, 뭐라도 해야 한다는 소박한 책임감과, 사람들이 많이 모일수록 군인들이 함부로 하지 못할 것이라는 예감 때문이었다. "힘들이 많이 모이면 그래도 좀 낫지 않을까? 계엄하면 사람들 많이 죽게 될 테니까, 국회에 사람들이 많이 가 있으면 군인들이 함부로 못하지 않을까?"(양두섭)

대학교수인 오현옥은 어린 시절 쿠데타와 계엄은 무조건 성공하는 것이라고 생각했다. 하지만 고등학생이던 1993년 러시아의 쿠데타가 대중의 봉기에 부딪혀 실패하는 것을 보고 충격을 받았다. "상황에 따라서 이게 바뀔 수도 있구나. 어느 쪽으로 세가 가느냐가 더 중요하구나, 이런 걸 그때 느꼈다." 그래서 그날 계엄 소식을 확인한 순간 무조건 나가야 한다고 생각했다. "빨리 가서 사람들이 일단 많이 모여야 된다. 그래서 아마 처음에는 다들 주저주저할 거고, 군인들도 어느 쪽이 센지를 모르니까…… 그래서 시민들이 많이 가야 한다."

영화감독 김전한은 국회의원 박범계가 담을 넘는 것을 도우며 "국회의원 1명이 얼마나 소중한가"를 절감했다. "지금 저 사람을 위해서 누군가 하나 죽어도 죽을 수 있겠다"고 생각했다면서 자신을 "대가리 하나 보태러 온" 사람이라고 말했다. 홍준모도 "대가리 수라도 많으면 어떻게 막을 수 있지 않을까" 하는 생각으로 갔다.

"아, 그래 가서 머릿수 채워야지. 뭔가 시간을 끌어야겠지"(전시형), "우리가 머릿수라도 채우러 가긴 해야겠다"(박다솜), "일단은 가서 소리를 지르든…… 머릿수를 채워야겠다"(김한솔), "일단 그래도 머릿수라도 하나 채우자 하는 마음으로, 도움은 안 되겠지만……"(예정민), "1명이라도 가서 머릿수라도 좀 보태면서 하지 말라고 하는 게 낫지 않나?"(정선영), "그냥 한 사람의 출석은 채울 수 있겠다"(김규리〔대학원생〕), "저는 진짜 그냥 1명이라도 더……"(송○○), "1명이라도 빨리 가서 머릿수를 하나 보태줘야겠다"(고경리), "무조건 머릿수는 채워야 된다, 목소리가 커야 된다. 정말 온몸을 다해서 부딪혀야 가능성이라도 점칠 수 있는 거구나……".(이○○)

"1명이라도 나가는 게 어떻게든 도움이 될 거고, 원래 그런 거니까 쪽수가 중요하죠"(조우찬), "1명이라도 더 가서 국회 앞에서 '해제! 해제!' 소리 지르면 도움되지 않을까?"(이○○), "쪽수가 늘어나면 늘어날수록 안전해지잖아요? 어떻게든 한 사람이라도 더 가야……"(홍준모) 했다. "괜찮아지려면 가야 한다!"(김현지〔회사원〕) 심미섭의 말대로 "민주시민으로서 나의 궁극적인 안전을 위해서는 내 스스로 굉장히 안전하지 않은 상황에 뛰어들어야 하는 상황"임을 깨달은 데서 나온 행동이었다. "만약 죽거나 다치거나 하더라도, 결국 그것 때문에 군인들이 들어가는 걸 한 걸음이라도 늦출 수

있다면, 그건 의미가 없지는 않다고 생각했던 것 같아요."(이○○)

예비역 군인들의 특별한 책임감

대한민국은 국민개병제國民皆兵制의 나라다. 성인 남성 대부분이 2~3년간 복무하므로 군대 경험은 특별한 것이 아니다. 하지만 그날 일부 사람들은 군복무 경험과 지식에서 나온 특별한 감정과 책임감을 느끼고 국회 앞으로 갔다.

노태손은 19살이던 1978년 11월 군에 입대해 36개월 복무하면서 박정희 사망으로 인한 비상계엄(10·26 사태)과 12·12 쿠데타, 그리고 '80년 광주'를 겪었다. 피곤하고 힘든 가운데 "굉장히 안 좋은" 정훈교육을 받다보니 "악만" 남아서 "이 새끼들 다 죽여야 된다"는 식의 인식을 갖게 됐고, "국난극복기장이라는 군장같이 생긴 그거"도 받았다. 제대하고 나서 "아, 이게 너무 잘못된 거구나!" 깨달으며 트라우마가 생겼고, "그때 군대 생활을 했던 사람으로서 이번만큼은 그 부분에 대해서 확실히 해야 되겠다는 생각" 때문에 나갔다. "막아야 한다는 것밖에" 아무 생각이 없었다.

박○○은 문재인 정부와 윤석열 정부 기간에 걸쳐 방첩사에서 복무했다. 대학 시절 교정에서 전두환 정권 때 보안사가 주도한 '녹화사업'으로 의문사한 선배의 동상을 보고 다녔는데 보안사의 후신인 부대에 근무하다보니 마음에 부담이 많았다. 더구나 그 부대가 박근혜 정권 당시 친위 쿠데타 음모를 꾸민 것이 드러났는데도 방첩사 장병들이 아무런 반성도 하지 않은 채 "시대를 위한 결단"이었다는 식으로 둘러대는 것을 보며 경각심을 가졌다. 그는 계엄 소식을 듣고 "좀 더 심각성을 빨리" 알아차렸다. 정보 특기로 군복무를 마친 명OO도 소식을 듣자마자 잘못됐다고 판단했다. 계엄령을 선포하기 전에 반드시 있어야 하는 "'진돗개'로 대표되는 그런 상황"이나 "'데프콘' 격상 단계"가 없었기 때문이다. "일단 막아야 된다"고 판단한 그는 친구와 연락한 후 국회로 출발했다. 밤 10시 40분이었다.

이관훈은 자신이 복무했던 707특임단과 특전사가 국회에 투입된다는 소식을 들었다. "그들이 얼마만큼 훈련이 되어 있는지 누구보다 잘 알고" 있던 그는 대단히 위험한 상황임을 직감했다. 동기나 선후배들이 그곳에 있을 거라고 생각하니 자신이 가면 "어떻게든 조금이라도 말릴 수 있을 것 같고, 어떤 상황인지를 알아볼 수 있을 것 같았다". 두 부대에 근무하는 선배와 동료에게 전화를 해서 "야, OO아, 나도 갈게", "일단 갈게, 거기서 일단 볼 수 있으면 보자"고 한 뒤 차를 끌고 출발했다. 그는 국회를 경비하던 경찰의 소극적인 협조에 힘입어 담을 뛰어넘은 뒤 본관 앞으로 달려갔다.

군복무 경험이 있는 민성기는 "총이라는 게 어떤 건지" 알았다. 그래서 무장한 계엄군이 국회에 난입한 상황이 얼마나 위험한지 냉정하게 이해했다. "내가 가서 내가 총 맞아 죽으러 갈래" 할 정도로 용기 있는 사람이라도 "공포탄이라도 한 방 쏘고", "빵 하면" 흩어지고 도망간다는 걸 알았다. "사람들이라는 건 일단 100% 도망갑니다. 탕 소리 나면. 그게 총의 효과예요. 그런데 공격하는 사람은, (다른 사람들이) 도망가면 '이제 내가 이겼다'는 생각이 드는 거야. 함부로 하죠. 당연히. 그 총이라는 게 그런 효과가 있는 거예요. ……그게 총의 효과예요. 그러면 '아, 이거 내가 이제 애네들 함부로 할 수도 있겠다'는 생각이 총 든 사람한테 생기죠. 그럼요."

총이 무서운 것은 단지 사람을 죽일 수 있기 때문이 아니다. 총을 든 사람으로 하여금 권력을 느끼며 자신을 우월한 존재로 생각하게 만들고, 총구 앞에 선 사람을 하찮은 존재로 여겨 '함부로 할 수 있겠다'고 생각하게 만들며, 그래서 총을 쏘고 싶게 만들기 때문에 무섭고 또 위험한 것이다. '총'은 그냥 도구에 지나지 않는 것이 아니라 '관계적 효과'를 통해 '총 든 사람'을 더욱 폭력적으로 변화시키는 또 하나의 행위자인 것이다. 그것이 바로 '총의 효과'다.

군복무 경험을 통해 '행위자-연결망 이론Actor-Network Theory'(브뤼노 라투르)을 누구보다 정확하게 체득한 민성기는 바로 그 이유 때문에 죽음이 기다리고 있을 수도 있는 곳으로 출발했다. '총의 효과'를 줄일 수 있는 방법도 이해하고 있었기 때문이다. "그 한 방이라도 쏘면 이게 진짜 큰일 나거든. 사람이 많이 모여 있어야 그걸 함부로 못한단 말이죠."

광주에 대한 부채의식과 역사에 대한 책임감

그날 밤 시민들로 하여금 두려움과 공포를 넘어 국회 앞으로 나가게 한 것은 단순한 모욕감이나 분노가 아니었다. 그것은 가슴속 깊은 곳에 자리 잡고 있던 '80년 광주'의 정신과 깊은 부채감, 그리고 그것을 토대로 어렵게 쌓아온 민주주의에 대한 자부심이었다. '광주'는 그저 참혹하게 패배한 이야기가 아니었다. 광주는 국민의 주권을 찬탈하려는 무도한 국가폭력에 '죽음을 넘어, 시대의 어둠을 넘어' 저항하고 부활하는 역사이자 영감의 원천이었다. 그날 밤 거의 모든 시민이 '광주'를 떠올렸다.

> 광주 이미지. 계엄은 안 된다, 계엄은 안 된다, 그래서 내가 비록 힘은 없지만 내가 선두에 선다, 선두에 서서 죽더라도 내가 먼저 죽는다, 내가 죽어줄게, 그 생각으로 한 거죠. 화가 났다기보다도 잘됐다, 끝을 보자, 그래 이번 기회에 한번 끝을 보자, 그런 생각을 한 거지.(이덕호)

12·3시민들은 하나같이 '이거는 해야겠다', '가지 않으면 안 될 것 같다'고 말했다. "내가 국민으로서 내가 해야 할 일을 해야 되는구나"(김정빈)라는, 내면 깊은 곳에서 떠오르는, 정체를 알 수 없는 책임감이었다. 그냥 해야 하는 일이었고 하지 않으면 비겁하고 부끄러운 일, 남이 아니라 자기 자신에게 부끄러운 일, 역사 앞에 부끄러운 일이었다. "일단 뭔가 해야 한다, 저거를 막기 위해서 뭔가 해야 한다······ 안 가면 두고두고 부끄러울 것 같았다."(이○○) "나한테도 부끄럽고 역사한테도 부끄러운" 일이므로 "비겁하게 피할 수 없었다".(한재희) "내가 할 수 있어서, 뭔가를 할 수 있어서 가는 게 아니라 가는 게 의미가 있어서 가는 거"였다. "뭘 할 수 있을지

몰라도 …… 내가 가는 것 자체로도 의미가 있고, 가서 할 수 있는 게 생길 수 있는 거다."(조우찬) 김진용은 "전쟁을 겪어보지 않고, 선조들이 피땀으로 일궈놓은 기반에서 살아왔으니까, 혹시라도 그런 일이 터진다면 제가 갚아야 되겠다는 생각"이었다고 말했다.

'부끄럽다'에 이어 많이 나온 단어가 '후회'였다. 김은결은 "죽을 수도 있을 거라고 생각"했지만 "우선 현장에 잘 있자, 도망치지 말고"하며 마음을 다잡았다. "만약 제 앞에서 누가 위험하다면 차라리 그 사람을 감싸야겠다"고 결심했다. "제가 할 수 있는 건데 못해서 나중에 다른 일이 생긴다면 그게 더 후회될 것 같았기" 때문이다. 류호성은 "나중에 이게 군사독재로 이어지거나 했을 때 후회하기 싫다는 생각도 있었고, 그다음에 그런 일이 있었을 때 '이제 내가 행동할 수 있는데 그때 왜 안 했지' 같은 후회를 하기 싫었다"고 말했다.

"일단 가야 뭘 기대를 걸든 희망을 걸든 하잖아요? 해제를 할 수 있는 사람들이…… 가서 서 있든 대치를 하든 하는 거지. 따로 뭐 그 이상의 생각은 안 했어요. 그냥 갔어요, 가야 된다고 생각했고, 그래서 갔고, 그럼 됐어요"라고 한 김현지(회사원)의 말과 "머릿수가 많아야 그런 최악의 사태가 좀 안 생길 것 같아서, 그냥 가야 될 것 같아서" 갔다는 김지수의 이야기는 판박이 같다. "만약에 내가 안 가 그대로 국회에 엄청 소수의 인원이 있어서 군인들이 사람들을 괴롭히거나 끌고 가버리면 뭔가 너무 약간 죄책감이 들 것 같은 거예요. 집에서 막 멀지도 않은데…… 그때 아무것도 안 했다는 게 너무 끔찍할 것 같은 거예요. 어차피 그러면 죽은 목숨이나 다름 없을 것 같은데, 그냥 고문만 안 당하면 되지 뭐, 약간 이런 생각으로……."(김지수)

두려움과 공포는 생존을 위한 동물적 본능이다. 모욕감은 존엄성을 지키려는 인간적 본능이고, 분노는 훼손된 존엄성을 회복하려는 도덕적 본능이다. 서로 불가분의 관계에 있는 이 감정들은 '광주'에 대한 '도덕적 죄책감moral guilt'(카를 야스퍼스)과 깊이 연결되어 있다. '세대를 넘어 전승된 집단적인 도덕적 죄책감'은 오늘날 대한민국이라는 정치적 공동체 구성원들의 정체성과 윤리의식의 핵심을 이루고 있다. 그게 바로 '양심'이다.

인간이 인간답게 사는 최소한의 얘기

조근욱에게 비상계엄은 "그냥 민주사회에 사는 한 사람으로서, 정말 그 민주주의의 기반이 완전 뒤틀리는 그런 일"이었다. 그러므로 "거기서 그냥 진짜 침대에 누워서 잤으면 나중에 너무 부끄러울 것 같았다. …… 진짜로 누군가한테 말하기도 떳떳하지 않을 것 같고…… 이게 말뿐인 사람밖에 안 될 거" 같았다. 그건 "애국심도 아니고" 그저 양심을 지키는 일이었다.

박찬희 역시 '애국심'과는 다른 문제라고 했다. "이 나라를 그렇게 사랑하거나 그런 사람도 아니고, …… 좋아할 게 그렇게 많지 않았다." 하지만 "제가 태어나고 자랐던 곳도 여기고, 제가 쌓아온 모든 게 다 여기 있고…… 다른 것보다도 사람들을 행복하게 만들어주는 게 꿈"이었다. "계엄이 만약 유지가 된다면 사람들은 행복할 수 있을까…… '지켜야겠다'는 생각밖에 안 들었다." 박보정에게는 나가지 않는 게 나중에 "독재자 손에 나라를 건네준 민주주의 후손, 이런 소리"를 들을 일이었다. 그래서 "나한테는 좀 떳떳하고 싶다"는 마음으로 나갔다. "저도 제가 왜 갔는지 모르겠어요. 그러니까 그게 그냥 가야 한다고 생각했어요"라고 한 양○○은 '광주' 사람들도 그랬을 거라고 말했다.

근데 광주민주화운동했던 사람들도 뭔가 생각을 하고, 커다란 사명감을 가지고 나갔을 거라는 생각은 안 해요. 그게 옳은 일이니까 그냥 한 거예요. 그게 맞으니까, 가야 하니까. 그래서 광주민주화운동했던 그분들도 그냥 그게 맞으니까 간 거지, 굳이 큰 사명감을 가지고 간 것 같지는 않은데, 다 비슷하지 않을까요? 다른 사람들도…….

김정빈에게는 그게 "한낱 독재자한테 굴종하지 않는" 시민의 자존심이었다. 김진용에게는 "애들한테 쪽팔리고 미안해서 가만히 있으면 안 되는" 문제, "집을 지키는" 문제였다. 이진에게는 "인간을 인간으로 만들어주는 어떤 충동 같은 거"였다. 박서영은 "죽더라도 신념을 지키고 죽고 싶다는 생각"을 했고, 예정민은 그저 "삶을 지켜야겠다, 이 생각"뿐이었다. 김하민도 국회 앞으로 뛰쳐나간 이유를 "진짜 모르겠네. 왜 나갔지?" 하고 반문하면서 "양심 같은 거 아닐까요? 사람이라면 최소한 가져야 되는 양심……"이라고 표현했다. 결국 "정치 얘기가 아니라 인간이 인간답게 사는 최소한의 얘기"였다.(김하민)

"최소한의 양심"에 따라 "인간이 인간답게 사는 최소한의 얘기"를 전하고자 했던 시민들은 그저 '정의로운 분노'를 행동으로 옮긴 데 그친 것이 아니었다. 시민들은 단지 내란세력과 싸우고 그들을 응징하려고 몰려나간 것이 아니었다. 그들에게는 무언無言으로 공유된 명확한 목표가 있었다. 국회를 지킴으로써 무너진 헌정질서와 민주주의를 바로 세우는 것이었다. 그것은 "공화국의 시민이라면 무엇을 해야 하는가, 우리의 공동체를 위해서 덕성 있는 시민이라면 무엇을 해야 하는가"라는 문제의식(전유섭)에서 나온 '회복적 정의restorative justice'와 '건설적 정의constructive justice'의 비전이었다. 그것이 그들을 국회 앞으로 내보낸 동력이었다. 그렇게 해서 그들은 어디서 왔고, 누군지도 모르는 동료 시민들과 연대하며 '최후의 헌법 보장자'인 주권자 시민으로 거듭났다. "역사의 밑바닥에서 자신을 버리고 자신을 넘어서는" 각성과 실천을 통해 자신을 구원하고 나아가 세상을 구원하는 '민중의 자기초월'(안병무)이었다.

3부
내란을 막아내다

하늘은 백성이 보는 것을 보고,
백성이 듣는 것을 듣는다.
天視自我民視, 天聽自我民聽
―『맹자』「진심상盡心上」

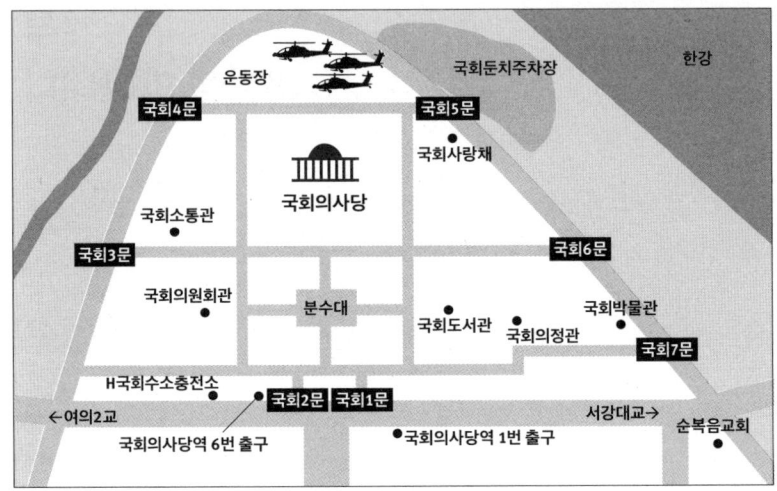

국회 외곽 출입문은 7개다. 1문은 여의대로 방향 정문으로, 국회의장과 의원의 입차 전용 문이다. 2문은 1문 옆에 있는 출차 전용 문으로 보행자용 문이 붙어 있다. 지하철 국회의사당역 6번 출구와 맞닿아 있다. 3문(남문)은 의원회관, 4문(서문)은 국회어린이집, 5문(북문)은 둔치주차장, 6문(동문)은 국회의정관으로 통한다. 7문은 국회박물관(구 헌정기념관), 서강대교 남단과 가깝다.

12월 3일 밤, 가장 많은 시민이 모인 곳은 1문이었다. 시민들이 모여 국회 봉쇄 해제를 요구하고, 의원들이 담장을 넘어 들어가기도 했다. 1문은 시민과 경찰이 가장 격렬히 대치한 상징적 공간이었다.

2문 앞에서도 경찰과 시민의 대치가 이어졌다. 자정 무렵 진보당이 이 근처에 앰프를 설치해 구호를 외쳤다. 1문과 2문 사이, '금속노조 현대자동차 판매연대지회' 천막농성장 앞에는 민주노총이 앰프를 설치했다. 비상계엄 해제 의결 후 새벽 1시 30분경 두 집회는 하나로 합쳐졌다.

3문은 평소 보좌진의 출퇴근 통로였다. 당시 보좌진과 의원들이 진입을 시도했으나 실패했다. 우원식 국회의장과 이재명 대표가 이 근처 담장을 넘어 들어갔다.

2문 옆 H국회수소충전소는 가장 중요한 지점이었다. 담장이 낮고 초기에 경찰 병력이 적은 데다 여의대로에서 접근이 용이해 의원들과 시민들이 이곳을 통해 안으로 들어갔다. 제1공수특전여단 제1대대 병력도 이곳을 통해 침입했다. 제2대대 병력 일부(80명)는 3문과 4문으로, 또 다른 병력 42명은 3문 부근 담을 넘어 침입했다. 수방사 제35특수임무대대는 7문 주변 담을 넘어 침입했다. 707특임단을 태운 헬기는 후문 운동장에 착륙했다.

7문에는 택시나 승용차를 타고 서강대교를 건너온 시민들이 모였다.

1장
국회를 봉쇄한 경찰

최초의 목격자들

밤 10시 30분.

국회의사당역 지하에 150여 명의 사람들이 모여 있었다. 12월 3일 '세계 장애인의 날' 결의대회와 야간농성을 마친 전장연 활동가들이었다. 고단한 하루 일정을 끝내고 철야농성을 위해 침낭과 스티로폼을 깔고 있었다. 한쪽 구석에서 휴대전화를 들여다보던 백인혁의 눈이 휘둥그레졌다.

뉴스 속보였다. 농성장 공기가 얼어붙으면서 여기저기 웅성거림이 번졌다. 10여 명의 활동가가 자리에서 일어났다. 목적지는 바로 위, 국회 정문이었다. 백인혁도 따라나섰다. 잰걸음으로 국회의사당역 6번 출구로 향했다. 밤 10시 45분, 그들은 가장 먼저 국회 2문(왼쪽 정문)에 도착했다.

거리는 고요했다. 철문은 닫혀 있었지만 경찰은 아직 많지 않았다. 군용차량도 보이지 않았다. "그땐 정말 우리밖에 없었어요. 전장연 사람들이랑 빨리 온 기자, 그리고 국회 관계자로 보이는 사람 몇 명."

해고노동자 장석관과 김선영은 국회에 더 가까이 있었다. 그들은 국회 1문과 2문 사이 '금속노조 현대자동차 판매연대지회' 해고노동자들이 1년 9개월째 농성하고 있던 천막 안에 있었다. 둘은 여느 때와 마찬가지로 밤 10시쯤 침낭을 깔고 잠을 청했다. 30여 분지나 장석관의 휴대전화가 '드르륵' 울렸다. 어머니의 다급한 목소리가 들렸다.

"석관아, 계엄 선포됐어!"
"계엄? 아, 뭔 계엄이여. 어디서 또 쓸데없는 거 보셨네. 못 살아……."
"진짜야!"

심드렁하게 어머니의 전화를 받으며 네이버 속보를 보던 그의 입에서 욕설이 튀어나왔다. "이런 미친놈!" 옆에 있던 김선영을 흔들었다. "아이, 무슨 개가? 무슨 뜬구름 잡는 소리예요?" 김선영은 핀잔을 주며 휴대전화를 켰다. 잠시 정적이 흘렀다. 김선영이 무겁게 입을 열었다. "이 계엄은 절대 성공할 수 없어요. 우리나라 국민들이 자유의 맛을 봤는데, 이걸 그냥 놔둬요? 절대 성공 못해요. 막아낼 거예요."

밤 10시 50분, 장석관이 바깥으로 나가보니 예상과 달리 군인은 보이지 않았다. 1문 근처 기동대 버스에서 경찰 병력이 쏟아져나오고 있었다. 잠시 화장실에 다녀온 사이, 상황이 완전히 달라졌다. 경찰 병력이 1문 앞을 봉쇄했고, 기동대 버스가 진입로 입구를 완전히 틀어막았다. 천막으로 돌아온 장석관은 침낭을 정리했다. 동료로부터 전화가 쏟아졌다. "둘이 제일 먼저 잡혀갈 거야. 당장 빠져나와!" 잠시 고민했지만 흔들리지 않는 김선영의 모습에 자리를 지키기로 했다. 금속노조 조끼는 벗었다. 계엄군에게 '여길 쏴라'고 하는 표적 같은 느낌이 들었기 때문이다.

국회 가까이 머물던 백인혁, 장석관, 김선영은 그렇게 누구보다 먼저 국회 정문 앞에 섰다. 경찰의 국회 봉쇄를 처음부터 지켜본 증인이었고, 내란을 저지하려는 최초의 시민이었고, 곧이어 도착할 시민들이 모일 수 있는 현장의 근거지였다.

국회 주변에는 경찰 병력이 속속 배치되고 있었다. 그날 저녁 7시 20분, 윤석열은 경찰청장 조지호와 서울시경찰청장 김봉식을 삼청동 안가로 불러 국회를 통제하라고 지시했다. 김봉식은 밤 10시 35분부터 6개 기동대 401명을 투입해 국회 1문부터 7문까지 배치했다. 국회 경내에서는 국회경비대가 1문부터 3문 구역을 막았다. 국회의 질서유지는 국회의장의 권한임에도 국회경비대장 목현태는 내란세력에 가담했다. 10시 48분, 경찰버스가 국회 문을 완전히 가로막았다. 밖에서는 경찰이, 안에서는 국회경비대가 국회의원과 보좌진, 국회 직원의 출입을 차단했다.

그 무렵, 여의도 IFC몰의 한 술집. 오혁진은 휴대전화로 계엄 속보를 확인하고 자리에서 벌떡 일어났다. "진짜야?" 누가 물었지만 그는 이미 달리고 있었다. 5분 만에 도착한 1문 앞엔 경찰 병력이 도열해 있었다. 출입증을 들이밀며 항의하는 국회 직원 몇 명이 경찰과 실랑이를 벌였다.

"자기 집에 주인이 들어간다는데 왜 막아요?"

"경찰이 왜 막아!"

"출입증 있는데 왜 못 들어가게 해요!"

오혁진은 그들을 바라보다 담배를 꺼냈다. 영화〈1987〉이나〈서울의 봄〉을 보며 "역사적 순간이 오면 나도 저렇게 행동할 수 있을까?" 생각했다. 막상 닥치니 손끝이 떨리고 심장이 뛰었다. "무섭지만, 그래도 바위를 향해 계란을 던져야 하는 순간이겠지." 연이어 담배를 물며 어둠에 잠긴 국회를 바라보았다.

"이게 정말 2024년 대한민국에서 일어나고 있는 일이 맞나?"

국회를 봉쇄한 경찰들을 보며 목격자들은 지금이 꿈인지 현실인지 실감이 나지 않았다.

경찰이 뭔데 막아!

"직원이에요, 왜 안 돼요?"

"뭐 하자는 거야, 지금? 비키라고!"

"무슨 권한으로 막는데요?"

"저 보좌관이라고요!"

밤 11시 무렵, 1문 앞뒤에서 항의와 고성이 동시에 터졌다. 국회 사무총장 김민기의 비상소집 명령을 받고 부랴부랴 달려온 직원들과 보좌진이 경찰에 가로막혔다. 반쯤 열린 정문 안쪽에서 한 남성이 경찰을 향해 외쳤다. "경찰관들 빨리 비켜요! 당신들 나중에 내란죄로 처벌받을 거야!"

안창용은 국회 속기사인 아내와 딸을 태워 정문 앞에 도착했다. 문은 굳게 닫혀 있었고, 바깥에는 경찰버스가 막고 있었다. 정문 안팎으로 경찰 병력이 겹겹이 포진해 있었다. 의원과 직원, 당직자들이 경찰과 실랑이를 벌이고 있었다. "열어라! 주인이 자기 집에 들어가겠다는데 왜 못 들어가게 하냐!" 고성이 오갔다. 경찰 역시 이유를 모른 채 "막으라니까 막고, 닫으라니까 닫는" 모습이었다.

사람들이 모여들면서 긴장이 고조됐다. 경찰의 채증카메라와 기자, 국회 직원들의 휴대전화 렌즈가 서로를 향했다. 밤 11시 5분경 도착한 이재정은 시민들과 합세해 "왜 못 들어가냐!", "무슨 권한으로 막냐!" 외치며 경찰과 몸싸움을 벌였다. 서너 차례 밀자 경찰 대오가 무너졌다. 그 틈에 열댓 명이 안으로 들어가 철문을 붙들고 버텼다. 문을 닫지 못하게 하려는 몸싸움이 이어졌다.

"너네가 뭔데 막아?"

"비켜!"

"니네들 부역자들이야!"

국회 보좌진과 직원들은 출입증을 높이 치켜들고 "비켜라!", "열어라!"를 외쳤다. 화가 난 직원들은 철문 앞에 세워진 질서유지선을 격렬하게 밀어냈다. 안쪽에서 누군가 철문 위로 올라가 몸을 내밀며 외쳤다. "국회의장 지시가 아니다! 넘어와라!" "치워버려!" "들어와! 들어와!" 사람들이 벌어진 틈을 비집고 들어가려 했으나 방패로 3중벽을 친 경찰을 맨몸으로 뚫기에는 역부족이었다.

"아, 직원들은 들어가야지!"

"아니, 국회의원이라고! 국회의원!"

외침은 점점 더 격렬하고 처절해졌다.

2문도 경찰버스와 질서유지선으로 완전히 막혀 있었다. 보행자 철문 앞에서 10여 명의 직원이 출입증을 내밀며 항의했다. "경찰이 뭔데 막아!" "출입증 있는데 왜 못 들어가게 하냐!"

정문 앞은 소란스러웠지만 아직 일사불란한 통제는 보이지 않았다. 유금문은 정문 앞 경찰들이 "'이게 뭐지?' 하는 표정으로 오락가락"하는 모습을 지켜보고 있었다. 의원이 "들어가야 한다"고 항의하면 "그럼, 가세요" 하며 들여보냈다가, 보좌관이 따라 들어가려 하면 "안 된다"고 막았다.

시민들이 정문인 1, 2문으로 몰려들었다면 보좌진은 평소 동선대로 3문(의원회관 연결)으로 간 경우가 많았다. 윤상은은 "내 차로 문을 못 닫게 막으려는" 일념으로 달려왔지만 이미 버스 3대와 경찰이 봉쇄하고 있었다.

3문에 도착한 이○○은 경찰의 철통 봉쇄를 보고 화가 났다. 담 너머 경찰 지휘관에게 "지금 무엇을, 누구로부터 지키고 있는 거냐?"

고 묻자 "말할 수 없다"는 답만 돌아왔다. 카메라를 들어올리자 옆에 선 경찰이 '초상권'을 언급하며 손을 쳤다. "국회를 불법 봉쇄해놓고 무슨 초상권이야?" 분노가 치밀었다.

월담이 시작됐다. 경찰 병력이 정문에 쏠리자 곳곳에서 시민과 보좌진이 서로를 밀어올렸다. 김준은 1문 문양에 발을 딛고 올라가는 국회의원 서미화를 받쳐 올리면서 안쪽을 향해 외쳤다. "조심하세요! 받아주세요!" 서 의원은 무사히 경내에 발을 디뎠다. 2문 근처에 있던 노태손은 담을 넘으려다 헐레벌떡 뛰어오는 사람을 봤다. 국회의원 노종면이었다. "의원이 먼저"라고 생각해 노 의원을 들어 넘겨주고, 자신도 담을 넘었다.

이규정은 밤 11시경 3문에 도착했다. 버스와 병력이 빽빽하게 서 있었다. 담장을 따라 정문으로 걷다가 허술해 보이는 담 일부를 무너뜨리고 경내로 들어갔다. 같은 시각 국회의장 우원식은 3문과 4문 사이 담을 넘어 진입했고, 민주당 대표 이재명도 잠시 뒤 3문 옆 담을 넘었다.

2문에서 60미터 떨어진 H국회수소충전소(수소충전소)는 낮은 담으로 연결된 우회로였다. "이쪽으로 들어오세요." 군인권센터 소장 임태훈과 활동가 김형남이 작은 회전문 앞에서 국회의원과 직원들을 안내했다.

국회의사당은 고요했다. 조현준은 택시를 타고 3문 앞에 내렸지만 이미 막혀 있었다. 싸워봐야 소용없겠다 싶어 근처 담을 넘어 들어갔다. 의사당 안에 도착하니 밤 11시였다. 텅 빈 본관의 적막함이

3부 내란을 막아내다

비현실적으로 느껴졌다.

국회의원이다, 들어가야 된다고!

밤 11시 7분경부터 37분 사이에 국회 정문이 잠시 열렸다. 경찰이 국회의원, 보좌진, 국회 직원, 기자 등 출입증을 가진 이들에 한해 출입을 허용했다. 이 결정에는 "국회의원 출입 통제는 맞지 않다"고 지적한 서울경찰청 간부들의 판단이 작용했다.

공공안전차장 오부명은 국회를 봉쇄 중이던 국회경비대장 목현태로부터 "국회의장 및 국회의원의 출입 통제에 대한 항의를 어떻게 처리해야 하는지" 질문을 받았다. 오부명은 김봉식에게 "헌법 제77조에 따라 해제 요구권이 있는 국회의원의 출입을 막는 것은 문제가 있어 보인다"고 보고했다. 수사부장 임경우 또한 "헌법과 법률상 국회의원들을 통제하는 건 맞지 않다"고 판단해 김봉식에게 "의원을 막으면 안 될 것 같다"고 건의했다. 김봉식은 조지호와 논의한 끝에 비상계엄 선포나 대국민 담화문만으로는 국회의원의 출입을 금지할 법적 근거가 없다고 판단하고, 출입증을 소지한 사람에 한해 국회 출입을 일시적으로 허용하라고 지시했다.

그 무렵 1문 앞에는 국회의원 조국, 고민정 등 여러 의원이 도착해 있었다. 그들은 곧장 국회 안으로 들어갔고, 보좌진과 기자들도 뒤따랐다.

국회 속기사인 안창용의 아내와 딸도 정문 앞에서 대기하다가 문이 열리자 경내로 들어갔다. "국회 의결에는 반드시 속기사가 있어야 절차가 완성된다"고 생각한 안창용은 가족이 계엄 해제에 조금이라도 도움이 되기를 바랐다.

문마다 시민들이 외쳤다. "출입증 있는 분, 빨리 들어가세요!" "안에 들어가야 계엄을 끝낼 수 있어요!"

윤석열은 다수 의원이 국회로 들어가자 밤 11시 23분경 계엄사령관 박안수에게 지시했다. "조지호에게 포고령을 알려줘라." 박안수는 조지호에게 명령했다. "국회에 경찰을 증원하고 포고령에 따라 국회 출입을 차단하라." 조지호와 김봉식이 오부명에게 국회 출입 전면 금지를 지시하자 오부명은 재고를 요청했다. 현장으로부터 "경찰이 국회의원 출입을 금지할 법적 권한이 없다"는 보고가 계속 들어오고 있었기 때문이다. 조지호는 지시를 이행하라고 압박했다. "포고령을 따르지 않으면 우리가 다 체포된다."

밤 11시 36분, 조지호는 "포고령에 따라 국회를 전면 통제하라"고 김봉식에게 직접 명령했고, 김봉식은 곧바로 현장에 지시했다. 11시 37분 서울경찰청 경비지휘 무전망을 통해 "각 출입문, 현 시간부터 재차 전원 통제입니다. 아무도 들어갈 수 없습니다. 국회의원 포함, 전부 통제"라는 지시가 내려갔다.

밤 11시 54분, 김봉식은 직접 무전기를 들고 재차 명령했다. "서울경찰청장이 일방적으로 지시합니다. 포고령에 근거해 일체의 정치활동이 금지됩니다. 현 시간부로 국회의원 및 보좌관, 국회사무처 직원들도 출입할 수 없도록 통제하기 바랍니다." 그는 경찰 기동대 23개 중대를 추가 투입해 국회 주변을 완전히 봉쇄한 데 이어 경찰버스로 차벽을 세워 도로까지 막았다. 그날 밤, 김봉식은 29개 기동대 1,963명의 병력과 지휘차량 43대, 경찰버스 85대를 동원해 국회를 봉쇄했다.

계엄사령부 포고령 제1항은 국회와 지방의회, 정당의 활동 등 일체의 정치활동을 금했다. 계엄령을 해제하지 못하도록 국회와 국회의원의 활동을 막으려는 것으로, 국회가 계엄을 해제할 수 있게 한 헌법을 정면으로 부정하는 것이었다. 헌법이 보장한 국회 권능을 빼앗기 위해 계엄 포고령을 발표하고 병력을 동원하는 것이 바로 내란이다. 비상계엄을 빙자한 내란이었다. 내란세력으로부터 민주주의를 지키기 위한 싸움이 시작된 것이다.

정문이 다시 닫히고 있었다. 고성과 욕설, 실랑이가 거세졌다. "국회의원이다! 들어가야 된다고!" "경찰이 뭔데 막아!" "문 열라고! 이걸 막는 경찰이 제정신이냐!"

말이 통하지 않자 시민들은 몸을 썼다. 닫히는 철문에 달려들어 틈을 벌리고 의원을 밀어넣었다. 임동균은 1문 앞에서 국회의원 이훈기를 도왔다. "'국회의원이 왔다'는 소리가 나자 시민 수십 명이 경찰들 사이를 비집고 들어가 길을 뚫었다." 그는 철문 바로 앞에 서서 경찰이 문을 닫지 못하도록 온 힘을 다해 밀었다. 열린 틈으로 이 의원이 간신히 몸을 들이밀었다.

정문이 닫히자 경찰은 철제 바이케이드를 세웠다. 시민들이 외쳤다. "문 열어!" "문 열어!" "열어라!" "열어라!"

박지현은 경찰이 어떤 근거로 국회를 봉쇄하는지 도무지 이해할 수 없었다. 계엄을 해제하려면 의원들이 안으로 들어가야 했다. 답답함을 참지 못하고 소리를 질렀다. "비상계엄 철폐하라!" 시민들이 호응하며 목소리를 높였다.

2문에서도 시민들이 문틈을 붙잡고 버텼다. 정문에서 벌어진 격렬한 대치에 경찰 병력이 쏠리자 담벼락 경계가 느슨해졌다. 곳곳에서 의원들과 보좌진, 시민과 유튜버들이 담을 넘었다. 김OO은 첫 시도에 실패했다. 조금 전 〈이재명 라이브〉에서 담을 쉽게 넘는 모습을 보고 따라해보려 했지만 키보다 높은 담은 만만치 않았다. 담을 넘으려 낑낑대는 그의 발을 누군가의 손이 받쳐줬다. 그 힘으로 담을 넘었다. 곧이어 자신도 뒤따르는 손을 붙잡아 끌어올렸다.

그 시각, 국회 직원들과 보좌진의 단톡방에는 국회 봉쇄 상황과 월담 정보가 실시간으로 올라왔다. '어디를 막는다, 안 막는다', '어디 담벼락이 뚫렸다', '담 넘을 거면 이쪽으로 들어와라'. 상현호도 정보를 보고 움직였다. 도서관 쪽 문에서 출입증을 제시하고 경내로 들어왔다. 휴대전화 화면에는 위치와 진입경로가 끊임없이 공유되고 있었다.

조선옥은 경찰의 봉쇄가 다시 강화될 즈음 현장에 도착했다. 단톡방에서 월담이 가능한 장소를 확인하고 담이 낮은 국회어린이집 근처로 향했다. 담을 넘으려는 순간, 경찰이 팔을 붙잡았다. "계엄은 국방부장관의 지휘를 받는 거고 당신은 경찰인데 왜 잡냐?" 조선옥이 묻자 경찰은 "명령을 받았다"고 대답했다. 그때 연세 지긋한 여성 두 사람이 다가왔다. "보좌관이냐? 도와주겠다." 그들이 경

3부 내란을 막아내다

찰의 팔을 붙잡은 틈에 조선옥이 담을 넘었다. 의사당을 향해 어둠 속으로 뛰었다.

국회를 지켜야 한다

김상수는 의사당을 지키는 것이 목표였다. 정문 앞의 기동대는 빽빽했다. 6문과 7문으로 발길을 돌렸다. 그곳은 허술했다. "야, 나 들어갈 거야, 지금 상황이 인지가 안 돼?" 플라스틱 블록을 밀치고 경찰을 밀어내자 틈이 생겼다. 서너 명이 경내로 진입했다. "뛰어! 뛰어! 빨리 뛰어야 돼요!" 다른 곳에서 진입한 10여 명과 합류해 의사당을 향해 뛰었다. 150석이 돼야 가결할 수 있다는 사실을 확인한 순간 그는 결심했다. "국회의원들이 들어오게 무조건 의사당을 지켜야 한다."

이재승은 1문 앞에서 경찰과 실랑이를 벌이다 옆에 선 시민들과 눈을 마주쳤다. "우리 이 벽 확 밀어버리고 들어갑시다!" 몇 명이 동시에 밀자 순간적으로 문이 열렸다. 일고여덟 명이 안으로 들어갔다. 목적지는 단 하나, 의사당이었다. "결정이 이루어지는 곳, 의원들이 결정할 때까지 그곳을 지켜야 한다."

1문 앞에 있던 문아영은 믿을 수 없었다. "출입증 있는 국회의원과 보좌관조차 들여보내지 않다니!" 사람들이 모이자 페이스북 라이브를 켜고 경찰에게 따졌다. "왜 막냐? 무엇을 근거로 막냐? 이걸 막으면 당신들도 공범이다." 경찰을 설득해 국회 문을 열고 싶었다.

박미정은 국회 주변을 돌며 아직 들어가지 못한 의원들의 월담을 도왔다. 정문에서 싸우는 시민들을 뒤로하고 "150명이 빨리 모일 수 있도록" 담을 넘겨주는 일을 계속했다. "국회를 지켜야 한다. 국회밖에 해산권이 없으니까. 만약 저 미친 인간이 진짜 계엄을 하면 우리는 국회만 사수하고 그 뒤는 국회의원들한테 맡겨야 된다 생각했어요." 그는 의원들이 빨리 와주길 바랐다. 이현숙도 "도와달라"는 외침이 들리면 즉시 달려갔다. 보좌진이 '어디로 가면 되냐, 누가 들어가려고 한다'는 등의 통화를 하고 있었다. "여기 의원 들어오십니다, 시민 여러분 도와주세요!" 외치면 시민들과 우르르 몰려가 함께 들어올렸다. 김인환은 1문 옆, 약한 담장 구역에 서 있었다. "남자 두셋이 마음먹고 밀면 허물어질 위태로운 담이었다." 그곳을 월담 포인트로 정해놓고 의원을 기다렸다.

석민주는 밤 11시 40분경 6번 출구로 나왔다. 정문 앞에서는 "계엄 철폐! 독재 타도!" 구호가 울렸다. 역사 교과서에서나 보던 구호를 그도 함께 외쳤다. 허우진과 송화는 KBS 옆에 차를 세우고 국회를 향해 걸었다. 어둡고 스산한 골목을 지나 국회가 보이는 횡단보도 앞에 섰다.

"두두두두두……."

남쪽 상공에서 검은 헬기 3대가 낮은 고도로 날아오고 있었다. 전쟁영화에서나 봤던, 적진에 침투하거나 적군을 사살하던 블랙호크 무장헬기였다.

어두운 잿빛 하늘에 하얀 진눈깨비가 흩날리고 있었다.

2장
블랙호크와 계엄군 국회 침입

707특임단은 육군특수전사령부(특전사) 소속 대테러 특공대로 전시에 적 핵심부에 침투하는 국군 최정예부대다. 밤 10시 17분 국방부장관 김용현은 국무회의 도중 특전사령관 곽종근에게 병력을 출동시키라고 지시했다. 곽종근은 10시 21분 제1공수특전여단(1공수여단)장 이상현에게 "국회로 출동해 의사당과 의원회관을 봉쇄하라!"고 명령했다. 김용현은 다시 한 번 곽종근에게 출동을 재촉했고, 곽종근도 10시 24분 이상현에게 "서둘러 국회 출동 준비를 마치라"고 재차 지시했다.

계엄 선포 직후 곽종근은 특수작전항공단장 김세운에게 헬기 출동을 지시하고 밤 10시 31분경 707특임단장 김현태에게 "헬기가 도착하면 대기 중인 병력을 태워 즉시 국회로 출동하라"고 명령했다. 헬기 수송은 계엄군이 국회로 침입할 수 있는 가장 빠른 방법이었다. 국회 정문과 외곽은 경찰 병력을 동원해 막고 그 사이에 헬기로 특공대 병력을 투입해 국회의사당을 봉쇄하려는 작전이었다. 밤 11시 26분에서 33분 사이, 곽종근은 김현태에게 추가로 지시했다. "국회 도착 즉시 본회의장을 차단해라! 국회의원이 진입하지 못하게 해라!" 김현태는 헬기에 탑승한 부대원들에게 명령을 전했다. "국회의사당과 의원회관 외곽을 봉쇄하라. 접근하는 세력에 대해서는 공포탄과 테이저건을 사용하라. 본회의장을 막는 것이 우선이다, 출입문부터 우선 차단하라."

밤 11시 40분경 윤석열은 곽종근에게 "국회로 이동 중인 헬기가 어디쯤 가고 있냐?"고 물으며 병력 출동을 재촉했다. 11시 43분, 707특임단원 96명을 실은 블랙호크 12대가 3대씩 편대를 이루어 국회 상공에 나타났다.

진짜 죽이러 왔구나

"두두두두두……."

공기가 찢어지고 밤하늘이 진동했다. 깜짝 놀란 사람들이 일제히 고개를 들었다.

"모든 게 일시정지된 듯했어요."(송태현)

헬기가 가까워지자 땅이 흔들리고 바람이 일었다. 모두 하늘을 향해 휴대전화를 치켜들었다.(김인환)

"아, 진짜 죽이러 왔구나……." 김은결은 하늘을 올려다본 채 중얼거렸다. "의원들이 죽을 수도 있겠구나. 그럼 당연히 계엄은 유지되겠지…….” 송태현은 온몸의 털이 곤두섰다.

“아…….”

“이게 대체 무슨 일이야!”

“아, 진짜 큰일 났다!”,

“아, 진짜…… 씨발!”

여기저기서 욕설과 탄식이 터졌다. 누군가는 울었고, 누군가는 몸을 떨었다. “비상계엄!”이라는 절박한 외침에 “철폐하라!”가 되돌아왔다. 두려움과 분노가 한꺼번에 폭발했다. '내란'이 움직일 수 없는 현실로 눈앞에 닥쳐왔다.

김희태는 헬기 소리를 듣는 순간 광주를 떠올렸다. 몸이 저절로 낮춰졌다. “우리를 향해 총을 쏘겠구나.” 그런데 헬기는 국회로 향했다. “계엄군이 국회로 들어가는구나…….” 그는 의사당을 바라보며 기도했다. “저 불빛이 꺼지지 않기를…….” “계엄이라는 게 실감 나지 않았는데, 이게 정말 계엄이구나. 광주에서 헬기 기총소사가 있었는데…….”(김중기)

이대훈은 옆에서 펑펑 우는 동년배를 봤다. “광주를 경험했거나 그 기억을 가진 사람이겠죠. 주변에서 그를 위로했지만 말을 못할 정도로 무너졌어요. 그분을 보며 '광주 어게인이다, 금방 끝나는 게 아니다, 이제 도피할 수도 없겠구나', 마음이 정리됐어요.” 문아영 뒤에 있던 60대 초반 여성도 울음을 터뜨렸다. “약간 야상점퍼 같은 거 입고 오셨던 파마머리 하신 단발의” 여성이 “그 헬기 들어가는 거 보시면서 얼굴에 막 범벅이” 될 정도로 눈물을 흘리며 울고 있었다. 문아영도 눈물이 나서 안아드렸다. 두 사람은 서로를 끌어안은 채 "어떡하냐, 어떡하냐"를 연발하며 울었다.

국회 안의 공포는 더 컸다. 김준은 헬기가 국회 돔 위를 넘어가는 걸 보며 "진짜 오늘 총 맞을 수도 있겠다"는 생각이 들었다. 나현필은 섬뜩했다. "우리를 보고 총을 쏠 수도 있겠구나." 포고령을 보고도 믿지 않았던 계엄이 헬기를 보며 비로소 현실로 다가왔다. "이제 '진짜 계엄'이 시작됐구나."(이대선) "아, 진짜 죽는 건가? 이렇게 허망하게 죽는 건가?"(안○○)

김동휘는 그때가 가장 공포스러웠다. "차량이야 몸으로라도 막을 수 있지만 헬기는 우리 힘으로 막을 수 있는 게 아니었다. 두려움과 동시에 무력감"이 밀려왔다. 김윤범도 "지상의 군인들은 제압할 수 있지만 헬기에서 쏘면 어떻게 할까?" 두려웠다. 황준성은 혹시 헬기에서 발포할까 싶어 본능적으로 퇴로를 살폈다. 그러나 두려움과 무력감은 곧 결의로 바뀌었다. 양○○은 "두다다다다" 소리에 순간적으로 얼어붙었지만 헬기가 국회 쪽으로 향하는 걸 보고 몸을 일으켰다. "좆됐다! 빨리 가야겠다!" 무서운 나머지 허리가 움츠러들었지만, 그래도 뛰었다. "빨리 가서 막자!"

의원회관 4층 진보당 사무실에서 TV를 지켜보던 신석진은 "헬기 포착"이라는 자막을 보고 창가로 달려갔다. 그 순간 "두두두두두……" 귀를 찢을 듯한 굉음과 함께 건물이 울리며 저공 비행하는 헬기 3대가 눈앞에 나타났다. "쟤들이 이제 드디어 총을 쏘려는 거구나. 의원들을 보호해야 한다!" 공포감 속에 의사당으로 뛰어나가

3부 내란을 막아내다

면서 옆에 있던 연구원에게 말을 남겼다. "나는 간다, 가면 죽을지도 모른다. 만약에 잘못되면 우리 가족에게 연락해라, 뒷감당은 네가 해라……."

국회 경내에서는 안보람이 닫히려는 철문에 매달려 있었다. 갑자기 "두두두두" 소리가 들렸다. 흩날리는 눈발 사이로 검은 헬기 3대가 나타났다. "영화인가?" 잠시 헛웃음이 났지만 헬기가 국회 뒤편으로 사라지는 것을 보자 정신이 번쩍 들었다. 의사당을 향해 전력질주했다. "어후, 어후, 씨발!" 거친 숨소리가 헬기 소리에 묻혔다. 여의도공원에서도 시민들이 달리기 시작했다. "이거 장난 아니다! 이거, 이거, 진짜 정말 큰일이다!" 허원과 박상만은 "큰일이다!"라는 말밖에 떠오르지 않았다. 국회 쪽으로 달렸다.

블랙호크의 굉음은 공포와 두려움 그 자체였지만 동시에 각성과 저항의 결의를 촉진했다. "국회를 지켜야 한다! 더 이상 군인을 국회 안으로 들여보낼 수는 없다!"

헬기보다 시민들이 빨랐던 이유

블랙호크의 국회 상공 침입은 당초 계획보다 40여 분 늦어졌다.*

계엄 선포 직후 헬기가 뜨지 않자 특전사령관 곽종근은 특수작전항공단장 김세운을 다그쳤다. "왜 아직도 헬기가 뜨지 않는 것이냐." 곧바로 다시 명령했다. "신속히 헬기 12대를 특전사령부로 보내라."

김세운은 밤 10시 49분, 수도방위사령부(수방사)에 서울 상공 비행제한구역(R75) 내 비행승인을 요청했다. 수방사 작전처장 김문상은 방공작전통제처장(통제처장)으로부터 "헬기 진입 승인 요청이 있습니다"라는 보고를 받았다. 산불 진압이나 응급환자 수송인가 싶어 물었다. "목적이 뭐냐?" 대답은 "모르겠습니다"였다. 김문상은 승인하지 않았다. "목적을 확인하라."

밤 10시 54분, 통제처장이 다시 찾아와 말했다. "승인 요청이 또 접수됐습니다." 이번에도 목적을 밝히지 않았다고 해서 김문상은 단호히 말했다. "목적을 밝히지 않으면 절대 안 된다."

밤 11시 19분, "헬기가 떴습니다". 통제처장의 급박한 보고였다. 헬기가 특전사 소속임을 알게 된 김문상은 곧바로 지시했다. "빨리 전화해서 막아라. 무기가 가동된 상태에서 헬기가 들어오면 불미스러운 일이 생길 수 있다. 무기 해제시키고, 절대 들어오지 못하게 하라." 통제처장이 즉시 무전을 보내 서울 진입을 보류시켰다. 세 번째 승인 요청이 들어올 때부터 헬기들은 이미 용인 상공에 떠 있었다.

---

* 박소희, 「특전사 헬기」 서울 진입 세 번 막은 대령 "계엄 선포, 가짜뉴스인 줄"」, 오마이뉴스, 2025. 9. 15; 이나영, 「특전사 헬기 서울 날아오자 김 대령은 "응급환자 후송이냐" 물었다」, 한겨레, 2025. 10. 30.

수방사 참모장의 압박이 거셌지만 김문상은 "절대 안 된다, 주무처장으로서 목적을 모른 채 승인할 수 없다"며 버텼다. 수방사는 합동참모본부에 문의했으나 "관계없다"는 답변을 받자 다시 육군본부에 문의했다. 육군참모총장이 계엄사령관으로 지정되어 있었기 때문이다.

김문상은 밤 11시 31분경 육군본부로부터 '계엄사령관 승인' 연락이 온 다음에야 헬기의 비행을 승인했다. 첫 이륙 시도가 있던 10시 49분, 국회 앞은 아직 한산했다. 김문상의 승인 불허로 707특임단의 국회 진입이 지연된 40여 분 동안 시민과 국회의원들이 국회에 먼저 도착할 수 있었다. 억만금을 주고도 얻을 수 없는 귀한 시간이었다. 시민들은 계속 국회로 모여들었다.

707특임단을 태우고 국회의사당 후문 운동장을 향해 가는 블랙호크.(김준 제공)

의사당을 봉쇄하라

밤 11시 49분, 국회 후문 운동장

국회 후문 운동장에 블랙호크 3대가 착륙했다. 헬기 바람에 낙엽이 소용돌이쳤다. 707특임단이 국회에 발을 디뎠다. 땅은 시민이 지켰지만 하늘까지 지킬 수는 없었다. 민주주의의 전당이 계엄군의 군홧발에 짓밟히는 순간이었다. 헬기에서 내린 김현태와 병력 23명은 국회의사당으로 몰려갔다. 그때, 의사당 2층 정현관에서는 시민과 국회 방호과 직원들이 실랑이를 벌이고 있었다.

정현관 유리문이 깨졌다. '악~~' 비명과 흥분이 공간을 가득 채웠다. 본회의장을 지키러 달려온 시민들이 안으로 들어가려다 벌어진 일이었다. 국회 직원들이 막았기 때문이다. 헬기 소리에 모두 격앙돼 있었다.

"왜 막냐, 들어가서 지키게 해달라"는 시민들의 요구가 거세졌다. 국회 앞에서 어렵게 경찰의 봉쇄를 뚫고 달려온 사람들이었다. 보좌관도 소리쳤다. "왜 문을 닫으려고 하냐, 무슨 짓이냐!" 직원들을 몰아세웠다.

그때 국회 직원으로 보이는 한 여성이 나섰다. "우리가 막겠다, 우리가 군인을 막을 테니까 시민들은 나가주시라." 처음엔 무슨 뜻인지 몰라 혼란스러웠다. 하지만 곧 이해했다. 혹시라도 사복을 입은 군경이 의사당 안으로 섞여 들어온다면 돌이킬 수 없을 터였다. 시민들은 고개를 끄덕이며 말했다. "출입증 있는 사람들에게 안을 맡기고, 우리는 문 밖을 지킵시다!"

보좌관 이규정은 그 장면을 "계엄 상황에서 가장 위험했던 순간"으로 기억했다. "갑자기 직원들이 문을 닫더라고요. 우리가 그거를 막았어요. 막느라 유리가 깨졌어요. 정확히 이해를 못했어요. '뭐 하는 거냐, 문을 왜 닫으려고 하냐?'고 따졌죠. 나중에 보니 계엄군이 못 들어오게 막으려는 조치였어요. 아무튼 그때 유리문이 깨지고 사람들이 몰리면서 한 여성은 숨을 못 쉬겠다며 살려달라고 하고……."

현장에 있던 안보람도 그때 실랑이가 계속됐다면 계엄군을 막기 어려웠을 것이라고 말했다. 시민들이 로비를 미처 빠져나오기도 전에 707특임단이 밀어닥쳤기 때문이다. 내란이라는 극한의 위기와 혼돈 속에서도 시민들은 각자 위치에서 할 수 있는 최선의 선택을 찾았다. 한순간의 집단적 지혜가 의사당을 지켰다.

여기 국회야, 국회!

밤 11시 59분경, 국회의사당 2층 정현관

"계엄군이다!"

검은 전투복에 권총과 소총, 야간투시경, 방패 등으로 완전무장한 707특임단 병력이 의사당 유리문 앞에 나타났다. 공기가 얼어붙었다. 시민들의 절규가 터져나왔다.

"니들이 뭔데 여기까지 왔냐?"

시민들이 총을 멘 군인들을 맨몸으로 밀어붙였다. 격렬한 몸싸움이 벌어졌다. 노태손은 군인들의 위압적인 체격과 장비에 공포를 느꼈다. 젊고 단단한 특임단과 일대일로 부딪히니 마냥 밀릴 수밖에 없었다.

"당신들 뭐 하는 거냐? 역사의 죄인이 되려고 그러냐?"

분노에 찬 외침이 터져나왔다. 전역한 지 얼마 안 된 김상수는 피가 거꾸로 솟았다. "군인의 총구는 적을 향해 겨누는 거지, 결코 국민들을 향해서는 안 되는"거였다. 계엄군을 향해 "왜 국민들에게 총을 겨눠?" 팔을 벌려 앞을 가로막았다.

"왜 왔는데?"

"그만해!"

"밀지 말라고!"

"정신 나갔냐? 너희들이 군인이냐?"

밀고 밀리는 몸싸움에 비명과 고성까지 얽혀 전쟁터를 방불케 했다. 신윤석은 군인들을 한 발자국이라도 더 밀어내려고 이를 악물었다. "옆에는 건장한 청년보다 중년 남녀가 많았다. 전문적으로 훈련된 최정예부대를 어떻게 막을 수 있을까? 역부족이었지만 그래서 더욱 기를 썼다." 밀고 밀리며 패딩이 찢어졌다. 스크럼을 짠 채 몸싸움을 하다보니 사람들이 넘어지고 짓밟혔다. "그때 진짜 깔려 죽을 수도 있겠다는 생각이 들었어요. 시민들이 많았으니까 버텼지. 120%, 150% 힘을 쓰지 않았으면 무슨 일이 벌어질지 몰랐어요." 공포감이 극에 달했지만 "지금 쓰러지면 국회가 무너진다"는 생각에 마음을 다잡았다. 신윤석은 그 와중에 바닥에 떨어진 탄창과 케이블타이를 주웠다. 계엄군이 떨어뜨린 장비였다. 시민들의 항의와 경고가 이어졌다. "이것은 국가를 배신하는 행위고, 법에 저촉되는 것이다!" "지휘관의 지시에 따랐다 할지라도 나중에 처벌받는다!" "니들이 대한민국 군인이냐? 너네가 어떻게 민주주의를 훼손하는 일을 하냐?"

김혜정은 군인들을 향해 절박하게 외쳤다. "자기네들아! 역사의 가해자가 된다는 게 얼마나 힘든 일인 줄 알아? 그거는 너무 괴로워지는 일이야. 진짜 역사의 가해자가 되면 안 돼!" 옆에서 또 다른 시민이 소리쳤다. "여기가 어딘 줄 알고 들어가려고 해? 여기 국회야, 국회! 너네 들어가면 정말 큰일 나!"

박수현은 무장한 계엄군을 보는 순간 몸이 얼어붙었다. "옆에 있던 한 여성이 총구를 붙잡고 '창피하지도 않냐!' 소리치는 것을 듣고 정신이 번쩍 들었다." 민주당 대변인 안귀령이었다. 그는 휴대전화를 들어 현장을 기록하기 시작했다. 분주히 돌아다니며 사진과 영상을 찍었다.

최진영은 몸싸움 한복판으로 뛰어들었다. "남성들끼리 충돌이 격해져 일촉즉발의 순간이 올 수도 있겠구나" 싶어서였다. "여성을 때리지는 않겠지", 자신의 몸이 격한 싸움을 완화할 수 있기를 바랐다. 그러면서 "광주처럼 시민 죽일 수 없습니다! 명령 거부하세요! 임무에 소극적으로 임하세요!"라고 소리쳤다. 앞에 있던 최진영은 군인들 손에 뒤로뒤로 넘겨져 결국 맨 끝까지 끌려갔다. 그때 한 어머니를 봤다. "이름표도 없는 한 부대원을 붙잡고 '이러면 안 된다'고 절규하던 그는 나중에 군인을 붙잡고 통곡"했다. 시민들은 몸뚱

국회의사당으로 난입하려는 707특임단을 막아선 시민들.(김준 제공)

이 하나로 필사적으로 저항했다.

"물러서시오!"

단호하고 우렁찬 목소리가 쩌렁쩌렁 울렸다. 국회사무총장 김민기였다. "내가 국회사무총장인데 누구 허락받고 왔느냐! 내 허락 없이는 아무도 국회에 들어갈 수 없다!" 결의가 더욱 단단해졌다. "국회를 지켜야 한다!"

케이블타이 가져와!

밤 11시 54분, 국회의사당 후문

뉴스토마토 기자 유지웅은 의사당을 한 바퀴 돌고 있었다. 내부

진입로를 찾기 위해서였다. 그러다 후문 왼편[1]에서 10여 명의 군인이 모여 있는 것을 발견했다. 기둥 뒤에 몸을 숨기고 카메라를 드는 순간, 군인들이 달려왔다. 양팔을 붙잡힌 채 몸이 꺾이면서 휴대전화가 손에서 떨어졌다. 한 군인이 곧장 영상을 삭제했다. 양쪽에서 팔을 잡고 벽면으로 밀어붙였다. "케이블타이 가져와!"

짧고 단호한 명령이었다. 군인 1명이 케이블타이를 가져와 결박을 시도했다. 유지웅은 "눈앞이 캄캄해졌다. 가만히 있으면 큰일 나겠다는 공포가 밀려왔다". 온몸으로 저항하자 케이블타이가 망가졌다.[2, 3]

우리에겐 오로지 소화기

0시 20분경, 국회의사당 안

시민들이 의사당 정문에서 맨몸으로 바리케이드를 만들고 내란군과 대치하는 동안 안쪽에서는 사무기기를 있는 대로 끌어모아 바리케이드를 쌓고 있었다. 상현호는 "의원님들이 의결할 수 있게 본회의장을 지키는 것, 회의장에 계엄군이 못 들어오게 막는 게 제

---

1. 국회의사당을 정면에서 바라보았을 때 기준, 이하 동일.
2. 김시연, 「계엄군 케이블타이로 '기자포박', 국회 CCTV에 잡혔다」, 오마이뉴스, 2025. 4. 2. 707특임단장 김현태는 비상계엄 직후인 2024년 12월 9일 용산 전쟁기념관 앞 기자회견에서 케이블타이를 인원 포박용으로 준비했다고 말했다. 하지만 2025년 2월 6일 헌법재판소 윤석열 탄핵심판 6차 변론 증인신문에선 사람 묶는 용도가 아닌 문 봉쇄용이었다고 말을 바꾸며 위증했다.
3. 김시연, 「707특임단 작전관 "코브라 타이, 포박용 맞다", 〈오마이뉴스〉 보도 사실 확인」, 오마이뉴스, 2025. 2. 21. 707특임단이 휴대한 수갑형 케이블타이는 대테러 작전 시 대원들이 테러범 포박용으로 사용하기 위해 특수 제작한 제품(제품명 코브라 커프스)으로 밝혀졌다.

일 중요하다"고 생각했다. 국회 밖은 시민들이 지키고 있으므로 직원과 보좌진은 본회의장을 지켜야 했다.

이렇다 할 지휘체계는 없었지만 다들 일사불란하게 바리케이드를 쌓고 있었다. 나이 많은 보좌관들이 과거 '동물 국회'[4] 시절의 경험을 활용하고 있었다. 책상과 의자, 화분 등을 끌고 와 유리문 안쪽에 쌓았다. 나무 칸막이를 양쪽으로 세우고 사람 1명이 통과할 작은 틈만 남겼다. 방호과 직원들이 출입증을 확인하며 사람을 들여보냈고, 의원이 오면 달려가 맞이했다.

윤상은은 로텐더홀에서 몸싸움하는 시민과 군인을 내려다보았다. "군인들이 본관으로 들어오기 위해 계속 시도하고 있었다. 군인들이 본청에 들어오는 걸 막아야 했다." 민주당 보좌관들을 불러모아 즉석에서 조를 편성했다. "열 분은 정문, 열 분은 후문, 다섯 분은 측면, 경험 있는 보좌진이 맡아주세요." 경험 있는 보좌진과 신진을 섞었다. "군인이 들어오면 상황이 끝납니다. 정신 차립시다!"[5] 그의 말이 끝나자마자 후문 쪽에서 급히 와달라는 연락이 왔다. 보

---

4. 국회의원들이 회의장에서 물리적 충돌, 고성과 몸싸움 등으로 극심한 대립을 벌이는 상황을 동물들이 싸우는 모습에 빗대 부르는 표현으로, 주로 정치적 대치가 격화되어 의회 기능이 마비된 상황을 비판적으로 지칭할 때 사용한다. 윤상은은 "쟤네들도 각오하고 온 애들이겠지만 저희도 오면 싸워야지, 했어요. 그러니까 제일 극단적으로 싸웠던 게 2008~2009년 미디어법 할 때였거든요. 그때 방호과 직원들한테 진짜 사지가 들려서 나왔어요. 윤석열이 얘기한 '사지'가 무슨 뜻인지 저희가 너무 잘 알아요. 진짜 덩치 큰 방호과 직원들이 사지를, 팔다리를 하나씩 들고 저희를 3층 로텐더홀에서 들어 계단을 내려가서 2층 문 밖으로 던져버렸거든요. 그거를 겪어봤기 때문에 또 그러면 되지, 하면 되지 뭐, 그랬어요. 그러니까 싸우면 되지, 이거밖에 없었어요"라고 말했다.

5. 〈미디어몽구〉, '계엄령 선포, 국회 안 상황 8시간 생중계 장면', 2025. 9. 18. 검색.

좌진을 이끌고 달려갔다.

"군인 10여 명이 유리문을 밀고 들어와 몸싸움이 심하게 있었다, 간신히 군인들을 내보내고 안에서 문을 잠갔다"는 말을 듣고 윤상은은 심장이 철렁했다. 후문은 헬기가 착륙한 국회 운동장과 가까웠다. 유리문만 있는 출입구로, 셔터도 없었다. 잠긴 문 밖에 707특임단 몇 명이 서 있었고, 손잡이는 청테이프로 칭칭 감겨 있었다. "본회의장 진입을 차단하라"는 특전사령관 곽종근의 지시에 따른 것이었다. 직원과 보좌진은 1층 식당에 있는 책상을 끌고 와 바리케이드를 쌓았다.

막을 방법이 없으니까 모든 책상을 끌고 와서 높이 쌓았어요. 한 겹 쌓고 소화전으로 묶고, 1층 복도에 있는 소화기를 한 줄로 세웠죠. 모아서 하나, 둘, 셋, 넷, 다섯, 그다음에 한 2미터 뒤에 하나, 둘, 셋, 넷, 다섯, 해서 3열 정도 세웠어요. 소화기는 쏘다보면 금방 꺼지거든요. 우리가 갖고 있는 건 아무것도 없고 오로지 소화기 하나잖아요? '소화기 하나 가지고라도 싸워야지', 하는 생각밖에 없었어요. 밀고 들어오면 쏘고, 다음 걸로 또 쏘고, 다시 쏘고.

윤상은은 군대에서 배운 방법을 군인을 막는 데 쓰게 될 줄은 몰랐다.

상현호는 그날 바리케이드 쌓는 법을 처음 배웠다. "큰 것을 밑에, 작은 것을 그 위에. 무너지지 않게 소방호스로 묶고 소화기를 1.5미터 간격으로 '딱딱딱딱 딱딱딱딱' 세웠다. 군인이 들어오면 몇 개는 헬멧을 향해 던지고 몇 개는 바로 쏘고." 빨간 소화기들이 행과 열을 맞춰 바닥에 늘어서 있었다.

바리케이드를 치고 나니 로텐더홀이 뚫릴 것 같다는 연락이 왔다. 윤상은은 보좌관 3명을 남겨놓고 다시 뛰어올라갔다.

계엄군 규모

12월 3일 국회에 투입된 군 병력은 특전사와 수방사, 국군방첩사령부(방첩사)였다. 국방부장관 김용현은 국회 담장 외곽은 경찰이, 국회 본관 외곽은 수방사가, 국회 본관 내부는 특전사가 각각 맡아 통제하도록 하는 계획을 세웠다.* 방첩사는 주요 정치인을 체포·구금하는 역할을 맡았다.

2024년 12월 12일 국방부가 국회에 보고한 자료**에 따르면 내란세력이 12월 3일 국회에 투입한 계엄군은 763명이다. 수방사 211명, 특전사 483명(707특임단 197명, 1공수여단 286명), 방첩사 69명(방첩사 49명, 경찰·국방부 파견 각 10명)으로 구성됐다. 이 가운데 블랙호크 헬기를 이용해 국회 안에 착륙한 707특임단 197명 전원과 1공수여단 173명, 수방사 48명 등 총 418명이 국회 경내에 침입했다. 국회의사당에 난입한 병력은 1공수여단 38명과 707특임단 18명 등 모두 56명이다. 하지만 이 숫자는 내란 기도 직후 국방부가 발표한 것일 뿐 특별검사의 수사 등을 통해 객관적으로 확인된 것은 아니다.

한편 12월 4일 새벽 3시 20분 김용현이 육군본부에서 '작전 종료'를 선언하면서 수방사, 방첩사, 특전사와 함께 "어려운 여건에서 임무를 완수해준" 부대로 명시한 '지작사(지상작전사령부)'의 역할과 동원 병력은 물론 흔히 '북파공작원' 또는 'HID Headquarters of Intelligence Detachment'라고 부르는 정보사령부 소속 '특수임무대'가 동원됐다는

---

* 헌법재판소결정, 2024헌나8 대통령(윤석열) 탄핵, 2025. 4. 4. 11:22.
** 국회(부승찬 의원) 요구 자료(보고), 2024. 12. 12. 육군특수전사령부와 수도방위사령부의 답변 자료이다.

구분	육군특수전사령부		수도방위사령부	
	1공수여단 (제1대대, 제2대대)	707특임단	군사경찰단 (특임 군사경찰대대 73명, 본부 2명)	제1경비단 (제2특수임무대대 62명, 제35 특수임무대대 45명, 본부 29명)
투입 인원	286명*	197명	75명	136명
경내 침입	173명 (제1대대 38명 의사당 난입)	197명(18명** 의사당 난입)	10명	38명
총인원	483명(경내 370명, 의사당 56명)		211명(경내 48명, 163명 차량 대기)	

* 국방부가 국회에 제출한 자료에 따르면 국회에 투입한 1공수여단 병력은 총 286명이었으나 윤석열 공소장에는 제1대대 136명, 제2대대 122명 등 총 258명으로 기록되어 있다. 28명 차이는 공소장에서 여단장과 작전과장 등 지휘 요원, 국회 상황 파악을 위한 병력, 그리고 이동수단으로 동원된 대형 버스 운전병(16명) 등을 제외한 데 따른 것으로 추정되는데 그들을 제외할 이유는 없는 것으로 보인다.
**윤석열 공소장과 국방부 제출 자료에는 15명, 군사법원 공소장에는 18명으로 명시되어 있다.

의혹도 아직 밝혀지지 않았다.

육군특수전사령부

특전사는 '육군특수전사령부령'에 따라 창설된 부대로, 평시에는 테러 진압 임무를, 전시에는 적진 침투 및 표적 제거 등을 수행한다.

12월 3일 밤 국무회의에 참석했던 김용현은 밤 10시 17분경 특전사령관 곽종근에게 병력 출동을 지시했다. 곽종근은 10시 21분경, 1공수여단장 이상현에게 "1개 대대를 국회의사당으로, 1개 대대를 국회 의원회관으로 출동시켜 건물을 봉쇄하라"고 명령했다. 이에 따라 이상

구분	출동 시간	도착 시간 및 장소	이동수단	경내 침입 여부 등
707특임단 (1차 96명)	23:22~ 11:43	23:49~0:11 국회 후문 운동장	헬기 (UH-60 12대 (2회 수송)	96명 전원 경내 침입 (18명 의사당 난입)
707특임단 (2차 101명 증원)	0:29~ 0:53	00:48~01:18 국회 후문 운동장		101명 전원 경내 침입
제1공수여단 제1대대(김형기) 136명	23:57	00:30 국회 인근	대형 버스 16대	수소충전소 월담 시도 시민들 침입 저지 (48명 경내 침입)
제1공수여단 제2대대(반효민) 122명	0:22	00:46		80명 3, 4문 침입 42명 3문 근처 월담

현은 11시경 제1대대 소속 병력 4명을 편의대*로 보내 상황을 보고케 하고 위의 표와 같이 제1·제2대대 병력을 국회로 출동시켰다. 자신도 11시 57분경 지휘차량에 소총용 5.56mm 실탄 55발, 권총용 9mm 실탄 12발을 적재한 뒤 국회로 이동했다. 유사시 제1대대가 사용할 목적으로 소총용 5.56mm 실탄 23,502발, 제2대대 26,880발을 탄약 수송차량에 싣고 즉시 공급할 수 있도록 준비했다.

국회 앞에 도착한 제1대대 병력은 담을 넘는 과정에서 시민들의 강한 저항에 부딪혀, 136명 중 대대장 김형기를 포함한 48명만 경내로

---

* '편의대'란 군인이 평상복을 입고 민간인으로 위장해 첩보수집·선무공작·여론조작 등을 수행하는 특수 공작조로, 1980년 5·18 당시 계엄군이 이를 조직적으로 운용해 광주 시민을 '폭도'로, 광주를 '폭동의 도시'로 만들었다. 보도에 따르면 '전두환 신군부의 승리는 편의대의 성공 덕분'이라는 평가가 제기될 만큼 그 역할이 컸다.(이상현, 「전두환, 5·18 비밀공작팀 '편의대' 운용」, 광주in, 2019. 3. 14) 12·3 내란 상황에서 편의대가 어느 규모로 어떤 역할을 했는지는 확인되지 않았다. 그날 시민들이 군경 앞에서 '빌미를 주지 말자'며 서로를 자제시킨 행동은 1980년 이후 한국 사회가 공유해온 역사적 경험에서 비롯된 집단적 학습이었다.

침입했고, 나머지는 버스에서 대기했다. 제2대대 병력 122명 중 80명은 3, 4문을 통해, 나머지 42명은 3문 인근 담을 넘어 경내로 침입했다.

707특임단은 헬기편으로 국회에 침입했다. 헬기 12대에는 소총용 5.56mm 실탄 960발, 권총용 9mm 실탄 960발 등이 적재되어 있었다.

수도방위사령부

수방사는 수도를 방위하고, 국가원수가 위치한 특정 구역을 경비하는 임무를 맡은 작전부대다. 12월 3일 밤 10시 40분경 김용현은 수방사령관 이진우에게 전화를 걸어 명령했다. "수방사 병력을 이끌고 국회로 출동하라. 현장에서 직접 지휘하면서 국회를 봉쇄하고 국회의원들의 '비상계엄 해제 요구 결의안' 의결을 저지하라!" 이진우의 지시가 지휘계통을 통해 하달됐다. 명령을 전달받은 예하부대는 166쪽의 표와 방식으로 국회로 출동했다.

제2특수임무대대 제1지역대 제1중대장 김석진을 포함한 대테러 초동조치 부대 11명은 밤 11시 46분경 국회 2문 부근에 도착했다. 그들은 소총 11정, 권총 9정, 드론재밍건 1정, 5.56mm 보통탄 975발, 9mm 보통탄 330발, 5.56mm 공포탄 330발을 휴대했다.

현장에 도착한 김석진은 이진우로부터 다음과 같은 지시를 받았다. "국회 정문을 봉쇄할 수 있나? 차량을 한적한 곳에 세운 뒤 총기와 탄약을 두고 국회로 들어올 수 있겠나?" 현장에 있던 시민들이 제2특수임무대대가 탄 중형 버스 앞을 가로막거나 버스 아래로 들어가 침입을 막았다. 결국 김석진이 이끄는 선발대는 국회로 침입하지 못했다.

부대	출발 시각	이동수단	도착 시간 및 장소	경내 침입 여부
제35특수임무대대 선발대(16명)	23:10	중형 버스, SUV 등	23:45 국회공원 주차장	00:24 14명 7문 월담
제35특수임무대대 후속 병력(29명)	00:10	대형 버스	00:43 여의도공원 제3주차장	1:03 23명 7문 월담
제2특수임무대대 선발대(11명)	23:19	중형 버스, SUV 등	23:46 국회 1문 앞	시민 저지로 침입 실패
제2특수임무대대 후속 병력(51명)	00:48	중형 버스	01:04 서강대교 북단	대기 후 철수
경찰단 선발대 (14명, MC 2명 포함)	23:30	중형 버스	00:04 국회 인근	1:40 5명 1문 우측 월담
경찰단 후속 부대(62명)	00:08	대형 버스	00:39 국회 인근 도로 (KBS미디어택 앞)	1:40 5명 1문 좌측 월담
제1경비단 본부 작전과장 등(29명)	23:44	중형 버스	00:04 1문 거쳐 7문	일부 현장 통제 임무

국군방첩사령부

방첩사는 '국군방첩사령부령'에 따라 "군사보안, 군 방첩 및 군에 관한 정보의 수집·처리 등에 관한 업무를 수행하기 위해" 국방부장관 소속으로 설치된 부대다.

비상계엄이 선포될 무렵, 밤 10시 27분 국방부장관 김용현은 방첩사령관 여인형에게 지시했다. "이재명, 우원식, 한동훈, 조국, 김민석, 박찬대, 김민웅, 김명수, 김어준 등 10여 명을 체포하라." 윤석열은 10시 53분경 국가정보원 1차장 홍장원에게 전화를 걸었다. "이번 기회에 싹 다 잡아들여! 싹 다 정리해! 국가정보원에도 대공수사권 줄 테니까 우선 방첩사를 도와 지원해!"

여인형은 경찰청장 조지호와 국방부 조사본부장 박헌수에게 수사요원 100명과 차량 지원을 요청했다.* 홍장원에게는 체포 대상자의 소재 파악을 요청했다. 방첩사는 대공수사과장을 포함한 10개 팀, 49명으로 구성된 '체포조'를 편성했다. 수사요원들은 방검복과 전술장갑을 착용했고, 수갑과 포승줄을 휴대했다. 0시 25분, 체포조가 국회로 출동했다.

국회의 비상계엄 해제 요구 결의안 가결이 임박하자 김용현은 0시 30분경 여인형에게 다시 명령했다. "이재명, 우원식, 한동훈을 우선 체포하라." 여인형은 즉시 이를 하달했다. 수사단장 김대우는 체포조장이 참여한 단체대화방에 다음과 같이 명령했다.

기존 부여된 구금 인원 전면 취소. 모든 팀은 우원식, 이재명, 한동훈 중 확인되는 팀 먼저 체포하여 구금시설(수방사)로 이동하라. 현장에 있는 작전부대를 통해 신병을 확보한 뒤 인수받아 수방사로 구금하라. 포승줄 및 수갑 이용.

출동조는 수소충전소 인근에서 국가수사본부 지원 경찰 10명을 포함한 경찰 50명과 합동체포조를 편성하라는 지시를 받았다. 그러나 국

---

* 박소희, 「'국회의원 들여보내자' 건의한 경찰 "간절히 계엄해제 기다렸다"」, 오마이뉴스, 2025. 9. 18. 방첩사는 민간인을 구금할 권한이 없다. "안보수사실장 이재학 대령은 '국회로 가서 신병을 인계받는 게 임무라고 지시받았다'며 '합수본부가 설치되더라도 저희가 민간인을 구금할 권한이 없었다'고 말했다. 그는 계엄 당일 김대우 수사단장으로부터 체포 명단을 받았지만 '이건 민간인 신분인데 우리가 할 수 없다'고 했더니 단장이 '경찰이 협조해서 같이할 거다. 우리가 가서 잡는 건 아니다. 그쪽에 가서 신병을 받는 것이라고 수차례 말했다'고 진술했다."

회 부근에 도착한 0시 48분경 이미 시민들이 몰려들어 차량에서 내릴 수가 없었다. 그들은 현장 진입이 불가능해 국가수사본부 인력과 합류하지 못한 채 대기했고, 새벽 1시 45분 복귀 명령을 받아 2시 20분경 부대로 복귀한 것으로 보인다.

부대 복귀 시간

국방부 발표에 의하면 수방사 군사경찰 75명은 버스와 SUV 차량으로 12월 4일 새벽 4시 5분에, 수방사 제1경비단 136명은 버스, SUV 차량 및 스타렉스로 4시 50분에, 제1공수여단 286명은 차량을 이용해 4시 30분에, 707특임단 197명은 헬기를 이용해 4시 19분에 각각의 부대에 복귀했다.

수소충전소의 '검은 그림자'

수소충전소 주변에 정체불명의 인원이 모여 있었다. 모두 검은 옷을 입고 있었다. 전직 경찰 안창용은 그 모습을 또렷이 기억했다.

수소충전소에 이상한 사람들이 많이 있었어요. 많이. 시민이 아닌 뭔가 검은 애들이 막 움직이는데, 시민들은 형형색색이 나오거든요. 군집이 돼도 시민들은 남녀노소, 옷 색깔이 다 다른데 그들은 시커먼 옷에 마스크를 쓰고 옹기종기 모여 있었어요. 장비 없이. 군인 복장도 아니고 경찰 복장도 아니고. 사복인데 검은색으로만 돼 있는 사복. 몇십 명 정도 될 거예요. 그러니까 일반인 같지 않았어요.

오현옥도 같은 장면을 보았다.

수소충전소 앞쪽에는 형광 옷 입은 경찰들이 쭉 서 있었고, 그 뒤로 검은 옷을 입은 사복 경찰들이 3겹 정도 있었어요.

그들의 정체는 무엇일까?

방첩사는 민간인을 구금할 권한이 없다. 그래서 여인형은 정치인 체포 명령을 받자마자 경찰청과 국방부에 인력 지원을 요청해 합동체포조를 구성했다. 방첩사 요청을 받은 경찰청 국가수사본부는 "경찰인 거 티 나지 않게 사복으로 입으라"고 지시했고, 국방부는 "가급적 검정 옷으로 맞춰 입으라"고 지시했다.

합동체포조는 수소충전소를 집결지로 지정하고 현장에서 만나 정치인 체포에 나설 예정이었다. 수소충전소 부근에 국가수사본부에서 지원 나온 10명을 포함해 경찰 50명이 대기하고 있었다. 그러나 0시 48분경, 방첩사 체포조가 도착했을 때 현장은 이미 시민들로 인해 진입이 불가능했다.* 그날 밤, 시민들이 본 수소충전소 앞 검은 옷 집단은 국가수사본부가 방첩사와 공모해 '합동체포조'로 편성한 경찰 병력이었을 가능성이 높다. 그러나 시민들이 국회를 에워싼 덕분에 정치인 체포 작전은 실패로 끝났다.

---

* 박소희, 「'이재명 체포조장'의 혼란 "이거 아닌 것 같다, 속도 줄여라"」, 오마이뉴스, 2025. 6. 5.

3장
맨몸 바리케이드

707특임단이 국회에 발을 디딘 시각, 지상에서도 계엄군이 국회로 오고 있었다. 밤 11시 46분, 국회 2문 앞 '대테러 초동조치 출동 차량'이라고 적힌 군용버스가 나타났다. 수방사 제2특수임무대대[6] 버스였다.

너희는 아무 데도 못 가!

"저거 잡아!"

누군가 외치는 소리에 시민들이 달려갔다. 정문 쪽을 향하던 버

---

6. 수방사 제2특수임무대대는 약 160명으로 구성된 '합참 지정 대테러 초동조치 부대'로 테러 상황 발생 시 30분 내 출동하여 현장 보존 및 차단, 테러범 접촉 유지 및 대응 조치, 안전 통제 및 피해 확산 방지, 대테러 작전부대 임무 수행 지원, 주요 요인 경호 및 주요 시설 경계 등의 임무를 수행하는 정예부대다. 국방부검찰단 보통검찰부, 김현태 등 7인에 대한 공소장(군사법원 공소장), 42쪽.

스가 멈췄다. 시민들이 에워쌌기 때문이다. 몇몇 시민은 아예 차량 앞에 주저앉았다. 다른 이들은 차체에 몸을 기댔다. 군인이 차에서 내리려 하자 한 남성이 "나오지 마" 하며 문을 발로 찼다. 버스 앞에 서는 휴대전화 플래시가 번쩍였다. 헬기가 국회로 들어가는 것을 지켜본 직후였다. '단 1명의 군인도 들여보낼 수 없다'는 결기가 현장을 가득 메웠다.

김희태는 아내와 함께 버스 앞으로 달려갔다. 운전을 못하게 하려고 앞유리에 플래시를 쐈다. 안에는 군인 3명과 총, 탄약통이 있었다. 운전병은 고개를 숙이고 있었고, 조수석의 군인은 고개를 돌리고 있었다. 당황하고 난감한 표정이었다. 10살에 5·18을 경험한 그에게 군인은 공포의 대상이었다. 한데 "젊은 애들이 당황하는 것을 보니 시민의 적이 아닐 수도 있겠다"는 안도감이 스쳤다.

버스가 후진하려고 부르릉 엔진 소리를 내자 시민들이 동시에 외쳤다.

"시동 꺼! 시동 꺼!"

김희태는 아내와 버스 뒤로 달려갔다. 배기가스가 뿜어져나와 잠깐 서 있기도 어려웠다. 차가 계속 후진을 시도하자 시민들의 아우성이 더 거세졌다. 김희태의 아내는 아예 차 뒤에 누우려 했다. "시동 꺼!" 구호가 격렬하게 반복됐다. 곧이어 엔진이 꺼졌다. 안도의 한숨이 터져나왔다. 김희태 옆에는 오종길이 분을 삭이며 서 있었다. 시민들이 막아서자 경찰은 "하나, 둘, 셋, 하!" 기합을 넣으며 진압방패로 거세게 몰아붙였다. 계엄군을 국회 안에 들이기 위해

국회 정문 봉쇄를 위해 출동한 수방사 버스를 가로막은 시민들.(송태현 제공)

길을 터주려 한 것이다.[7] 오종길은 경찰의 행태에 분노가 치밀었다. 울분을 참지 못하고 욕설을 퍼부었다.

"이러면 빌미를 줘요. 그냥 버티기만 합시다."

옆에 선 여성이 흥분을 가라앉히자고 소리쳤다. 송인미였다. 그는 "5·18처럼 시민들이 폭도로 몰리면 어쩌나" 걱정스러웠다. 경찰이 시민들을 끄집어내려고 하자 그는 자신의 몸을 들이밀며 막았다. 격해진 사람들에겐 "제발 싸우지 말라"고 호소했다. 오종길의 뇌리에도 과거 과격시위를 유도하기 위해 프락치들이 경찰을 폭행

---

7. 서울시경찰청장 김봉식은 12월 3일 밤 11시 30분부터 12월 4일 새벽 1시경까지 모두 6회에 걸쳐 수방사령관 이진우와 통화하면서, 이진우로부터 "수방사 대테러 특임대가 국회에 도착하니 군이 국회에 진입할 수 있도록 협조해달라"는 요청을 받았다. 그는 그때마다 국회경비대 지휘관 등에게 "군인과 민간인은 복장으로 구별되니, 군인 국회 출입을 허용해줘라", "수방사 대테러 특임대 도착 즉시 진입하도록 조치하라", "수방사 대테러 특임대 도착 시 경정문(국회경비대 쪽 출입문)으로 진입하도록 조치하라"고 수회 지시했다. 군사법원 공소장, 73쪽.

했던 사건들이 스쳐지나갔다. 경찰의 완력에 대응하지 않고 "그냥 버티기"만 했던 그의 팔과 손등에 시퍼런 멍이 들었다.

"군인과 경찰을 자극하지 말자." 그날 밤 국회 앞에 모인 시민들 사이에 무언의 합의가 이루어졌다. 격한 분노 속에서도 폭력에 말려들지 않으려는 의식적 노력, 역사적 경험에서 나온 시민들의 집단적 지혜였다.

"부당한 명령에 따르지 말고 국민의 편에 서라!"

한 중년 남성이 A4용지에 적은 글을 버스 앞유리에 붙였다. 글귀를 본 고경리는 울컥했다. "오늘밤 너희는 우리와 함께 있어야 해! 아무 데도 못 가!"라고 외치며, 군인들이 나오지 못하게 차량 출입문 앞에 서 있었다. 처음에는 군인을 국민으로 볼 수 없었지만 그 문구를 보고 생각이 바뀌었다. "군인들도 도구로 쓰여지는 거구나. 미워하기보다는 설득하는 게 낫겠다." 그는 군인과 경찰이 눈에 띌 때마다 "저희를 지켜주세요, 군인 아저씨! 저희를 지켜주세요, 경찰 아저씨!"라고 외쳤다. 그들의 양심이 반응하길 간절히 바랐다.

온몸으로 막고 있구나

2문 앞에선 시민들이 본격적으로 맨몸 바리케이드를 치고 있었다. 정은애의 가족도 군용버스를 온몸으로 막았다. 버스가 인파에 멈추자 정은애의 남편은 잠시 담배를 피우러 갔다. 정은애와 아들 김동휘도 따랐다. 그때 멀리서 SUV 차량이 정문을 향해 들어오는 게 보였다. "차량 위에 더듬이가 있는 걸로 보아 군 지휘차량이 틀림없었다." 피우던 담배를 던지고 세 사람이 일제히 뛰어나갔다.

정은애의 남편은 양팔을 벌리고 지휘차량 정면에 섰다. 김동휘는 바퀴 옆에 주저앉았다. 순식간에 지휘차량 주변으로 사람 몸 바리케이드가 쳐졌다. 헬기가 국회로 들어가는 것을 보고 공포심이 사라지지 않았던 김동휘는 차량 앞을 떠날 수 없었다. "내가 움직이면 군인들이 국회 안으로 들어간다." 오로지 그 생각 하나로 버텼다. 군용버스 앞에 가부좌를 튼 시민들도 자리를 떠나지 않았다. 헤드라이트 불빛에 눈을 뜰 수 없을 정도로 괴로웠지만 요지부동 움직이지 않았다.

그 옆에 선 박인희는 가슴이 뭉클했다. "정말 온몸으로 군대를 막고 있구나." 버스에 이어 지휘차량이 들어오자 그는 곧장 달려가 차량 옆에 몸을 붙였다. "군인이 들어가지도, 나오지도 못하게 해야겠다"는 생각뿐이었다. 성경헌은 나이 지긋한 어르신이 버스 밑으로 기어들어가려는 것을 옆에서 막는 모습을 보았다. 버스와 지휘차량은 순식간에 수십 명의 시민에게 포위됐다. "우리가 여기 온 목적은 이루어지고 있구나. 국회의원들이 들어가는 동안 군인을 막는 것!"이라는 생각과 함께 잠시 안도했다.

최재란은 군용차가 멈춰서자 사람들이 하나둘 달려나가는 모습을 봤다. "못 나오게 해야 합니다! 둘러싸야 합니다!" 한 남성이 큰 소리로 외치자 시민들이 일제히 차량 앞으로 몰려들었다. 이미 빽빽한 원이 만들어져 그가 들어갈 틈은 없었다. 무장한 군인을 맨몸

수방사 지휘차량을 둘러싼 시민들.(송태현 제공)

으로 막는 그들의 용기에 숨이 멎을 만큼 놀랐다. 그날 밤 계엄군에 맞선 시민들의 무기는 민주주의를 포기하지 않겠다는 결의로 똘똘 뭉친 맨몸이었다.

송태현은 "군인이 수동적으로 반응할 수밖에 없게 만든 것은 시민"이었다고 생각한다. 그날 밤 "군인을 맨몸으로 막는 장면이 제일 눈에 와닿았어요. 군인이 들어가면 진짜 끝이라고 생각했기 때문일 거예요." 버스를 막으면서 본 건 '50, 60대의 내공'이었다. 격앙된 시민이 군인을 밀치거나 욕을 하면 곧바로 다른 시민이 말렸다. "얘네도 모르고 온 겁니다!" "들어가는 게 너희한테 더 좋아! 다시 들어가." 한 시민은 "우리가 못 내리게 막는다고 하고 다시 들어가" 하며 군인을 설득해 차량으로 돌려보냈다. 위험한 상황이 벌어지지 않도록 부드럽게 대처하는 모습이 인상적이었다.

2문 앞의 군용차량들은 인파에 둘러싸여 멈춰 있었다. 시간이 흘렀다. 버스 옆에 등을 기대고 섰던 옥채원은 주변을 둘러봤다. 엄마와 함께 온 자신처럼 가족이나 부부가 서로를 막아주며 버티고 있었다. 버스 앞과 뒤에서는 격렬한 대치가 이어졌지만 옆쪽은 그보다 조용했다. "소심한 시민들이 만든 느슨한 완충지대 같다." 옥채원은 그렇게 생각했다.

양신우는 버스에 등을 기댄 채 옆에 있던 여성과 이야기를 나눴다. "인천에서 장사하는데 계엄 터졌다는 얘기 듣고 택시를 타고 왔어요." 그는 조금 안도했다. "사람들이 참지 않고 나왔구나, 다행이다. 이 사람들을 어떻게 하지는 못하겠지." 시민들은 차량을 막고 서서 국회가 빨리 회의를 열기를, 계엄이 끝났다는 소식을 전해주기를 기다리고 있었다. 저항과 염원이 함께 고조됐다.

젊은이들은 다치면 안 돼!

현장에서는 경험 많은 중년세대가 중심축 역할을 했다. 김정원은 평범한 중년 남성들이 보여준 용기에 놀랐다. "진짜 소름 끼치게 놀란 건 그때 본 사람들이 나이 많은 아저씨들이었어요. 다 광주 출신이었나 싶었어요. 막 여기저기 뛰어다니면서 '이쪽이 비었다' 하면 이쪽으로 뛰고, '저쪽이 비었다' 그럼 저쪽으로 가요. '저쪽 못 들어가고 있다. 경찰이 막고 있으니 끌어내려야 된다' 하면서 막 뛰어다니고. 그냥 평범한 아저씨들인데, 정말 목이 쉬어가면서 소리 지르던 게 감동이었어요." 그러면서 덧붙였다. "어떻게 저런 용기가 날까, 사실 무섭기도 했어요. 그러니까 다 무서웠던 것 같아요. 상황이. 눈 오는 것도 무서웠고, 막 헬기 뜨지, 앞에 경찰은 안 비키고…… 사람이 많으니까 차량 통제해야 하는데 경찰이 안 하고 있었거든요. 가서 소리 지르고, '문 열어라! 열어라~' 해서 조금씩 열리고, 수방사 차 오니까 또 우르르 몰려가서 못 내리게 막고. 그런 장면들이 되게 감동적이었어요."

명진희, 장태린, 김지용은 각자 다른 곳에 있었지만 비슷한 말을 들었다. 명진희는 1문 앞에서 한 중년 남성이 외치는 소리를 들었다. "탱크라도 오면 나이 든 우리가 앞에 설 테니, 젊은이들은 뒤로 빠져라!" 장태린은 1문과 2문 사이에서 나이 든 시민들이 나누는 이야기를 들었다. "우리는 다쳐도 되는데 젊은이들은 다치면 안 돼! 그러니까 우리가 앞에 나서야 됩니다!" 김지용은 현장에서 만난 할머니의 말이 마음속 깊이 남았다. 생각할 때마다 울컥했다. "화장실에서 손을 씻고 나오는데, 어떤 여성이 그러더라고요. '이제 우리는 다 늙었고 살 날도 얼마 안 남았으니, 만약 발포하는 상황이 오면 우리가 제일 앞줄에 섭시다.' 그러니까 주변 여성들이 다 '그럽시다. 그럽시다' 하더라고요."

장예지는 군용차량 앞에 앉아 과거를 떠올렸다. 박근혜 탄핵 집회 당시 고 3이던 그를 어른들이 자꾸 "뒤로 가라"며 떠밀었다. "경

3부 내란을 막아내다

찰과 펩사이신이 어른들은 무섭지 않나?" 그렇지 않다는 걸 금방 깨달았다. "젊은 우리를 안전하게 지켜주려는 마음이었구나!"

그날 밤 국회 앞에서도 같았다. 차량 앞에 앉거나 눕는 사람 대부분이 부모세대였다. 빈자리가 나 장예지가 가서 앉으면 그때마다 옆에 있던 나이 든 시민이 밀어냈다. "너무 어린데 이렇게까지 나와 있지 마! 그냥 옆에 있다 무슨 일 생기면 그때 부탁해!" 몇 번이나 앉았다 일어섰다를 반복하던 그는 끝내 차량 옆에 섰다.

옥채원은 그날 밤 부모세대로부터 "미안하다"는 말을 수없이 들었다. 엄마와 함께 현장에 있던 그는 휴대전화로 뉴스를 검색해 알리고 있었다. 주변의 중년 여성들이 "내 평생 다시 이런 일이 있을 줄 몰랐다"며 탄식했다. 이어 연신 "미안하다, 고맙다, 너 같은 청년이 있어서 안심할 수 있다"고 말했다. 그 말에 마음이 복잡해졌다.

저는 95년생이라 독재를 겪어본 적이 없거든요. 내란 몇 시간 정도 빼고요. 그런 저에게 민주주의 나라에서 평생 살게 해준 고마운 분들이 미안하다고 하시니까 너무 속상했어요. 저희 세대한테는 은인이잖아요? 목숨 걸고 투쟁하셨던 분들이고. 군사독재를 경험한 분들이라 이번 계엄이 우리가 체감하는 것과는 다를 텐데, 이런 분들이 왜 우리에게 사과를 하지? 그게 너무 속상했어요.

정은애와 김동휘 모자는 나란히 차량에 기대어 서 있었다. "너는 만약에 위험한 상황이 오면 얼른 도망가. 엄마, 아빠는 잡혀가도 괜찮지만 너는 새로 인생을 시작하는 나이인데, 너는 안 되니까 얼른 가라."(정은애) "내가 있고 엄마, 아빠가 가야지."(김동휘)

김동휘는 이날 어머니뿐 아니라 여러 시민에게서 같은 말을 들었다. "나이가 조금이라도 더 든 우리가 앞장서는 게 맞지 않겠냐?" 자신의 안전도 보장하기 어려운 밤에 다음 세대를 지키려는 마음이 뭉클하고 감사했다. "그분들이 계셔서 버틸 수 있었다."

너네 얼굴 우리가 다 촬영했다

군인들을 무력화한 건 맨몸만이 아니었다. 총도 방패도 없는 시민들에게 유일한 무기는 휴대전화였다. "너네 얼굴 우리가 다 촬영했다! 오지 마라!" 플래시가 터질 때마다 시민들은 외쳤고 군인들은 움찔했다. 한해나는 지휘차량의 번호판과 군인 얼굴을 촬영했다. 휴대전화 플래시가 터질 때마다 군인들은 당황스러운 표정을 지었다. 불편해하는 군인들을 보는 마음이 편치 않았지만 "남겨야만 한다"고 생각했다.

"할아버지들이 정말 절박한 심정으로 (수방사) 차량 앞에 앉아 있는 게 느껴져서 사진을 찍는데 눈물이 났어요. 감동적이고 감사하고 죄송하고…… 별의별 감정이 다 들었는데, 그분들이 저에게 '번호판을 찍어야 된다, 사진과 영상을 찍어서 유튜브랑 SNS에 널리 퍼뜨려달라. 여기는 우리가 지킬 테니 젊은 사람들은 빨리 퍼뜨려 널리 알려달라'고 절박하게 부탁하셨어요." 박인희는 말했다. "시

그널을 보여주기 위해서. 너희들만 우리를 찍는 게 아니라 우리도 너희들을 찍는다. 너희는 박제된다. 심리적으로. 1980년엔 없었던 거잖아요?"

기록이 곧 저항이었다. 송인미는 지금은 1980년 5월과 다르다는 것을 보여주고 싶었다. 모든 정보가 철저하게 통제됐던 그때와 달리 지금은 "나도 너를 찍고 있다"는 걸 드러낼 수 있었다. 그래서 휴대전화를 들었다. 박인희도 "우리가 너희를 채증하는 행위"가 군경에게 심리적 압박이 될 것이라고 여겼다. 기록과 감시라는 시민의 집단적 행위 앞에서 폭력을 행사하기는 쉽지 않을 것이라고 확신했다. 시민 한 명 한 명이 모두 기자였고, 증인이었고, 역사의 기록자였다. 캄캄했던 침묵의 1980년과 다른 2024년이었다.

대치가 길어지자 조금씩 긴장이 풀렸다. 시민들은 주변 사람들과 이야기를 나눴다. 장갑차와 헬기가 또 온다는 소문부터, 국회에 몇 명이 모였는지 등을 틈틈이 공유했다. 현장은 인터넷보다 '구전'이었다. 한정된 구역에 사람이 밀집되자 휴대전화가 느려지고 통신이 끊기기도 했다. 김연우는 "스마트폰이 안 터질 수도 있다"는 걸 태어나서 처음 경험했다. 중학생 때부터 휴대전화를 사용해온 그에게는 낯선 경험이었다. 인터넷이 안 되면 라디오를 통해 정보를 얻을 수 있다는 것도 그날 알았다. 휴대용 라디오를 가지고 온 중년 시민 덕분에 국회 안 상황을 들을 수 있었다.

곳곳에 '인간 스피커'가 등장했다. 조근욱도 유튜브가 연결될 때마다 주변 시민들에게 "몇 명이 모였다, 몇 명이 들어갔다, 지금 막 군인이 본청 안으로 들어가려고 한다"는 등의 소식을 알렸다. 함께 환호하고 함께 탄식했다. 처음 본 사람들이었지만 세상 어느 누구보다 더 가까운 사람들이었다.

미쳤나봐

시민들은 한밤중의 비상계엄 선포를 도무지 믿을 수 없었다. 윤석열의 발표 직후 사람들 입에서 가장 많이 터져나온 말은 "미쳤나봐"와 "미친 거 아냐?"였다.[8] 뉴스를 보고도 처음에는 믿지 못했다. 김장성은 친구가 단톡방에 올린 뉴스를 보고 "야, 이 미친놈아, 웃기는 소리 하지 마" 하며 웃었고, 황준성도 "미친 거 아니야?" 하며 고개를 저었다. 가게 안의 손님들까지 휴대전화를 들여다보며 같은 말을 반복했다

곧 분노가 터졌다. 정석채는 "이 미친놈, 드디어 돌았구나!" 하고 소리쳤고, 박제호는 "제대로 미쳤구나"라고 말했다.

국회 앞에서도 믿을 수 없다는 절규가 이어졌다. 박다슬은 한 중년 남성이 "21세기에 계엄을 선포해? 이 미친것들!"이라며 울분을 토하는 모습을 봤다. 박미정, 박천, 안홍인의 단톡방에서도 "진짜 미쳤구나", "미친놈 아니냐"는 대화가 오갔다.

합리적인 설명이 불가능했다.

그로부터 넉 달 뒤, 2025년 4월 14일 헌법재판소 첫 공판에서 윤

---

8. 성한용, 「"확 계엄 해버릴까"… 윤, 무리한 선포 대체 왜 했나」, 한겨레, 2024. 12. 5.

석열은 이렇게 말했다. "지난해 봄부터 이런(비상계엄) 그림을 그려 왔다는 것 자체가 정말 코미디 같은 일입니다. 계엄은 늘상 준비해야 하는 것입니다." 그는 이번 계엄이 "절대 실탄을 지급하지 말라"는 지시가 내려진 "평화적인 대국민 메시지의 계엄"이었다고 둘러댔다.

모두가 알 듯이 비상계엄은 우발적 조치가 아니었다. 윤석열은 장기간에 걸쳐 계엄을 모의하고 준비했다. 그는 2024년 3월과 6월, 제22대 국회의원 선거를 앞두고 군 수뇌부를 모아놓고 말했다. "비상대권을 통해 헤쳐나가는 것밖에는 나라를 정상화할 방법이 없다." 8월 초순에는 "현재 사법체계하에서는 정치인이나 민주노총 관련자에 대해 어떻게 할 방법이 없다, 비상조치권을 사용해 조치해야 한다"고 말했다.

그해 8월 12일에는 경호처장 김용현을 국방부장관으로 지명했다. 당시 야당 의원들의 '계엄 준비설'에 대해 대통령실은 "근거 없는 괴담"이라 일축했고, 김용현 역시 인사청문회에서 "대한민국 상황에서 과연 계엄을 한다고 하면 어떤 국민이 용납하겠나, 우리 군도 안 따를 것"이라고 부인했다.

10월 1일 국군의 날 시가행진 후 윤석열은 국방부장관 김용현, 방첩사령관 여인형, 특전사령관 곽종근, 수방사령관 이진우와 식사를 했다. 그 자리에서 정치, 언론, 노동계를 거론하며 '비상대권이 필요하다'는 말을 주고받았다. 곽종근은 "그날 이후 '계엄이 실제로 있을 수도 있겠다'고 느꼈다"라고 증언했다.

11월 9일, 윤석열은 국방부장관 공관에 그들을 다시 불러모아놓고 "특별한 방법이 아니고서는 해결할 방법이 없다"고 말했다.

11월 24일에는 김용현과 차를 마시며 명태균 공천 개입 의혹과 민주당의 탄핵 추진 등을 걱정하면서 "이게 나라냐? 국회가 패악질을 한다"면서 "특단의 대책이 필요하다"고 말했다. 그리고 12월 1일, 김용현을 다시 불러 물었다. "지금 비상계엄을 하면 병력 동원은 어떻게 되나? 필요한 건 뭐냐?" 김용현은 수도권 병력 규모와 계엄 선포문 및 포고령 초안을 보고했다.

윤석열은 포고령 초안에서 '야간 통행금지' 부분을 삭제할 것을 지시하고, 다음 날인 2일 수정 문건을 검토한 후 승인했다.

윤석열의 발언과 행위에 따르면, 비상계엄은 외적 위기 대응이 아닌 정치적 통제 수단이었다. 야당과 노동계, 언론을 '통제해야 할 대상'으로 규정하고 '현재 사법체계로는 어떻게 할 수 없다'고 한 그의 발언 내용은 헌법이 정한 계엄 요건—전시·사변 또는 이에 준하는 국가비상사태—과 아무런 관련이 없었다. 계엄을 실행하기 위해 김용현을 국방부장관에 앉혔고, 여인형, 이진우, 곽종근으로 이어지는 군 지휘체계를 구축했다. 수방사와 특전사, 방첩사, 이 세 부대는 1979년 12·12 군사쿠데타 때 중심 역할을 한 부대였다.

마지막 계엄 선포 후 45년, 민주화 과정이 시작된 후 35년 만인 2024년 12월 3일, 대한민국의 대통령이 쿠데타를 일으켰다. 박정희가 친위 쿠데타를 통해 종신 집권의 독재정권을 수립한 이래 52년 만이었다. 목적은 '정치적 반대세력의 제압'이었다.

기록하는 사람들

그날 밤, 국회 앞은 내란을 기록하려는 사람들로 가득했다. 계엄을 '증언'하기 위해, 역사적 기록으로 남기기 위해, 시민들에게 상황을 알리기 위해 카메라와 녹음기, 휴대전화를 들었다. 기록의 중요성을 알고 증언자 역할을 하기 위해 달려온 시민도 있었지만 경찰과 헬리콥터, 계엄군과 군용차가 국회를 포위하는 긴박하고 비현실적인 상황에서 휴대전화를 들지 않을 수 없었다. 그날 밤 휴대전화는 역사적 순간을 기록할 뿐 아니라 계엄군과 경찰의 행위를 억제하는 심리적 방패 역할을 했다. 시민들이 들이댄 수백 개의 휴대전화 카메라 앞에서 계엄군은 당황하고 주저했으며, 결국 후퇴했다.

한국성폭력상담소장 김혜정은 밤 11시 12분 국회에 도착하자마자 라이브 방송을 시작했다. 계엄 선포 후 '지하철이 끊겼다, 도심에 장갑차가 나타났다'는 가짜뉴스가 퍼지고 있었기 때문이다. 국회 의결로 계엄을 해제하려면 시민들이 국회로 모여야 했다. "교통이 통제되지 않았다, 아직 국회 문이 열려 있다, 의원들도 속속 도착하고 있다, 그러니 빨리 국회로 와달라"고 호소했다. 헬기가 뜰 때, 국회 본청으로 계엄군이 침입하려 할 때도 라이브를 켰다. 국회로 오지 못한 시민들에게 현장 상황을 실시간으로 알리고 싶어서였다.

문아영도 페이스북 라이브를 켰다. 국회 앞에 도착하자마자 편의점에서 보조배터리 2개를 샀다. "기록을 남겨야겠다"는 마음 때문이었다. 휴대전화가 손상될 수도 있다고 생각해 촬영 대신 실시간 방송을 택했다. 온라인에라도 남겨야 한다고 믿었다. 문아영이 송출한 라이브 영상에는 "국회 앞이냐?" 묻는 댓글이 달렸고, 영상은 외국에 사는 지인들에게까지 퍼져나갔다. 그들은 '지켜보는 눈'의 힘을 알고 있었다.

정문에서 구호를 외치던 석민주도 헬기가 나타나자 휴대전화로 영상을 찍어 트위터에 올렸다. "계엄군이 국회로 들어간다. 더 많은 시민이 와야 한다." 그의 호소를 본 김규리(대학원생)가 곧장 국회로 달려왔다. 트윗이 시민들을 움직인 밤이었다.

그날 밤을 "기록하겠다"는 의지로 달려간 사람도 있었다. 12월 3일 가족 행사가 있었던 송태현의 손에는 카메라가 들려 있었다. "군대와 경찰이 어디에 얼마나 몰려왔고, 이게 얼마나 위험한 상황이었고, 이런 것들을" 사진으로 찍어 기록해야겠다고 생각했다. "더 이상 그런 일이 일어나지 않도록" 하려면 그래야 한다고 생각했다. 축제의 도구가 저항의 무기로 바뀌었다. 그는 역사적 현장을 담은 사진 한 장이 얼마나 강력한 힘을 발휘하는지 알고 있었다. 렌즈는 군인과 군용차량을 향했고, 셔터를 누를 때마다 증거가 쌓였다.

김석현은 녹음기를 챙겼다. "이날은 기록해둬야겠다. 만약에 무슨 일이 일어나면 기록이 필요할 거 같았다." 0시 30분, 국회의사당역 6번 출구 엘리베이터 위에 올려둔 녹음기는 밤새 돌아가며 역사의 소리를 담았다. 계엄 해제 의결 직전의 긴장부터 의결 순간의 함성, 그리고 자유 발언으로 이어진 새벽의 목소리까지, 7시간의 숨결과 생생한 음성이 고스란히 저장됐다. 작은 기계에는 그의 '기억하려는 의지와 용기'도 함께 새겨졌다.

이재정은 '계엄'이라는 단어를 듣는 순간 광주가 떠올랐다. "무장한 군인들이 시민들에게 아무렇게나 폭력을 행사할 수 있겠다, 일상생활이 다 통제될 수 있겠다, 그런 이미지가 강했어요." 또 다른 장면도 겹쳐 떠올랐다. "그때 방송차 타고 다니면서 '광주 시민 여러분', 이렇게 외치시던 그 장면요. 그게 같이 떠올랐어요. 아, 나도 뭔가 그런 역할을 해야 하는구나." 그는 즉시 휴대전화를 켰다. 인스타그램, 페이스북, 연구실 단톡방에 사진을 찍고, 글을 올리고, 상황을 전했다. 광주의 방송차가 그랬던 것처럼 세상에 외쳤다.

홍은기는 그날 밤 50여 개의 영상을 촬영했다. "현장의 목소리가 제일 정확하니까." 이 상황이 언젠가 역사책에 기록될 것을 알기에 날조와 왜곡에 맞설 증거를 남기고 싶었다. 언론학을 전공한 이혜경도 '카메라'의 힘을 믿었다. 카메라가 돌아가면 무자비한 폭력을 행사하기 어렵다는, 기록이 주는 억제력을 신뢰했다. 그날 밤 방송사 카메라보다 더 많았던 것이 유튜버와 시민 기록자의 카메라였다.

게임 창작자 김OO도 기록을 위해 국회로 향했다. "창작자의 욕망, 아니면 사명감 같은 거였어요. 이런 일이 있었는데 내가 그걸 목격하고, 그때 느낀 걸 후세에 남겨야 그게 창작자의 사명이라고 생각했어요." 눈앞의 풍경은 게임의 장면으로 저장되었다. 현실의 폭력과 두려움, 시민의 결의를 어떻게 재현할 것인가, 그것이 그에게 주어진 과제였다.

이준형은 하늘을 가르며 내려오는 헬기를 보고 몸이 굳었다. "5·18 때 봤던 것보다 더 무서운 전투용 헬기"였다. 심각하구나 싶어 국회 담을 넘었다. 헬기에서 완전무장한 군인들이 내리고 있었다. 즉시 휴대전화를 꺼내들었다. "이건 남겨야 한다고 생각했어요. 무장 군인이 국회 안으로 들어왔다는 걸 기록으로 남겨야 했어요." 그에게 기록은 단순한 영상이 아니었다. 역사를 바로 세우기 위한 '진실의 도구'였다. "과거에도 기록이 부족해서 왜곡이 많았잖아요? 이번에는 그런 일이 반복되면 안 된다고 생각했어요." 그는 그날 밤 촬영한 영상을 자신의 블로그에 공개했다. 시간대별로 공개된 영상은 내란의 진실을 남기려는 결단이었다.

내란의 밤. 가장 강력한 무기는 총이나 헬기가 아니라 시민들의 손에 들린 휴대전화였다. 휴대전화를 든 시민들은 그날 밤 가장 효과적인 저항을 수행했다. 역사를 기록하는 동시에 계엄령을 무력화했다. 총성 하나 없이, 물리적 폭력 없이, 단지 렌즈를 들이대는 것만으로 계엄군의 행동을 제약하고 결국 내란을 막아냈다. 휴대전화는 단순한 통신기기가 아니었다. 역사를 증언하는 펜이자 민주주의를 지키는 방패였다.

4장
대오를 갖춘 시민들

자정 무렵부터 국회 앞 인파는 빠르게 늘었다. '서울시 생활인구 데이터'에 따르면 밤 11시 1만 4,453명이던 국회 주변지역 인구가 0시에는 2만 1,816명, 새벽 1시에는 2만 4,762명으로 급증했다. 1시간 사이에 수천 명이 국회로 모여들었다.

밤 11시 30분부터 윤석열은 경찰청장 조지호에게 반복해서 지시했다. "국회에 들어가려는 의원들 다 체포해! 잡아들여! 불법이야! 국회의원들 다 포고령 위반이야! 체포해!" 비상계엄 해제 요구 결의안 가결 직후인 1시 3분까지 6차례나 같은 명령을 되풀이했다.

의원들이 본회의장에 집결하고 시민들이 정문 앞에 모여들자 윤석열은 수방사와 특전사 지휘부에 압박을 가했다. 0시 30분경에는 국회 주변을 지휘하던 수방사령관 이진우에게 "본회의장으로 가서 4명이 1명씩 들쳐 업고 나오라고 해!"라고 지시하기도 했다.

정족수에 가까워지자 윤석열은 이진우에게 다시 전화했다. "아직도 못 갔냐? 뭐 하고 있냐? 문 부수고 들어가서 끌어내라, 총을 쏴서라도, 문을 부수고 들어가서 끌어내라!" 김용현도 이진우에게 수시로 전화를 걸어 "왜 안 되냐?", "왜 못 들어가냐?"고 독촉하며 지시 이행을 재촉했다. 이진우는 부하들에게 "국회 본청 내부로 진입하여 의원들을 외부로 끌어내라"고 지시했다.

구호 본격화, 앰프 등장

"계엄 철폐!" "독재 타도!"

"비상계엄!" "철폐하라!"

"윤석열을!" "체포하라!", "구속하라!", "탄핵하라!"

그날 밤 수만 번 외쳤을 구호들은 0시에서 새벽 1시 사이 가장 뜨겁게 울려퍼졌다. 국회의원들이 속속 본회의장에 도착하면서 시민들의 가슴도 달아올랐다. 누군가 "비상계엄!"을 외치면, 모두가 "철폐하라!"로 응답했다. "윤석열을" 선창하면 "체포하라!", "구속하라!", "탄핵하라!"가 잇따랐다. 하지만 그날 밤 가장 많이 울려퍼진 구호는 단연 "계엄 철폐! 독재 타도!"였다.

전유섭이 도착한 밤 11시 30분 무렵만 해도 현장에는 구호가 없었다. 10여 분쯤 지났을까, 누군가 입을 열었다. "처음에는 그냥 개인이 '계엄 철폐! 독재 타도!'를 자발적으로 외치기 시작했어요."(박태훈) 그때는 구호밖에 없었다. 깃발도 피켓도 나중에 왔다. "정문 앞에는 혼란스럽고 쫓기고 다급한 사람들이 '독재 타도! 계

엄 철폐!'를 외치고 있었어요."(이규호)

1980년대 세대에게는 익숙한 구호였다. 유현미는 "억양이 80년대랑 너무 똑같아서 잠깐 웃음이 났다가 '이게 웃을 상황이 아니지' 하고 정신을 차렸다". 송란희는 "내가 살아서 육성으로 저런 소리를 다시 들을 줄이야" 싶었다.

젊은 세대에게는 전혀 다른 경험이었다. 성윤서는 "영화에서 봤던 구호를 현실에서 외치게 될 줄 몰랐고", 황준성은 "현실감이 없고 영화 안에 들어와 있는 느낌이었다". 김서정과 정석채 역시 "이 구호를 외치게 될 줄 몰랐다".

세대를 막론하고 21세기 대한민국의 서울 한복판에서 '계엄 철폐! 독재 타도!'를 외친다는 것은 모두에게 낯설고 이상한 경험이었다. 1979년 부마민주항쟁의 '유신 철폐! 독재 타도!', 1987년 6월 항쟁의 '호헌 철폐! 독재 타도!'가 2024년 겨울, 국회 앞에서 다시 되살아날 줄은 아무도 몰랐다.

생경함은 곧 결의로 바뀌었다. 정윤석은 "5공 말의 '호헌 철폐, 독재 타도'에서 한 단어만 바뀐 구호가 다시 나오는 게 놀라웠다"며 "그 구호를 듣고 온몸에 전율이 일었다. 역사를 잇는 순간에 내가 서 있다는 걸 실감했다"고 말했다. 정문 앞에서도, 3문 앞에서도, 6문 앞에서도, 7문 앞에서도 같은 구호가 메아리쳤다.

"계엄 철폐! 독재 타도!"

세대와 시대를 넘어 민주주의를 갈망하는 시민의 언어였다.

이OO은 수많은 집회에 참여했지만 "그날만큼 온 마음을 다해 구호를 외친 적"은 없었다. 할 수 있는 게 구호뿐이라 무력하고 슬펐지만, 함께 외치는 시민들로부터 힘을 얻었다. 박천은 구호를 외치는 게 어색했다. 태어나서 해본 적이 없었다. 그런데 시간이 지날수록 목소리가 커졌다. 두려움과 공포가 사라지고 멍하고 아득한 기분이 밀려왔다. 어느 순간부터 그는 절박하게 구호를 외치고 또 외쳤다.

현장은 조직된 대형 집회와 달랐다. 준비되지 않은 집회다보니 곳곳에서 즉흥적인 구호가 산발적으로 터져나왔다. "임팩트 있게 딱딱 떨어지는 구호가 아니라 무척 느리고 처졌다."(이현무) 시위 경험 없는 누군가가 용기를 내 외치는 소리 같았다. 그래도 목이 쉴 때까지 외쳤다. "어찌나 소리를 질렀는지 결국 목이 다 나가서 쉰 소리만 나왔다."

자정 무렵, 흰머리가 희끗한 남성이 2문 옆 담벼락 위로 올라가 소리쳤다. "비상계엄은 친위 쿠데타이자 내란이다! 경찰과 군대는 물러가라! 국회가 표결로 해제할 것이다!" 정의당 대표 권영국이었다. 그의 발언 직후 2문 앞에 앰프가 켜졌다. 2문 인도 쪽 출입구 바로 앞이었다. 송민호가 진보당 당사에서 가져온 배낭 크기의 작은 앰프였다. 출력은 크지 않았지만 가까이 있는 시민들의 목소리를 하나로 모으기엔 충분했다. 진보당 사무총장 신창현과 홍희진, 이미선이 마이크를 잡았다.

"우리가 아는 모든 사람에게 국회로 모여달라고 연락해주십시오!"

"안에 있는 의원들에게 힘이 되는 힘찬 함성을 외칩시다!"
"계엄령을 해제하라!"
"윤석열을 탄핵하라!"

분노의 구호가 앰프를 타고 국회를 향해 퍼져나갔다.

고○○은 2문 앞 앰프를 보고 놀랐다. "진짜 빠르다! 대단하다! 계엄 터지자마자 앰프를 설치하고 마이크를 잡다니!" 그에게 2문 앞은 '만남의 광장'이었다. 예전 동료들과 노래패 선배들이 한자리에 모였다. 반가움에 지금이 계엄 상황이라는 사실을 잠시 잊을 정도였다. 신민준도 비슷했다. 국회 정문 앞에서는 이미 집회가 진행되고 있었고, 진보당과 정의당에서 활동하는 지인들이 눈에 띄었다. 예술 프로젝트를 함께했던 친구도 현장에 와 있었다. 가까워서인지 은평과 마포 쪽에서 온 사람들이 유난히 많았다.

계엄의 공포 속에서도 시민사회는 살아 있었고, 서로 연결됨으로써 두려움을 확신으로 바꿔냈다. 그 시각, 1문과 2문 사이에도 앰프가 등장했다. 현대자동차 판매연대지회 해고노동자들이 쓰던 장비였다. 매일 선전전을 하던 농성장에는 출력 좋은 1미터짜리 앰프가 6대 있었다. 허원은 국회로 달려오며 "앰프를 꺼내야 한다"는 생각밖에 없었다. "시민들과 함께하려면 구심점이 있어야 하고, 각자의 목소리를 모으려면 앰프가 필요했기 때문"이다. 금속노조와 민주노총 활동가들은 "앰프를 설치하자"고 입을 모았다.

"앰프 설치하면 경찰이 바로 때려부술 거예요." 앰프 주인인 김선영이 농담처럼 말하자 민주노총에서 "책임지겠다"고 답했다. 곧 2개의 앰프가 켜졌다. 민주노총 정책실장 이정희와 허원, 안혜영이 마이크를 잡았다. "계엄령을! 해제하라!" 구호가 메아리쳤다. 국회에 도착한 의원 수를 전할 때는 환호와 박수가 터졌다. 20여 분이 지나도 앰프가 무사하자 김선영은 나머지 4대를 추가로 설치했다. 소리가 커진 만큼 결의도, 희망도 단단해졌다.

자정을 넘어서며 시민들이 빠르게 늘어났다. 김재상은 0시 20분경 국회 7문에 도착했다. 7문은 비교적 한산했지만 1문과 2문은 인파로 가득했다. 국내 언론과 외신 기자들이 카메라를 들고 취재했고, 차량은 인도와 차도에 아무렇게나 세워져 있었다. 사람들은 그 사이사이에 모여 구호를 외쳤다. 분노에 찬, 거친 목소리였다.

김재상은 활동가로 수많은 집회를 봐왔지만 그날처럼 날것의 분노가 폭발한 현장은 처음이었다. "날이 서 있었어요. 나이대가 있으신, 계엄을 경험한 분들이 결사적으로 '계엄 철회! 해제! 반대해야 한다!' 외치고 있었어요. 절박했어요." 유〇〇도 같은 시각 2문 앞에 도착했다. "사람들이 많아서 진심으로 안심했다. 인파 속에 있으니 안전했고, 집단의 힘이 느껴졌다." 임한국은 0시 30분경 6번 출구로 나왔다. "사람들이 엄청 꽉꽉 몰려 차 있었다. 민주노총과 촛불행동, 온갖 단체와 개인이 '계엄 철폐! 독재 타도!' 구호를 외치고 있었다."

김예찬은 국회에서 도보로 15분 거리인 한국여성단체연합 사무실에서 시민사회단체 대책회의에 참석했다. 30여 분가량 회의를 한 뒤 다시 국회 앞으로 왔을 때, 전혀 다른 세상이 되어 있었다. 도로는 시민들로 가득 차 차량이 통제됐고, 각 정당과 시민단체, 노조의 깃발이 어둠 속에서 펄럭였다. "계엄 철폐! 독재 타도!" 구호가 쉴 새 없이 터져나왔다. "설마 이 구호를 다시 외칠 줄이야!" 김예찬은 쑥스러운 웃음을 지으며 따라 외쳤다. 정문 앞을 오가며 영상을 찍던 유금문도 그때를 잊지 못했다.

"1문, 2문을 왔다 갔다 하면서 영상을 찍어 텔레그램방에 올리고 있었어요. 보좌관들과 경찰이 실랑이를 벌이고 있었죠. 그런데 횡단보도 쪽을 봤는데요, 진짜 시민들이, 신호등이 초록불로 바뀔 때마다 수십 명씩 막 뛰어오는 거예요. 사람들이 몰리면서 경찰도 약간 정신을 차리는 것 같더라고요. 사람들이 더 화를 내면서 구호도 더 크게 외쳤어요."

잠시 카메라를 들지 못했다. 신호등이 바뀔 때마다 몰려오는 사람들, 그들은 분노와 확신으로 가득 차 있었다. 지켜보던 유금문의 마음에서 두려움이 사라지고 있었다.

깃발과 피켓

1문 상공에 태극기가 올랐다. 가정용보다 서너 배는 큰 태극기였다. "국가의 상징인 태극기가 계엄 현장에서 올라가다니." 국회 경내에서 펄럭이던 태극기와 1문 위에 뜬 태극기를 바라보며 문아영은 묘한 감정을 느꼈다.

깃발은 곧장 올라가지 못했다. 각 정당, 시민사회단체가 깃발을 들고 나왔지만 처음엔 저마다 상황을 지켜보는 듯했다. 계엄 포고령 1항은 '정치적 결사와 집회, 시위 등 모든 정치활동을 금지'했다.

진보당은 처음엔 깃발 대신 목도리를 올렸다. 박태훈은 집을 나서며 깃대를 챙겼다. 깃발이 도착하기 전 그는 여자친구 목도리를 깃대에 걸었다. "그걸 보고 사람들이 모였다." 홍희진은 깃발이 사람들을 모을 힘이 있다는 것을 알았지만 표적이 될 수도 있어 위험하다고 느꼈다. 목도리를 건 기수에게조차 여러 사람이 다가와 "제일 먼저 죽는다. 빨리 내려라" 하며 말렸다.

전장호는 "다들 눈치를 보다가 어느 순간 '올리자, 올리자' 하며 동시에 깃발을 들어올리는 분위기였다"고 기억했다. 송민호는 진보당 당사에서 챙겨온 붉은 깃발을 높이 들었다. "계엄에 반대하는 시민들의 분노와 진보당이 앞장서 싸우고 있다는 걸 보여주고 싶었다." 그는 8미터 장대의 깃발을 쉬지 않고 흔들었다. 변현준도 깃발을 흔들었다. '무아지경'이었다. "정의당 깃발을 들어야 한다는 사명감에 가득 차 있었다. 지금 여기서 '우리가 왔다'는 걸 보여주지 못하면 끝장이다 싶었다."

"안 돼! 헬기가 와서 사격하면 깃발 든 사람이 제일 먼저 맞아! 위험해! 깃발 내려! 제발 내려!"

2문 앞에서 한 중년 남성이 목이 터져라 외쳤다. 깃발들이 하나둘 올라갈 즈음이었다. 장예지는 다급히 소리치는 그를 바라봤다. 헬기와 장갑차가 더 온다는 소문이 퍼진 후였다. "국가폭력 피해자이신가……" 짐작했다. 남성은 깃발을 든 청년들에게 "제발 내려

3부 내란을 막아내다

라"를 반복했지만 청년들은 받아들이지 않았다.

강규혁은 국회로 걸어오다 4개의 깃발—서비스연맹, 택배노조, 마트노조, 가전통신노조—이 나란히 휘날리는 모습을 보고 울컥했다. "서비스연맹 조합원들이 민주노총 산하에서 제일 먼저 도착했고, 가장 먼저 깃발을 세웠다."(김광창) 자정 무렵 도착한 황인선도 "사람이 많지 않았는데 민주노총 깃발이 엄청나게 휘날리는 걸 보고 깜짝 놀랐다".

깃발과 현수막, 피켓은 모두 계엄군의 표적이 될 수 있는 정치적 도구였지만 누군가 그 위험을 각오하고 준비해왔다. 심미섭은 집을 나서며 깃대와 '페미당당' 깃발을 챙겼고, 국회에 도착해서 이수연과 함께 깃발을 올렸다. 이수연이 "들어줄까?" 물었지만 심미섭은 혼자 들었다. 깃발 드는 게 위험할 수 있다고 생각했기 때문이다. 페미당당 깃발을 보고 우지안과 금〇〇이 합류했다.

불법 계엄 철회하라! 윤석열은 퇴진하라! 계엄으로 국민과 전쟁하는 정권, 윤석열을 당장 끌어내리자!(노동당 현수막)

노동당은 국회 앞에 가장 먼저 현수막을 내걸었다. 계엄 해제안이 가결되기 전 1문 기동대 버스 앞에 설치했다. 김태형은 두 사람이 주섬주섬 현수막을 꺼내 양 끝을 잡고 서로 멀찍이 서서 펼치는 모습을 놀란 마음으로 지켜봤다. "누가 벌써 탄핵 현수막을 뽑아왔어?" "이 시간에 대박!" "와, 노동당 진짜 빠르네!" 등의 감탄이 터져나왔다. 현수막을 제작하는 당원이 소식을 듣자마자 사무실 셔터를 올리고 인쇄해온 것이었다.

"계엄 해제! 독재 타도!"

이한솔은 "복사기에서 방금 뽑은 뜨끈한" 종이 피켓을 현장에서 받았다. '계엄 해제 독재 타도'란 여덟 글자가 검은 바탕에 흰 글씨로 선명하게 적혀 있었다. 녹색당 피켓이었다. "그 짧은 사이에 이걸 만들어오다니!" 감탄하며 구호를 줄기차게 외쳤다. 이대선도 피켓을 보고 놀랐다. "와, 진짜 빠르다. 어떻게 뽑았지?" 종이 피켓을 본 시민은 "아니, 계엄 날 거 알고 있었어요?" 하고 물었다. 말끔하게 제작된 A3 크기 피켓을 두고 반가움에 던진 소리였다. 현장에 가장 먼저 등장한 '집회용' 피켓이었다.

박다솜은 손수 만든 피켓을 들었다. "국민을 위협하는 반국가세력은 윤석열 당신이다"라고 도화지에 썼다. "조리돌림을 당할 수도 있어 얼굴은 가리지만 항의하고 싶은 마음을 담아" 피켓을 들었다. "사진을 찍어도 되느냐?"고 묻는 시민들이 많았다. 그의 손피켓은 현장에 널리 알려졌다. A4용지에 "계엄령 철폐하라!" 일곱 글자를 출력해온 홍ㅇㅇ도 피켓을 들었다.

깃발과 피켓은 마음 한편에 두려움이 있던 시민들에게 용기를 주었다. 양ㅇㅇ은 헬기를 보고 얼어붙은 몸의 긴장이 금속노조 깃발을 보면서 풀리기 시작했다. "금속노조랑 마트노조가 깃발을 들고 대오를 정렬해서 오는 거예요. '저 사람들은 베테랑이니까 뭔 일 생기면 어떻게든 다 빼주겠지' 하고 그때 안심을 많이 했죠. 박근혜

3부 내란을 막아내다

탄핵 시위할 때도 노조 많이 봤거든요. 노조가 정말 잘한단 말이에요. 노조가 시민들 보호하는 거 진짜 잘해서. 진짜 그 안심되는 마음을, 설명이 잘 안 되는데, 그냥 여기(턱)까지 찼던 공포가 이렇게 쑤욱 내려가는 느낌이었어요."

그날 밤, 깃발은 단순한 천이 아니었다. 각 정당과 민주노총, 시민사회단체의 깃발이 어두운 밤하늘을 가르며 선명하게 펄럭였다. 시민들의 가슴에 승리할 수 있다는 희망과 용기를 불어넣었다.

필사적 월담

2문 옆 수소충전소 부근은 밤새 가장 격렬한 충돌이 벌어진 현장이었다. 담이 낮고 넘기 쉬운 곳이라는 소문이 돌자 시민과 의원 모두 그쪽으로 몰렸다. 박수현도 거기서 담을 넘었다. "의사당을 지키러 가야겠다"는 생각뿐이었다. 담 위에 올라 뒤를 돌아보니 "머리가 희끗한 어르신들도 올라오고 계셨다. 손을 뻗어 도왔다". 담을 넘다 긁히거나 넘어져 이마에 피를 흘리는 이들도 있었다.

이용진은 자정 무렵 6번 출구로 나왔다. 곧바로 월담할 곳을 찾았다. 수소충전소 부근에서 한 남녀 커플이 담을 넘으려 하고 있었다. 여성이 먼저 담을 넘자 이용진은 옆에 있던 남성과 함께 발을 받쳐줬다. 남성은 "잘 갔다와"라고 인사하고 가버렸다. 이용진은 혼자 담을 넘었다. 담을 넘은 여성은 국회 직원이라고 했다.

국회의원 김종민은 시민들의 도움을 받아 2문 근처에서 담을 넘었다. 김 의원의 월담에 박미정이 손을 보탰다. 박미정은 이어 도착한 보좌진 3명의 월담도 도왔다. 그러다 어느 순간부터 "경찰 경비가 훨씬 빽빽해진 느낌이었다. 병력이 증강된 것 같았다". 경찰들은 월담을 시도하는 시민들을 주저 없이 밀어냈다. "거의 떨어질 뻔한 사람을 주변에서 받아주는 것을 2번이나 목격했다." 분노가 치밀었다. "왜 못 들어가게 하냐! 이거는 국회의원들의 권한인데!"

2문 앞에 있던 김인환은 속이 타들어갔다. "정족수가 아직 채워지지 않았는데, 의원님 도착이 늦어지고 있었기 때문이다." 그 시각, 국회의원 전현희의 수행비서는 전 의원의 아파트 입구를 자기 차로 막아버렸다. 혹시 계엄군이 의원을 잡으러 올지도 모른다고 생각했기 때문이다. 전 의원은 엘리베이터 대신 계단으로 내려왔다. 수행비서는 들어오는 차량을 모두 세워놓고 전 의원을 태워 국회로 달렸다. 0시 20분경 국회 앞에 도착한 그들을 김인환이 1문 근처 담에서 밀어올렸다. 김인환의 차례였지만 경찰이 급증해 넘을 수 없었다. 그는 "월담이 가능한 곳을 찾으려고 국회를 한 바퀴 돌았다. 경찰이 듬성듬성한 4문 근처에서 겨우 넘었다."

안효준은 2문 앞에서 의원실 동료들의 월담을 돕기 위해 서성거렸다. 경찰 병력이 갈수록 늘어나며 국회를 에워싸고 있었다. 진입로를 찾기 위해 국회 담장을 따라 계속 돌다가 헬기가 후문 운동장에 내려앉는 모습도 보고, 5문과 6문 사이에서 월담하는 보좌관을 경찰이 잡아채는 장면도 목격했다. "진짜 체포되는 건가……." 두려움이 몰려왔다. 정문뿐 아니라 모든 문 앞에서 사람들이 외치고 있었다. "문 열어라, 국회 직원인데 왜 못 들어가게 하냐!" 안효준도

6문 앞에서 함께 소리쳤다. "국회 문 열어라!" 안으로 들어가는 대신 밖에서 힘을 모았다. 사람들은 모여들고 목소리는 점점 커졌다.

경찰은 불복종하라

서강대교는 이미 교통이 마비된 상태였다. 차들이 꼼짝도 하지 않았다. "여기가 다리 위인지, 길 위인지 모르겠다. 더는 지체할 수 없다." 안종경은 다리 한가운데 차를 세워둔 채 국회 방향으로 뛰었다. 유튜브 생중계에서는 "아직 국회의원 정족수가 채워지지 않았다"는 뉴스가 나오고 있었다. 국회 담벼락에 다다랐을 때, 기동대 버스에서 경찰이 우르르 내리는 모습을 봤다. 그들은 1미터 간격으로 담장을 둘러쌌다. 안종경은 분노를 참을 수 없었다. 국회박물관(구 헌정기념관) 인근 출입문 앞에서 20여 분간 경찰에게 소리쳤다.

상관의 위법한 명령은 따르지 않아도 된다! 지금 상관의 지시가 위법하니까 그냥 돌아가도 된다! 그렇게 해도 징계받지 않는다! 우린 다 민주사회의 시민이고, 여러분도 민주시민이다! 젊어 보이는데 이곳은 앞으로 여러분이 살아갈 땅이다! 그러니 의원들 못 들어가게 막지 마라! 진짜 이러면 안 된다!

차를 몰고 국회 담장을 돌던 이원영은 문마다 이어지는 "계엄 철폐! 독재 타도!" 구호를 들었다. 문마다 시민들이 모여 있었다. 정문인 1문과 2문에 제일 많았지만 3문, 6문, 7문에서도 시민들이 경찰과 대치했다. 이원영은 차창을 내려 경찰을 향해 소리를 질렀다. "계엄군 편을 들면 안 된다! 민주시민들의 편에 서야 한다! 역사의 죄인이 되지 말라!"

1문 앞에서도 비슷한 외침이 이어졌다. 이대훈은 "경찰의 귀에서 피가 날 때까지" 외쳤다. "당신들은 불복종할 권리가 있다! 불복종하고 시민의 편에 서라! 불이익이 염려되겠지만 계엄이란 심각한 상황에 여기 서 있는 건 역사에 오점을 남기는 것이다! 지금이라도 그냥 이리 와라! 이쪽에 서라!"

오현옥은 수소충전소 앞에서 사람들의 월담을 돕고 있었다. 시민들이 경내로 진입하자 곧 경찰이 몰려왔다. 금세 수십 명의 경찰이 수소충전소 앞을 가로막았다. 그는 빽빽이 선 경찰을 향해 외쳤다. "경찰이 시민을 지켜야지! 군인이 못 들어오게 막아야지! 대체 왜 시민을 막고 있어!" 연구직인 그는 평생 누구에게도 큰소리를 내본 적이 없었다. 하지만 그날, 도저히 참을 수 없었다.

이 구역은 내란의 밤 내내 시끄러웠다. "부끄럽지도 않냐?" "경찰이 누구 편이냐?" "역사에 부끄러운 짓을 하지 말아라!" 계엄군에 협조한 경찰을 향해 시민들의 질타가 끊이지 않았다.

도로를 메운 시민들

시민이 급속도로 늘어나자 국회 앞 10차선 도로는 완전히 마비됐다. 경찰은 많았지만 교통을 통제하는 이는 없었다. 시민들이 나섰다. 김지용은 국회 맞은편, 국회의사당역 1번 출구 앞 횡단보도에 서 있었다. 빨간 신호등이 바뀌지 않았다. 뒤쪽에서 사람들이 밀려들어왔다.

"여러분, 여기 신호가 안 바뀝니다. 그냥 건넙시다!", "중간중간 서서 차를 막아주세요!"

즉흥적인 외침이 곧 질서가 됐다. 시민들이 스스로 차량을 통제하고 길을 정리했다. 신호등은 의미를 잃었다. 새벽 1시를 향해 가면서 도로는 사람으로 가득 찼다. 백경진은 시민들이 도로를 가득 메운 모습에 큰 위안을 받았다. 더 반가웠던 건 현장에서 마주친 얼굴이 대부분 낯설었다는 것이다. 그동안 집회에서는 늘 아는 사람들이 많았지만 그날은 달랐다. "시민들이 이렇게 많이 나와줬구나." 힘이 났고 기뻤다.

유하영은 택시를 타고 여의2교 쪽에서 국회로 향하고 있었다. 도로는 심하게 막혀 있었다. 택시가 줄지어 서 있었다. "길이 막힌다는 건 시민들이 많이 오고 있다는 뜻이겠지?" 그 생각에 마음이 조금 놓였다. 바로 옆에 멈춘 택시에서 외신기자가 내렸다. 크고 묵직한 카메라를 보자 든든한 기분이 들었다. 기자는 빠르게 달렸고, 유하영도 그를 따라 뛰었다. 1문과 2문 앞에는 이미 시민들이 빽빽했다. 깃발이 새벽 바람에 휘날리고 있었다.

류호성은 몇 사람과 '신호수'로 나섰다. 국회 쪽으로 들어오는 차량을 막으며 경찰 대신 손을 들었다. 그는 군복무 시절 국군수송사령부에서 신호수로 일했다. 그의 소속 부대는 박근혜 정부 시절 계엄 문건에 명시된 '차출 대상 부대'였다. "그때 계엄이 발동됐다면 나는 과연 명령을 거부할 수 있었을까?" 류호성은 국회 앞을 오가며 생각했다. 선뜻 답을 내릴 수 없었다. 다만 지금 국회 앞에서 보내는 수신호만은 분명했다. 무질서와 혼란을 멈추고, 헌정질서와 민주주의를 회복하자는 신호였다. 그의 수신호는 어둠의 밤을 밝히는 등불 같았다.

어느 나라 군인이냐, 들어가지 마!

"군인들이 담을 넘어가요! 들어가지 마!"

0시 30분경, 국회 2문 옆 수소충전소 방향에서 다급한 외침이 터져나왔다. 1공수여단 병력이 국회 담을 넘고 있었다. 노해인은 민주당민주화모임 동료 정윤희, 박미정과 함께 의원들의 월담을 돕고 있었다. 갑자기 주변이 소란해 돌아보니 군인들이 담을 넘고 있었다. "국회의원을 잡으러 가는 거구나, 막아야 한다!" 노해인의 몸이 튕겨나갔다.

아무것도 보이지 않았어요. 눈 돌아가지고. 제가 클라이밍을 오래했거든요. 아구 힘으로 가방을 잡았어요. 잡고 그 군인과 함께 주저앉았어요. 못 간다! 못 간다고! 안 된다고! 왜 넘어가! 4명이 제 손을 잡았어요. 근데 저도 끝까지 놓지 않았어요.

군인이 "놓으세요, 놓으세요" 소리쳤으나 노해인은 끝까지 손을 놓지 않았다. 가방이 찢어졌고 군인은 결국 담을 넘지 못했다.

정윤희는 애초 몸으로 군인을 막아설 마음은 없었다. 의원들의 진입을 돕는 것으로 자신의 역할을 다했다고 생각했다. 사실 군용 차량을 보는 것만으로도 무서웠다. 무장한 군인을 눈앞에서 보니 두려움에 몸이 얼어붙었다. 그런데 군인들의 앞을 막아서며 "못 간다! 안 된다!" 외치는 노해인을 봤다. "이럴 때가 아니구나", 정윤희도 달려들었다. 순식간에 시민들이 몰려왔다. 담을 넘으려는 군인들과 막으려는 시민들 사이에 몸싸움이 벌어졌다.

"역사에 반역자가 되는 거야!"

"이러면 안 돼!"

"지금 이 시대에 이게 말이 되냐고!"

"넘어가지 마세요!"

"못 가요!"

"어느 나라 군인이냐!"

"개새끼들아!"

아우성과 욕설, 비명, 설득의 말이 뒤섞였다. 군인들은 필사적으로 막아서는 시민들 앞에서 흔들리고 흩어졌다. 시민들이 군인 1명을 붙잡아 흔들자 "명령받고 온 거잖아? 때리면 안 돼!" 하며 한 노인이 나서서 말렸다. 몇몇 군인이 옆으로 이동해 하얀 철문을 뛰어넘었다. 박미정은 반쯤 넘어간 군인의 어깨를 붙잡아 끌어내렸다. 안쪽에 있던 경찰들이 시민의 손을 떼내며 군인을 잡아올리려 하자 더 많은 시민이 달라붙어 잡아당겼다. 군인은 결국 포기했다.

몸과 몸이 부딪히는 동안 누군가는 군인을 때렸고, 누군가는 "때

려선 안 된다"고 말렸다. 젊은 남성이 욕을 퍼붓자 나이 지긋한 시민이 그러지 말라고 달랬다. 박미정에게 인상적인 장면이었다. "군인들이 이 정도로 소극적인 것은 의지가 없는 거라고, 군인들도 명령받고 와서 그런 것이니 자극하지 말라고. 자극해서 좋을 게 없고, 자극해서 흥분하면 다치는 것은 우리라고 말리셨어요." 한 중년 여성은 군인을 붙잡고 울었다. "이러지 말라고, 이거 나쁜 거라고, 진짜 이러면 안 된다고."

아우성과 비명 사이에서 갑자기 "하! 지! 마!" 구호가 터져나왔다. 총을 든 군인들이 무서워 차마 뜯어말리지 못하고 지켜보던 홍다혜였다.

"하, 지, 마! 하, 지, 마! 하, 지, 마!"

구호가 파도처럼 번졌다. 누군가 외쳤다. "우리 바리케이드를, 몸으로 바리케이드를 칩시다! 군인들이 국회 못 들어가게 막읍시다!" 시민들이 팔짱을 끼고 철문 앞을 빙 둘러 막았다. 홍다혜 옆에는 군인을 보고 '진짜 계엄'을 실감한 박다솜이 서 있었다. 김진현도 어깨를 겯고 스크럼을 짰다. "군인들을 국회에 들여보낼 수 없었다. 국회 바깥은 우리가 지켜야 했다." 시민들이 맨몸으로 바리케이드를 만들어 버티자 결국 군인들이 물러섰다. 김종현은 먹먹한 마음으로 시민들을 지켜봤다. "절대로 단 1명도 국회 안으로 들여보내지 않겠다"는 집단적인 결기가 퍼져나왔다. 시민들은 국회에서 비상계엄 해제 요구 결의안이 가결될 때까지 스크럼을 풀지 않았다.

어딜 내려? 들어가!

시민들의 시선은 본회의장을 향해 있었지만 긴장은 여전히 팽팽했다. 0시 40분경, 군용버스와 SUV 차량 여러 대가 줄지어 국회 앞 도로로 진입했다. 공기가 다시 얼어붙었다. 지휘차량을 본 염형철이 곧장 앞으로 달려가 가로막았다. 옆에 선 시민은 휴대전화 카메라를 켜 라이브 방송을 시작했다. 국방색 군복에 군모를 쓰고 눈 밑까지 가린 검은색 마스크 속 군인들의 모습이 실시간으로 송출됐다. 차량 앞에 플래시를 비추며 누군가 외쳤다. "이러면 안 됩니다! 역사의 죄인이 되고 싶습니까?"

총을 멘 군인들이 차에서 내리려 하자 주변 시민들이 일제히 휴대전화를 들었다. 조명과 카메라가 군인들을 향했다. 그들은 땅을 밟지 못했다. 이혜경은 맨 앞에 선 버스로 달려갔다. 완전무장한 군인들이 내리려는 순간이었다. "어딜 내려? 들어가!" 시민들이 외치며 출입문 앞을 에워쌌다. 군인들은 다시 버스 안으로 몸을 돌렸다. "예전 같으면 상상도 못할 일이었죠. 계엄이 성공하지 못하겠구나 싶었어요."

"니네들이 이러면 안 돼!" "이게 말이 된다고 생각해?" 그날 밤 정선영에게는 유독 나이 지긋한 이들이 눈에 들어왔다. "쪼그려 앉아서 '어떻게 이럴 수가 있어?' 하면서 우셨어요. 쓰러지실까봐 곁을 떠날 수가 없었어요." 복진오는 2문 앞 도로에서 수방사 버스와 경찰 오토바이 10여 대를 보았다. 차량은 시민들로 가득 찬 도로 앞에 멈춰 있었다. 군인과 경찰들에게 소리쳤다. "그냥 그 자리에

국회 경내로 침입하려는 1공수여단을 저지하는 시민들.(송태현 제공)

서 하는 척만 해라! 내일 아침이면 다 끝날 거다!" 그는 불안했다. "이렇게 군인들이 계속 오면 우리가 밀릴까? 아니야, 계엄, 군인, 총…… 국민들이 이제는 겁내지 않아. 오히려 우습게 알아. 절대 물러서지 않아."

국회 맞은편 인도와 금산빌딩 앞에서 구경하던 시민들이 하나둘 섞여 들었다. 인파는 점점 커지고 사람들의 벽은 두꺼워졌다. "금방 끝날 거다, 금방 끝날 거다." 복진오는 확신했다. 조민기는 차량 앞바퀴 밑에 누워 있는 한 시민을 봤다. 누워서 휴대전화를 보고 있었다. '가려면 밟고 가라'는 결의였다. "얼마나 많은 사람들이 버스를 둘러쌌는지, 차가 움직이면 사람을 칠 수밖에 없겠다"고 생각했다. 경이로운 밤이었다.

노시혁은 '완전히 고립된 버스'를 한참 바라봤다. "꼼짝도 못했다. 시민들이 적을 때는 군인들이 뭘 해보려 했는데, 차도까지 시민들로 꽉 차버리니까 계엄군이 꼼짝없이 붙들려" 있었다. 김연우도 같은 변화를 느꼈다. "처음엔 차량이 인파와 떨어져 있었는데, 나중에는 틈새 없이 따닥따닥 붙어 있었다."

국회 앞의 군은 결국 움직이지 못했다. 시민들이 만든 벽에 가로막혀 꼼짝할 수 없었다.

우리의 힘을 보여줘야 합니다

강규혁은 그날 밤 절망과 희망 사이를 오갔다. 천막농성장 앞에는 100여 명이 모여 있었다. 민주노총 간부들이 보이고 깃발이 휘날렸지만 내심 걱정됐다. "이 정도 인원으로 과연 계엄을 막을 수 있을까?" 그런데 10분, 20분이 지나며 시민과 조합원이 줄줄이 모여들었다. 금세 공간이 꽉 찼다. "아, 할 수 있겠구나!" 군인들을 보면서도 같은 생각이 들었다. 광주에 투입됐던 군인들과 달랐다. 시민들이 "돌아가라!"고 소리치자 눈빛이 흔들렸다.

하지만 곧 2차 헬기가 상공을 맴돌았고 "계엄군이 유리창을 깨고 의사당에 난입했다"는 소식이 퍼졌다. "계엄이 성공할 수도 있겠구나." 마음이 어두워졌다. 현장에서는 "담을 뚫고 들어가야 한다"는 목소리가 높아졌다. 시민들 사이에서도 "국회로 들어가자!"는 외침이 번졌다. 그러나 그들은 자리를 지키기로 결정했다. "의사당은 안에 있는 사람들에게 맡기고 우리는 밖을 지키자."

사회자가 마이크를 잡고 외쳤다. "지금은 밀고들어갈 때가 아닙니다! 여기서 우리의 힘을 보여줘야 합니다! 우리의 마음을 모아 분노의 함성, 국회의원들에게는 힘이 되는 함성, 시작!"

"와~~~~" 우뢰와 같은 함성이 터졌다. 목소리는 점점 커지고, 구호는 파도처럼 번졌다. "비상계엄 해제하라!" "윤석열을 체포하라!" "군인은 물러가라!"

이동규는 인파 속에서 휠체어 탄 여성을 봤다. 사람이 너무 많아 금방이라도 눌릴 것 같았다. "휠체어 타고 계신 분이 있었어요. 여성분이었는데, 사람들에 눌릴까봐 너무 불안했어요. 그분을 막아주느라 허리가 아프고 정신이 없었어요. 몸이 불편할 수 있으니까 챙겨야 한다는 마음뿐이었죠." 그는 군인들이 아들 같아 안쓰럽고 눈물이 났다. 그날 밤 곳곳에서 울음이 터졌다. "우리가 어떻게 일궈낸 나라인데……." 눈물로 호소하는 목소리가 이어졌다.

위대한은 1문과 2문 사이를 오가며 사람들을 살폈다. 정문 앞에서 경찰과 대치하고 있는 시민들이 너무 격앙돼 보였다. "일 날 수도 있겠다." 응급키트를 2개 챙겨온 그는 "혹시 다친 사람이 있을지도 몰라 계속 주위를 돌아보고 있었다." 김윤범은 국회 앞을 꽉 메운 인파를 보며 불안해졌다. "사람이 너무 많아서 혹시 누가 깔리진 않을까 싶었다. '밀지 맙시다!' 하고 외쳤다." 그의 뒤편에서 누군가 외쳤다.

"야, 너 정신 차려! 정신 똑바로 차려야 돼!"

2문에 도착한 최보근이었다. 그는 두려움에 휩싸여 다리가 풀린

국회의 '비상계엄 해제 요구 결의안' 가결 전 정문 앞에 모인 시민들.(조윤호 제공)

친구를 두 팔로 부축하고 있었다. 친구의 어깨를 부여잡으며 숨을 돌렸다. 주변의 소음, 경찰과의 대치, 여기저기서 터져나오는 구호, 늘어나는 인파. 무슨 일이 일어날지 알 수 없는 불안과 주저앉은 친구까지. 영화 〈국제시장〉의 피란 장면이 생각났다. "전쟁통 같은 혼란스러움"이었다.

신지영은 국회 앞에서 만나기로 한 친구를 찾지 못했다. 시민들이 도로에 빽빽하게 들어차 정문이 보이지 않았다. "계엄령이라는 무서운 소식을 듣고도 이 짧은 시간에 이렇게 많이 모이다니……." 믿기지 않았다. 그리고 그 순간 깨달았다. 불의에 대한 분노가 두려움을 이겼구나. 많은 사람들이 국회 담 위에 올라가 의사당을 바라보고 있었다. "아이고, 아이고 위험해!" 만류하는 목소리가 들렸지만 사람들은 아랑곳하지 않고 전깃줄에 일렬로 앉은 비둘기처럼 오로지 한곳만 바라보고 있었다.(김윤범)

월담은 계속되고 있었지만 시민들의 마음은 점점 조급해졌다. 0시경에 언론이 '국회에 약 60명 도착'이라고 보도한 뒤로 소식이 들어오지 않았다. 데이터 전송이 막혀 휴대전화로는 확인할 길이 없었다. 국회가 열리려면 최소 150명의 의원이 필요했다. 사람들은 서로를 붙잡고 묻고 또 물었다.

"지금 몇 명이나 왔대요?"
"아직도 그 정도밖에 안 왔대요?"
"의원들 제발 빨리 좀 와라."
"안 오고 어디서 뭐 하냐?"

답답함과 절박함이 뒤섞인 탄식이 곳곳에서 메아리쳤다. 시민들은 간절히 바랐다. 국회가 조속히 열리기를! 그것만이 계엄을 멈출 수 있었다.

5장
최후의 저지선 로텐더홀

본회의장에 의원들이 모이고 있었다. 시민들의 저항으로 의사당 봉쇄가 어려워지자 윤석열은 0시 20분경 특전사령관 곽종근에게 직접 지시했다. "국회 안의 의결정족수가 채워지지 않은 것 같다. 빨리 국회 안으로 들어가 의사당 안에 있는 사람들을 데리고 나와라. 문짝을 도끼로 부수고서라도 안으로 들어가 모두 끄집어내라!"

같은 시각 김용현도 곽종근에게 "국회의원이 150명이 되지 못하게 막아라, 빨리 의사당 문 열고 안으로 들어가서 의원들을 데리고 나와라"라고 지시했다. 곽종근은 경내에 있던 707특임단장 김현태와 1공수여단장 이상현에게 행동지침을 전달했다. "건물 유리창을 깨고서라도 국회 안으로 진입하라, 국회의원 150명이 넘으면 안 된다, 본회의장 문을 부수고서라도 안으로 들어가 의원들을 밖으로 끌어내라, 대통령님 지시다, 문짝을 도끼로 부수고서라도 안으로 들어가서 다 끄집어내라, 전기라도 차단하라."

이상현은 국회 경내에 침입해 있던 제1대대장 김형기에게 지시 내용을 하달했다. "저항하는 사람들을 뚫고 국회의사당 안으로 들어가 국회의원들 다 끄집어내라, 유리문이라도 깨서 건물 안으로 들어가라, 지금 의원들이 문을 걸어 잠그고 의결을 하려고 하니 문짝을 부수고서라도 다 끄집어내라. 대통령님 지시다, 전기라도 끊어라!"

우리 이 정도 선만 지키자

0시 30분경, 국회의사당 정현관 앞

707특임단과 시민의 대치는 30분 넘게 이어지고 있었다.

"밀지 마세요."

"안 밀면 우리도 안 밀게요."

시간이 지날수록 서로 밀고 밀리는 데 익숙해졌다. 양쪽 대열이 오가며 서로 간에 '지켜야 할 선'이 생겨났다. 누군가 넘어지면 모두가 멈췄다. 넘어진 사람을 일으켜 세운 뒤 다시 대치가 이어졌다. 군인도, 시민도 마찬가지였다. "이러시면 안 돼요. 밀지 마세요!" 양쪽 모두 물리적 충돌을 최소화하기 위해 애썼다. 격앙된 시민이 군인에게 "니네가 어디?" 하며 손찌검이라도 하려 하면 옆 사람이 막았다. "저 사람들도 명령이니까 어쩔 수 없잖아요." 안보람에게 '마지노선'은 정현관 유리문이었다. "누구도 말하진 않았지만 우리가 생각했던 건 유리문이었어요." 군인들이 가까워지면 시민들이 밀어냈고 밀려났던 군인들은 다시 밀고들어왔다. 그러다 말이 섞이기 시작했다.

"야, 우리 그만 밀자, 나 이쪽까지만 할게."

"힘들지? 우리 이 정도 선만 지키자."

"저도 이 정도까지만 할게요, 더 안 밀 테니 건드리지 마세요."

군인들은 총을 꺼내지 않았다. 몸싸움 도중 주운 탄창에는 총탄이 없었다. 그들은 '대한민국 국군 최정예부대'가 아니라 피곤하고 혼란스러운 청년들로 보였다.

공격적인 군인도 있었다. 그러면 시민들이 그를 안으며 말했다. "이러면 안 된다, 잘못된 지시와 명령에 따르고 있는 거다." 신현일은 격해진 군인을 보고 지휘관에게 "저 친구 위험하니 뒤로 보내달라"고 요청했다. 처음엔 무시했지만 결국 그 군인은 뒤쪽으로 물러났다. 신현일은 타일렀다. "너희도 원하지 않게 온 거 안다, 불법인 거 알지 않냐? 격앙되지 말고 대충 하자." 앳되고 건장한 군인들은 "제대로 하지 않는 것"처럼 보였다.

설득과 호소는 계속됐다. "이러다 역사의 반란군으로 남아!" "오명으로 남게 돼!" "의원들 모였다니 금방 끝날 거야." 누군가는 "내 아들이 군인이고 전방에 있다"고 울먹였고, 한 남성은 "내가 특전사 선배야!" 하며 타일렀다. 한 중년 여성은 시민과 군인 사이를 오가며 말했다. "다 우리 아들이에요. 다 우리 아들이고, 다 우리 소중한 국민이고, 다 우리를 지켜주는 군인이에요. 군인들도 마찬가지예요. 다 아버지고, 어머니고, 다 우리와 함께 사는 시민이에요. 우리

이거 절대 잊으면 안 돼요." 신윤석에게 잊을 수 없는 순간이었다.

안보람은 자꾸 두 손을 머리 위로 들어 보였다. 싸우거나 대치할 마음이 없다는 것을 몸으로 보여주고 싶었다. 최진영도 팔을 넓게 벌려 시민들을 막았다. "군인들도 채 해병처럼 보호받아야 할 사람들이에요." 시민들은 휴대전화를 높이 들었다. 방송국 카메라와 유튜버들의 렌즈도 사방에서 번쩍였다. 계엄군의 움직임 하나하나가 그대로 기록되고 생중계되고 있었다. 은폐된 작전 현장이 아니라 온 국민과 전 세계가 지켜보는 공개된 무대라는 사실이 군인들에게 분명한 압박일 터였다.

대치가 느슨해지자 시민들은 돌아가며 숨을 돌렸다. "진짜 미친 거 아냐?", "어떻게 될 거 같냐?", "누구누구 들어갔냐?", "몇 명이나 모였대?" 사람들은 대화를 나누고, 뉴스를 검색하고, 전화를 걸었다. 신윤석은 옆에 선 보좌관에게 국회 안 상황을 전해들었다. "밖에서 막았던 기자들이 정말 많았어요. 꽃집 사장님, 자영업자, 커피숍 주인…… 정말 다양한 사람들이 왔던 거 같아요." 처음 본 사람들이었지만 생사를 함께한 동지였다.

안보람은 쉬는 틈틈이 계엄군과 대치 상황을 찍거나 아내의 전화를 받았다. 손은 떨렸지만 렌즈는 흔들리지 않았다.

전쟁이구나, 사람이 죽겠구나
0시 34분, 국회의사당 우측
'쿵 쿵 쿵.'

망치로 유리를 내리치는 둔탁한 소리가 밤공기를 갈랐다. 계엄군이 망치(전체 길이 약 40센티미터)와 소총 총구로 유리창을 깨뜨리고 있었다. 첫 번째 창문에 이어 두 번째 창문에도 금이 갔다. 707특임단장 김현태는 부대원 18명과 함께 의사당 안으로 난입했다. 대한민국 역사상 무장한 군인이 국회의사당에 난입한 최초의 사건이었다.

"창문을 깨고 들어간다!"

의사당 오른편에서 외치는 소리가 들렸다. 정현관 앞에 있던 노경배는 소리 나는 쪽으로 달려가다가 군인에게 붙잡혔다. 가까스로 뿌리치고 갔더니 이미 깨진 창문을 통해 군인들이 난입하고 있었다. 야간투시경을 쓴 707특임단원들이 유리 파편을 밟고 안으로 발을 들여놓고 있었다. 믿을 수 없는 광경이었다. 조금 전까지만 해도 "군인들이 전력을 다하지 않고 막는 척만 한다"고 생각했다. "이게 진짜 21세기 대한민국 사회가 맞나?" 군인 1명이 노경배의 멱살을 잡았다. 놓으라고 소리치며 "니들이 대한민국 군인이 맞냐? 태극기 떼라, 니들이 태극기 달 자격이 있냐?" 솟구치는 분노를 억누를 수가 없었다.

잠시 소강상태라고 생각한 김준도 계단 한쪽에서 담배를 피우고 있었다. 시민들이 갑자기 건물 옆으로 몰려가는 걸 보고 뒤따랐다. 군인들이 유리창을 깨고 난입하고 있었다. 깜짝 놀란 그는 정문으로 달렸다. 출입구를 지키던 방호과 직원들에게 "군인들이 옆을 뚫고 들어갔다. 빨리 막아야 한다!"고 소리치며 의사당 안으로 뛰어

국회의사당 유리창을 깨고 난입하는 707특임단.(김준 제공)

들어갔다.

최진영은 군인들이 창문을 깨고 들어갔다는 말을 듣는 순간 머리카락이 쭈뼛 곤두섰다. 정현관 앞에 있던 당직자들과 보좌진, 기자들이 우르르 의사당 안으로 뛰어들어갔다. 최진영은 발을 구르며 서 있었다. 안에서 하얀 연기가 피어올랐다. "전쟁이구나, 불이 났구나, 사람이 죽겠구나!" 머리가 하얘졌다. 대한민국 민주주의가 가까스로 매달려 있던 벼랑 끝이 무너지려는 순간이었다.

무조건 여기서 막아야 한다

"군인이 들어온다!"

비명이 터졌다. 707특임단이 유리창을 깨는 모습이 MBC 라이브로 송출되고 있었다. 로텐더홀[9]이 순식간에 아수라장이 됐다. 0시 40분 보좌진과 직원들은 본능처럼 움직였다. 로비 한쪽에 있던 KBS 책상을 끌고 와 출입문 앞에 세우고, 벽에 고정된 소화전 호스를 끌어와 문 손잡이를 묶었다. 급히 만든 바리케이드였다.

복도 저편에서 완전무장한 707특임단 병력 18명이 소총을 들고 달려왔다. '233호 국민의힘 정책위의장실'에서 본회의장으로 향하는 가장 짧은 경로였다. 계엄군이 유리문을 잡아 흔들었다. 문은 쉽게 열렸다. 직원들이 온몸으로 군인들을 밀어냈다. 그 틈에 뒤쪽에 있던 박지웅이 소화기를 분사했다. 하얀 분말이 순식간에 시야를 뒤덮었다. 군인들은 잠시 멈칫하더니 뒤로 물러섰다. 얼른 유리문을 닫고 소화전 호스로 다시 손잡이를 동여맸다. 문 안쪽에 사무기기를 쌓아 또 다른 바리케이드도 만들었다. 계엄군은 일단 후퇴했다. 안심도 잠시, 눈앞의 적보다 더 무서운 건 그들이 어디서 나타날지 모른다는 사실이었다.

"이쪽이다!"

2층에서 밀려난 707특임단 병력이 어느새 3층 로텐더홀 옆 복도에 나타났다. 유리문을 지나 로텐더홀로 들어가면 바로 맞은편이 본회의장 문이었다. 내란군 병력이 본회의장 코앞에 닥쳤는데 그

---

9. 로텐더홀은 본회의장(제1회의장)으로 진입하는 중앙 로비로, 사방 약 40미터 규모의 공간이다. 좌우에 제1, 2 회의장이 있고, 의사당이 ㅁ자 구조로 되어 있어 사방에서 접근이 가능하다.

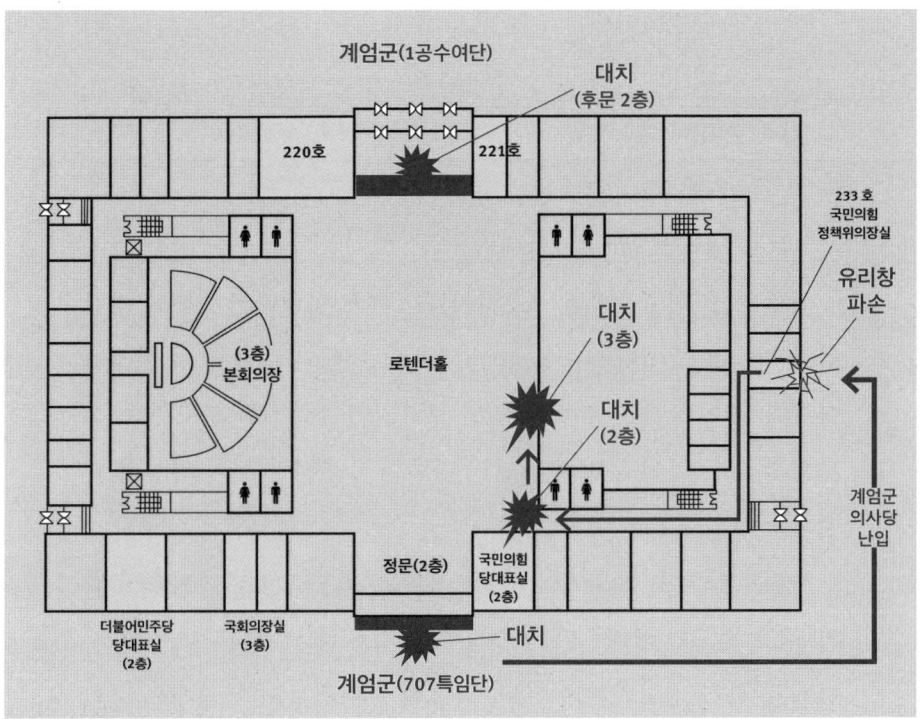

국회의사당 안팎 대치 상황.

곳은 아직 바리케이드도 쌓지 못한 거의 무방비 상태였다. 혼비백산한 보좌진이 달려들었다. 상현호는 내란군의 총을 본 순간 눈이 뒤집혔다.

"어디 감히 총을 들고 들어와요? 어디 감히!"

로텐더홀로 들어가는 유리문 앞에서 사생결단의 몸싸움이 벌어졌다.

"야! 들어오지 마!"

3부 내란을 막아내다 219

"당신도 국민이야!"

"나가! 나가!"

"들어오지 마세요!"

"밀지 마세요!"

"야! 야! 야! 그만해! 그만해!"

상현호는 "민주주의를 수호하자!"고 외치며 내란군 병력과 격렬한 몸싸움을 벌이다가 어느 순간 내란군 병력 사이에 혼자 밀려들어갔다. 위기의 순간, 뒤쪽에 있던 보좌진이 소화기를 분사했다. 복도를 뒤덮은 하얀 분말에 내란군 병력이 주춤하는 사이 간신히 빠져나왔다.

분말로 뒤덮인 복도에서 누군가 콜록거리며 말했다. "싸우지 말자", "그 정도면 됐다". 다른 쪽에서는 "유도하는 겁니다, 넘어가지 마세요"라는 경고가 이어졌다. 격앙된 보좌관들이 뒤쪽에서 소리쳤다. "빨리 나가라고 해!", "물러나!" 욕설과 아우성, 재채기와 기침이 뒤섞인 가운데서도 "침착하자", "군인들 유도에 넘어가지 말자"는 목소리가 점점 커졌다. 사방에서 방송국 카메라가 돌아가고 플래시가 터지자 군인들은 더 이상 밀고들어오지 못했다. 당직자들과 보좌진은 예산결산특별위원회 회의장의 집기를 끌어와 군인들을 밀어낸 자리에 바리케이드를 쌓았다.

신석진도 완전무장한 군인들이 밀고들어오는 모습을 보고 극도의 공포를 느꼈다. 몸싸움 중에 보좌진이 분사한 소화기 분말에 내란군 병력이 잠시 주춤한 사이 로텐더홀로 통하는 문이 뒤에서 닫했다. MBC 기자와 신석진은 군인들과 같은 복도에 갇혔다. 문 밖에서는 보좌진이 또 다른 바리케이드를 쌓고 있었다. "의원 150명이 들어오게 하는 게 보좌진의 역할이라고 생각했지만 막상 눈앞에서 군인과 대치하니 너무 두려웠다." 그는 그 공간을 어떻게 빠져나왔는지 기억하지 못했다. 두려움이 기억을 삼켜버렸다.

복도는 좁았고, 계엄군이 강행 돌파하면 한쪽은 반드시 뚫릴 수밖에 없었다. "무조건 여기서 막아야 한다. 로텐더홀은 절대 못 들어오게 하자." 상현호는 절박했다.

본회의 개의

0시 47분, 본회의장

"의석을 정돈해주시기 바랍니다. 성원이 되었으므로 제15차 본회의를 개의하겠습니다."

0시 47분, 국회의장 우원식이 개의를 선언했다. 회의장은 긴장으로 가득 찼다. 본회의가 개의됐지만 안건이 상정되지 않았다.

"이번 사태는 국민 누구도 예상하지 못했고, 또 비상계엄을 해야 되는지에 대해서도 동의하기가 매우 어렵습니다."

의장이 말을 채 끝내기도 전에 다급해진 의원들의 재촉이 쏟아졌다.

"의장님, 빨리하시지요!"

"빨리합시다!"

잠시 숨을 돌린 의장이 말했다.

"좀 계세요. 국회의장도 마음은 급하지요. 그렇지만 절차는 틀리지는 않게 해야 될 것 아닙니까?"

본회의장이 웅성거림으로 가득 찼다. 바깥 상황을 전해들은 의원들이 여기저기서 소리쳤다.

"지금 밖의 상황이 급하다고 합니다. 지금 최루탄 터뜨리고 난리가 났답니다!"

"로텐더홀까지 왔습니다!"

"지금 들은 바깥 상황에 대해서 말씀드리겠습니다. 지금 군인들이 3층까지 들어왔습니다!"

의원들 끄집어내라

국회가 절차를 지키며 본회의를 개의하는 동안, 밖에서는 국회의 표결을 저지하려는 계엄군이 다시 몰려들고 있었다.

0시 48분, 707특임단을 실은 블랙호크 3대가 또다시 국회 후문 운동장에 착륙했다. 기존 병력만으로는 국회의사당 봉쇄가 어렵다고 판단한 김용현이 추가 투입을 지시한 결과였다. 같은 시각, 1공수여단 제2대대 병력 122명도 경내로 침입했다. 80명은 경찰의 협조를 받아 국회 3, 4문을 통해, 나머지 42명은 3문 인근 담을 넘어 들어갔다. 1공수여단장 이상현의 지시에 따른 것이었다. "국회 앞쪽은 사람들이 많으니 뒤쪽으로 들어가라. 담을 넘어서라도 들어가라." 곧이어 이상현은 제2대대장 반효민에게 추가 명령을 내렸다. "국회의원들이 문을 걸어 잠그고 의결을 시도하고 있다. 의사당에 들어가서 문짝을 부수고서라도 의원들 끄집어내라. 투표 못하도록 해라."

한편, 국회의사당 3층에서 본회의장 침입을 저지당한 707특임단장 김현태는 병력을 4층으로 이동시켰다. 그곳은 밧줄 하나면 한 층 아래인 본회의장으로 내려갈 수 있는 방청석이었다. 윤상은은 즉시 보좌관 10여 명을 보냈다. 707특임단은 4층에서 우회 침입로를 찾지 못하자 전원을 차단하려고 지하 1층으로 내려갔다. 본회의장 전력을 끊어 본회의를 막으려는 시도였다.

의사당 후문 난입

0시 55분경, 1공수여단 제1대대장 김형기와 병력 38명이 잠겨 있던 의사당 후문 2층 유리문을 강제로 열고 침입했다. 문 안쪽은 당시 자재실로 쓰던 공간이었다. 책상, 칸막이, 의자 등 사무기기가 뒤엉켜 쌓여 있었고, 복도 쪽에는 임시 가벽이 세워져 있었다. 왼편에는 민주당 당직자실(220호), 오른쪽에는 진보당 회의실(221호)이 있었다.

계엄군의 침입을 발견한 양당 당직자들과 방호과 직원들이 문 앞으로 몰려나와 몸으로 막아섰다. 누군가 문 아래쪽 구멍으로 소화전 호스를 밀어넣어 물을 쐈다. 곧이어 소화기도 분사했다. 하얀 분말이 퍼지자 군인들이 잠시 주춤했다.

공수부대가 온다

월담해 국회 경내로 침입한 1공수여단 제2대대 병력 120여 명은 곧장 의사당으로 향했다. 정현관 앞에 서 있던 노경배는 어찌할 바를 몰랐다. '의사당 안으로 난입한 계엄군이 최루탄을 쐈다, 전기를 끊었다'는 소문이 삽시간에 퍼졌다. 시민들 사이에는 긴장과 혼란이 뒤섞였다. '계엄군이 안으로 들어갔는데 우리는 무엇을 해야 하나?' 그때 누군가 외쳤다. "우리는 이 문을 지켜야 한다, 의사당 안으로 난입한 군인들은 안에서 막을 거다, 우리가 할 일은 계엄군이 더 이상 들어가지 못하게 이 정문을 지키는 거다!" 시민들은 정현관 앞에서 스크럼을 짰다.

군인들이 의사당을 향해 오고 있었다. 그들의 군복에는 1공수여단의 마크가 붙어 있었고, 707특임단과는 복장도 달랐다. "정말 무서웠던 건 머릿수였다." 무장한 100여 명의 특수부대 병력은 숨이 막힐 만큼 위압적이었다. "707도 겨우 막았는데, 저 많은 인원을 어떻게 막지? 큰일 났다." 노경배의 입안이 바짝 말랐다.

신현일은 완전무장한 군인을 보며 "이젠 정말 죽을 수도 있겠다"는 생각을 했다. 그에게 남은 건 단 하나였다. "진짜 딱 하나, 의원들이 해제 의결할 때까지 무조건 여기서 막아야 한다. 저 문 안으로는 누구도 들여보낼 수 없다." 스크럼을 더욱 강고하게 짰다. 서로의 팔이 조여왔다. 옆 사람의 떨림이 그대로 전해졌다. 두려움과 함께 강고한 의지도 전해졌다.

로텐더홀의 긴장은 극에 달했다. 언제, 어디서 계엄군이 들이닥칠지 알 수 없었다. 윤상은은 보좌진과 당직자들을 모아 본회의장 앞에 스크럼을 짰다. 모두 4겹이었다. 예비역 보좌진이 맨 앞에 섰다. 민방위훈련 가는 더 나이 든 보좌진은 그 뒤에 섰다. 후방은 민방위 끝난 이들이 섰다. 마지막은 여성 보좌진이 지켰다.

보좌진은 스크럼을 짜고, 소화기를 줄지어 세웠다. 안전핀은 이미 뽑혀 있었다. 마지막 순간까지 사용할 각오였다. 맨 앞에 선 윤상은에게 남은 생각은 하나였다. "여기가 뚫리면 끝이다. 무조건 막아야 한다."

누군가는 기도를 했고, 누군가는 "몇 분만 더 버티자" 이를 악물었다. 1분, 1초가 끝날 것 같지 않았다. 짧은 순간이 영원 같았다.

그 시각, 국회 밖은 전파가 터지지 않아 안의 소식이 제대로 닿지 않았다.

"지금 179명 모였답니다!"

"지금 국회가 개의했답니다!"

환호가 일었지만 다시 나타난 헬기 소리에 금방 묻혀버렸다. 블랙호크 3대가 국회를 향해 날아갔다.

"제발……."

"제발……."

간절한 바람은 금세 탄식으로 바뀌었다.

"도대체 왜 안 되는 거야?"

"우원식 뭐 하는 거야?"

"언제 되는 거야?"

"되긴 되는 거야?"

시민들은 의사당을 바라보며 숨조차 쉴 수 없었다.

비상계엄 해제 요구 결의안 가결

새벽 1시, 본회의장

새벽 1시 정각, 드디어 안건이 상정됐다. 의안 번호 2206197-'비상계엄 해제 요구 결의안'.

우원식 의장이 마이크 앞에 섰다.

"의사일정 제1항, '비상계엄 해제 요구 결의안'을 상정합니다."

땅. 땅. 땅.

"제안 설명은 서면으로 대체하도록 하겠습니다. 그러면 의사일정 제1항 비상계엄 해제 요구 결의안을 의결하도록 하겠습니다. 투표해주시기 바랍니다."

의장의 말이 끝나자마자 의원들의 손이 일제히 단말기를 눌렀다. 본회의장 정면 양쪽 벽에 있는 전광판 2개에 불이 들어왔다.

"투표를 다 하셨습니까?"

"예!"

"그러면 투표를 마치겠습니다. 투표 결과를 말씀드리겠습니다. 재석 190인 중 찬성 190인으로 '비상계엄 해제 요구 결의안'은 가결되었음을 선포합니다."

땅. 땅. 땅.

"와~ 짝짝짝짝짝……."

의원들의 함성과 박수 소리가 의사당을 가득 채웠다.

로텐더홀에서 젖 먹던 힘까지 짜내 스크럼을 짜고 있던 윤상은 의사봉 소리를 듣는 순간 깊은 숨을 내쉬었다. 긴장이 풀린 상현호의 다리가 후들거렸다.

그날 밤, 단 1명의 군인도 본회의장 안으로 들어가지 못했다.

6장
계엄 해제 의결과 '2차 계엄'

됐대요? 됐대요! 됐대요~!

"계엄령 해제, 만세!"

"됐대요!"

"가결됐습니다!"

"만세!"

국회 앞은 하늘을 찌를 듯한 환호성으로 뒤덮였다. "만세! 만세! 만세!" 만세 삼창이 연달아 터져나왔다. 누군가는 울었고, 누군가는 옆 사람을 끌어안았다. 홍다혜는 "팽팽했던 긴장이 스르르 풀렸다. 환호와 함께 '우리가 막았다'는 자신감과 희망이 용솟음쳤다". 파도타기처럼 시간차를 두고 곳곳에서 환호성이 터졌다. 전파가 잡히지 않아 가결 소식이 일일이 구전됐기 때문이다. "계엄 해제안이 가결됐을 때 앞에서부터 울림이 오더라고요. 해제됐다! 웅성웅성, 해제됐대! 와~, 해제됐대! 와~와아~ 벅찬 감동이었습니다." 홍은기는 2문 뒤쪽에서 승리의 물결이 점점 강해지면서 거대한 파도처럼 번져오는 걸 느꼈다.

1문 앞 문아영도 같은 경험을 했다. "누군가 먼저 '됐대요!' 하니까 '됐대요! 됐대요! 됐대요!' 메아리처럼 '됐대요!'가 퍼져나갔어요. 뒤에서 누군가 '됐대요?' 물으면 '됐대요~!' 하고 대답하며 다 같이 와아~ 환호하고 박수 쳤죠."

"탄핵!", "탄핵!", "탄핵!"

만세의 외침은 곧바로 "윤석열을 탄핵하라!"로 바뀌었다. 누가 먼저랄 것도 없이 "체포하라!", "구속하라!", "탄핵하라!" 후렴구만 변주된 구호가 끝없이 이어졌다. 홍다혜는 그 전환이 놀라웠다. "'계엄 해제하라'가 가결되자마자 '윤석열 탄핵하라!'로 바뀌었다." 고경리도 말했다. "구호가 순식간에 바뀌었어요. 그게 너무 좋았어요. 사람들 진짜 똑똑하다. 다들 '계엄 무효!'에서 바로 '윤석열 체포하라!'로 갔죠."

6문 쪽에서는 애국가가 울려퍼졌다. "계엄 철폐, 독재 타도!"를 외치던 이윤찬이 먼저 불렀다. 그저 떠오른 노래가 애국가였다. 2문 앞 도로에서 군용차량을 막고 있던 시민들도 환호했다. 김성민은 가결 소식을 듣자 "야, 다행이다!" 외치며 옆에 있던 남성과 부둥켜안았다. 모르는 사이였지만 함께 사선을 넘은 전우 이상이었다.

"차 빼라! 차 빼라!"

환호에 이어 시민들이 외쳤다. 김은결도 목청껏 따라 외쳤다. 잠시 후 차량 보조석에 앉아 있던 군인이 '뒤로 간다'는 신호를 보내며 헤드라이트를 위로 올렸다. 차량이 서서히 후진했다. 시민들에게 둘러싸여 꼼짝 못하던 베이지색 군용버스가 돌아나갔다. 홍은기는 시민들과 함께 손을 흔들며 외쳤다. "고생했다, 잘 가라, 다시는 오지 마라!"

지휘차량도 연이어 철수했다. 차 안의 군인들은 휴대전화 전광판을 들어 보였다. '돌아가는 중입니다.' 그제야 시민들이 "그만 돌아가라!" 외치며 바리케이드를 풀었다. 차량 앞에 주저앉아 막고 있던 시민들도 마침내 일어섰다. 김동휘의 마음에 자부심이 피어올랐다. 차를 가로막고 섰던 절박함이 '우리가 지켜냈다'는 승리감으로 바뀌었다.

국회 안도 마찬가지였다. 본회의장 앞에서 스크럼을 짜고 있던 보좌관들이 박수를 치며 환호했다. 의사당 앞에서 계엄군과 대치하던 시민들도 "대한민국 만세!"를 외쳤다. 시민, 당직자, 기자 등 누구 할 것 없이 모두 군인들을 향해 소리쳤다. "돌아가라!"

정원기는 군인들에게 "너희가 불법이야! 후퇴해!" 하고 외치는 시민들이 대단해 보였다. 덩달아 기세가 올랐다. 노경배는 제일 먼저 "살았다"는 안도감을 느꼈다. 주변 사람들과 "수고하셨다!"는 인사를 나누며 서로를 안아줬다. 생전 처음 본 사람들이었지만 "계엄군과 드잡이를 하면서" 말로는 설명할 수 없는 특별한 유대감을 느꼈다.

군인들은 여전히 자리를 지키고 있었다. 환호와 안도 속에서도,

마음 한편에는 '아직 끝나지 않았다'는 불안감이 남아 있었다.

두 개의 노래

시민들은 노래를 불렀다. 〈애국가〉와 〈임을 위한 행진곡〉이었다. 한 사람이 부르기 시작하면 주변 시민들이 따라 불렀다. 두 노래는 서로 경쟁하듯 번갈아 울려퍼졌다.

"동해물과 백두산이 마르고 닳도록, 하느님이 보우하사 우리나라 만세~~"

김홍민의 입에서 애국가가 흘러나왔다. "왜 이렇게 가결이 안 되나, 촌각을 다투던 상황에 초조했는데, 긴장이 스르르 풀리며 정말 목 놓아 불렀다." 노래를 부르고 나니 비로소 민주주의를 지켜냈다는 안도감이 밀려왔다. 김희태에게 애국가는 '결국 지켜냈다'는 승리의 노래였다. "중요한 경기를 이긴 뒤 부르는 국가처럼 시민들과 함께 거대한 파도를 넘어 승리했다"는 뿌듯한 감정이 밀려왔다. 군 지휘차량을 막고 섰던 정은애는 그 순간이 가장 감동적이었다. "큰 위기를 넘겼다는 뿌듯함, 우리가 같은 마음으로 함께 지켰다는 안도감"이 밀려왔다.

애국가를 부르는 게 다소 불편했던 시민들도 있었다. 석민주는 "군인들이 우리를 죽일 수도 있는 계엄 상황에서 애국가를 부른다"는 게 모순적으로 느껴졌다. 그렇지만 이해할 수 있었다. "애국가는 그 순간 모두를 하나로 묶어주는 노래였고, '우리가 해냈다'는 마음의 표현"이었다.

김연우는 한강의 소설 『소년이 온다』가 떠올랐다. "국가가 죽였는데 왜 애국가를 부르지? 이런 국가도 국가라고?" 광주 시민들이 시신 위에 태극기를 덮고 애국가를 부르는 것을 보며 어린 소년이 가졌던 의문이 생각났기 때문이다. 그는 합창하는 시민들의 모습을 보며 깨달았다. "이런 비상상황에서 저절로 떠오르는 노래가 애국가구나. 국가는 권력자에게 있는 게 아니라 시민 한 사람, 한 사람의 마음속에 있는 거구나." 국가와 권력의 의미가 그날 밤 새롭게 다가왔다.

"사~랑도 명예~도 이~름도 남김없이~ 한평생 나가자~던 뜨거운~ 맹세~~"

애국가의 마지막 음이 흩어지기도 전에 〈임을 위한 행진곡〉이 시작됐다. 5·18 광주의 상징이자 한국의 민주주의를 상징하는 노래다. 신강희는 애국가를 부를 때와 달리 이 노래를 부를 때 눈물이 났다. 석민주도 1980년 5월이 떠올랐다. "계엄을 경험한 부모세대에게 이 밤이 얼마나 두렵고 공포스러웠을지를 새삼 느꼈다. 우리 힘으로 민주주의를 지켜냈다는 것, 수십 년간 불린 저항의 노래를 승리의 순간에 부를 수 있다는 것"에 벅찬 감동을 느꼈다.

노래를 모르던 임유현은 그 장면을 생생히 기억했다. "출퇴근길 지하철처럼 사람이 꽉 찬 도로에서, 머리 위로 헬기 소리가 들리는데 모두가 서라운드로 목청껏 노래를 부르던 그 순간의 청각적 강렬함"에 압도됐다. 며칠 뒤 어머니와 함께 노래를 들으며 놀랐다. 정치에 무관심했던 어머니가 가사를 한 구절도 틀리지 않고 완창

했기 때문이다. "아니, 이건 다 알아야지." 어머니의 무심한 한마디는 노래가 가진 집단기억의 힘을 보여주었다.

김윤범은 노래를 부르며 감회가 새로웠다. 계엄 후에 만들어진 노래를 계엄 상황에서 부를 줄은 상상도 못했다. "되게 역사적인 순간"이라고 느꼈다. 한승희는 국회로 향하는 택시 안에서도 그 노래를 불렀다. "용기가 필요해서, 힘을 얻고 싶어서" 자꾸 불렀다. 그 노래를 부르면 과거와 현재가 연결되는 느낌이 들었다. "그때 죽은 사람들도 이런 마음으로 나갔을까?" 생각하니까, "그렇게 많은 사람이 죽었는데 내가 지금 주저하면 안 되지!" 하는 답이 돌아왔다. 가결 후 노래를 부를 때 그는 45년 전 광주 시민들의 정신을 그대로 느낄 수 있었다.

"앞~~서서 나가니 산~자여 따르라." 한승희는 노래 가사처럼 광주의 후예로서 자신이 할 일을 했다고 느꼈다. 계엄의 폭압에 맞서 민주주의를 지켜냈다. 그날 밤 노래는 단순한 선율이 아니었다. 민주주의와 함께 시민의 삶을 지켜냈다는 승리의 증거이자 과거와 현재를 잇는 전승과 연대의 기억이었다.

믿을 수가 없다

국회가 계엄 해제를 의결했지만 정현관 앞에 있던 계엄군은 철수하지 않았다. 이관훈은 707특임단 출신이다. 그는 군인들에게 다가가 말했다. "야, 나 너희 선배다. 아직 내 동기들이 거기 있어. 너희들 걱정이다. 잘 판단해서 너무 몸 쓰지 마라." 국회 의결에 따르라는 뜻이었다. 그는 계엄군 또한 명령에 묶인 희생양이 되지 않기를 바랐다.

잠시 뒤, 국회사무처 경호기획관이 나와 소리쳤다. "계엄 해제 결의안이 통과돼 당신들이 여기 있는 건 지금 불법이다!" 그 말을 들은 지휘관이 어딘가로 연락하더니 병력을 데리고 철수하기 시작했다. 새벽 1시 11분이었다.

의사당에 난입했던 1공수여단은 국회 경호기획관실의 안내로 지하통로를 통해 의원회관 쪽으로 빠져나갔다. 경내에 있던 1공수여단 병력과 707특임단도 새벽 1시 30분경 국회 5문과 7문을 통해 빠져나갔다.

헌법 제77조 제5항은 다음과 같이 규정하고 있다.

"국회가 재적의원 과반수의 찬성으로 계엄의 해제를 요구한 때에는 대통령은 이를 해제하여야 한다."

계엄법 제11조(계엄의 해제) 제1항도 명확하다.

"국회가 계엄의 해제를 요구한 경우에는 지체 없이 계엄을 해제하고 이를 공고하여야 한다."

윤석열은 계엄을 해제하지 않았다. 국회 의결 직후 그는 수방사령관 이진우에게 전화를 걸었다. "국회의원이 190명 들어왔다는데 실제로 190명이 들어왔다는 것은 확인도 안 되는 거고…… 그러니까 내가 계엄 선포되기 전에 병력을 움직여야 한다고 했는데 다들 반대해서. 해제됐다 하더라도 내가 두 번, 세 번 계엄령 선포하면 되는 거니까 계속 진행해!"

계엄법에는 국회가 해제를 의결한 후 대통령이 다시 계엄을 선포할 수 없다고 명시적으로 금지하는 규정이 없다. 이 허점은 불안과 의혹을 키웠다. '2차 계엄', '3차 계엄'의 가능성은 법적 상상에서 현실적 가능성으로 설득력 있게 확산됐다. 국회 안팎의 긴장은 좀처럼 가라앉지 않았다.[10]

"저희는 믿을 수가 없었어요." 상현호는 안심할 수 없었다. "계엄법을 보면 해제 후 일정 시간 동안 계엄 선포 못한다, 이런 조항이 없어요. 그러니까 문자로만 해석하면, 국회가 해제하면 국회가 해제했어? 오케이, 그러면 제2호 계엄 발령. 국회가 또 해제했어? 그러면 제3호 계엄 발령. 이론적으로는 가능하거든요. 그래서 끝났다고 믿을 수 없었어요. 의원들이 계속 로텐더홀에 남아 있었던 이유죠. 언제 다시 할지 모르니까."

이규호도 마찬가지였다. "계엄을 해제할 수 있는 건 국회예요. 재적 과반수로 계엄을 해제할 수 있죠. 야당만으로 충분한데, 계엄을 선포한 사람이 모를 리가 없다, 그렇다면 그다음 시나리오가 있을 것이다. 국회가 해제 의결을 못하게 막거나 해제를 의결할지라도 인정하지 않고 다시 계엄을 선포하거나……."

의원들은 본회의장 안에서, 보좌진과 국회 직원들은 의사당 내

---

10. 2차 계엄 가능성을 긍정하는 견해는 국회의 해제 요구가 '계엄 상황의 효력을 없애는 것'이지, 대통령의 계엄선포권을 박탈하는 것이 아니므로 새로운 비상사태 명분을 내세운다면 다시 계엄을 선포할 수 있다고 본다. 또한 계엄법상 '국회가 해제를 요구하면 대통령은 다시 계엄을 선포할 수 없다'는 제한 규정이 없어서 원칙적으로 재선포 가능성이 배제되지 않는다고 해석한다.

부에서 대통령이 해제 선언을 할 때까지 자리를 지켰다. 다시 비상계엄이 선포되면 그 즉시 해제안을 의결해야 하기 때문이었다. 의사당 앞에서 계엄군과 대치하던 시민들도 같은 마음이었다. 신현일은 "흩어지면 안 된다, 윤석열이 2차 계엄을 할 수 있다"는 얘기를 듣고 끝까지 남기로 결심했다. 국회 후문 운동장에 일부 군인이 머물러 있다는 소문도 돌았다. 헬기 소리도 계속 들렸다.

환호는 짧았고 불안은 길었다. 민OO은 707특임단이 깨뜨린 창문을 통해 로텐더홀로 들어갔다. "윤석열을 믿을 수 없었다. 2차 계엄이 소문이라 해도 군사작전이 끝난 거라고 장담을 못하니까." 계엄 해제 선언이 나올 때까지 본회의장을 지킬 생각이었다. 강철섭도 가결 후 경내로 들어갔다. "철수하던 계엄군이 다시 들어올 수도 있겠다고 생각하고 의사당으로 향했다."

홍희진 역시 "윤석열을 믿을 수 없어 돌아가지 못했다". 비상계엄 자체가 상식에 어긋났고, 그가 이미 수차례 거부권을 행사해온 만큼 이번에도 국회 결정을 뒤집을 수 있다고 생각했다. 가결 소식에 환호했지만 집으로 돌아가기엔 여전히 불안했다. 박제호와 임채미 또한 "윤석열이 순순히 해제할 리 없다"고 생각했다. "국회가 결의안을 통과시켜도 대통령이 직접 해제 선언을 해야 한다"는 말을 듣고 국회에 남았다.

국회 안은 불안으로 가득했다. 국회 경내에서 대기 중인 내란군이 언제든 다시 들이닥칠 수 있다는 두려움 때문이었다. 내란군을 국회 밖으로 내보내는 것이 무엇보다 시급했다. 국회의장실과 방호과는 CCTV를 통해 의사당 안팎과 외곽을 계속 모니터링하며 군의 이동을 추적했다. 동시에 직원들이 직접 경내 곳곳을 돌며 군 병력이 남아 있는지 확인했다. 국회의장 비서관 조현준도 다른 비서관들과 함께 구석구석 살피며 잔여 병력이 없는지 점검했다. 국회 가결 후에도 매 순간이 끝나지 않은 '작전'처럼 느껴졌다.

풀리지 않은 봉쇄

"문 열어! 문 열어!"

국회 1문 앞, 경찰을 향한 항의가 거세졌다.

"계엄이 해제됐다는데, 왜 막는 거야?"

"무슨 권한으로 막는 건데?"

"당장 문을 열어라!"

목소리는 점점 높아졌다. 그러나 경찰은 요지부동이었다. 이대훈은 분노를 참지 못하고 외쳤다. "너희 광주 모르냐! 지금 이렇게 지키다간 광주처럼 공범이 되는 거야!" 한 남성도 경찰을 향해 호통쳤다. 분노를 넘어 양심에 대한 경고였다. "너희들 다 기록 남는다! 영상에도, 이름에도 다 남아! 내란 공범된다. 어쩌려고 그러냐, 지금이라도 물러나라, 아들 같아서 하는 말이다, 물러나라!" 박다슬도 국회 7문 앞에서 국회 담을 따라 끝없이 도열해 있는 경찰을 보고 따졌다. "아니, 경찰이 군인을 막아야지. 왜 여기 있는 거예요? 우리를 막을 게 아니라 지금 군인들이 잘못을 하고 있잖아요?" 경찰은 고개를 숙이거나 시선을 피했다. 시민을 막는 경찰에 "왜 우리를 안 들여보내줘요? 경찰은 저희 지켜주는 직업이잖아요?" 하며 항의하던 임정민은 화가 나다 못해 눈물이 터져나왔다. 옆에 있던 아주머니가 담요를 걸쳐주며 토닥여주어 겨우 진정했다.

우리를 못 들어가게 하는 경찰이 너무너무 밉고 왜 우리를 막는 건지, 경찰은 우리를 지켜주라고 있는 직업일 텐데 어떻게 내란에 동조를 하고 있는지, 정말 '권력의 개구나'라는 생각도 하고, 그냥 너무 억울하고 화가 나고, 눈물이 그런 식으로 난 거는 커서는 처음인 것 같아요. 갑자기 울컥하고 눈물이 나는 거예요.

경찰과 충돌한 시민도 있었다. 며칠 전 다리 골절상을 입은 서왕천은 그럼에도 스스로 운전해 국회로 왔다. 오는 길에 가결 소식을 들었지만 현장에서는 여전히 경찰이 시민을 막고 있었다. 서강대교를 막 넘어왔을 때 경찰이 그의 차량을 세웠다. "계엄령이 선포돼 군인들이 국회를 침탈했으면 군인하고 싸워야지, 왜 시민을 막는 거야? 군인들이 총칼을 들고 국회에 들어가는데, 당신들 뭐 하는 거냐? 국회를 침탈한 군인들 방조하는 거야? 도둑놈 도둑질하라고 망 보는 거야?" 그는 항의하며 차 열쇠를 빼버렸다. "그럼, 당신들이 끌고 와!" 실랑이 끝에 경찰 1명이 동승하는 조건으로 국회 앞으로 갔다.

귀가하던 이윤찬은 7문 옆 헌정기념관 근처에서 국회 담을 넘는 군인들을 봤다. 707특임단으로 보였다. 20명 남짓 질서유지선 뒤로 경찰의 지원을 받으며 담을 넘고 있었다. "어디서 군이 감히 국회에 들어가?" 그가 소리치자 시민들이 여기저기서 외쳤다. "어딜 들어가?", "계엄 해제됐어!", "너희들 다 불법이야!", "나와, 이 새끼들아!" 군인을 막으려는 시민들을 경찰이 또다시 제지하자 분노가 폭발했다. "군인을 막아야지, 시민을 왜 막냐?" 담을 넘은 군인들은 어둠 속으로 사라졌다.

3문에 있던 박채린도 떠나지 못했다. 2차 계엄을 선포할 수 있다는 두려움 때문이었다. 좁은 인도엔 인파가 빽빽했다. 경찰이 "시민 여러분의 안전을 위해 보도 밖으로 물러나주십시오" 하자 일부 시민이 뒤로 물러섰다. 빈자리를 경찰이 곧바로 메웠다. 그때 한 중년 남성이 외쳤다. "이거 봐, 한 번 물러나면 다시는 나아갈 수 없어, 물러나면 끝이야!" 국회 앞에 머물러야 했다.

명○○도 불안했다. 계엄 자체가 이미 비상식적인 상황이었기에 "이러다 재계엄을 선포하는 건 아닐까" 하는 생각이 머릿속을 떠나지 않았다. 그래서 새벽까지 자리를 지켰다. "계엄 해제 선언이 나올 때까지 그냥 주변에 대기하고 있었습니다. 너무 군바리스럽긴 한데, 약간 기동타격대마냥, 언제 어디서 필요할지 모르니까." 얼마나 더 비상식적인 일이 벌어질지 알 수 없었다. 불안한 마음에 떠나지 못한 시민들이 국회 모든 문에 남아 있었다. 윤석열이 계엄 해제를 선언할 때까지 국회를 지키겠다는 마음이었다.

'장갑차' 앞에 서다

계엄사령부도 해산하지 않고 그대로 움직이고 있었다. '둔치주차장에 군인이 집결 중'이라는 소식은 2차 계엄에 대한 불안을 증폭시켰다. 새벽 2시경, '장갑차'[11] 1대가 국회 쪽으로 오고 있었다. 수방사 소속 전술차량이었다.

국회 주변을 돌던 김동현은 서강대교 남단에서 다가오는 장갑차를 향해 몸을 던졌다. 쇳덩이로 만든 장갑차가 밀고 가면 "웬만한 건 흔적도 남지 않는다"는 걸 알고 있었다. 그럼에도 도로 한가운데로 뛰어들었다. 사람을 발견한 장갑차가 잠시 멈췄다. 그러더니 서서히 다시 전진했다. '비켜서라'는 위협이었다. 김동현은 두 손으로 장갑차를 밀었지만 끄떡할 리 없었다. 위험한 순간이었다. 마침 그 모습을 본 서너 명의 시민이 달려왔다. 김동현은 홀로 장갑차와 마주한 순간 "절벽에 선 느낌"이 들었지만 다른 시민들이 와주리라고 믿고 버텼다. "어떻게 혼자 막고 있지?" 카키색 패딩을 입고 달려온 김다인이 김동현 옆에 섰다.

그 무렵, 민주당사 근처에 있던 장갑차가 국회 앞 도로로 빠져나오고 있었다. 장진기는 "아직 끝난 게 아니"라는 불안한 마음으로 6문과 7문을 돌아 정문 쪽으로 가고 있었다. 시민 몇 명이 장갑차를 보고 달려가자 그도 함께 뛰었다.

---

11. 당시 출동한 차량은 장갑차가 아니라 지휘관 경호용 차량인 소형 전술차량이었다. 하지만 어둠 속에서 불안한 마음으로 국회 앞을 지키던 시민들에게는 '장갑차'로 보였다.

2차 계엄에 대한 우려로 장갑차를 막은 시민들.(김희태 제공)

"뭐 하러 왔어?", "명령받은 대로 다 죽이러 온 거야?", "쏘려고 왔어?", "너네 못 가!" 시민들이 고함을 지르며 차량을 둘러쌌다. 운전석 안의 군인들을 향해 휴대전화 카메라가 번쩍였다. "이 사람들이 다시 돌아올 수 있다. 그냥 빠져나가는 게 아니라 다시 올 수도 있다." 장진기는 물러설 수 없었다. "얘네가 무슨 죄가 있냐? 가결됐으니 보내주자"는 의견도 있었지만 그는 생각이 달랐다. 그들이 다시 돌아오지 않는다는 보장이 없었다. 장갑차를 보고 달려온 옥형빈도 같은 마음이었다. 아는 보좌관으로부터 "군인들이 재진입할 수 있다"는 연락을 받은 직후였다.

이혜경은 장갑차를 보자 비로소 계엄이 '진짜'였다는 사실을 실감했다. 방금 전만 해도 안도하던 마음이 순식간에 사라졌다. 갑자기 영화 속 한 장면처럼 현실감을 잃었다. 망설이지 않고 장갑차 앞으로 걸어갔다. 김지수는 "심정적으로 장갑차를 전복시키고 싶었다. 돌아가더라도 민중의 분노를 알고 가야지!"라고 생각했다. 김숙정은 여의대로에서 장갑차를 보자 "우리 시민들이 무참하게 짓밟히고 있다"는 생각이 들었다.

"복귀합니다. 보내주세요."

운전석에 앉은 군인이 종이에 적어 보였다. 부대원 1명은 경광봉을 흔들며 사정했다.

"저희 복귀합니다. 제발 좀 비켜주세요."
"비켜줄 수 없어!", "돌아오지 않는다는 걸 어떻게 믿냐!", "국회로 다시 들어가면 책임질 거야?", "못 나가!"

시민들은 완강하게 가로막았다. 의심과 걱정을 거둘 수 없었다. 형광 조끼를 입고 방패를 든 경찰들이 몰려왔다. 거센 몸싸움이 벌어졌다. 격앙된 채 끌려나가지 않으려고 버티던 시민들은 경찰의 완력에 옷이 찢기고, 바닥에 쓰러졌다. 장진기도 경찰에게 끌려나와 바닥에 팽개쳐졌다. 옥형빈은 사지가 붙들린 채 끌려나갔다. 다른 시민들도 경찰에 들려나왔다. 장갑차는 경찰의 호위를 받으며 유유히 빠져나갔다. 이혜경은 휴대전화를 들어 사진을 찍었다. 장갑차는 사라졌지만 장갑차가 국회로 출동했고, 시민들이 가만 있지 않았다는 사실은 사라지지 않을 터였다.

최효진은 미디어에서만 보던 장갑차를 국회 앞에서 처음 봤다. 시민들이 차를 붙잡고 버티자 장갑차가 엑셀을 밟기 시작했다. 그는 자전거 랜턴을 꺼내 운전석을 비췄다. "안에 4명이 타고 있었거든요. 제가 한 명 한 명 얼굴을 비췄는데 딱 부동자세로 눈 하나 깜짝하지 않아요. 그때 특수부대가 무섭구나. 이게 LED등이라서 엄청난 빛이거든요. 저는 운전 못하게 하려고 비췄는데, 진짜 미동도 없이 딱 전방 주시하고 가만히 있어요. 진짜 무서운 애들이구나 했어요." 잠시 뒤 경찰이 다가와 시민들을 밀어냈다. "계엄에 동조하냐!"며 항의가 터져나왔지만 경찰은 안전꼬깔을 세운 뒤 장갑차가 무사히 빠져나가게 했다.

그날 국회가 계엄 해제를 의결한 후에도 경찰이 그처럼 그악스럽게 끝까지 국회를 봉쇄하고 시민들에게 폭력을 행사한 이유는 아직 밝혀지지 않았다.

'제복입은 시민'의 자리

시민의 저항으로 국회 봉쇄에 실패한 군인들이 돌아가기 시작했다. 철수하는 계엄군을 바라보는 시민들의 마음은 복잡했다. 환호와 안도, 불신과 불안과 연민이 교차했다.

박아름은 5문을 통해 일렬로 나오는 군인들을 지켜봤다. 무장 수위를 미처 몰랐는데, 옆에 있던 한 남성이 "야간투시경에, 총에, 저렇게 중무장을 하고 왔구나. 정말 작정을 하고 왔구나!" 하며 혀를

찼다. 다른 남성은 "너, 이 새끼들 뭐 하는 거냐!" 하고 소리치기도 했지만 주변 시민들이 말렸다. 군인들에게 "고생했다, 집에 가서 쉬어라" 말하는 이들도 있었다. 박아름은 그 모습을 보며 묘한 아이러니를 느꼈다. "이 새벽에 뭐 하는 짓인가? 화도 나고 열도 받았지만 아무 일도 벌어지지 않은 것에 안도했고, 또 그들이 어떤 일도 저지르지 않았다는 사실에 고마움을 느꼈다."

김장성은 6문 근처에서 철수하는 군인들과 마주쳤다. 계엄군이라지만 자식뻘이었다. "고생했다." 그는 자연스레 군인의 어깨를 두드렸다. 주변 시민들도 "고생했으니 가서 쉬어라" 하고 말을 건넸다. 그런데 군인들은 곧장 돌아가지 않고 국회 담장 앞에서 우왕좌왕했다. "이대로 귀가해도 되는 걸까? 정말 철수하는 게 맞는 걸까?" 마음 한편에 다시 불안감이 밀려왔다.

김래영 부부는 비상계엄 해제 의결 이후 귀가하려고 마리나 선착장 쪽으로 걷고 있었다. 철수 중이던 707특임단 병사들이 고개를 숙이고 지나갔다. 김래영이 휴대전화를 들어 촬영하자 병사가 다가와 조심스레 말했다. "죄송한데…… 찍지 말아주세요. 찍고 싶은 마음은 알겠는데, 안 하셨으면 좋겠습니다." 고개 숙인 모습과 공손한 말씨에 분노가 조금 가라앉았다. 그들의 뒷모습이 오래 남았다. 둔치주차장 부근에 있던 황준성도 야간투시경을 쓴 군인들과 마주쳤다. 휴대전화를 들었지만 완전무장한 그들이 두려워 찍지 못하고 어느 정도 멀어진 후에야 뒷모습을 촬영했다.

국회를 빠져나와 철수하는 707특임단을 바라보며 한 시민이 외

쳤다.[12]

그 태극기가 우리 국가이고, 국민이고, 우리 주권자인 국민임을 기억해주세요!

맨 뒤에 있던 병사가 돌아서서 말했다. "아닙니다. 저희가 감사합니다. 지켜주셔서 고맙습니다." 그는 고개를 숙여 인사하더니 뛰어갔다. 시민이 다시 답했다. "여러분도 우리 국가의 국민이고, 민주주의의 동지입니다!"

시민과 군인, 모두에게 착잡한 밤이었다. 군인들도 시민이었다. 선 자리가 달랐을 뿐이다. 시민을 지키기 위해 '제복'을 입은 시민이, 시민을 지키기 위해 만들어진 명령 복종 의무를 빌미로 시민을 배반하고 시민에게 총부리를 겨누며 공동체를 파괴하는 데 가담할 수도 있는 자리……, 그것이 그들의 자리였다. 납덩이보다 더 무거운 질문이 가슴에 남은 밤이었다.

---

12. 〈TV허재현〉, '작전 철수 중 시민에게 미안하다고 인사하는 계엄군', 2025. 8. 29. 검색.

군경은 정말 소극적이었나?

헌법재판소는 2025년 4월 4일 윤석열 탄핵 사건(2024헌나8) 결정에서 국회가 신속히 계엄 해제를 의결할 수 있었던 것은 "시민들의 저항과 군경의 소극적인 임무 수행 덕분"이라고 했다. 이 평가는 당시 문형배 헌법재판소장 권한대행과 이미선 재판관의 퇴임을 앞두고 납득할 수 없이 결정이 지연되는 상황에서 온 국민이 애를 태우던 끝에 나온, 너무도 당연한 파면 결정의 이유로 제시된 것인데, 12월 3일 시민들이 목격한 계엄군 일부의 실제 행동과 일치하는 면이 있는 데다가, 내란 실패 이후 일부 지휘관들의 자기변명식 주장이 여과되지 않고 보도된 사정과 결합해 그대로 진실처럼 받아들여졌다. 하지만 과연 그랬을까? 그날 군경과 직접 대치한 시민들의 증언을 종합하면 상황은 훨씬 복잡했고, 헌법재판소의 판단은 사실과 달랐다.

먼저, 경찰은 전반적으로 내란세력과 계엄군에 적극 협조했고 그 일원으로 행동했다. 계엄 직후 국회로 달려간 시민들을 가로막은 것은 군인이 아니라 경찰버스와 기동대였다. 시민들은 처음에 '군인이 없다'는 사실에 잠시 안도했고, 경찰이 계엄군을 막으려고 출동한 것으로 생각하기도 했다. 시민의 당연한 생각이었지만 그것은 '착각'이었다. 경찰은 시민은 물론 국회의원과 보좌진, 국회 직원의 출입까지 차단했다. 더구나 국회경비대가 경찰의 통제에 가세한 것은 충격이었다.

"경찰이 국회를 지키는 줄 알았어요. 와보니 의원들까지 못 들어가게 막더라고요. 국회경비대가 우리 편이 아닌가? 경찰이 우리 편이 아닌가?"(이규호)

"열어라! 주인이 자기 집에 들어가겠다는데 왜 못 들어가게 하냐!"
(안창용)
"정말 너희들이 지켜야 되는 건 국민이다."(오흥순)
"국회의원 못 들어가면 계엄 해제 못하는데 왜 막아?"(김○○)

경찰은 초기에는 병력이 부족해 국회의원과 보좌진, 국회 직원과 일부 시민이 담을 넘어 들어가는 것을 제대로 통제하지 못했고, 밤 11시경에는 '국회의원 출입을 막을 법적 근거가 없다'는 현장 보고에 따라 잠시 출입을 허용하기도 했다. 하지만 밤 11시 35분경 윤석열과 박완수의 지시에 따라 조지호가 재봉쇄를 명령하자 경찰은 일사불란하게 내란세력의 편에 서서 국회를 봉쇄했다. 조지호가 근거로 내세운 계엄 포고령의 위헌·위법성은 삼척동자가 봐도 명백한 것이었지만 현장의 경찰 지휘관 누구도 이의를 제기하지 않았다. 소극적으로 따른 것도 아니었다. 경찰은 기동대 병력을 계속 증원했고, 적극적으로 국회를 봉쇄했다. 질서유지나 통제 수준이 아니었다. 심지어 담을 넘어 들어가는 국회의원을 붙잡으려 뒤쫓기까지 했다.

"월담하는 국회의원을 경찰이 뒤쫓자 시민들이 오히려 그 경찰을 붙잡아 막아섰고"(김종현), 시민이 담을 넘으려 하자 "경찰이 우르르 몰려가 끌어내렸다".(안종경)

경찰은 내란군의 국회 침입도 적극적으로 도왔다. 수방사 병력이 탄 버스와 지휘차량을 시민들이 가로막자 경찰은 "진압방패로 거세게 밀어내고, 채증카메라를 들이대며 길을 터주려 했"고(오종길), 군인을 막아선 "시민들의 손가락을 꺾으며 떼어냈다".(박미정) 그날 밤 시민들은 군인보다 경찰에게서 더 큰 위협을 느꼈다고 증언했다.

시민의 월담을 못 본 척하거나 항의에 고개를 숙이는 모습도 있기는 했다. 하지만 극소수의 개인적 예외에 불과했다. 시민들이 목격한 경찰의 역할은 분명했다. 국회를 봉쇄했고, 국회의원의 출입을 차단했으며, 내란군과 협력해 시민들에게 폭력을 행사했다. 경찰의 태도는 국회의 계엄 해제 의결 후에도 달라지지 않았다. 경찰은 새벽 내내 내란세력의 편이었다.

특히 국회경비대장 목현태의 행태는 묵과하기 어렵다. 비록 형식적으로는 경찰에서 파견됐지만 국회경비대는 국회와 국회의 기능을 보호하기 위해 존재하는 조직이다. 그럼에도 목현태는 내란세력에 가담해 국회를 마비시키려 했다. 국회사무총장 김민기와 국회의장 비서관 이지환이 '헌법상 계엄 해제 권한이 있는 국회의원을 막으면 안 된다'고 항의했지만 무시했다.* 같은 경찰이지만 그날 국회의장을 끝까지 보호한 경호대장 김성록**과 선명하게 대비된다.

그날 경찰이 "소극적인 임무 수행"으로 내란을 저지하는 데 기여했다는 헌법재판소의 평가는 충분한 조사 없이 한 섣부른 판단으로 시민들이 직접 보고 겪은 사실과 배치된다.

군의 경우는 사정이 복잡하다. 책임 있는 고위 지휘관일수록 국민과 헌법을 배신하고 적극적으로 내란세력에 가담한 데 반해 일선 장병들은 전반적으로 주저하고 망설이는 모습을 보였다. 하지만 그들도 결국

---

* 박소희, 「비상계엄 때 군경과 대치한 비서관 "계엄군은 그날 국회를 침탈했다"」, 오마이뉴스, 2025. 11. 12.
** 참여연대, 「계엄군에 "당당히 맞서야겠다" 다짐한 국회의장 경호대장」, 오마이뉴스, 2025. 7. 25.

은 명령에 복종했다.

시민들이 마주한 계엄군 장병들의 태도는 전반적으로 경찰과 달랐다. 병력은 예정보다 늦게 도착했고, 도착한 부대도 시민들의 저항에 막혀 움직임이 제한됐다. 시민들이 목격한 계엄군의 모습은 일반적으로 떠올리는 최정예 특수부대, 특히 1980년 광주에서 살상을 저지른 계엄군의 모습과 크게 달랐다. 707특임단은 "굼뜨고, 일사불란하지 않았으며, 어영부영 움직였다".(김장성) 지휘관이 "빨리 들어가라"고 소리를 질러도 "그걸 듣고도 따르지 않았다".(오혁진) 장병들은 강하게 돌파하려는 의지를 보이지 않았다.

"로텐더홀로 들어오는 2층 문은 그냥 깨져요. 밀고들어올 생각이 없어 보였어요."(윤상은)
"'아저씨들이 문 막았다고 못 들어오네' 싶었어요. 진짜 할 마음이 없구나."(오종길)

완전무장한 군인들이 손바닥을 들어 보이고 고개를 숙이거나 몸을 빼는 모습도 보였다.

"군인들은 전혀 손을 대지 않았어요. '놓으세요' 그런 말조차 없었어요. 물러날 때도 손바닥을 들어 보였어요."(박미정)
"군인 1명이 내팽개쳐졌거든요. 훈련받은 군인이 쉽게 넘어질 리 없는데, 최대한 가만히 있으려고 했던 게 아닐까?"(김지영)
"'이건 아닌데' 하는 눈빛이 역력했다. 시민들이 '돌아가라'고 하자

군인들도 고개를 숙였다."(강규혁)

시민들이 포위하자 군인들이 손을 들고 뒤로 물러서기도 했다.

"총을 찼는데도, 우리가 '와~' 하고 포위하니까 손을 들더라고요. 부딪힐 의사가 없다는 표시였어요."(함철성)

군인들의 머뭇거림은 시민들에게 용기를 주었고, 그 용기는 다시 군인들을 주저하게 만들었다.

"사람이 없었으면 군인들은 그냥 들어갔을 거에요."(전시형)
"공수부대가 총을 사용하지 않게 막은 건 시민들이었어요."(김형남)

특수부대가 시민을 적으로 보고 공격했다면 맨몸의 시민들이 버티는 데 한계가 있었을 것이다. 국회가 계엄 해제 의결에 실패했을 수 있고, 의결했더라도 심각한 사태가 벌어졌을 것이다. 그런 점에서 장병들의 소극적 태도는 국회 의결을 통해 내란 사태를 평화적으로 해결하는 데 큰 역할을 했다고 볼 수 있다. 내란세력은 시민을 적으로 간주했지만 장병들은 시민을 적으로 대하지 않으려고 노력했다.

그러나 잊지 말아야 할 것은 계엄군 장병 누구도 민주주의를 파괴하는 위헌·위법한 명령을 거부하지 않았다는 사실이다. 가장 큰 책임이 내란세력에 맹종한 군 수뇌부와 특수부대 사령관 등 최고위 장성들에게 있는 것은 말할 것도 없다. 그들은 어떤 변명도 할 자격이 없다. 일부 현장 지휘관 역시 시민들의 저항에 맞닥뜨리자 뒤늦게 다소 소극적 태도를 보였을 뿐, 이의를 제기하지 않고 부하들을 내란에 가담하게 한 책임이 중대하다. 내부에서 저항했다는 일부 장교들의 주장은 아직 충분히 확인되지 않았으며, 사실이라 하더라도 공무원의 직무상 범죄 고발의무(형사소송법 제234조 제2항)를 이행하지 않은 책임이 가볍지 않다.

일선 장병들은 저항하는 시민들을 맞이하자 주저하고 소극적인 태도를 보였다는 점에서 정상참작의 여지가 크긴 하지만, 나라를 무너뜨리는 내란행위에 가담했다는 사실이 사라지는 것은 아니다. 특히 의사당 창문을 깨고 '신성한' 입법부에 난입하고, 총기를 들고 작당해서 본회의장을 향해 달려가고, 전기를 차단하고, 케이블타이로 시민을 묶으려 했던 일부 장병의 행태는 "소극적인 임무 수행"이라는 추상적인 수사에 묻어버리기 어렵다.

더욱 중요한 것은 그날 계엄군 장병들이 전반적으로 드러낸 소극적 태도가 그들 스스로의 고민과 성찰에서 나온 결단이 아니라 시민들의 집단적 저항이 이끌어낸 반작용이었다는 사실이다. 수많은 시민과 보좌진이 맨몸으로 부딪히며 절규하고, 바리케이드를 쌓고, 소화기를 분사하고, 차량을 둘러싸고, 바퀴 밑에 드러눕고, 계속해서 설득하고 압박하지 않았다면 그들은 국회의사당을 봉쇄하고 본회의장에 난입했을 것이다.

그날 밤 시민들의 결단과 행동은 계엄군 장병들을 망설이게 했고, 폭력 행사를 막아 내란 사태를 평화적으로 해결할 수 있는 길을 열었다. 그 길을 여는 데 시민을 적으로 여기지 않고 소극적 태도를 보인 다

수 계엄군 장병들의 태도가 중요한 역할을 한 것은 사실이고, 그대로 평가해야 한다. 하지만 군이 최고 지휘부에서 일선까지 어느 누구도 반기를 들지 않은 채 국가를 파괴하는 내란에 참여한 조직으로 남았다는 것도 엄연한 사실이다. 많은 시민들이 실망과 염려를 표한 것처럼 이는 한국 민주주의의 제도적 취약성을 드러낸 중대한 문제점이다. 그날 '군 장병 일부의 소극적인 임무 수행'은 분명 의미가 있지만 '시민들의 저항'과 나란히 놓고 내란을 저지한 원인으로 보는 것은 잘못된 판단이다. 707특임단 출신 이관훈은 말했다.

하급 부사관들이나 일반 병사들은 부당한 명령을 거부할 수 없지만, 최고 지휘관들은 거부해야 되거든요. 그런데 아무도 거부하지 않고 미리 준비했던 거잖아요?

민주주의를 위협하는 내란세력에 단호하게 맞서는 군대를 가지는 것은 가능할까?
'친위'든 '반란'이든 쿠데타와 내란으로 얼룩진 우리의 어두운 역사에서 책임 있는 장교 가운데 반기를 든 이가 아무도 없는 사례는 이번이 처음으로 보인다. 민주화 이후 한 세대가 지난 선진국 대한민국의 현실이 의미하는 바는 매우 무겁다.

7장
잠들지 않은 새벽

끝나지 않은 내란의 밤

계엄 해제 의결 후에도 국회를 떠나지 않은 시민들이 많았다. 2차 계엄을 우려해 뒤늦게 국회로 달려온 시민들도 적지 않았다. 지방에서 출발한 시민들은 새벽녘이 돼서야 도착했다.

대전에서 KTX를 타고 올라온 여인영과 채동주는 서울역에서 황중현을 만나 새벽 1시 넘어 도착했다. 조규호는 택시 안에서 가결 소식을 들었다. 교통이 심하게 막혀 서강대교 4분의 3 지점에서 내려 빠른 걸음으로 국회 쪽으로 향했다. 정문이 가까워질수록 인파가 몰려들어 붐볐다. 도로는 이미 통제돼 있었다. 경찰버스가 줄지어 있었고, 그 사이로 깃발들이 펄럭였다.

그 무렵 국회 주변은 어디든 사람들로 가득했다. 진입이 어려울 만큼 인파가 몰려드는 모습을 보고 조현주는 안심했다. 빠져나가는 이도 있었지만 많은 이들이 계속 들어왔다. "놀랍게도, 남녀노소 정말 다양한 사람들이 그 자리에 함께 있었어요. 진보정당 깃발과 노조 깃발이 모이면서 현장의 분위기가 확 달라졌어요. 그 전까지는 사람들이 끊임없이 이동하는 행렬 같은 느낌이었는데, 그때부터 본격적으로 구호를 외쳤죠."

1문 옆과 2문에서 각각 진행되던 민주노총과 진보당의 집회는 새벽 1시 30분쯤 한곳으로 합쳐졌다. 진보당 앰프의 출력이 약했기 때문이다. 집회는 긴장을 품은 채 새벽으로 이어졌다. 정당 대표들의 발언이 끝난 2시 무렵부터 마이크는 시민들에게 넘어갔다. 파란색 간이의자 2개를 붙여 발언대를 만들고, 경찰의 질서유지선이 임시 단상이 됐다. 민주노총 안혜영이 사회를 맡았고, 허원이 진행을 도왔다. "발언은 1분 이내로 부탁드립니다." 안내가 끝나자 대기줄이 길게 늘어섰다.

새벽 2시 1분, 국회의장 우원식은 대통령실과 국방부에 '계엄 해제 요구 통지서'를 보냈다. 이미 국회는 1시에 비상계엄 해제 요구 결의안을 의결했고, 헌법 또한 '즉시 해제'하도록 정했지만 윤석열은 침묵했다. 국회 앞 집회는 더욱 뜨거워졌다.

계엄 해제 요구 결의안이 국회를 통과했지만, 아직도 윤석열은 답이 없지 않습니까? 아직 끝나지 않았습니다. 계엄 철폐를 위해, 당장 행동합시다. 계엄 철폐! 윤석열 퇴진!(노동자연대 학생그룹 소속 학생)

초반 발언은 20대 대학생들이 주도했다. 시험공부를 멈추고, 학내 시국선언을 준비하다가, 혹은 단체대화방을 통해 소식을 듣고 곧장 달려온 이들이었다. 이화여대, 서울대, 고려대, 서울예술대, 경희대, 한국외대, 단국대, 명지대, 동국대, 숭실대, 한양대, 명지전문대, 서울종합실용예술학교, 그리고 여러 대학생 단체에 속한 학생들이 계엄에 대한 분노와 민주주의 수호 의지를 밝혔다.

어떻게 21세기에 계엄이 가능합니까? 민주화운동을 통해 민주주의를 이루어낸 대한민국에서 어떻게 계엄령을 입에 올립니까? 윤석열을 탄핵하라! 계엄령을 철폐하라!(명지대 학생)

고려대와 동국대 학생은 학내 시국선언 참여자가 늘고 있다며 함께 싸우자고 호소했다. 또 다른 대학생은 이렇게 외쳤다.

더는 두려워하지 않겠습니다. 목소리를 내지 않고서는 민주주의를 지킬 수 없습니다. 더 나은 미래를 위해 끝까지 함께합시다. 윤석열을 체포하라!(20대 대학생)

배득현은 그 모습을 보며 "학생운동이 사라졌다고 하지만, 준비된 학생들이 이렇게 많구나. 대학생들이 참 정의롭구나" 생각하며 놀랐다. 용단홍은 동년배들의 열정이 낯설면서도 감동적이었다. 평소 집회에서는 나이 든 세대가 주를 이뤘지만 이날은 젊은 사람들이 많았다. 다수의 청년이 자유 발언에 나서며 존재감을 빛냈다. "지금까지 집회에서 봤던 또래보다 훨씬 더 많은 사람을 만났다."

고등학생들도 발언대에 올랐다. SNS를 보다가 슬리퍼 차림으로 뛰어왔다는 학생의 주장은 명쾌했다.

윤석열은 대한민국의 헌법을 파괴하고 민주주의 가치를 정면으로 부정했습니다. 대한민국은 국민의 것입니다. 계엄령을 철회하고 민주주의를 다시금 국민의 손에 돌려주십시오.(여의도고 학생)

시험공부하다가 나왔다는 또 다른 고등학생은 "멋진 어른들이 많은 것 같다"며 어른들의 용기에 감사를 표하고 "계엄 철폐!"를 외쳤다. 대안학교 졸업생 2명은 5·18세대의 자녀로서 민주 정신을 계승하겠다고 다짐했다.

저희는 5·18 민주화운동 세대인 엄마, 아빠, 이모, 삼촌을 보면서 자랐고, 그 민주 정신을 계승하기 위해 이 자리에 섰습니다. 민주주의를 짓밟은 윤석열 정권을 탄핵합시다. 지금 당장 불법 계엄 해제하라! 지금 당장 윤석열을 탄핵하라!

86세대인 고경리는 젊은 세대가 미덥고 든든했다. "젊은이들이 갑자기 눈에 띄게 많아져서 정말 기뻤어요. 그리고 궁금했어요. 어린 친구들이 도대체 무슨 생각으로 여기 왔을까? 겪어보지도 못했을 텐데…… 정치에 관심이 없을 거라고 여겼는데, 그게 아니더라고요."

무척 추운 날이었다. 그날따라 갑자기 수은주가 확 떨어진 데다 진눈깨비가 날리고 새벽 강바람이 매섭게 불어 여의도 국회 주변은 추위가 뼛속까지 스며들 정도였다. 〈시민자유발언〉이 이어지는 동안 자리를 지킨 임채미는 국회의 비상계엄 해제 요구 결의안 가결로 긴장이 다소 풀린 가운데 너무 추운 나머지 졸음이 몰려왔다. "상황을 알 수 없는 채 마냥 기다리는 시간이 두렵게 느껴졌다." 그럼에도 자신보다 어린 중고등학생들의 발언은 인상적이었다. 택시비를 받지 않았다는 이야기를 여러 번 들었다. 마음이 따뜻해졌다. 서로에게 버팀목이 되는 새벽이었다.

황중현은 친구 여인영, 채동주와 함께 "2차 계엄에 대비하기 위해" 자리를 지켰다. 구호를 외치며 〈시민자유발언〉을 지켜보다가 길바닥에 앉아 숙제를 했다. "손이 덜덜 떨렸어요. 오른손엔 태블릿 펜, 왼손엔 휴대전화를 들고 계속 속보를 확인하면서, 즉시 해제해야 한다는 게 헌법에 있는데, 이 새끼 왜 안 하는 거야?"

민주노총 위원장 양경수는 새벽 3시경 발언대에 올랐다. 민주노총이 총파업을 결의했다고 밝히며, 각계각층 대표들과 "오늘 오전 9시, 윤석열 퇴진과 국민주권 실현을 위한 전면적 저항 행동을 선포하겠다"고 선언했다. 시민들에게 끝까지 함께해달라고 호소했다. 정준희는 계엄의 긴장감이 아직 가시지 않은 채 그 말을 들었다. "위원장 입으로 직접 듣는 게 처음이었어요. 총파업이라는 게 굉장히 강력한 일이고, 강력한 언어잖아요? 이런 상황에서, 바로 그 자리에서 듣는다는 게 정말 인상 깊었죠."

발언과 발언 사이 시민들은 "비상계엄 해제하라!", "윤석열을 체포하라!"를 외쳤다. 그리고 함께 노래했다. 〈애국가〉와 〈임을 위한 행진곡〉, 〈헌법 제1조〉를 불렀고, 한신대 대학원생의 제안으로 〈타는 목마름으로〉의 후렴을 함께 불렀다.

"타는 목마름으로, 타는 목마름으로, 민주주의여 만세!"

아직 계엄이 해제되지 않은 새벽, 국회 앞 도로에 세대와 세대를 잇는 민주주의의 합창이 울려퍼졌다.

순찰대

비상계엄 해제 요구 결의안 가결 직후 김동현은 귀가하는 시민들을 붙잡았다. "가면 안 됩니다! 지금 여기서 국회를 지켜야 합니다! 계엄 해제 선언이 나올 때까지 버텨야 해요!"라고 호소하며 국회 주변을 돌았다. 각 문마다 10명, 20명씩 사람들이 서 있었다. 모두가 묵묵히, 단호하게 국회를 지키고 있었다.

김태형은 가결 소식을 듣고 처음엔 "집에 가야겠다"고 생각했다. 그런데 10분, 20분이 지나도 달라지는 게 없었다. "해제 선포도 안 뜨고, 국회 앞 상황도 그대로고, 전파도 안 터지니까 불안해 떠날 수가 없었다." 그 자리에서 "해제 선포하라!"를 외치기 시작했다. 사람들이 빠져나가면 군인이 다시 돌아올 것만 같아 자리를 지켰다.

송인미는 남편과 함께 국회 주변을 한 바퀴 돌았다. 가결은 됐지만 마음이 진정되지 않았다. 국회 담장을 따라 걸으며 "다른 쪽은 어떤 상황일까, 정말 평온이 찾아올 수 있을까" 확인하고 싶었다. 어쩌면 지신밟기처럼 나라의 평안을 빌고 싶었던 건지도 몰랐다. 정문을 지나 3문으로 가는 길에 바닥에 진을 치고 밤샘을 준비하는 시민들을 봤다. "문마다 사람이 꽤 많아서 정말 놀랐다." 5문을 지나 6문으로 향하던 길, 둔치주차장으로 철수 중인 특전사 대원들이 보였다. 한 유튜버가 그들을 향해 쫓아가며 휴대전화를 들이댔다. "그러면 안 됩니다! 아무리 명령을 받아도 이런 일은 하면 안 됩니다!" 날 선 외침이 새벽 공기를 갈랐다.

김병년도 "윤석열이 계엄을 해제할 때까지" 자리를 뜨지 않을 참이었다. 새벽 3시 즈음 국회를 한 바퀴 돌았다. 경찰이 얼마나 남아 있는지 눈으로 직접 확인하고 싶었다. 문마다 여전히 경찰이 서 있었고, 출입을 통제하고 있었다. 목사인 그는 천천히 걸으며 "민주주의가 속히 돌아오게 하소서. 유혈 없이 이 사태가 끝나게 하소서!" 기도했다.

국회를 지키던 수많은 시민의 마음이 그의 기도에 포개졌다.

중과부적

"계엄 해제 요구 결의가 나오자마자 장관과 계엄사령관을 즉시 제 방으로 불러 군 철수를 지시했습니다." "의결 직후 모든 병력을 철수시켰습니다." 2025년 초 헌법재판소 탄핵심판 변론에서 윤석열이 한 주장이다.

거짓말이다. 윤석열은 국회의 비상계엄 해제 의결에도 병력 철수를 명하지 않았고, 계엄 해제도 선언하지 않았다. 그는 새벽 1시 16분, 합동참모본부 지하 '결심지원실'로 갔다. 국방부장관 김용현, 계엄사령관 박안수, 국가안보실 2차장 인성환, 국방비서관 최영옥 등이 있었다. 윤석열이 김용현에게 말했다. "내가 1,000명, 2,000명 (국회로) 더 보내라고 했잖아? 그랬으면 내가 2차, 3차 계엄을 또 할 것 아니야?"[13]

간단한 상황 보고를 받은 그는 국회법 법령집을 찾았고, 김용현과 박안수를 제외한 나머지 인원을 내보냈다. 새벽 1시 41분, 국방부 관계자는 "대통령이 계엄을 해제할 때까지 계엄사령부를 유지한다"고 발표했다. 윤석열은 1시 47분까지 그 방에 머물렀다.

국무총리 한덕수도 다르지 않았다. 국회가 계엄 해제를 의결한 직후 국무조정실장 방기선이 "계엄 해제 국무회의를 해야 한다, 대통령하고 통화해보시라, 지금 해결할 사람은 총리님밖에 없다"고 건의했지만 한덕수는 "조금 기다려보자"면서 시간을 끌었다. 윤석열이 비상계엄을 계속 유지할 수도 있겠다고 생각한 것이다. 한덕수는 새벽 2시 이후 대통령비서실장 정진석이 "계엄 해제 절차 진행 위해 국무위원 소집해달라"고 연락한 다음에야 방기선에게 국

---

13. 김화빈, 「윤석열 '2차 계엄' 들은 방첩사 장교, 현장에서 쫓겨났다」, 오마이뉴스, 2025. 7. 16. 당시 배석했던 김철진 국방부 군사보좌관의 증언.

무회의 소집 통보를 지시했다.[14]

그 시간에도 김용현과 박안수 등은 미련을 버리지 못하고 딴짓을 기도했다. 새벽 2시 20분, 김용현이 특전사령관 곽종근에게 전화로 물었다. "중앙선거관리위원회에 병력 투입이 가능하겠나?" 곽종근은 "어렵습니다"라고 답했다. 2시 33분, 김용현은 전 정보사령관 노상원에게 전화를 걸어 "상원아, 이제 더 이상 어떻게 하냐?"라고 물었다. 박안수는 "계엄법에 따라 국회 의결 직후 계엄을 해제해야 한다"고 보고한 계엄과장에게 "일머리가 없다"면서 "계엄상황실 구성이 왜 이렇게 늦냐"고 질책했다. 3시 무렵, 충남 계룡대의 육군본부 장교 34명이 합참에 꾸려진 계엄상황실로 이동했다.[15]

새벽 3시 20분, 김용현이 군 지휘관들과 화상회의에서 '계엄 상황 종료'를 지시했다. "우리 군은 통수권자이신 대통령님의 명을 받들어 임무를 수행했다. 그러나 중과부적으로 원하는 결과가 되지는 않았지만 그래도 우리는 할 바를 다했다고 생각한다. 어려운 여건에서 임무를 완수해준 수방사, 방첩사, 특전사, 지작사, 합참의장 포함 모든 분들께 고맙게 생각한다. 수고했다."

윤석열은 새벽 4시 26분 비상계엄을 해제하겠다고 발표하고 4시 30분에 국무회의를 열어 계엄 해제를 의결했다. 국무위원 13명이 참석했다. 4시 32분, 국방부는 "국회와 중앙선거관리위원회 등에

---

14. 내란특검, 한덕수 공소장, 내란특검 2005형제8, 96, 142, 2025. 8. 29.
15. 이은기, 「"대통령이 화가 나셨나…" 12·3비상계엄 해제 늦어진 이유」, 시사IN, 2025. 3. 7.

투입된 모든 병력이 원 소속 부대로 복귀했다"고 발표했다. 비상계엄 선포로 시작된 내란이 약 6시간 만에 막을 내렸다.

김용현은 계엄이 실패한 이유를 '중과부적衆寡不敵'으로 표현했다. "아무리 용맹하거나 뛰어나도 수적으로 불리하면 당할 수 없다"는 동양 병법의 언어다. 그날 밤 그들이 저지른 사태의 본질을 스스로 고백한 말이었다. 시민을 '적'으로 간주하고 계엄군과 경찰을 동원해 국회를 봉쇄하려고 했지만, 압도적으로 많은 시민들이 맨몸으로 뛰쳐나와 보여준 물리적 힘과 민주적 정당성에 가로막힌 것이다.

수방사 선발대와 1공수여단은 시민들이 차량을 막아서거나 담장을 지키는 바람에 국회로 침입하지 못했다. 12월 4일 0시 30분, 현장을 돌며 직접 지휘하던 수방사령관 이진우는 윤석열에게 보고했다. "다 막혀 있습니다. 국회에 도착했지만 들어갈 수 없습니다. 사람이 너무 많습니다."

'이재명, 우원식, 한동훈'을 체포하기 위해 국회로 출동한 국군방첩사령부 체포조 49명도 국회 주변에 모인 수많은 시민들로 인해 차량에서 내리지도 못했다. 대한민국 최정예 특수부대조차 국회 앞에 몰려든 시민들 앞에서 어떻게 할 수 없었다.

'중과부적', 그 말은 곧 시민의 힘에 막혀 내란에 실패했음을 자인하는 역사적 고백이었다. 그들에게 시민은 '적'이었다. 시민을 적으로 삼음으로써 그들 스스로 '시민의 적'이 됐고 '민주주의의 적'으로 전락했다. 그들이 한 짓은 "온 나라가 함께 분노하고 함께 토벌해야 할 일―國之所共憤所共討者"(『조선왕조실록』「인조실록」)이었다.

멈추지 않은 목소리

비상계엄 해제를 선언했지만 〈시민자유발언〉은 계속 이어졌다. 정윤호는 친구들과 함께 그 장면을 지켜보고 있었다. "순간적으로 벌어진 집회에 목소리를 보태고 싶었어요. 아직 1개 부대가 남아 있다길래 얘네가 안 따를 수도 있겠다고 생각했죠." 메가폰의 음질이 좋지 않아 말이 또렷이 들리진 않았다. 하지만 그 덕분에 오히려 실감할 수 있었다. "대한민국은 갑자기 이런 일이 벌어졌을 때 사람들이 뛰쳐나와 국회를 자기 몸으로 막는 나라구나!" 안도감과 함께 시민으로서 동료의식을 느꼈다. 지역에서 올라온 시민들도 새벽에 도착했다. 김예담은 〈시민자유발언〉을 지켜보다 근처 화장실에서 중년 여성을 만났다. "대전에서 몇 시간을 달려왔어요. 사람들이 아직 있나요?" 여성의 말에 고개를 끄덕였다. 그 시간까지 자리를 지키길 잘했다고 생각했다. 혼자가 아니었다.

임태훈은 "윤석열의 계엄 해제 발표를 신뢰할 수 없다"며 국방부 장관이 여전히 병력을 장악한 채 비상소집 상태를 유지하고 있다고 경고했다. 시민들에게 병력이 투입되지 않도록 새벽까지 국회를 지켜달라고 호소했다. 박다슬은 길게 이어진 자유 발언 대기줄에 놀랐다. 중고등학생이 차례로 발언대에 오르는 모습에 다시 한 번 놀랐다. 그들은 민주주의의 미래를 떠받칠 세대가 계엄이라는 위기를 어떻게 체험하고 있는지 보여주었다.

윤석열을 체포하라!(택시 타고 온 중학교 3학년)

한 고등학생은 떨리는 목소리로 말했다.

부모님 몰래 나왔어요. 충격적인 소식을 듣고 걸어서, 딱 3,000원만 들고 안양에서 5시간 걸려 왔습니다. 친구들이 예전 군부독재 시절로 돌아갈까봐 엄청나게 떨고 있습니다. 지금 21세기에 계엄이라니, 말이 됩니까?(안양 고등학생)

보수 지지자라고 밝힌 학생은 공부를 덮고 국회로 달려왔다.

기말고사 공부하다 긴급 속보를 보고 3만 원이라는 거금을 내고 시흥에서 택시 타고 달려왔습니다. 저는 보수 지지자입니다. 지금 이게 대한민국의 법치입니까? 오늘 민주주의는 처참히 죽었습니다. 그러나 지금 여기 국회는 죽은 민주주의를 되살리기 위한 병원이 될 것입니다.(시흥 은행고교 학생)

시험과 부모의 눈치를 뒤로하고 달려온 그들의 발걸음은 '지금, 여기서 민주주의를 지켜야 한다'는 절박함으로 읽혔다. 순수하면서도 단호한 청소년들의 목소리가 집회 온도를 끌어올렸다. 시민들의 발언은 점점 더 뜨겁게 달아올랐다.

윤석열은 한국 정치가 낳은 괴물입니다. 우리는 그 괴물을 물리치고 구속시키기 위해 이 자리에 나왔습니다. 추우시죠? 이 추위에 대한 대가는 윤석열 탄핵이 아닙니다. 탄핵은 당연한 것이고, 구속입니다. 무조건 구속입니다.(부산 출신 대학생)

탄핵 필요 없습니다. 체포해야 합니다.(남성 시민)

대구에서 온 마트 노동자가 한마디로 정리했다. "윤석열은 지금 당장, 오늘 당장 끌어내야 됩니다!" 시민들은 헌법 수호, 탄핵, 즉각 구속으로 목소리를 높이며 윤석열의 정치적 책임과 함께 신속한 사법처리를 요구했다. 과제와 시험, 아르바이트 등 일상에 쫓기는 와중에 계엄 소식을 접한 대학생들도 한목소리로 충격과 분노를 터뜨렸다. 비상계엄은 역사책 속의 과거가 아니라 '지금, 눈앞에서 벌어진 헌정 파괴'였다.

헌법에서 대통령보다 먼저 나오는 게 국회고, 국회보다 먼저 등장하는 것이 국민입니다. 그런데 군대가 국회 유리를 깨고 침탈했습니다. 이건 반란입니다.(법학도)

내일 헌정사 수업이 있는데, 교수님께 '가지 않겠다'는 메일을 방금 보냈습니다. 오늘 이 자리가 바로 한국 헌정사의 현장이기 때문입니다…… 우리가 또다시 계엄이라는 끔찍한 상황을

목격해야 합니까? 더 이상 좌시할 수 없습니다.(대학생)

40년 전 그게 지금 일어나고 있다고요? 역사책이 아니라 2024년 지금의 현실이라니, 말도 안 되는 거였습니다.(서울대 학생)

학생들은 계엄을 헌법과 민주주의에 대한 도전 그리고 반역으로 규정했다. 각자의 자리에서 시국선언을 조직하고, 학교와 사회 곳곳에서 행동을 준비했다.

학교에서, 자신이 있는 자리에서, 시국선언이든 어떤 형태로든 이 투쟁을 이어가야 합니다. 우리는 멈추지 않을 것이고, 우리가 멈추지 않으면 결국 윤석열은 물러날 수밖에 없습니다.(동국대 학생)

그 밤, 학생들은 '함께 모여 싸우면 승리할 수 있다'는 믿음을 공유하고 '끝까지 싸울 것'을 약속했다. 그 약속은 새벽을 지나 거리와 광장으로 번져나갈 터였다.

비상계엄에 대한 분노는 어느 한쪽 진영에 머물지 않았다. 스스로를 보수 지지자 혹은 국민의힘 당원이라고 밝힌 시민들도 발언대에 올라 '헌법 질서 수호'라는 보편적 가치를 외쳤다.

계엄으로 근본적인 선이 무너졌습니다. 제가 윤석열을 뽑았으

니까 제가 탄핵해야 되는 거죠!(국민의힘 당원)

자유민주주의는 보수의 기본 원칙입니다. 그런데 자유민주주의의 상징인 신성한 국회에 공수부대의 총과 군화를 들이밀다니, 이건 선을 넘은 행위입니다. 친위 쿠데타입니다.(2000년생 보수 우파 대학생)

보수의 뿌리, 대구 출신입니다. 다른 의원들이 국회의 담을 넘어 계엄을 해제하기 위해 국회로 달려올 때, 비겁하게도 국회에 올 용기조차 없는 집단은 당사로 도망가서 꽁꽁 숨었습니다. 이런 자들이야말로 부역자가 아니겠습니까?(대구 출신 시민)

보수와 진보, 지역을 초월한 목소리는, 계엄이 정치의 문제가 아니라 헌법의 문제임을 드러냈다. 민주주의는 특정 진영의 소유물이 아니었다. 그날 밤, 발언대는 '민주주의의 이름으로 진영을 넘어선 시민들'이 서로 공유하는 믿음을 확인하는 공간이었다.

현장에는 다양한 배경을 가진 이들이 함께했다. 교사, 노동자, 자영업자, 직장인, 영화인, 장애인, 가수, 운동선수까지 각자의 삶을 가진 시민들이 한데 모였다. 전국 각지에서 올라온 이들이 서로의 목소리를 이어갔다. 지역에서 올라온 시민들의 이야기를 들으며, 고경리는 가슴을 쓸어내렸다. "저렇게 멀리서 왔는데, 코앞에 사는 내가 안 나왔으면 정말 죄책감 들 뻔했다!" 전주에서 올라온 15년

차 교사는 "정치적 중립을 위반할 수 없어 국회로 오는 것이 두려웠다"고 발언을 시작했다.

군인들이 총을 들고 국회에 들어온 모습을 보고 올라왔습니다. 교사로서 아이들에게 대통령은 국회를 존중해야 하고, 법을 지켜야 하고, 무엇보다 최상위법인 헌법을 지켜야 된다고 가르치고 싶습니다.(전주 초등학교 교사)

전국 각지로 일을 다니는데 어디 경상도든 전라도든 뭐 강릉이든, 어딜 가도 윤석열 욕 안 하는 데를 못 봤어요.(익산 크레인 기사)

나라와 경제가 폭망했습니다. 누구 때문입니까? …… 제가 사업을 하고 있지만, 수금이 아예 안 됩니다.(충북 음성 사업가)

아버지는 파킨슨병, 저는 장애인입니다. 하루하루를 열심히 살아가고 있는데 윤석열 대통령 되고 나서부터 앞날이 안 보입니다. 우리 다 같이 살기 위해 노력합시다! 윤석열 퇴진하라!(장애인 가족)

청년들이 일터에서 죽고, 길거리에서 죽고, 군대에서 희생됩니다. 청년들의 삶이 끝없이 나락으로 떨어지는 그런 시대에

대통령은 비상계엄을 선포하며 민주주의까지 위협하고 있습니다.(한국외대 학생)

이태원참사, 채 해병 사망, 이 모든 책임은 윤석열에게 있습니다. 그러나 그는 이 책임을 전부 회피해왔습니다. 청년들의 삶은 고달파만 가고 있습니다.(노동자연대 학생그룹)

출근을 앞둔 직장인은 새벽 6시경 발언대에 올라 윤석열을 "해고"했다.

사회복지 예산 삭감, 부자 감세, 노동 유연화······ 무능한 주제에 헌법 정신까지 파괴한 윤석열, 우리가 쫓아냅시다! 너가 제일 일 못해! 너, 해고야! 나가!(직장인)

그날의 발언대는 단순한 분노의 무대가 아니었다. 삶의 자리에서 터져나온 생존의 언어, 존엄의 언어가 민주주의의 언어와 합쳐지는 곳이었다. 민주주의와 민생, 일상의 안전이 결코 분리될 수 없음을 보여주었다.

시민들은 '광주'를 소환했다. 계엄 소식을 들은 시민들이 국회 앞으로 나가겠다고 결심하며 제일 많이 떠올린 것이 '광주'였듯 자유발언에 나선 시민들도 '광주'를 이야기했다. '광주'와 연결된 사연을 갖고 있는 이들만이 아니었다. 광주의 기억은 단순한 과거 회고

가 아니라 현재 서 있는 자리에서 민주주의를 지키라는 역사적 부름이었다.

> 저희 아버지는 광주 사람입니다. 아버지가 초등학교 때, 할머니가 집에 있는 모든 창문을 닫고 이불을 붙였다 했습니다. 지금 똑같은 상황이 일어나려 해서 참을 수가 없어 여기 나왔습니다.(구리의 고등학생)

광주 출신 학생들과 시민들은 '광주의 후예'로서 민주와 정의의 승리를 확신했다.

> 44년 전 제 고향 광주에서는 수많은 시민이 비상계엄에 분노하며 일어섰습니다. 어젯밤 비상계엄이라는 믿지 못할 소식을 듣고 무척 화가 났습니다. 우리는 이곳에 모였습니다. 우리는 두렵지 않습니다. 우리가 승리할 것이기 때문입니다.(한양대 학생)

직접 5·18을 겪은 이도 발언대에 섰다. 노장老將이 광주에서 달려왔다는 말에 시민들은 박수와 환호로 답했다.

> 저는 80학번입니다. 광주민주화운동에 저도 최선봉에 섰습니다. 윤석열이 내려갈 때까지 함께 투쟁하겠습니다.(손남식, 광

주 출발)

지역차별의 상처가 자부심으로 바뀌었다는 고백도 있었다.

한때 저는 전라도에서 태어났다는 것을 숨기고 싶었습니다. 하지만 이제는 자랑스럽게 여겨야 한다고 생각합니다. 여러분 덕분에 5·18 정신이 살아 있음을 알게 되었기 때문입니다.(전라도 출신 대학생, 〈임을 위한 행진곡〉 제창)

경북 경산에서 역사학을 공부하는 대학생은 "오늘 이 국회 앞이 혹시나 광주가 되지 않을까 걱정하는 마음"으로 먼 길을 달려왔다고 말했다. 그는 "윤석열이 독재를 추구하기에 처절하게 무너질 것"이라면서 "끝까지 싸우면 됩니다"라고 외쳤다. "전남도청으로 향하던 광주 시민의 마음으로 이곳 국회로" 왔다고 말한 이가 있는가 하면, "그 광주분들이 있어서 그래도 우리가 이렇게 올 수 있었던 것"이라고 말한 이도 있었다. 어떤 시민은 서진선 작가의 그림책 『오늘은 5월 18일』에서 "아빠는 누나에게 집 밖으로 절대 나가지 말라고 했다. 나는 누나 방으로 가서 엄마가 우니까 나가지 말라고 했다. 누나는 꼭 해야 할 일이 있어서 나가야 한다고 했다"는 대목을 인용하며 말했다. "꼭 해야만 하는 일이 있어서, 꼭 해야만 하는 일을 해낸 이들 덕분에 우리가 이 자리에 서 있습니다."

'광주의 기억'은 그날 민주주의를 지켜낸 동력이었다. '국회가 광주가 될지도 모른다'는 두려움은 '우리가 역사의 편에 서 있다!'는 믿음과 결의로 바뀌었고, 시민 모두의 마음을 하나로 이어주었다. 이진은 숭고함과 경이로움에 사로잡혔다. "이 감정과 생각을 남기지 않으면 나중에 크게 후회할 것 같다"는 느낌이 들어 발언대에 올랐다.

1960년 거리에서 우리는 자유를 배웠고, 1980년 광주에서 민주주의를 배웠으며, 2016년 광장에서 시민이 무엇인지 배웠습니다. 한 번 시민이 되고 나니 광장으로 나올 수밖에 없었습니다. 역사가 반복된다는 것은…… 저들이 반드시 패배할 수밖에 없다는 뜻입니다. 우리는 싸울 것입니다. 피와 땀으로 이 땅의 민주주의를 쟁취할 것입니다.

시민들은 오늘 우리가 '광주'를 기억하듯이 그날, 12월 3일의 일도 기록하고 기억해서 미래세대에 전승될 이야기, 역사가 되어야 한다고 말했다.

기록해주십시오. 기억해주십시오. 그리고 두고두고 이야기해주십시오. 이 자리에 있는 여러분이 멋집니다.(대학생)

기억이 전승되는 한, 우리는 지지 않을 겁니다.(직장인)

그들은 1980년 광주와 민주주의를 향한 길고도 험한 역사에 12월 3일, 그날의 발걸음과 외침을 기억하고 그 정신을 이어가겠다고 다짐했다. '잊지 않는 것'이야말로 민주시민의 힘이기 때문이다.

저는 5·18 정신을 계승하기 위해 노력하고 있습니다. 오늘부터는 한 가지를 더 하겠습니다. 2024년 12월 3일, 비상계엄 선포를 저지하고 대한민국을 지켜낸 우리 국민의 발걸음과 외침을 평생 기억하고 그 정신을 이어가겠습니다.(박진원)

민주시민의 힘은 '잊지 않는 것'입니다. 우리가 세월호를 잊지 않았고, 이태원을 잊지 않았고, 박근혜 탄핵을 잊지 않았기 때문에 우리는 지금 여기 또다시 나왔습니다. 여러분, 오늘을 잊지 맙시다.(시민, 〈임을 위한 행진곡〉 제창)

국회 앞 시민들에게 국가폭력의 역사를 기억하는 것은 고통을 반복하는 것이 아니라 세대를 넘어 이어갈 저항의 자산을 쌓는 일이었다. 그들은 '12월 3일'이 '5·18 광주'가 부활해서 민주주의를 지켜낸 승리의 이야기로 기록되기를 바랐다. 그럴 것이었다.

동이 트다

첫차 시각이 다가오고 있었다. 조금씩 줄어들긴 했지만 여전히 많은 시민이 국회 앞에 남아 있었다. 시민들은 인간띠를 만들어 새벽 추위를 견디고 국회를 지켰다. 김선은 "이곳이 뚫리면 집회는 해산된다"는 말을 듣고 친구와 함께 차가운 아스팔트에 앉았다. 옆으로 10여 명의 시민이 띄엄띄엄 앉아 자동차를 막고 있었다. "찬 데 앉으면 안 된다"며 주변 시민들이 비닐방석을 깔아줬다. 김선은 "이곳에 있는 시민들에게 힘이 되고 싶었다". 그대로 앉아 새벽을 맞이했다.

황지우도 동이 틀 때까지 아스팔트에 앉아 있었다. "첫차가 뜰 때까지 우리는 여기서 버티자. 첫차가 뜨면 다른 시민들이 올 거야." 그는 자신과 같은 생각으로 자리를 지키는 시민들의 목소리를 들었다. 그들은 살을 에는 듯 추운 새벽이었지만 누군가가 나눠준 핫팩을 깔고 아스팔트 바닥에 앉아 다음 시민을 기다렸다. 유길종도 국회 앞을 떠나지 않았다. "작전은 항상 새벽 4~5시경 어스름할 때 진행되기" 때문이었다. 1980년 5월 광주와 노동운동 경험에서 나온 판단이었다. 깡통에 약품을 넣고 불을 피워 둘러앉았다. 방송국 중계차가 서 있었고, 시민들의 발언이 이어졌다.

황지용은 짧은 시간에 그렇게 많은, 다양한 사람이 모여 진을 치고 있는 모습이 인상 깊었다. "정치하는 사람들은 당연히 나올 거라고 생각했어요. 자기 생명이 걸려 있는 거니까. 그런데 노조, 시민단체, 수많은 시민 개인들이 그렇게 빨리 모여서 얘기들을 하더라고요. 굉장히 놀랐죠." 민주주의가 수많은 시민의 손으로 유지되고 있다는 사실을 실감했다. 해병대 예비역들도 날이 밝을 때까지 국회 앞을 떠나지 않았다. "아침에 새로운 사람들이 올 때까지 지켜야 한다", 그 생각 하나로 청년들이 건넨 따뜻한 차를 마시며 매서운 추위를 견뎌냈다.

한때 윤석열을 지지했던 노시혁은 후회막심한 마음으로 국회 앞에 머물렀다. 강릉에서 택시비 55만 원을 내고 달려왔다는 60대 여성 시민의 사연을 듣고는 국회 부근 '금강슈퍼'에서 그이 몰래 비용을 대신 지불하기도 했다. 동생이 국회 앞에 나간 형에게 "뭐라도 잡수시고 옆 사람도 사드리라"며 송금한 돈이었다. 그 돈으로 커피와 먹을거리를 사서 주변 시민들에게 나눠주고 취재하던 기자들에게도 건넸다.

출근하기 위해 자리에서 일어선 박다슬의 눈에 국회의사당역 지하역사에 얇은 스티로폼을 깔고 누워 있는 사람들의 모습이 들어왔다. "무슨 일이 일어날지 모르니까 잠시 쉬었다가 다시 국회 앞을 지키려는 거구나!" 첫차가 도착하자 "국회를 지키려고 꽁꽁 싸매고 온 사람들"이 우르르 내렸다. "모두가 자기 자리에서 할 수 있는 최선을 다하고 있구나!" 깊은 감동을 느꼈다. 첫 지하철을 타러 내려간 최진영도 6, 7명의 70대 여성들을 만났다. 그들은 여차하면 달려오려고 근처 24시간 카페에서 밤을 새우며 대기하다가 "이제 더 이상 계엄 안 하겠다, 가도 되겠다" 싶어 귀가하던 참이었다.

춥고도 길었던 어둠이 조금씩 물러가고 멀리서 동트는 기운이 다가오자 국회 앞은 서로를 향한 존경과 감사로 가득 찼다. 곁에 있는 시민은 이제 낯선 타인이 아니었다. 민주주의의 보루를 함께 지켜낸 전우이자 동지였다.

여러분, 여기 나와 있는 여러분, 집에서도 걱정하고 계시는 국민 여러분, 충신입니다. 충신!(1979년 계엄군 출동 경험 시민)

많이 나와주셔서 너무 감사합니다. 동료 시민들을 바라보며 '사랑합니다'를 함께 외칩시다.(조정 선수이자 유튜버)

방금 전까지만 해도 침대에 누워 있었습니다. 그런데 여러분이 이렇게 나와 계시는 모습을 보고 너무 부끄러워서 달려 나왔습니다. 한없이 존경하는 마음을 전하고자 올라왔습니다.(아이들을 가르치는 여성 시민)

핫팩도 받고 초코바도 받았습니다. 사람들이 아직까지 이렇게 다정한 것을 보니까 대한민국은 망하기엔 먼 것 같습니다.(명지전문대 학생)

그날 밤, 국회 앞에는 '난방택시'도 있었다. "택시 한 대가 서 있었어요. 기사님이 춥고 힘든 사람 들어가서 앉으라고, 난방버스 개념이 없는 때였는데도, 난방을 켜둔 채 있었어요. 어린 학생들이 안에 있더라고요."(고경리)

그 밤의 온기는 오래 남았다. 앞으로 이어질 광장에서 난방버스, 푸드트럭, 선결제 등으로 꽃피울 새로운 나눔과 연대의 씨앗이 싹을 틔우고 있었다. 한겨울 얼어붙은 땅속에서 봄을 준비하는 새싹

이 눈을 뜨는 것처럼. 계엄이라는 폭압의 밤, 서로를 돌보고 지켜준 시민적 돌봄과 환대는 앞으로 대한민국의 민주주의를 지켜갈 자산이 될 터였다.

시민들은 몸속에 스며든 한기를 털어내며 새로운 결의를 다졌다. 분노의 저항은 미래세대에게 물려줄 자부심과 희망으로 바뀌고 있었다. 민주주의는 그날 밤의 우연적이면서 필연적인 만남과 연대와 신뢰를 통해 더욱 강고해질 것이었다. 비록 험난한 길이 놓여 있을지라도 떠오르는 태양을 함께 맞이한 것만으로 충분했다.

사회정의를 이루었다는, 승리의 기쁨에 가득 찬 태양을 맞이할 수 있기를 바랍니다.(정치학·심리학 전공 시민)

동이 트면 우리는 서로를 알아보지 못하겠지만 우리가 이 자리에 있었다는 것을 역사가 기억할 것입니다. 국민이 기억해줄 것입니다. 그리고 동이 트면 우리는 입법부를 우리 손으로 지켜냈다는 자부심을 가질 것입니다.(한양대 학생)

공포 속에서도 굴하지 않고 의사당을 향한 군홧발을 막아선 시민들의 힘을 보았습니다. 저들은 어떤 수로도 민주주의를 유린할 수 없습니다. 우리의 저항은 정당하며, 밟히고 쓰러져도 끝내 이기는 사람은 우리가 될 것입니다.(동국대 학생)

두 아이의 아버지는 아들에게 남길 말을 준비했다.

나중에 내 아들이 '2024년 12월 4일 새벽에 무엇을 했냐?'고 물으면, '아빠는 당당히 국회 앞에 있었다'고 말할 겁니다.

미루가 발언대에 올랐다. 무척이나 춥고 발이 시린 새벽에 노래로 힘을 보태고 싶었다. "국가권력이 부패했을 때 모든 사람들은 투사가 됩니다. 제 목소리, 이런 데 쓰려고 이때까지 노래한 것 같습니다!" 그는 〈노래여 날아가라〉를 불렀다. 아름다운 선율에 실린 시민들의 염원이 국회 지붕을 넘어 멀리 퍼졌다.

……
노래여 날아가라 우리 생명의 힘을 실어
깊은 겨울잠을 깨어 노래여 날아가라
노래여 날아가라 사람이 사람으로 사는 땅
평화의 바람으로 노래여 날아가라

4부
그들은 누구인가?

세계는 왜 이토록 폭력적이고 고통스러운가?
동시에 세계는 어떻게 이렇게 아름다운가?
— 한강, 노벨문학상 수상 강연

1장
'12·3시민'의 얼굴

'서로 다른 길'을 통해 만난 공동체

내란의 밤, 헌정질서가 무너질 위기에서 민주주의를 지켜낸 것은 평범한 시민이었다. 다양한 배경과 생각을 가지고 자신의 삶을 살던 평범한 사람들이 어떻게 함께 모여 하나의 목표를 향해 나아갈 수 있었을까? 그들은 누구이며, 어떤 삶을 살아왔고, 어떤 순간 자신이 공동체의 일원임을 자각했을까? 그들이 우리 사회에 기대하는 것은 무엇일까? 〈진실의 힘〉은 12·3시민들에게 근원적 질문을 던졌다.

"당신은 어떤 사람이기에 그런 결정을 할 수 있었나요?"

각자 개인적 삶의 과정을 통과해오면서 어떤 상황에서 어떤 경험을 했고, 어떤 생각을 했는지, 그 결과 어떤 가치관과 삶의 태도를 갖게 됐는지 물음으로써, 그날 내란에 맞서겠다고 결심하고 행동할 수 있었던 배경을 탐구해보고자 했다.

313명의 시민은 자신의 가치관이 형성된 계기와 결정적 순간을 솔직하게 드러냈다. 위기의 순간, 그들을 국회 앞으로 불러낸 것은 즉흥적인 충동이 아니었다. 그것은 각자의 삶에 쌓인 도덕적·윤리적 경험과 그것을 토대로 형성된 감정과 가치판단, 태도의 총합이었다. 개인적 고통과 트라우마, 그 속에서 깨달은 삶의 의미, 사회적 불의에 대한 비판적 성찰, 역사적 사건, 책과 인물을 통한 각성, 투쟁의 경험 등이 그들의 내면을 단련시켰고, 국회 앞으로 갈 수 있게 한 정신적 자양분이 됐다.

'출발점'은 모두 달랐다. 과정도 달랐다. 서로 다른 길 위에서 형성된 신념과 양심, 감정이 그들을 한자리에 모이게 했다. 그 과정에서 그들은 또 한 번 성장하고, 변화하고, 연대하면서 민주주의를 지키고 실천하는 새로운 공동체를 만들어냈다. 그런 점에서 그들을 국회로 불러낸 출발점을 살펴보는 것은 우리 사회의 민주주의적 시민의식 또는 시민의 민주적 정체성이 어떻게 형성, 발전하고, 앞으로 나아갈 것인가를 보여주는 작은 창이 될 것이다. "그들은 어떻게 시민이 됐는가?" 이는 '민주주의를 구한 시민들'이라는 거대 서사에 묻힐 수 있는 개인을 다시 불러내는 일이다. 집단의 기억은 개인의 목소리가 하나로 모일 때 비로소 완성된다. 그리고 그 목소리가 다시 모여 우리 시대의 민주주의를 새롭게 정의할 것이다.

'12·3시민'은 누구인가?

그날 밤 국회에는 얼마나 많은 사람들이 모였을까?

'서울시 생활인구 데이터'[1]를 토대로 비상계엄 선포 시점부터 다음 날 오전까지 국회 주변지역의 인구 분포를 살펴봤다. 좀 더 정교한 수치를 산출하기 위해 여의도 전체를 아우르는 '행정동 단위' 대신 세분화된 '집계구 단위'를 활용해 데이터를 집계했다.

12월 3일 밤의 상황과 관련해 이 책에서 '국회 주변지역'이라고 부르는 것은 여의도공원(남)에서 한강시민공원 여의도지구(북), 샛강생태공원(서)에서 서강 및 마포대교(동)를 아우르는 지역으로 284쪽의 지도에서 1, 2, 3으로 표시한 세 집계구를 합한 지역을 가리킨다. 이 지역에는 국회의사당을 중심으로 한 국회 건물들 외에 서쪽으로 KBS, 동쪽으로 여의도순복음교회가 자리하고 있다. 국회대로길 주변에는 수많은 은행과 고층건물이 있는데, 그 시각 다수의 사람들이 머물고 있었을 가능성이 있는 건물은 호텔(켄싱턴호텔 여의도, 글래드 여의도 등), 오피스텔(여의도파라곤 등) 그리고 몇 개의 아파트단지가 있다(여의도공원 남단에 있는 대규모 아파트단지는 집계구 단위에서 제외했다).

이 자료를 토대로 그날 밤 국회 주변지역 인구의 증감 추세와 성별, 연령별 분포를 개략적으로 확인할 수 있다.(표 1) 여의도는 도심

---

1. 서울시와 KT가 공공 빅데이터와 통신 데이터를 이용해 추계한 서울의 특정 지역, 특정 시점에 존재하는 모든 인구를 말한다.

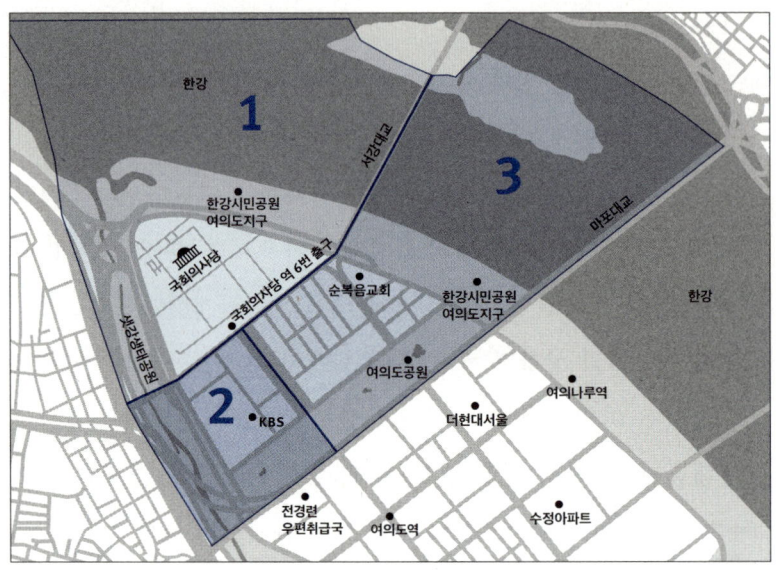

서울 생활인구 통계지역경계(집계구) 기준 국회 주변지역.

의 상업 및 사무 지역으로, 오전 7~8시경부터 직장인들이 출근하고 사람들이 왕래하면서 생활인구가 큰 폭으로 증가했다가 이들이 귀가하는 밤이 되면 급격히 줄어들기를 반복한다. 표 1의 검은색 선이 보여주듯 11월 말부터 12월 2일까지, 밤 11시경 국회 주변지역의 생활인구는 9,700~10,000명 정도였고, 0시부터 새벽 4시까지는 그와 비슷하거나 약간 낮은 수준을 유지했다. 이 수치가 이 지역의 상주인구라고 볼 수 있는데, 편의상 최대치를 1만 명으로 추정할 수 있다.

파란색 선은 12월 3일 밤 9시부터 다음 날인 4일 오전 9시까지 이 지역의 생활인구 변화를 보여준다. 비상계엄 선포 직전인 12

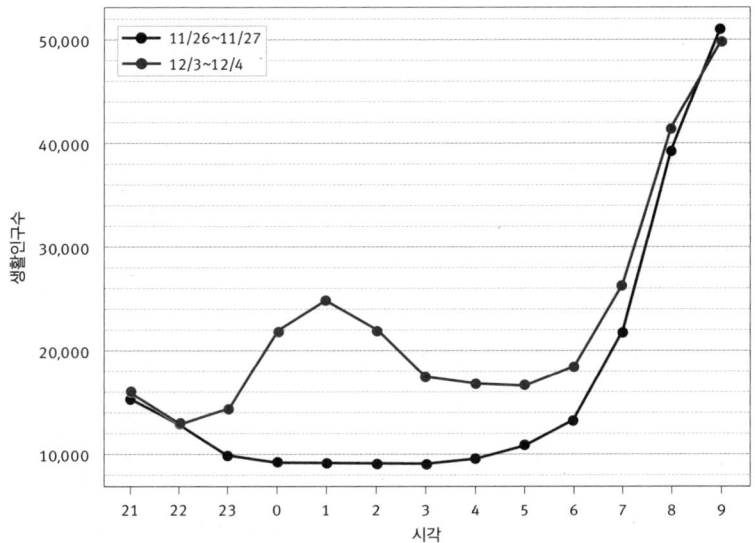

표 1 11월 26~27일과 12월 3~4일 국회 주변지역 생활인구 변동 추이.

월 3일 저녁부터 줄어든 국회 주변지역 생활인구는 밤 10시에 1만 3,046명[2]이었다. 비교군인 일주일 전 11월 26일의 1만 3,029명과 거의 같다. 이때까지는 평소와 같은 상태라고 할 수 있다. 그런데 계엄 선포 직후인 밤 11시, 평소와 달리 생활인구가 1만 4,453명으로 늘어났다. 전주의 9,761명에 비해 4,692명이 증가했다.

이렇게 늘어난 생활인구의 대다수는 그날 밤, 국회를 봉쇄한 경

---

2. 서울시가 제공하는 생활인구 공개 데이터에는 소수점까지 포함된 추정치가 그대로 반영되어 있다. 이 수치는 기지국, 위치 기반 데이터를 이용해 그 시각 해당 지역에 존재한 인구수의 평균값을 추정한 것이므로, 실제 '사람 수'가 아니라 '모형의 연속적인 결과값'이다. 따라서 데이터 자체는 소수점 이하 4자리까지 표시되어 있는데, 여기서는 편의상 소수점 첫 자리에서 반올림한 숫자로 표시한다.

찰 1,963명과 계엄군 763명을 합한 2,726명의 상당 부분[3]과 계엄 소식을 듣고 먼저 도착한 국회의원과 보좌진(약 300명으로 추정), 비상소집령에 따라 출근한 국회 직원(약 200명으로 추정)일 것으로 보인다. 일반 시민은 아직 많지 않았을 것이다. 계엄 소식을 들은 시민들이 밤 11시 이전에 국회 앞에 도착하는 것은 물리적으로 어려웠다. 실제로 〈진실의 힘〉이 면담한 시민 가운데 밤 11시 이전에 도착한 소수의 인원도 당시 국회 앞에 시민은 그다지 많지 않았다고 했다. 따라서 그 시각 시민은 최대 1,000명 정도였을 것으로 추정된다.

이 지역 생활인구는 밤 11시를 지나면서 급격히 증가했다. 계엄군 헬기와 군용차가 나타난 11시 48분 이후에도 증가 추세는 이어졌고, 국회에서 '비상계엄 해제 요구 결의안'이 가결된 4일 새벽 1시경 2만 4,762명으로 정점을 찍었다. 일주일 전 같은 시각의 9,249명에 비해 1만 5,513명이 증가한 수치다. 남성은 1만 1,582명(74.7%), 여성은 3,931명(25.3%)이었다.

당시 국회 앞에 "유튜버뿐만 아니라 온갖 방송사가 다 와 있었다"(오정민)는 말처럼 국내외 언론사 취재진은 물론 유튜버들도 많이 나왔고, 아직 다 밝혀지지 않은 계엄군과 경찰 등 내란세력이 동원한 추가 인원도 있었을 것이다. 시간이 지나면서 국회의원과 보좌진, 국회 직원도 더 많아졌다. 국회 주변지역에 상주하는 주민 가운데에도 내란을 막기 위해 나온 이들이 일부 있었다. 정

---

3. 국방부와 경찰 발표에 의하면, 그날 출동한 병력의 상당수는 밤 11시 이후 국회에 도착했다.

확한 숫자는 파악할 길이 없지만 숨겨진 인원을 포함해 계엄군과 경찰의 수를 3,000명 정도로 추정하고, 국회의원(약 300명[4])과 보좌진(약 1,200명), 국회 직원(약 1,000명), 언론사 취재진, 유튜버 등(약 500명)과 기지국 경계를 넘나들며 일부 중복 계산됐을 수 있는 인원을 고려하면, 그 시각 내란을 막기 위해 달려온 시민은 대략 9,000~10,000명 정도로 추정할 수 있다.

증가된 생활인구 가운데 계엄군과 경찰은 거의 남성이었을 것으로 추정된다. 국회의원은 남성 240명, 여성 60명이었고, 보좌진과 국회 직원의 남녀 비율을 3 대 1로, 언론사 취재진과 유튜버는 1 대 1로 추정하면 계엄을 저지할 목적으로 나온 시민 가운데 남성은 6,400~6,500명 내외, 여성은 3,000~3,100명 내외로 추정할 수 있다. 대략 2 대 1의 비율이다. 행정안전부가 공표한 2024년 11월 말 기준 대한민국 인구 중 남성(49.8%, 25,504,176명)과 여성(50.2%, 25,722,581명)의 비율과 대비해보면 남성이 더 많이 나온 셈인데, 사건의 성격과 시간, 장소에 비추어 충분히 예상 가능한 결과라고 할 수 있다.

국회 주변지역 생활인구는 국회가 계엄 해제를 의결한 새벽 1시 이후 점차 하향세를 보여 새벽 3시경에는 9,000명 아래로 감소했다. 국회가 계엄 해제를 의결하는 데 성공하자 안심하고 귀가한 일

---

4. 당시 국회의사당에는 200여 명의 여야 국회의원과 보좌진이 있었지만 국민의힘 의원들은 대부분 당사에 머물렀던 것으로 보인다.

부 시민과 철수한 계엄군 병력이 반영된 수치일 것이다. 새벽 3시부터 5시까지는 생활인구가 미세하게 감소하지만 비슷한 수준을 유지하는데, 이는 내란세력이 계엄 해제를 미루다 새벽 4시 27분에야 "국무회의 의결정족수가 충족되는 대로 해제할 것"이라고 발표할 때까지 많은 시민이 2차 계엄 시도를 경계하며 국회 앞을 지킨 사실을 보여주는 수치라고 할 수 있다. 새벽 5시에 8,000명 수준으로 감소했다가 새벽 6시 9,000명 수준으로 다시 증가한 것은 지하철과 버스 등 대중교통의 운행이 재개되면서 새로운 시민들이 합류했음을 보여준다. 그 후 증가한 수치는 11월 27일과 비슷한 패턴을 보이는 것으로 보아 이 지역 직장인들의 출근 때문일 것이다.

그날 밤 국회 앞 시민들의 성별, 연령별 분포는 어땠을까?

표 2는 12월 4일 새벽 1시와 11월 27일 같은 시간대의 국회 주변 지역 생활인구를 비교한 것이다. 왼쪽 막대는 남성, 오른쪽 막대는 여성 생활인구이고, 바깥쪽 옅은 막대는 12월 4일 새벽 1시, 안쪽 짙은 막대는 11월 27일 새벽 1시의 생활인구를 보여준다. 표 3은 그중 12월 4일에 증가한 생활인구를 계산해 남녀별, 연령별로 구분한 것이다. 우선 분명한 것은 일주일 전에 비해 남녀를 불문하고 10대부터 70대 이상까지 모든 연령대에 걸쳐 생활인구가 증가했다는 사실이다.

12월 4일 새벽 1시에 늘어난 남성 생활인구를 연령대별로 계산해보면 50대 초반이 1,593명으로 제일 많고, 뒤이어 40대 후반 1,412명, 40대 초반 1,392명, 30대 후반 1,366명, 20대 후반 1,316명,

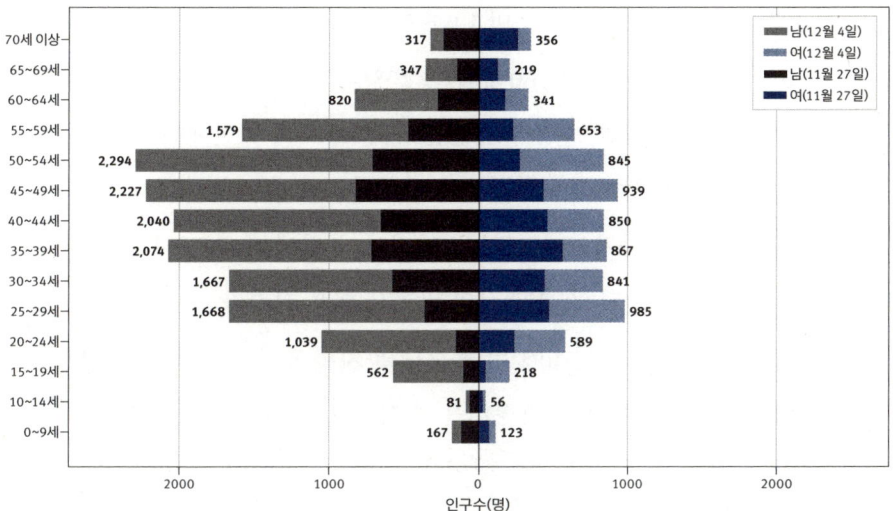

표 2 12월 4일 새벽 1시와 11월 27일 새벽 1시 생활인구 비교.

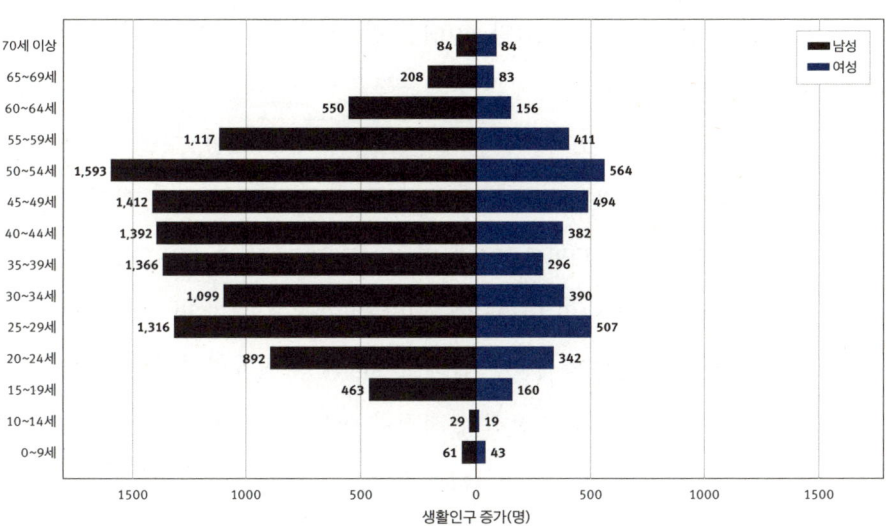

표 3 12월 4일 증가한 생활인구의 성별·연령별 분포도.

4부 그들은 누구인가 **289**

50대 후반 1,117명, 30대 초반 1,099명, 20대 초반 892명, 60대 초반 550명, 10대 후반 463명, 60대 후반 208명, 70세 이상 84명 순이다. 그런데 동원된 경찰 병력과 계엄군이 주로 20대 후반에서 30대 초반에 속하는 남성이고, 지휘관급에 30대 후반과 40대 초반이 약간 포함돼 있다고 가정하면 계엄을 저지하기 위해 국회로 나간 시민 가운데 40대 후반과 50대 남성의 비중은 더욱 커진다.

여성의 경우에는 남성에 비해 세대별 차이가 두드러지지 않지만 50대 초반과 20대 후반 연령대를 중심으로 주변 연령대가 부드러운 곡선형을 이루고 있다는 점이 눈에 띈다. 50대 초반이 564명으로 제일 많고, 20대 후반 507명에 이어 40대 후반 494명, 50대 후반 411명, 30대 초반 390명, 40대 초반 382명, 20대 초반 342명, 30대 후반 296명, 10대 후반 160명, 60대 초반 156명, 70세 이상 84명, 60대 후반 83명 순이다.

한편 TV 시청률 조사기관인 닐슨코리아[5]에 따르면, 그날 500만 명이 넘는 시청자가 TV로 비상계엄 상황을 지켜본 것으로 확인된다. MBC 128만 명, JTBC 102만 명, TV조선 74만 명, SBS와 KBS1은 각각 54만 명과 52만 명, MBN 49만 명, 채널A 23만 명 수준이었다. 지상파와 종합편성채널만 합해도 500만 명에 육박한다. 집계에는 잡히지 않았지만 휴대전화로 시청한 이들까지 포함하면 숫자는 대폭 늘어난다. 각 방송사의 특보 체제는 자정을 넘겨 새벽 2시까

---

5. 김기중, 「500만 명 TV로 '계엄선포' 지켜봐… 'MBC' 가장 많이 시청」, 서울신문, 2024. 12. 4.

지 이어졌는데, 이 시간대 TV 시청자는 대부분 내란 사태의 추이를 지켜본 이들로 보는 것이 타당하다.

인터넷 접속률도 12월 3일 자정 무렵 네이버 뉴스 트래픽이 평시 최고치 대비 1,320% 폭증했고, 네이버 카페 트래픽 또한 450% 급증한 것으로 집계됐다.[6] SNS의 경우 트위터(X) 실시간 트렌드에 따르면 '비상계엄'과 관련된 게시물이 80만 개를 넘어 1위를 차지했다. 카톡에도 비상계엄 관련 오픈 채팅방이 다수 개설됐고, '윤석열', '계엄' 등을 해시태그로 내건 채팅방이 속속 개설됐다.[7] 국회에 가지 않은 시민들에게도 "잠들지 못하는 밤"이었다.

표 4는 여론조사 기관인 한국갤럽이 비상계엄 직후인 12월 3일부터 5일까지 전국 만 18세 이상 1,001명을 대상으로 진행한 조사 결과를 나타낸 것이다(95% 신뢰 수준에 표본오차는 ±3.1%포인트). 윤석열의 대통령 직무수행 전체 평가는 긍정 16%, 부정 75%로 각각 그의 취임 후 최저치와 최고치를 기록했는데, 계엄 이후를 기준으로 하면 긍정 13%, 부정 80%였다. 긍정 38%, 부정 47%, 유보 15%를 기록한 70대 이상을 빼면 모든 연령대에 걸쳐 전국 모든 지역에서 부정 평가가 60%를 넘겼다. 평소 정치성향이 '보수'인 시민들도 56%가 '부정' 평가를 내렸다. 이는 성별과 세대, 지역, 정치성향을 불문하고 절대다수 시민이 압도적으로 비상계엄에 반대했다

---

6. 국윤진, 「계엄 직후 네이버 트래픽 1320% 폭증」, 세계일보, 2024. 12. 24.
7. 성정은, 「간밤 휩쓴 '계엄령'에 SNS 들썩… 게시글 수백만 개 쏟아져」, 매일경제, 2024. 12. 4.

2024년 12월 1주 (3~5일)		조사완료 사례수 (명)	가중적용 사례수 (명)	대통령 직무수행 평가			어느 쪽도 아님	모름 응답 거절
				잘하고 있다	잘못하고 있다	의견 유보		
전체		1,001	1,001	16%	75%	9%	4%	6%
지역별	서울	189	187	20%	71%	9%	2%	7%
	인천/경기	323	321	16%	76%	8%	3%	5%
	강원	30	30	-	-	-	-	-
	대전/세종/충청	106	107	11%	76%	13%	5%	8%
	광주/전라	97	97	7%	90%	3%	1%	2%
	대구/경북	95	97	21%	61%	18%	11%	7%
	부산/울산/경남	144	149	17%	75%	8%	2%	6%
	제주	17	13	-	-	-	-	-
연령별	18~29세	148	157	7%	78%	15%	2%	13%
	30대	138	149	3%	84%	13%	2%	11%
	40대	198	177	8%	89%	3%	2%	1%
	50대	218	197	11%	85%	4%	2%	2%
	60대	169	175	30%	61%	10%	6%	4%
	70대 이상	130	146	38%	47%	15%	8%	6%
성향별	보수	283	288	33%	56%	11%	5%	6%
	중도	311	303	10%	80%	10%	3%	6%
	진보	297	294	4%	94%	3%	1%	1%
	무당(無黨)층	110	115	20%	58%	22%	7%	15%
비상 계엄	사태 전(12/3)	430	431	19%	68%	12%	4%	8%
	사태 후(12/4-5)	571	570	13%	80%	7%	3%	4%

표 4 대통령 직무수행 평가(2024년 12월 1주, 한국갤럽)

는 사실을 보여준다. 이러한 조사 결과는 그날 밤 비록 이런저런 사정으로 국회 앞에 나가지 못했지만, 전국 각지에서 밤을 새워가며 TV와 컴퓨터, 휴대전화를 들여다본 절대다수의 시민이 내란에 반대하며 국회의 계엄 해제 의결을 기다리는 한편 국회 앞에 나간 시민들을 지지했다고 추정할 수 있게 한다.

윤석열에 대한 사법처리 과정 동안 여론은 왜곡되고 변화했다. 공수처가 개입하면서 불필요하게 시간을 끌고, 서울중앙지방법원 대신 서울서부지방법원에 영장을 청구한다거나, 첫 번째 영장 집행을 안이하게 포기하는 등 절차적 잘못을 계속 저지르며, 정치적 논란을 부추기고 내란세력이 거짓 선전·선동을 할 수 있는 시간과 빌미를 줬다. 윤석열 탄핵과 후임 대통령 선거가 정치 일정에 등장하면서 내란이 대립하는 정치세력 사이의 정치적 다툼 정도로 희화화되는 현상도 나타났다. 그런 점에서 갤럽의 초기 여론조사 결과는 비상계엄과 내란에 대한 오염되지 않은 국민적 평가를 객관적으로 보여주는 자료라고 할 수 있다.

이러한 점을 종합하면 12월 3일 내란의 밤, 국회 앞에 나간 '12·3 시민'은 40대와 50대 남성이 주력을 이룬 가운데 남녀 모두, 10대 후반에서 70대까지 '세대 간 연대'를 통해 모든 세대가 어우러진 시민 공동체였다고 할 수 있다. 비상계엄에 반대하고 내란을 저지하려는 그들의 의지와 행동은 전체 국민의 뜻과 일치했다. '민주주의 수호'라는 하나의 목표가 서로 다른 곳에서 다른 삶을 살아온 이들을 한 공간으로 불러모았고, 그들은 주권자인 국민을 대신해 그 뜻을 실현했다. 전국의 시민들은 밤새 생중계를 지켜보며 국회 앞에서 내란세력과 맞선 '12·3시민'을 응원하고, 격려하고, 박수를 보냈다. 비유하자면 모두가 하나되어 "대한민국"을 외치며 국가대표 선수들을 응원하고 환호했던 2002년의 모습이 TV와 컴퓨터, 휴대전화를 통해 되살아난 밤이었다.

313명을 통해서 본 '12·3시민'의 모습

〈진실의 힘〉은 '12·3시민' 연구를 위해 '12월 3일, 국회로 나간 시민을 찾습니다'라는 제목으로 2025년 2월 10일 공개모집을 시작해 6월 10일 마감했다. 한겨레 기사[8]를 시작으로 주로 페이스북과 트위터를 통해 홍보했다. 그 결과 313명의 시민을 면담했다.

면담에 참여한 313명 시민의 구성은 어떨까?

성별로 보면 남성 183명, 여성 116명, 제3의 성 10명, 성전환자 2명, '선택하지 않음' 2명이다.(표 5) 남녀를 선택한 299명만을 기준으로 하면 남성 61%, 여성 39%로, 그날 국회 앞으로 나간 여성 시민 비율에 비해 여성이 조금 더 많이 참여했다. '제3의 성'은 남성과 여성 이분법에 포함되지 않겠다는, 즉 당사자가 스스로 자신의 정체성을 규정한다는 의미다. '선택하지 않음'은 성별 분류 자체에 동의하지 않는 이들이다.

---

8. 이문영, 「"살 만큼 살았잖아" 세 자매는 달렸다… 내란 막은 시민들의 그날 밤」, 한겨레, 2025. 3. 1.

연령대	남성	여성	제3의 성	성전환자	선택하지 않음	합계
10대	0	2	1	0	0	3
20대	45	46	6	2	1	100
30대	57	32	3	0	0	92
40대	22	10	0	0	1	33
50대	41	20	0	0	0	61
60대	15	6	0	0	0	21
70대	3	0	0	0	0	3
합계	183	116	10	2	2	313

표 5 시민 313명의 연령별 성별 분포(2024년 기준).

313명의 나이대는 19세에서 72세까지 다양한 세대가 폭넓게 참여했다. 최연소 참가자는 2005년생(당시 19세)으로 3명이고, 최고령 참가자는 1952년생(당시 72세)이다. 20대는 100명(32%), 30대는 92명(29%), 50대는 61명(19%), 40대는 33명(11%), 60대는 21명(7%)이었다. 국회 앞으로 나간 전체 12·3시민의 연령대에 비해 20대와 30대는 2배 정도 많이 참여했고, 50대는 5~6% 적게 참여했으며, 40대는 절반에도 미치지 못했다. 60대는 비슷하고, 10대는 적게 참여했다.

이는 〈진실의 힘〉이 12·3시민을 공개모집한 시기와 방식 등의 특징과 한계를 반영한 것으로 보인다. 〈진실의 힘〉이 시민을 공개모집한 기간은 2025년 2월 10일에서 6월 10일까지다. 헌법재판소에서 윤석열에 대한 사법처리와 탄핵심판이 함께 진행되던 시기였다. 서울중앙지방법원 지귀연 판사가 기이한 법 해석으로 윤석열을 석방하고 우여곡절 끝에 재구속되는 과정, 헌법재판소 재판관 충원 문제를 둘러싼 대통령 권한대행들의 야료와 최종 결정 가능성에 대한 의문, 시민들의 대규모 시위가 이어지고, 윤석열을 지지하고 탄핵에 반대하는 세력이 점차 여론의 지지를 회복하며 서울서부지방법원 폭동 사태를 일으키는 등 우리 사회가 다시 한 번 위기 국면으로 치닫다가 헌법재판소의 파면 결정으로 안정을 회복하면서 곧바로 대통령선거가 진행되던 기간이었다.

313명 시민에 대한 면담은 12월 3일에서 짧게는 2개월 남짓, 길게는 6개월 이상 지나 이루어졌고, 그 시간은 여전히 비상계엄의 자장磁場 안에 있었다. 시민을 모집할 때 주로 젊은 세대가 많이 사용하는 SNS(페이스북, 트위터)를 통해 홍보가 이루어진 데다 오랜 기간 계속되는 시위에서 청년층이 주력을 이루었다는 점에서 20대와 30대가 각기 3분의 1 가까운 비율을 차지한 이유를 짐작할 수 있다. 이는 여성이 실제보다 더 많이 면담에 응한 이유, 특히 20대 여성이 많이 참여한 원인일 수 있다. 20대 여성 면담자는 대부분 트위터를 통해 참여했는데, 이는 트위터가 젊은 여성 사이에서 주요 소통수단으로 사용되고 있다는 점을 반영한다.

40대의 참여가 특별히 적다는 점은 설명하기 어렵다. 40대가 경제활동에서 가장 중추적 역할을 해 근로시간이 길고, 육아와 자녀교육 등 가사활동에도 가장 큰 부담을 지는 세대라는 점이 영향을 미친 것 아닌가 추측하지만 정확한 원인은 알 수 없다.

또 하나의 특징은 성별 분류에서 기존의 남녀 이분법을 넘어 정체성이 다원화되는 현상이 보인다는 점이다. 10명의 시민이 자신의 성정체성을 '제3의 성'으로 표현했고, 성전환자(트랜스젠더)와 '선택하지 않음'도 2명씩 있었다. 이는 성소수자의 인권운동과 정치참여가 증가한 현실, 특히 12월 3일 이후 윤석열 구속과 파면을 촉구한 대규모 시위의 영향으로 보인다. "퀴어축제가 아닌 곳에서 성소수자들이 자신의 이야기를 할 때 주변 사람들이 박수를 쳐주는 모습"(김아영)은 이번 비상계엄을 계기로 형성된 새로운 '광장'에서 현저하게 드러난 특징이었다. "차별과 혐오 없는 광장"은 민주주의를 지키기 위해 적극적으로 참여한 시민들 사이에서 성정체성의 다양성에 대한 관용과 수용의 정도가 높아지고 있음을 보여준다. "내가 속한 사회에서 목소리를 내는 게 조금 쉬워졌다"(조근욱)는 말은 민주주의를 지켜낸 공동체에 대한 신뢰의 표현이었다. '광장' 시민의 열린 마음은 단지 비상계엄을 저지하는 것을 넘어 소수자의 인권에 대한 인식의 폭과 깊이도 확장시킨 중요한 계기가 됐다. 〈진실의 힘〉이 진행한 면담을 통해서도 확인할 수 있었다.

한편 스스로 생각하는 '이념적 성향'을 묻는 질문에는 자신이 가입했거나 지지하는 정당을 표기한 시민이 많아 분석하는 데 한계가 있었다.(표 6) 지지 정당으로 대신한 시민을 제외하고 자신의 이념적 성향을 밝힌 시민 180명을 기준으로 보면 진보(좌파+아나키스트+진보)가 152명(84%)으로 압도적이었다. 중도(중도진보+중도+중도보수)는 22명(12%), 자유주의 1명(0.6%), 보수 5명(2.8%)이었다. 한국의 정치적 맥락에서 '진보'로 분류되는 민주당과 진보당, 정의

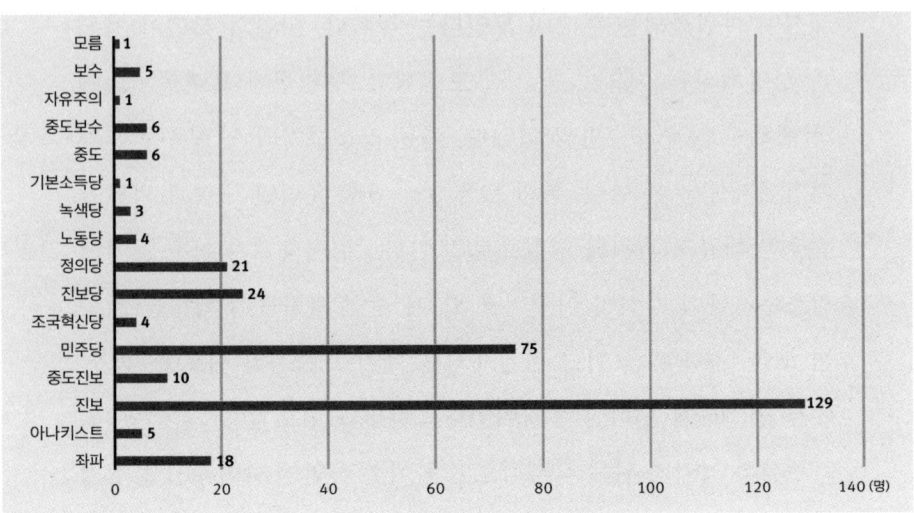

표 6 시민 313명의 이념 지향. 당의 경우 당원뿐 아니라 지지자까지 포함한 수치다.

당, 노동당, 녹색당, 조국혁신당, 기본소득당을 지지한다는 것으로 자신의 이념적 성향을 표현한 132명까지 더하면 진보는 모두 284명으로 전체 313명의 91%에 해당한다. 하지만 자신의 이념은 '보수'이며 "보수라서 민주당을 지지하는 거"라고 밝힌 시민(김장호)도 있고, 실제로 민주당에서도 중도-보수정당으로 자리매김해야 한다는 목소리가 나오기도 한 점을 고려하면 민주당 지지자의 실질적인 이념 성향을 '진보'로 일괄 평가하는 데에는 무리가 있다. 이는 다른 소수 정당에도 적용되는 문제다.

지지 정당을 밝힌 132명 가운데에는 민주당 지지자가 75명(57%)으로 과반을 넘겼다. 진보당(24명, 18%)과 정의당(21명, 16%)이 상당한 비중을 차지하며 그 뒤를 이었고, 조국혁신당과 노동당(각 4

명, 1.3%), 녹색당(3명, 2.3%), 기본소득당(1명, 0.8%)이 골고루 분포되어 있었다. 국민의힘 지지자가 1명도 없는 점은 아쉽지만 스스로 밝힌 '이념적 지향'과 지지 정당 모두 폭넓게 분포되어 있다는 사실은 고무적이다. 위헌적이고 폭력적인 비상계엄에 맞서 민주주의를 지키는 일이 특정 정당이나 이념적 지형의 문제가 아니라는 점을 보여주기 때문이다.

시민 313명의 직업군도 무척 다양하다.(표 7) 하루 중 적어도 반나절을 할애해야 참여할 수 있는 데다 민간단체인 〈진실의 힘〉이 진행한 면담의 성격상 참여하는 데 어려움이 있는 직업군이 있을 수 있다는 점을 고려하면 12·3시민의 직업은 훨씬 다양할 것으로 보인다.

가장 비율이 높은 직종은 시민사회 단체와 조직 그리고 노동조합 활동가로 모두 55명(17.6%)이었다. 그 뒤를 '직장인'과 '문화·예술·언론' 종사자가 따랐다(각 45명, 14%). 사업 또는 자영업 27명(8.6%), 교수·교사·강사·연구원·연구개발자 등 교육·연구 종사자가 22명(7%), 전문직 종사자 15명(4.8%), 기초·광역 의원과 정당 당직자 및 국회의원 보좌진 등 직업 정당인 26명(8.3%)이었다(국회의원은 〈진실의 힘〉이 처음부터 제외했다).

313명 가운데 시민사회단체와 노동조합 활동가 그리고 문화·예술·언론 종사자의 비중이 높은 것은 설명이 필요해 보인다. 시민사회단체와 노동조합 활동가는 상대적으로 정치의식이 높고 평소에도 집회와 시위에 참여하는 빈도가 높은 사람들로, 그날도 SNS 등

직업군	직종	인원	직업군	직종	인원
시민사회·노동	시민단체 활동가	37	문화·예술·언론	예술인(미술, 공연 등)	4
	민주동문회	1		작가·방송작가	10
	전교조	1		음악인	8
	노동운동가	9		영상 디자이너	4
	공무원	1		감독(영화·다큐)	3
	특수고용직노동자	2		PD	3
	협동조합 관계자	3		배우	3
	사회단체장	1		기자·언론인	5
기초·광역 의원	구의회·시의회	3		출판·편집자	5
정당인	진보당	7	전문직	변호사	5
	정의당	3		노무사	1
	민주당	3		의사·한의사·약사	4
	노동당	1		사회복지사·상담사	2
	조국혁신당	1		기술·현장직(배관공 등)	1
국회의원 보좌진	국회의원 보좌진	7		물리치료사	1
	국회의장실 보좌진	1		무술지도사	1
가사	전업주부	5	자영업·사업	사업가	4
청년·학생	대학원생(석·박사 과정 포함)	16		자영업 일반	23
	대학원 준비 중	3	직장인	직장인	45
	대학생(재학·휴학)	26	교육·연구	교수·교사·강사·연구원·연구개발자	22
	취업 준비생	14	종교	목사	3
	수험생·알바 등	2	무직	무직	9

표 7 시민 313명의 직업(2024년 12월 3일 현재).

을 통해 비상계엄의 불법성을 조직적으로 알리는 한편 국회 앞 집회에 적극적으로 참여했다. 음악, 미술, 공연, 영상 등 다양한 분야의 예술인 역시 그날 '민주주의 위기' 신호에 민감하게 반응했다. 박근혜 정권에서 '문화계 블랙리스트'로 심각한 고통을 받은 문화·예술인들에게 비상계엄은 차원이 다른 폭력으로 다가왔고, "음악이 통제를 당할 수 있"는 "정말 아예 다른 세상을 맞이하게"(김한돌) 될 것이라는 위기감을 느꼈다. 질식할 듯한 압박감을 느끼며 사회 위기를 누구보다 빠르게 인지했고 행동으로 표현했다. 〈진실의 힘〉 면담에 참여한 시민사회단체와 노동조합 활동가 및 문화·예술·언론 종사자의 비율은 12·3시민 전체에서 차지하는 실제 비율에 비해 상당히 높을 것으로 추정된다. 시민사회 조직인 〈진실의 힘〉과 이들 사이에 상대적으로 조직적·인적 연관성이 클 뿐 아니라 〈진실의 힘〉이 진행하는 사업에 대한 인지도와 협력 의사도 더 높을 것이기 때문이다.

"자신의 경제 수준을 어떻게 생각하는가?"라는 질문(표 8)에는 130명(41.5%)의 시민이 '중'이라고 답변했다. '중하'라고 답한 시민은 56명(17.9%), '중상'이라고 답한 시민은 33명(10.5%)이었다. 객관적 지표 없는 주관적 평가이기 때문에 한계가 있지만 이 세 범주를 합하면 69.9%로 3분의 2 이상이 우리 사회 중간계층에 해당한다고 짐작할 수 있다. '상'은 31명(9.9%), '최상'이라고 답한 이도 2명(0.6%) 있었다. 자신의 경제 수준을 '하'라고 답한 시민은 42명(13.4%), '최하'로 답한 시민은 7명(2.2%)이었으며, 무응답은 12명

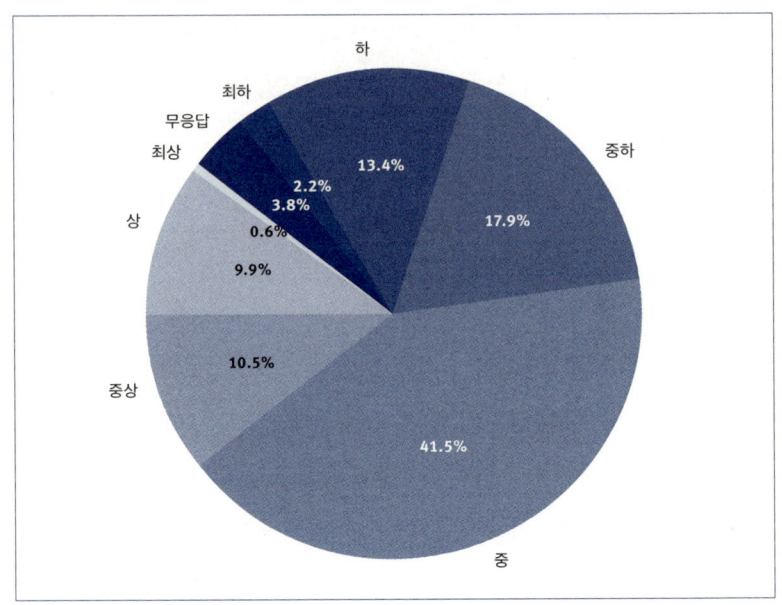

표 8 시민 313명의 경제 수준 분포.

(3.8%)이었다.

표 9는 대한민국 전자정부 누리집 'e-나라지표'의 2023년 국민소득액 통계를 토대로 재구성한 것이다. 표 8과 직접 비교하는 데에는 무리가 있지만 313명 시민이 생각하는 경제 수준과 비교하면 다음과 같은 결과를 얻을 수 있다. 즉 313명 시민 가운데 자신의 경제 수준을 '중'이라고 느끼는 이들은 전체 국민의 객관적 상태에 비해 많고, '최상'을 포함한 '상'은 전체 국민에 비해 절반 정도에 지나지 않는다. '중상'과 '중하'도 더 적게 분포되어 있으며, '최하'를 포함한 '하'는 전체 국민의 경우와 비슷한 수준이다.

계층	기준(중위소득 대비)	월소득(만 원)	인구 비중
상	150% 초과	5,635만 원 이상	22%
중상	120~150%	4,508~5,635만 원	15%
중	80~120%	3,005~4,508만 원	33%
중하	50~80%	1,879~3,005만 원	15%
하	50% 이하	1,879만 원 이하	15%

표 9 대한민국 전체 인구 중 소득 분포. 통계청이 제시한 '가구 균등화 중위소득'(2023년, 3,757만 원)을 토대로 OECD와 국내 학계, 정책연구에서 널리 쓰이는 중위소득 대비 기준(50%, 80%, 120%, 150%)을 적용하여 임의로 구간을 나눈 도표다. 상대적 빈곤선의 경우 OECD 기준 '균등화 처분 가능가구 소득 중윗값의 50% 미만'을 빈곤으로 정의한다. 중산층은 '중위소득의 50~150%를 중산층'으로 사용하는 범례에 따랐다.

거칠게 요약하면 내란의 밤, 국회로 향한 12·3시민들은 경제적으로 비교적 안정된 중산층이 중심을 이룬 가운데 상위층(최상·상·중상 66명, 21.1%)과 하위층(중하·하·최하 105명, 33.5%)이 골고루 가담해 계급적 경계를 넘는 연대를 형성했다. 다만 사회적 약자와 취약계층이 상류층보다 더 적극적으로 참여했음을 짐작할 수 있다.

경제 수준이 전체 국민들의 객관적 소득수준 분포와 큰 차이를 보이지 않은 반면 시민 313명의 학력은 전체 국민의 경우와 큰 차이를 보인다.(표 10) 313명 가운데 대학원 재학 또는 대학원을 졸업한 석박사 학위 소지자는 각각 28명과 39명으로 모두 67명이다. 대졸자는 185명(59.1%), 대학생, 대학 중퇴, 전문대 졸업은 각각 26명(8.3%), 15명(4.8%), 1명(0.3%)이고, 고졸과 그 이하는 16명(5.1%)과 3명(1%)이었다. 2023년 기준 대한민국 만 25~64세 성인 인구 가운데 대학 졸업 이상 고등교육 이수자 비율이 55%, 고등학교 졸업

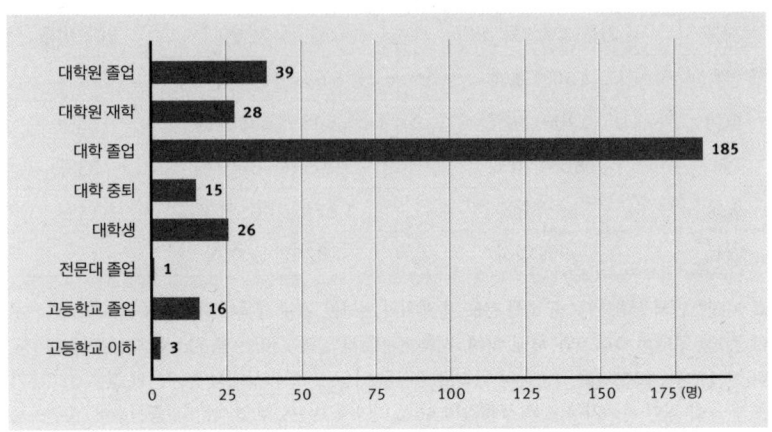

표 10 시민 313명의 학력 분포. 표 7에서 대학원생은 16명이지만 표 10에서는 대학원생이 28명으로 나타났다. 이는 직업을 가진 채로 대학원에 재학 중인 경우를 포함했기 때문이다.

38%, 중학교 졸업 이하가 7%(국민교육수준, 'e-나라지표')인 점과 비교해보면 12·3시민은 대졸 이상의 고학력자가 절대다수를 점한 가운데 중산층이 참여의 중심축이 되었을 가능성이 크다.

이상에서 살펴본 바를 종합해볼 때 내란의 밤에 국회 앞으로 달려나간 12·3시민은 성별과 나이, 직업, 거주지역, 정치적 지향과 지지 정당, 성정체성, 경제 수준과 학력 등 평소 사람들을 구분하는 범주들에 상관없이 다양하게 구성되어 있다는 사실을 알 수 있다. 전체적으로 볼 때 12·3시민은 대한민국 국민의 다양한 모습을 실질적으로 반영하고 있다. 최악의 국가폭력이 자행되는 위기 상황에서 남녀를 불문하고 모든 세대, 모든 계층의 다양한 시민이 자신의 희생을 무릅쓰고 앞으로 나설 준비가 되어 있었다는 사실이야말로 한국 민주주의의 동력이라고 할 수 있다. '광주'의 저항과 희생을 영감의 원천으로 삼은 한국의 민주주의는 대한민국 시민들의 내면에 깊이 뿌리내려 정체성의 핵심을 이루었다. 그들이 언제든 필요할 때마다 '민주주의의 수호자'로서 행동할 준비가 되어 있다는 사실을 이번 면담에서 확인할 수 있었다.

우리는 목격자, 후대를 위해 기록합니다

그날 밤 국회 앞에 특별한 영웅은 없었다. 대신 '1명이라도 더'라는 절박한 마음으로 달려온 평범한 시민들이 있었다. "머릿수 채워야지. 뭔가 시간을 끌어야겠지"(전시형), "한 사람이라도 더 머릿수를 채워야지"(이중규), "머릿수 하나 더 채운다는 마음으로"(김정원) 등 '머릿수를 채우러' 가야겠다는 단순하고 절실한 마음이 시민들을 국회로 이끌었다.

시민들은 그날 밤 국회로 나간 것을 인생에서 제일 잘한 일로 여기면서도 자신이 '특별한 사람' 혹은 '영웅'으로 불리는 데는 반대했다. 한승희는 국회에 나간 사람들을 위대한 시민, 영웅이라고 부르는 것은 "일종의 타자화"라고 지적했다. "영웅이라고 불리는 이들 중에는 평소 사회에서 부당한 일을 겪고 소외되는 사람들, 무시받고 있는 사람들도 많을 텐데, 그들을 추상화하는 것은 거북하다"고 말했다. 한OO도 "굉장한 대의를 가지고 갔다는 생각은 한 번도 한 적이 없다"며 "영웅화, 서열화해서 띄워주는 거에 거부감이 있다"고 했다. 배현민 역시 "허상의 불안 속에 떠는 것보다 직접 경험하는 게 낫다고 생각했을 뿐"이라며 "영웅시하는 것은 솔직히 기분

좋은 일은 아니"라고 말했다. 임유현도 "가지 못한 사람도 여러 조건이 맞지 않아서 못 간 거지, 그걸 나누는 것도 불편하고, 진짜 민주주의를 위해 싸운 사람들은 주목하지 않으면서 말로만 '영웅'이라고 표현하는 것은 부적절하다"고 했다. 이혜경은 "당연하게, 우리가 갈 곳에 가서 그곳에 있었"던 것이라고 말했다. 김도헌은 "이런 게 영웅담이나 이런 걸로 윤색될 수도 있다"고 지적하며, "나가길 잘했다"는 정도로 평가했다.

시민들이 인터뷰에 응한 이유는 다양했다.

정가은은 "기록은 많으면 많을수록 좋으니까 응했다"고 담담히 말했다. 김홍민은 "그날의 순간만큼은 역사와 시대가 저를 관통해가는 순간이었다"며 자신의 정치화 과정의 분기점으로 기억했다. 정OO은 "마치 영화 〈화려한 휴가〉의 사진 구석쯤에 있는 시민군 2 정도의 배역이 되고 싶다. 옳은 편에는 있었지만, 아무도 이름을 모르는 사람"이면 충분하다고 했다. 김동휘는 "어쩌다보니 한국사의 한복판에 서 있었다"며 자신의 행위를 "어쩌다보니"라는 단어로 표현했다.

많은 시민이 '다시는' 이런 일이 벌어지지 않기를 바라는 마음으로 인터뷰에 참여했다. 이상민은 자신을 "목격자"라고 불렀고, 장진기는 "후대에 영향을 미칠 사건"을 기록으로 남겨야 한다고 말했다. 이준해는 "우리가 그때 어떻게 대응했는지를 미래세대에게 알려주는 게 중요"하다고 했다. 권영국은 "다시는 똑같은 일을 반복하지 않도록 잘 기록해야 한다"고 말했고, 정석채는 "기억하고 기록해야 다시는 이런 일이 없을 것"이라고 했다. 홍준모는 "권력을 잡은 사람들이 이런 짓을 못하도록 목소리가 남아서 닿으면 좋겠다"고 강조했다. 민주주의를 위해 싸우고 있는 외국의 친구들에게 도움이 되기를 기대하는 시민도 있었다. 김윤범은 "홍콩이나 미얀마 같은 나라의 사람들이 보고 한국은 '이겨냈구나!' 하고 희망을 가질 수 있으면 좋겠다"고 했다.

그날 밤 뱃속의 아기랑 국회로 달려간 김경주, 정우진 부부는 "태어날 아기에게 그날의 일을 들려주기 위해" 기록하기로 했다. 김지용은 "그날이 인생의 분기점이었다. 헬기가 들어간 순간부터 밤새 시민들과 나눈 이야기까지 전부 다 기록하고 싶다"며 "많이 이야기하고, 많이 기억해야 다시는 이런 일이 벌어지지 않는다"고 말했다.

누구도 소외되지 않기를 바라는 마음으로 참여한 시민들도 있었다. 고경리는 "100년 후에 이 기록을 볼 사람, 짧게는 내년에 이 기록을 볼 사람을 생각했다"며 "여성의 자리를 지키고, 여성의 얼굴이 1명이라도 더 들어가면 좋겠다는 마음으로 참여했다"고 말했다. 심미섭은 "공식 역사에서 지워지는 여성과 소수자의 목소리를 스스로 기록하고 남기는 것이 중요하다"고 말했다. 그는 박근혜 탄핵 집회 후 만든 운동 기록집을 읽고 "우리 얘기는 하나도 없었다는 것에 충격을 받았다"고 했다. "정말 여성의 역사는 기록되지 않는구나"라는 깨달음 이후 그는 직접 역사의 현장을 기록해왔다. 이들에게 기록은 단지 증언이 아니라 지워진 존재를 다시 세우는 일, 시민권의 회복인 것이다.

역사의 왜곡을 막고 책임을 묻기 위해서 제대로 된 기록을 남겨야 한다고 강조한 시민들도 있었다. 박천은 "전두환이 기록을 숨기면서 사람들이 잘못 아는 게 많았다"며 "내란은 말 그대로 '박제'를 해놔야 나중에 문제를 해결할 때 도움이 될 것"이라고 했다. 최진영은 "근거를 남기는 기록"이 중요하다고 강조했다. 이찬민은 시민 기록을 좀 더 확장적으로 해석했다. "'어떤 마음이었을까?'를 궁금해하는 이 기록이 결국 사람들을 이어줄 수 있는 힘"이 될 수 있고, "내란 이후 한국 사회를 살아갈 사람들, 심지어 내란을 옹호하고, 차별과 혐오를 정당화하려는 사람들까지 결국 같이 살고, 설득하려면 이런 마음을 묻는 일"이 중요하다는 의미를 덧붙였다.

2장
시민은 어떻게 탄생되는가?

 누구에게나 삶의 빛이 된 순간이 있고, 이정표가 된 경험이 있다. 그 순간과 경험이 삶의 방향을 바꾸기도 한다. 〈진실의 힘〉은 313명 시민에게 삶의 방향에 영향을 준 순간과 경험에 관해 물었다. 사건 자체보다는 그 일이 그들의 내면에 어떤 영향을 미쳤는지에 주목했다.
 시민들이 사회·정치 문제에 처음 관심을 갖게 된 계기는 삶의 경로와 시대가 교차하며 매우 다양했다. 그들이 직간접 경험을 통해 내면에 깊은 영향을 받은 사건은 역사의 비극과 사회적 참사부터 개인 관계의 경험에 이르기까지 폭이 넓었다. 그러한 경험은 그들의 일상에 균열을 내고, 이전과 다른 시선으로 세상을 바라보며 불의에 저항하고 다른 시민과 연대하는 새로운 주체로 거듭나게 했다. 그런 의미에서 '결정적 순간'이었다. 그들은 사회의 구조적 문제를 직시하는 관점을 갖게 됐고, 가치관을 형성했다.

시민 정체성의 핵심, '5·18 광주'

내란의 밤, '무엇을 할 수 있는가?', '무엇을 해야 하는가?' 자문하던 시민들에게 '5·18 광주'는 내면 깊은 곳에 자리 잡은 기억의 원형이자 정체성의 핵심이었다.

전두환 군부가 비상계엄을 전국으로 확대한 1980년 5월 18일 아침, 광주 전남대 정문 앞에서 대학생들이 시위를 벌였다. 전날 밤 전남대를 점령한 제7공수특전여단은 진압봉, 총기 개머리판, 대검을 휘두르며 시위대를 폭력적으로 진압했다. 많은 학생과 시민이 다치고 끌려갔다. 5월 19일 군의 첫 발포 이후 수많은 사상자가 발생했다. 5월 20일, 군의 강경진압에 항의하는 시민이 늘어나자 제3공수특전여단은 광주역에서 시민을 향해 집단발포했다.

5월 21일 새벽, 시민들은 광주역 앞에 방치된 시신들을 발견했다. '전시적 폭력demonstrative violence', 당하는 사람이 죽든 살든 너무나 끔찍해 눈 뜨고 볼 수 없고 공포에 질려 도망칠 수밖에 없는 엽기적 장면을 만든 것(최정운)이었다. 그러나 광주 시민은 도망가지 않았다. 그날 오전, 10만여 시민이 전남도청 앞에 모여 "사과와 연행자 석방, 공수부대 철수"를 요구했다. 계엄군은 시민을 향해 집단

발포했고 많은 이들이 쓰러졌다. 학살이었다. 하지만 시민들은 물러서지 않았다. '시민군'을 조직해 무장하기 시작했고, 동료 시민을 보호하기 위해 저항했다.

시작은 분노였지만 "인간의 존엄성을 되찾기 위한 싸움"(최정운)이었다. 한강은 『소년이 온다』에서 광주 시민의 심리를 "거기 있는 지도 미처 모르고 있었던 내 안의 연한 부분" 또는 "느닷없이 발견한 내 안의 깨끗한 무엇"이 깨져나가면서 계엄군의 무력만큼이나 "강렬한 무엇인가"에 압도되었다고 표현했다. 그것은 "더 이상 두렵지 않다는 느낌, 지금 죽어도 좋다는 느낌, 수십만 사람들의 피가 모여 거대한 혈관을 이룬 것 같았던 생생한 느낌"이었고, "세상에서 가장 거대하고 숭고한 심장의 맥박"이었다.

시민군의 저항에 일시 퇴각한 계엄군은 광주 외곽을 봉쇄했다. 철저히 고립된 광주는 '해방구'가 됐다. 5월 26일, 계엄군이 탱크를 앞세워 시내로 재침입한다는 소식이 전해지자 시민군 지도부가 있던 전남도청에서 논쟁이 벌어졌다. '끝까지 싸워야 한다'는 의견과 '살아남기 위해 무기를 반납하자'는 의견이 맞섰다.

5월 27일, 새벽이 다가왔다. 마지막까지 도청을 지킨 157명의 시민군은 이길 수 없는 싸움이라는 것을 잘 알았다. 시민군의 대변인이자 지도자였던 윤상원 열사가 마지막으로 말했다.

우리는 저들에 맞서 끝까지 싸워야 합니다. 그냥 도청을 비워주게 되면 우리가 싸워온 그동안의 투쟁은 헛수고가 되고, 수 없이 죽어간 영령들과 역사 앞에 죄인이 됩니다. 죽음을 두려워하지 말고 투쟁에 임합시다. 우리가 비록 저들의 총탄에 죽는다고 할지라도 그것이 우리가 영원히 사는 길입니다. 이 나라의 민주주의를 위해 끝까지 뭉쳐 싸워야 합니다. 그리하여 우리 모두가 불의에 대항하여 끝까지 싸웠다는 자랑스러운 기록을 남깁시다. 이 새벽을 넘기면 기필코 아침이 옵니다.[9]

윤상원 열사는 "총탄에 죽는다고 할지라도 그것이 영원히 사는 길"이라고 생각했다. 그는 새벽 4시 도청 안으로 침입한 계엄군에 저항하다가 2층 복도에서 하복부에 총을 맞고 쓰러졌다. 그의 행위는 타인의 죽음을 끌어안고 폭력에 짓밟힌 공동체를 끝까지 세우려는 숭고한 윤리의식의 발현이자 "세상에 대한 사랑Amor Mundi"(한나 아렌트)의 실천이었다.

5·18이 학살로만 끝났다면, 그날 밤 도청을 비우고 모두 떠난 채 끝났다면 광주는 '광주'가 되지 않았을 것이다. 광주는 총칼과 탱크에 맨몸으로 맞섰다. 공포 앞에서 도망치지 않았고, 침묵하지 않았다. '인간다움'을 지키기 위해 저항했고, 나의 안위보다 이웃을 지키려는 연대의식으로 정의를 위해 싸웠다. 국가폭력에 맞서 끝까지 싸운 역사를 남김으로써 무자비한 폭력으로 무너진 세상에서도 인간은 새롭게 시작할 수 있는 존재임을 증명했다.

---

9. 전남사회문제연구소 편, 『윤상원 평전: 들불의 초상』, 120~121쪽, 풀빛, 1991.

철저히 고립된 광주의 저항과 죽음은 시민들의 마음에 깊은 상흔을 남겼다. 살아남은 것이 한없이 부끄러웠다. 죄의식과 부채의식은 시간이 흐를수록 깊어지고 단단해졌다. 광주는 사람들에게 끊임없이 물었다. "어떻게 살아가야 하는가?", "우리는 어디서부터 인간이 되는가?"

'광주'는 과거가 아니었다. 이제 "모든 길은 광주로 통했다".(이남희) 광주는 한국 시민의 역사적 책임감과 윤리의식의 가장 밑바닥에 자리 잡은 양심의 근원이자 영감의 원천이면서 정체성의 핵심이 됐다. 기존 질서를 근본적으로 "파열"시키고, 새로운 "진리"를 출현시킨 결정적 순간이 된 것이다. 2024년 12월 3일 윤석열의 내란은 시민들의 잠재의식에 깊이 내장되어 있던 '광주의 기억'을 흔들어 깨웠다.

〈진실의 힘〉과 면담한 313명 가운데 23%인 72명은 자신들의 오늘을 형성한 "삶의 변곡점"으로 "광주"를 특정했다. '광주'의 정신은 광주 또는 주변지역에서 자랐거나, 1980~1990년대 대학을 다니며 '광주에 대한 빚'을 마음에 품은 세대, 그리고 그다음 세대에도 이어졌다. 명시적으로 '광주'를 언급하지 않은 시민들도 대부분 광주에 대한 부채의식과 역사에 대한 책임감을 드러냈다.

민주화운동의 전통과 전두환·노태우 형사처벌 및 과거청산 노력, 학술 연구와 역사교육, 『소년이 온다』, 〈택시운전사〉 등의 문학·예술 작품들이 광주 정신의 세대 간 전승을 가능하게 했다.

2024년 10월 17일 한강의 노벨문학상 수상 발표는 그 기억을 다시 한 번 현재로 불러왔다. 시민들은 그의 소설 속 인물처럼 "취약하고 나약하지만 한 발 더 내디디고, 또 다른 질문을 더하는"(엘렌 마트손) 사람들을 떠올렸다. 그리고 다시 물었다.

"나는 어떻게 살 것인가?"

'5·18 광주'는 이 나라의 민주주의가 위기에 처한 그날 밤, 시민들의 마음과 행동을 통해 부활했고 내란을 막아냈다. 죽음과 공포를 견뎌내고 동료 시민과 공동체를 지키려는 "집단적·윤리적 책임감"이자 이 세상에 대한 사랑의 실천이 시민의 정체성으로 자리 잡은 것이다.

5·18 세대와 삶의 변곡점

1980년 5월, 광주에서 고등학교를 다닌 이재승, 금남로에 있는 국민학교에 다닌 허원, 곡성의 중학생 성태훈, 목포의 국민학생 김희태, 1980년 5월 27일 전남도청에서 산화한 친구를 둔 유길종…… 그들의 삶은 '5·18 광주'를 뿌리 삼아 싹을 틔웠다.

1980년 5월 27일 새벽, "계엄군이 쳐들어오고 있습니다. 시민 여러분! 우리를 잊지 말아주십시오"라고 외치는 여성의 애절한 목소리가 어두운 하늘에 울려퍼졌다. 그 방송을 숨죽이고 들었던 이재승은 평생 "구조신호를 방기했다는 죄책감"을 떨치지 못했다. 그 목소리는 그의 삶에 깊은 영향을 미쳐 법철학을 공부하고 과거사 청산과 국가폭력 문제를 연구 주제로 삼게 만들었다. 허원 역시 광주의 기억에서 벗어나지 못했다. 고등학생이 돼 교련복을 입던 순간 "교련복 입었던 그 형님들"을 떠올린 이래 "나는 과연 그들처럼 도청에 나갈 수 있을까?" 자문자답하며 살아왔다. 노동운동의 길은 그 질문과 대답의 결과였을 것이다. 한국신학대 2학년이던 유길종은 류동운 열사의 죽음으로 삶의 궤도가 완전히 바뀌었다. 친구의 묘 앞에서 "네가 못 다 이룬 꿈, 내가 평생 살면서 해내마"라고 다짐한 그는 목회자의 길을 포기하고 노동운동에 뛰어들었다. "피 흘리며 죽어가며 지켜온 역사"에 충실하고자 노력했다.

'광주'의 영향은 주변지역에서 자란 시민에게도 다르지 않았다. 곡성의 중학생 성태훈은 읍내에 배치된 장갑차를 봤지만 그것이 무엇을 의미하는지 알지 못했다. 대학에 입학해 5·18의 진실을 알면서 부채의식이 생겼다. 1999년 첫 개인전의 주제를 '광주 5·18 전남도청'으로 잡은 후 동학을 비롯한 역사 관련 작업을 38회나 이어왔다. '광주'는 그에게 "예술가는 틀을 깨는 직업"이며, "사회가 썩어 있으면 그것마저도 깨고 나와야 한다"는 예술관을 형성하게 했다. 목포의 국민학생 김희태의 생애에도 '5·18'의 잔상이 뚜렷하게 남아 있다.

'광주'를 직접 경험하지 않았지만 1980년을 전후해 대학에 입학한 사람들도 "광주에 대한 부채의식", "세대적 죄책감"을 삶의 동력으로 삼았다. 그들은 입학 후 '5·18 광주' 사진을 보거나 비디오, 책을 보고 실상을 알았다고 말했다.

황인선은 1980년 미문화원 도서관 사서를 통해 광주 사진 300여장을 봤다. "웬 6·25 때 사진?"이라는 첫마디에 "6·25가 아니라 광주야, 광주!"라는 대답이 돌아왔을 때의 충격은 그의 인식체계를 완전히 뒤흔들었다. 특히 쓰러져 있는 임신부 사진은 "오래도록, 마음속 깊이, 괴롭게" 남아 역사의식과 정치의식을 형성하는 출발점이 됐다. 안김정애는 5·18 1년 뒤 대학가에 나붙은 대자보와 사진, 동영상을 보고서야 실상을 알았다. "나는 왜 이런 걸 모르고 살았을까?" 그때 느낀 부채의식은 삶 전반을 이끄는 책임감이 됐다. 그는 '국방부 과거사진상규명위원회' 등 과거청산 운동에 참여하며 국가가 어떻게 폭력적이고 조직적으로 인권 침해를 저질렀는지 조사했다.

이대훈에게 5·18은 "20세 이래 삶 전체에 영향을 미쳤다". 1980년 5월, 선배로부터 광주의 참상을 적은 유인물 더미가 든 가방을 건네받았다. "여학생과 데이트하는 사람처럼 꾸미고 6일 동안 서울 시내 서민 거주지역에 유인물을 배포"한 후 더 이상 물리학도로 살 수 없게 됐다. 가톨릭청년회 활동을 시작으로 사회운동에 참여했고, 평화운동을 삶의 방향으로 삼았다. 1980년 대학에 입학한 우석균도 "세대적 죄책감"을 안고 살았다. "80년 5·18 때 서울역에서…… 물러난 바람에 광주가 고립되어 무력진압당했다"는 죄책감이 생생하다. 부채의식은 40여 년간 사회운동에 참여한 원동력이 됐다. 의사로서 '인도주의실천의사협의회', '보건의료단체연합' 활동을 주도하며 의료 취약계층과 사회운동에 대한 관심을 놓지 않았다.

1982년 대학에 입학한 황재현은 "대학 들어가는 길목을 사복 입은 경찰들이 차지"해서 등교할 때 "그 길로 다니지 못하고 뒷산으로만 돌아서 다녔다". 광주항쟁 비디오를 보고 "20대 시절은 광주, 그것이 온통 지배했고, 교과서에서 배운 게 전부 엉터리였다"는 사실에 충격을 받았다. 가톨릭학생회 전국연합, 서울연합에서 일하며 시위를 주동한 혐의로 구속되기도 했다. 노성철은 그의 1년 후배다. "학생회관 앞 잔디밭에 '짭새'라 부르는 사복경찰이 상주하고, 학생들을 범죄자 취급하며 잡아가려고 하는 분위기"에서 대학을 다녔다. 자연스레 학생운동에 뛰어들었고, 1986년에는 "무조건 감옥을 간다는 총학생회장"에 출마했다. 당선된 뒤 집회 한 번 했는데 역시나 "수배를 때렸다". 그 뒤로 이어진 감옥, 퇴학, 복적이 젊은 시절의 이력서다. 김영철에게도 "광주는 원형"이었고, "여기서 밀리면 여기가 곧 광주가 될 수 있다"는 절박함이 그를 운동에 참여하게 했다. 유현실은 "우리 세대는 광주에 대한 빚을 안고 간다"고 했다.

　박정희를 '구국의 지도자'로 생각했던 김병년은 1983년 입학한 대학에서 광주 출신 친구들에게 "너는 몰라"라는 말을 들었다. 영상을 통해 광주의 참상을 알게 됐고, "국가폭력의 최악질"의 실상과 "빚진 마음"이 그의 속을 채웠다. 목회자가 된 그는 해마다 5·18을 맞아 교역자들과 망월동 묘지를 참배하며, "행동하는 시민"으로 부당한 국가폭력에 맞서야 한다는 가치관을 실천하고 있다. 배우 김중기는 1985년 대학에 입학한 뒤 『죽음을 넘어 시대의 어둠을 너머』를 읽었다. 책의 영향은 깊고도 컸다. 그는 대학 시절을 온통 시위 현장에서 살았다. 은평구 구의원 신현일은 어릴 때부터 아버지에게 "광주는 빨갱이, 광주나 전라도 사람하고 결혼하면 안 돼"라는 말을 듣고 자랐다. 1986년 대학에 입학한 뒤로 광주의 진실을 알게 됐다. 풍물패에서 상쇠 역할을 하며 "내가 조금 더 앞에서 고생할 수 있다"는 공동체의식을 키웠다.

세대를 넘어 이어지는 연대

'5·18 광주'의 영향은 시대를 넘고 세대를 가로질렀다. 직접 경험한 세대가 아니어도 시민들의 내면에는 5·18이 자리 잡았다. 광주를 여행하고, 사진첩을 보고, 다큐멘터리와 영화를 보며 죽은 자의 목소리를 들었으며, 역사교육을 통해 민주주의의 가치와 숭고한 삶의 의미를 채득해나갔다. 광주는 그렇게 이어졌.

한국외대 민주동문회 회원 최재직, 서비스연맹 사무처장 김광창, 국제민주연대 활동가 나현필은 모두 1995년 대학에 입학했다. 처음 참여한 시위의 구호가 "전두환과 노태우를 구속하라", "5·18 특별법을 제정하라"였다. 1995년 7월 18일 서울지검 공안부는 "성공한 쿠데타는 처벌할 수 없다"는 기괴한 궤변으로 전두환과 노태우 등 5·18 내란세력 전원을 불기소했다. 온 나라가 분노했고, 학생운동이 앞장섰다. 결국 김영삼 대통령은 11월 24일 '5·18특별법 제정'을 지시했고, 대검찰청은 '12·12 및 5·18관련 특별수사본부'를 설치해 수사를 재개했다. 11월 16일 노태우에 이어 12월 3일 전두환을 구속했다. 그렇게 5·18을 만났다. 이들 세대는 국가폭력과 인권유린의 진상을 규명하고 책임자를 처벌하라는 과거청산의 논리를 제일 먼저 흡수했고, 그날 이후 사회운동에 몸담고 있다. 장현우는 육군 장교 출신인 외삼촌으로부터 "빨갱이들이 광주에서 폭동을 일으켰다"는 말을 들으며 자랐다. 그 역시 1990년 대학에서 계엄군이 광주 시민을 학살한 영상을 보고 큰 충격을 받았다.

부모세대, 학교 선생님들로부터 '5·18 광주' 이야기를 들으며 국가폭력에 관심을 갖거나 시민의 조직된 힘에 관해 배운 시민들도 있었다.

어릴 때부터 아버지에게 5·18 이야기를 듣고 자란 이대선. 그의 아버지는 당시 22살의 청년이었다. "(아버지는) 총소리도 너무 많이 들리고 해서 피신을 했다. 그런데 돌아와보니, 또래 친구들도 많이 죽고, 선후배들도 국가폭력의 현장에 있었다"는 사실을 알게 됐다. "아버지의 부채감"을 보고 자란 그는 "국가폭력을 더 민감하게 생각하게 됐고, 5·18은 삶의 베이스"로 자리 잡았다. 그것이 그를 국제앰네스티 활동가의 길로 이끌었다. 여인영의 부모님도 모두 5·18을 경험했다. 그의 아버지는 "도청 앞에서 본 그 사람들, 모두 돌아가셨을 것"이라는 말을 자주 했다.

신OO은 고등학교 때 근현대사 선생님으로부터 '광주'를 배웠다. 정OO은 초등학생 때부터 역사에 관심이 많았는데, "국가가 국민에게 총을 겨눴다"는 사실을 알고 "왜 이렇게 됐지?"라는 질문을 키워왔다.

12·3시민들에게 역사교육과 함께 역사가 세대를 넘어 이어진 통로는 음악·미술, 소설, 연극·영화 등 문화예술 작품이었다. 예술작품은 5·18을 직접 경험하지 않은 시민들에게 5·18의 역사적 사실을 전달하는 데 그치지 않고 국가폭력의 공포와 폭력에도 굴종하지 않는 정신의 고귀함을 체감하게 했다.

2023년 11월 개봉해 33일 만에 누적 관객 1,000만 명을 돌파한 〈서울의 봄〉을 비롯해 5·18 관련 영화는 시민들 마음속에 5·18을 새겼다. 제목을 1980년 5월 계엄군의 작전명에서 따온 〈화려한 휴가〉(2007년), 5·18 당시 광주에 잠입한 외신기자 힌츠페터를 모티브로 한 〈택시운전사〉(2017년)가 중요한 역할을 했다. 웹툰 〈26년〉과 드라마 〈모래시계〉를 언급한 시민도 있었다.

계엄을 "법조문에 쓰여 있는 지식으로만 건조하게 알고 있던" 옥채원은 〈서울의 봄〉을 보며 계엄에 대한 생생한 이미지를 갖게 됐다. 그는 "계엄이라는 것이 현실에서는 어떤 모습을 하고, 어떤 정동이나 행동을 이끌어내며, 어떤 방식으로 전개되고, 사람의 미시적 삶에까지 영향을 주는지" 생각하게 됐다. 그는 영화를 본 뒤 "계엄을 했을 때 국회가 제대로 기능했으면 저들은 계엄에 성공하지 못했을 텐데" 하는 생각을 해왔다. 그런데 그날 "생각 속에서 계속 시뮬레이션해오던 게 현실이 돼버렸다". 이동현은 영화 〈화려한 휴가〉를 말했다. 트럭 탄 시민군이 "우리를 잊지 말아주세요" 하고 외치던 장면이 그의 삶에 포개졌다.

학생 시절, 현대사를 공부하며 '광주 역사기행'을 다닌 이들도 있었다. 그들은 광주를 직접 방문하고 현장 기록을 접하는 '역사기행'을 통해 5·18을 피부로 체감했다. "군인들이 정치하는 것이 얼마나 위험한 일인지"(김동현)를 깨닫거나 "죽는 것에 무뎌져야 하고, 아무것도 할 수 없는 상태가 되는 것이기 때문에 나서야 한다"(김다인)고 생각했다. 노동조합의 '광주 역사기행'에 참여한 변지선은 "마지막 날, 죽을 수도 있다는 걸 알면서도 전남도청에 남았던 사람들처럼 나도 그럴 수 있을까"라는 질문을 스스로에게 던졌다. 그는 "시민들이 모여서 함께 맞서 싸우는 게 힘"이라고 생각했다.

소년이 온다

2024년 10월 17일 한강 작가가 노벨문학상 수상자로 발표되면서 5·18은 다시 한 번 세계의 관심사가 됐다. 『소년이 온다』의 주인공 동호의 모티브가 된 문재학 열사(17세, 고 1)는 1980년 5월 27일 새벽 윤상원 열사와 함께 전남도청에서 계엄군의 총탄에 숨졌다. 한강 작가는 그 죽음을 통해 광주가 남긴 질문을 세상에 던졌다.

많은 시민이 소설을 읽으며 5·18을 '현재형의 경험'으로 받아들였다. 특히 한강 작가의 노벨상 수상 발표 후 '5·18 문학기행' 프로그램이 큰 인기를 끌었다. 시민들은 책을 들고 광주를 찾아 '동호'의 삶과 죽음을 떠올렸다. 김예담도 기행에 참여해 '광주'를 경험했다. 『소년이 온다』는 한 편의 소설을 넘어 한 세대가 과거의 광주와 현재의 자신을 연결하도록 만든 '정서적 통로'였다. 책을 읽은 이들은 1980년의 질문을 다시 떠올렸다.

"우리는 어디서부터 인간이 되는가?"

그들은 2024년 12월 3일, 국회 앞으로 향함으로써 그 질문에 답했다.

미술가 김지영에게 『소년이 온다』는 삶을 바꾼 작품이었다. "유학 중이던 짝꿍에게 책을 읽어서 녹음파일로 보내줄 정도로" 큰 감동을 받았다. "선입견이 있는 사람이라도, 그 이야기를 만나는 순간 그 현장과 시간으로 들어가게 만든다." 그에게 이 책은 "현재적으로 광주를 감각하게 만들어준다". 그 경험은 예술가의 사명감으로 이어졌다. "작가로서 감히, 나도 미술로 이런 걸 해보고 싶다는 꿈을 꾸게" 했다.

고등학교 시절 청소년 인권 동아리 '행동하는 양심'에서 활동한 신윤석도 『소년이 온다』를 10번 넘게 읽었다. 그는 『소년이 온다』를 "얼마나 고통스럽고 얼마나 참담한 현장에 있었는지를 미학적으로 풀어낸 책"이라고 생각한다. 12월 3일 밤, 그는 "내가 죽는 것은 차악이고, 최악은 이 시대를 살아갈, 앞으로 이 나라를 살아갈 모든 사람들이 군부독재 시절 겪었던 잔해들을 겪어야만 한다는 것"이라고 생각했다. 그에게 『소년이 온다』는 두려움을 넘어서게 한 책임의 언어였다. 최영균은 『소년이 온다』에서 "끝까지 그 자리를 사수하셨던 분들이 무슨 이념 때문이 아니라, 인간으로 옳지 않다고 느꼈기 때문에 그렇게 한 것이고, 그 마음들을, 과거의 어떤 모습들을 우리에게 심어줬구나, 그래서 움직이게 했구나"라고 생각했다. 그래서 "상당히 감사해요".

역사적 사건을 통한 성찰과 각성

87년 6월항쟁―승리의 기억

1985년 대학에 입학한 함칠성은 1987년 6월항쟁에 적극 참여했다. '대통령 직선제 등' 민주주의를 얻어낸 승리의 경험을 했다. 그는 당시 사람들이 "비상시 대한민국이 위태로울 때 어떻게 행동하는가, 마음속의 지침을 가지고 있다"고 생각한다. "그 사람들이 곧 민주화운동의 성과물"이라는 것이다. 그는 한국외대 민주동문회 활동으로 그 생각을 이어가고 있다. 영화감독 김전한은 1987년을 "우리 현대사의 비극이면서도 굉장한 기쁨이 있던" 때로 기억한다. 경찰이 최루탄을 쏠 때 시민들의 방어 방법은 눈가에 치약을 바르는 거였다. 동대문에서 시위를 하는데 "고가 위로 지나가는 버스에서 시민들이 창문을 열고 두루마리 휴지랑 치약을 막 던져"줬다. 차들이 시위대에게 "경적을 계속 울려주는 것"도 기쁨이었다. 그에게 "수많은 우리 졸쭈들, 한 대가리들, 원오브뎀one of them들, 그 연대감은 굉장한 기억"이다.

국회의원 보좌관 조선옥도 1985년 대학에 입학했다. 그는 자신들을 "군부독재의 절정기를 거쳐 직선제 민주화를 성취한 경험, 승리의 DNA를 갖고 있는 운이 좋은 세대"라고 말했다. "경제성장률 올라갈 때라 취직도 잘되던 좋은 시대, 발전한 시대의 혜택을 누리고 살았다." 그만큼 "후배들에게 되게 미안하고, 좀 더 나은 세상을 위해 후퇴하면 안 된다"는 책임감을 갖고 살아왔다. 84학번인 김현구는 자신이 속한 세대의 특권을 비판적으로 성찰했다. "우리는 우리가 한 것에 비해 너무나 과도하게 이 사회로부터 혜택을 받고 살아왔다." 그런 만큼 사회에 대한 고마움과 청년세대에 대해 미안함과 책임감을 느껴야 한다고 했다. "자식들을 극한의 무한경쟁으로 내몬 게 과연 누구냐, 우리가 지금 그 아이들 아버지"라며 더 나은 사회를 만들지 못한 것에 대해 "요즘 젊은 사람들한테 되게 미안"하다고 말했다.

'시대의 고통'에서 얻은 교훈

시민들은 자신의 정치적 각성이 개인의 결심에서 비롯된 것이 아니라 시대가 던진 질문을 통해 배운 결과라고 말했다. 대학 시절 경험한 공권력의 폭력, 광우병 파동, 4대강 정비 사업, 노무현 대통령 서거, 통합진보당 해산, 한국사 교과서 국정화 사건, 박근혜 탄핵 촛불 등 굵직한 정치적 사건들이 그들의 삶에 흔적을 남겼다. 내 삶이 정치와 연결돼 있음을 깨달았고, 부정의에 분노했다.

복진오는 대학 입학 후 새로운 세계를 만났다. "박정희 대통령이 죽었을 때 영도자를 잃었다는 생각에 굉장히 슬펐던" 그는 전혀 다른 현실을 보았다. "북한 영화를 상영한다는 이유만으로 경찰이 학교 안으로 밀고들어왔다." 그는 "국가가 이율배반적으로 모순되게, 겉으로 가면을 쓰고 뒤로는 폭력적"이라는 사실을 목도한 뒤 1987년 6월항쟁과 시민운동에 참여했다. '공동체의 삶'을 가치로 삼고, "선하고 좋은 사람들"과 영향을 주고받으며 살아가고 싶다. 이준형은 대학입시를 위해 광주를 찾았다가 시위와 최루탄을 목격했다. "내가 알던 세상은 뭐지?"라는 의문을 갖게 됐고 학생운동에 뛰어들었다. 지금도 매월 둘째 주 일요일이면 마석 모란공원에 안장된 전태일, 박종철 등 수많은 열사의 묘역을 정비하는 일에 참여하고 있다. "풀을 뽑거나 잔디를 입히는 일이지만, 매번 뿌듯하다." 자신이 이어받은 역사를 돌보는 일이기 때문이다. 전장호는 대학 시절 상계동 공부방에서 봉사했다. 철거민촌이었다. 아이들 공부를 봐주는데 경찰이 들이닥쳤다. 경찰이 마을을 둘러쌌고 철거 용역 깡패들이 폭력을 휘둘렀다. 깡패들이 휘두른 쇠파이프에 주민들의 머리가 깨졌지만 경찰은 "빤히 쳐다보기만" 했다. "뭔가 잘못돼도 한참 잘못됐다"고 생각했다. 그의 관심은 철거민에 이어 비정규직 노동자에게 향했다. '전국불안정노동철폐연대'에서 일했고, 노동당 당직을 맡았다. 그는 "특별하지 않아도, 빛나지 않아도, 내가 생각하는 가치로 살아가는 게 중요하다"고 생각한다. 문아영은 2009년 1월 용산참사 때 해방촌에 살고 있었다. "사람들이 죽었다!"는 소식을 듣고 무작정 현장을 찾아갔다. "재개발 때문에 사람이 죽어야 돼? 부조리함에 충격을 받았다." 그의 인생 첫 집회였다. "적어도 돈 때문에 사람이 죽는 것은 아니어야 한다"는 마음으로 길에 서기 시작했다.

2002년 미군 장갑차에 압사한 여중생 효순·미선 사건은 아이들에게 큰 상처를 남겼다. 당시 7살이던 김한돌, 9살이던 김한민영은 어머니를 따라 추모집회에 나갔다. 그날의 함성은 훗날 "집회라는 공간에 대한 경험적 인식"으로 남았다. 김한민영은 2008년 고등학생이 되자 자발적으로 '광우병 촛불집회'에 참여했다. 거리의 함성은 '정치적 시민'의 탄생으로 이어졌다. 김경주도 2008년 광우병 집회에 참여했다. "사람들의 목소리를 들어야 하는" 정부가 듣지 않는 게 답답했다. 용산, 쌍용차, 촛불 집회가 이어졌고, 집회 현장에는 경찰의 물대포가 등장했다. "백남기 어르신이 돌아가신 것도 겪었다." 안전한 집회 문화는 박근혜 탄핵 후 자리를 잡았다. "사람들이 평화롭고 질서 있는 집회를 경험하면서, 안전할 수 있다는 마음의 신뢰"가 생겼다. 중학생 홍은기는 2008년 광화문 집회에 참여했다. 컨테이너 박스가 길을 막고 있는데 사람들은 그걸 "명박산성"이라고 불렀다. 그는 "경찰버스가 왜 우리를 지켜주지 않고 저기 있는 걸까?" 궁금했고, 그걸 계기로 사회문제에 관심을 가졌다.

2009년 시작한 이명박 정부의 '4대강 정비 사업'은 시민들에게 환경문제가 곧 삶의 문제라는 사실을 일깨워준 사건이었다. 언더그라운드 음악 공간 〈채널1969〉 대표 안홍인은 공주에서 태어나 금강의 물줄기에서 자랐다. 그는 4대강 사업으로 "고운 모래의 백사장, 추억 많은 금강이 파괴되는 것을 보고 미칠 것 같았다". 환경문제가 자연의 문제가 아니라 "삶의 문제, 정치의 문제"라는 걸 깨달았다. 그 뒤로 진보정당 활동을 시작했다.

2009년 노무현 대통령의 죽음은 그가 강조한 "민주주의 최후의 보루는 깨어 있는 시민의 조직된 힘"이라는 말을 시민들에게 각인시켰다. 노무현을 지키지 못했다는 시민들의 부채감은 지금까지도 깊은 영향을 미치고 있다. 군포 노사모 대표 김재용은 2002년부터 '노무현을 사랑하는 사람들의 모임(노사모)' 활동을 시작했다. 그에게 노 대통령은 "나쁜 걸 나쁘다고 이야기하는 사람이고, 정치는 이래야 한다는 정치적 효능감을 처음 보여준 사람"이었다. 이인식은 "성인이 되고 첫 대선에서 노무현 대통령을 뽑았다". 소탈하고, 알기 쉽고 맞는 말을 하는 모습이 좋았다. 서거한 뒤 절실하게 깨달았다. "정치가 내 삶에 직접 연결된다"는 구호는 삶의 변곡점이 됐다. 노해인은 노무현 대통령의 서거 소식을 캐나다에서 들었다. 너무 슬펐지만 "슬픔을 나눌 수 없는 상황" 속에서 "마음의 빚"이 생겼다. 귀국 후 정치참여를 결심했다. 그에게 정치는 부끄러움을 덜어내는 길이었다. 이성록은 8살 때 아버지 손에 이끌려 봉화에서 열린 노무현 대통령 장례식에 참석했다. 그날 처음으로 아버지의 눈물을 봤다. 아버지가 우는 이유를 알게 되면서 사회문제에 관심이 생겼다.

시민들은 박근혜 정부 시절 한국사 교과서 국정화 사건과 국정농단, 탄핵을 위한 촛불집회 경험을 통해서도 연대의 힘을 느꼈고, 지속적으로 사회문제에 참여하는 계기가 됐다고 말했다. 2015년 10월 박근혜 정부는 "한국사 교과서 국정화"를 발표했다. 역사학계와 교육계는 "한국사 교과서 국정화는 민주주의에 대한 도전"이라고 반발했다. 역사학자와 교수, 교사뿐 아니라 대학생, 고등학생까지 반대 시위에 참여했다. 강지민이 처음 참여한 집회는 전국의 고등학생이 모인 '한국사 교과서 국정화 반대' 시위였다. "다들 교복 입고 모여서 청계천에 쭉 서 있는 시위"였다. 그때 피켓 들고 간 기억이 좋게 남았다. 이○○도 한국사 교과서 국정화 반대 시위에 손팻말을 들고 참여한 것이 첫 집회였다. 변현준은 2016년 국정화를 지지하던 선생님과 "열심히 싸웠고, 그러다가 자연스럽게 학생인권 관련된 사안들도 보이기 시작"했다. 전교회장 선거에 출마해 "학교의 모순을 고치겠다"고 선언하고 당선됐다. 대학 입학 후 정의당에 가입, 활동하고 있다.

2010년 12월 한진중공업의 대규모 정리해고에 저항하는 노동자들의 농성과 파업이 시작됐다. 35미터 높이의 고공농성을 시작한 김진숙 민주노총 지도위원을 지원하고 연대하는 '희망버스' 운동, 촛불집회 등은 시민들의 광범위한 참여를 불러일으켰다. 부산 출신 이동현은 트위터에서 '한진중공업 농성에 관심을 가져달라'는 글을 읽고 가벼운 마음으로 찾아갔다. "성인이 되고 찾아간 첫 집회"였다. 파업이 뭔지, 김진숙 지도위원이 왜 그 높은 곳에 올랐는지 아무것도 몰랐다. 한 번 가고 두 번 가면서 용역과 대치도 하고, 물대포도 맞았다. "이 사람들은 왜 이렇게까지 싸우지? 경찰들은 왜 이렇게 악착같이 막지?" 질문이 이어졌다. 그 뒤의 삶은 답을 찾는 시간이었다. 그는 "한진중 경험이 없었다면 보통의 20, 30대 남성들처럼 살았을 거"라고 생각한다.

2014년 헌법재판소는 '통합진보당' 해산을 결정했다. "통합진보당의 목적과 활동은 1차적으로 폭력에 의해 진보적 민주주의를 실현하고 최종적으로 북한식 사회주의를 실현하기 위한 것"으로 "민주적 기본질서에 위배된다"는 이유였다. 학생운동을 하다 2012년 당에 가입한 배득현, 2014년 대학 시절 당에 가입한 윤재은은 충격을 받았다. 배득현은 "통합진보당=종북이라는 낙인이 찍혔고, 학교에서도 공격과 배제를 당했다". 그는 "이번 계엄을 통해 진정으로 해산되어야 할 당이 어디인지 깨닫기를, 매장당한 당이 정치적으로 복권되기를 바랐다". "여름에 가입했는데 겨울에 갑자기 당이 없어졌다"고 한 윤재은은 "정당을 없애는 게 민주주의일 수 있는지?" 자문했다. 10년 뒤 윤석열이 '반국가, 종북 세력 척결'이라는 명분으로 계엄을 선포하자 변호사로서 결심했다. "현장에서 부당하게 연행된 시민이 있으면 법률적으로 돕겠다." 그는 서둘러 국회로 향했다.

비극적 재난이 가르쳐준 것

예고 없이 찾아온 참사와 재난을 겪으면서 시민들은 "누구나 피해자가 될 수 있다"고 자각하며 비극에 압도당하지 않고 안전하게 살아갈 방법을 탐색했다. 죽음의 진실을 제대로 규명하는 것도, 죽은 자들을 깊이 애도하는 일도, 이 땅에서 살아가야 할 우리 모두를 위한 일이며, 결국은 정치가 해결해야 할 사회문제였다.

정석채의 아버지 정순규는 경동건설 하청 노동자였다. "가장 친한 술친구"이자 "유쾌하고 인기도 많고, 동경의 대상"이던 아버지는 2019년 한 아파트 건설 현장에서 추락해 목숨을 잃었다. 아버지의 죽음도 충격이었지만 죽음의 이유는 더 납득하기 어려웠다. 그날부터 생업을 접고 진상규명에 나섰다. 그는 "우리 모두가 다 노동을 하려고 출근했다가 청천벽력 같은 일을 당할 수 있고, 그런 일이 누구에게나 일어날 수 있는 사회"이지만 "OECD 국가 산재 1위인 이 나라는 심각성을 느끼지 못하는, 서글픈 사회"라고 말한다. 아버지가 돌아오실 수는 없지만 "다시는 이런 일이 일어나지 않게, 다시는 일하다 죽지 않게" 하기 위해 노력하고 있다.

2022년 10월 29일 할로윈데이를 앞두고 발생한 이태원참사는 젊은 세대에게 "그 자리에 내가 있을 수도 있었고, 남의 일 같지 않다"(윤○○)는 느낌을 갖게 했다. "그곳이 어디인지 익숙한 곳이고, 죽은 사람들도 제 또래라서 힘들었다."(이윤찬) '에너지가 넘치는 사람', 최선미는 2022년 10월 29일 삶이 멈췄다. 이태원참사로 딸 박가영(20살)을 잃고 나서 학원도 접고 일상마저 내려놓은 채 딸의 죽음의 진상을 밝히는 데 매진했다. 그날 밤 홍성에서 국회 앞으로 달려간 것은 다르게 살기로 결심한 그의 필연적 선택이었다. "누구도 자식을 잃은 유가족이 되면 안 된다"는 마음이 그를 움직였다. 이태원참사 진상규명 활동을 하는 이상민은 "모든 논의가 자꾸 책임자 처벌로만 귀결되고, 애도할 주체도 유가족으로만 한정되는" 현실에서 "그날 현장에서 살아남은 사람들, 그리고 그 지역에 여전히 살고 있는 사람들까지 아울러야 한다"고 생각한다. 피해자와 공동체 회복의 관점이 필요하다는 뜻이다. 이재우는 이태원참사를 보며 "우리 세대가 잘못해서 결국 이런 사태가 벌어졌다"고 생각한다. 젊은 세대에게 너무나 미안한 마음이 들었다. 죄책감은 그를 다시 거리로 나서게 했다.

2023년 7월, 경북 예천군에서 폭우로 인한 실종자 수색 작전을 펼치던 해병대 채수근 상병이 급류에 휩쓸려 사망했다. 20살 젊은 이의 죽음은 큰 충격과 슬픔을 안겨줬다. 더 큰 충격은 죽음의 진상을 밝히려 한 박정훈 대령이 겪은 이해할 수 없는 일이었다. 그 일은 "한 번 해병은 영원한 해병이라는 남다른 전우애를 갖고 있는" 해병대 예비역을 모이게 했다. 이들은 '해병대예비역연대' 모임을 만들어 박정훈 대령 지지와 진상규명 운동에 나섰다.

1986년 해병대에 입대해 36개월을 복무한 오세신의 별명은 "아흔아홉 대"다. 기합이 일상이던 시절 그는 후배들을 대신해 체벌을 받겠다고 자청했다. "맞고 나면 빤스가 다 찢어지고, 살에 붙어서 몇 주간 떨어지지도 않아요." 그래도 해병대가 좋았다. 그러나 채 상병의 죽음과 박정훈 대령 사건 이후 그는 '복종'의 의미를 다시 묻게 됐다. "무조건 복종도, 무조건 봉사도 안 된다"고 생각이 바뀌었다. 서왕천은 해병대 530기 출신으로 '정의자유해병연대' 조직위원장이다. 채 상병 사건에 대해 "상식적으로 판단했을 때 명백히 잘못된 일"이고, "지휘관들의 행위는 군인정신을 저버린 것"이라고 단언했다. 그는 평소 좋아하던 안중근 장군의 가르침, "견리사의 견위수명 見利思義見危授命(이익을 보면 의로움을 생각하고, 위태로움을 보면 목숨을 바친다)"을 떠올리며 박 대령을 지지했다. "당연히 박수를 쳐주고 따라가야지. 중단 없는 전진이다."

박세환과 장현우는 해병 장교 동기다. 전역한 뒤 처음으로 해병대가 삶의 중심으로 떠올랐다. 박정훈 대령 덕분이었다. "장군의 목숨이나 일병, 이병의 목숨이나 생명의 가치는 지구만큼 무거운데 채수근 상병 시신 앞에서 억울함이 없도록 하겠다고 다짐한 박 대령"을 돕는 것은 당연했다. 장현우는 "박 대령을 돕는다고 생각했는데, 오히려 나를 정의로운 활동으로 이끌었다"고 말한다. "정의와 자유를 위하여!"라는 해병대 구호가 다시 살아났다. 박세환은 "아들이 커서 아버지가 자신만을 위하는 삶이 아니라 더 적극적인 삶을 살았다는 걸 봤으면 한다".

세월호참사와 젊은 세대의 변곡점

세월호참사는 단순한 비극이 아니었다. 그날 이후 많은 젊은이가 자신이 믿어온 세계의 틀이 흔들리는 경험을 했다. 국가와 제도, 어른 등 자명하다고 여겼던 것이 사실은 "커다란 공백이고 검은 구멍"(진태원)이었다는 사실을 깨달았다. 그 인식은 한 세대의 방향을 바꾸었다. '나만 잘살면 된다'는 개인주의적 생각이 무너졌고, '가만히 있지 않겠다'고 결심했다.

〈진실의 힘〉과 면담한 20대 시민 대부분이 세월호참사와 그에 대한 국가기관의 대응, 기성세대의 무능력과 무책임에 깊은 충격을 받았다고 말했다. 그 충격은 삶을 다시 쓰게 하는 계기가 됐다. 그들은 침묵하던 '관객'에서 세상을 바꾸려는 '시민'으로 변모했다.

고등학교 2학년이던 정윤호에게 세월호는 "인생의 가장 중요한 사건"이었다. 목사를 꿈꾸던 그의 신앙이 흔들릴 정도였다. "세월호 참사는 인간보다 이윤이 앞선 결과다. 돈이 어떤 살아 있는 것에 앞서면 안 된다"는 가치관을 갖게 했다. 그는 "10대 후반부터 20대까지 온전히 세월호의 영향력 안에서 살아온 사람"이 됐다. 역시 고등학생이던 김준도 "아무 잘못도 없는" 친구들이 희생당하는 것을 보며 "내가 강하면 되고, 나 혼자 잘나면 부당한 일을 당할 일이 없을 것이라는 믿음"이 무너졌다. "사회구조의 문제"라는 시각으로 세상을 보기 시작했다. 조민기도 고등학교 시절 세월호를 겪었다. 수학여행이 취소됐고, 친구의 친구가 죽었다. 같은 나이의 아이들이 죽어갔다는 사실을 도저히 받아들일 수 없었다. 권력은 진실을 밝히지 않고 발뺌하기 바빴다. 그는 "자국민이 이렇게 죽었는데 뼛속까지 털어서라도 밝혀야 하는 거 아닌가? …… 이걸 안 해? 뭐 있니?" 하고 분노하면서 사회와 정치에 관심이 생겼다. 김상수는 고3이었다. 그는 "그 일이 우리 학교 일이었을 수도 있다"고 느껴 수능이 끝나자마자 광화문광장의 세월호 유가족 천막을 찾아갔다. 2년간 자원봉사를 하면서 "사람을 1순위로 두는 삶"을 살겠다고 결심했다.

배현민은 스스로를 "세월호 세대"라고 부른다. 그와 친구들이 제주도로 수학여행을 다녀온 다음 날 참사가 발생했다. 더 큰 충격은 나중에 찾아왔다. 새로 생긴 '세월호 생존자 전형'에 입시에 예민한 고3 친구들이 화를 내고 욕을 했던 것이다. 얼마 전까지 함께 희생자를 추모하던 친구들이었다. 고민 끝에 "그것은 입시에 예민하게 만들어놓은 사회구조의 책임"이라고 생각했다. 분노는 개인을 향하기보다 제도를 향해야 한다는 걸 그때 처음 깨달았다.

"재수생이라는 이유로 슬퍼하는 것조차 허용되지 않았던" 석민주는 대학 진학 후 사회참여를 시작했다. 유현기는 처음에는 세월호참사를 외면했다. "사회 전체가 다 하니까, 나는 군 입대 3달 전이라 놀고 싶었다." 그런데 제대한 뒤에도 세월호 시위가 계속되는 것을 보고 "뭔가 잘못했다"는 걸 깨달았다. 팽목항을 찾아가 "나 잘못했는데…… 그때 그러면 안 됐는데……" 하며 엉엉 울다가 "이들의 편에 서서 목소리를 내야 한다"고 결심했다.

중학생이던 성윤서에게 세월호는 "사회가 나랑 연결돼 있음을 처음 깨닫게 한 사건"이었다. "내가 이런 죽음의 상황에 처했을 때 국가는 나를 버릴 수도 있구나" 하는 충격이 컸고, "가만히 있지 않겠다"고 결심했다. 그는 "우리 안에 속하지 못한 사람들의 존재를 계속 생각해야 한다"는 마음을 잊지 않으려 노력하고 있다. 역시 중학생이던 이도영도 그날 이후 세상을 다른 눈으로 보았다. "이건 구조적이고, 사회적인 문제고, 우리 사회가 이런 부분에 정말 무감각한 사회였구나"라고 생각했다. 박근혜 퇴진 집회에 참여했고, 정치인 노회찬의 죽음을 계기로 정의당에 입당했다. "그게 민주주의를 조금이라도 확대하는 일"이라고 생각한다.

중국에서 일하던 이병도는 세월호참사를 보고 큰 충격을 받았다. "개인적인 삶을 오랫동안 살았는데 그런 것들이 반성이 들고, 내가 이렇게 살아도 될까?" 고민이 생겼다. "다른 삶을 살아야겠다"고 결심하고 2015년 귀국했다. 부채의식은 "뭐라도 해야겠다"

는 의무감으로 이어져 세월호 진상규명을 위한 자원활동부터 시작했다. 거기서 "뭔가 늘 하려고 한" 잠수사 고 김관홍을 만나 깊은 영향을 받았다. 지금은 서울시의회 의원으로 일하고 있다. 장진기는 아내가 임신 중일 때 세월호참사를 겪었다. 아이가 태어날 기쁨과 유가족의 절망이 대비됐다. "내 아이를 이런 세상에서 살게 하고 싶은 부모는 없을 것"이라는 생각이 정치에 대한 관심으로 이어졌다. "내가 소리 내고 행동하지 않으면 바뀌지 않겠다"고 생각했고, 12월 3일 밤은 "여지껏 행동했던 것들의 클라이맥스"였다.

세월호참사는 각자의 삶을 흔들었다. 분노와 죄책감이 삶의 방향을 바꾸었다. 공통점은 하나였다. "가만히 있지 않겠다!" 그 결심을 통해 한 세대가 수동적 존재에서 능동적인 민주시민으로 거듭났다.

삶의 현장에서 형성된 시민의식

시민의식은 역사적 사건이나 광장에서만 형성되지 않는다. 일터의 부당함, 대학의 침묵, 가정과 사회의 폭력 속에서도 서서히 자라난다. 반복되는 부정의에 대한 미세한 반응과 감수성이 시민의식의 씨앗이 됐다. 그렇게 노동, 청년, 여성, 소수자, 약자에 대한 공감은 시민들의 일상 속에서 길러졌다. 12·3시민들은 일상에서 '작은 민주주의'를 발견하고 실천해온 사람들이었다.

노동 현장에서 배운 세상

강규혁은 미도파백화점에서 일을 시작했다. 평범한 정규직 노동자인 그를 '운동'으로 끌어당긴 사건은 1997년 IMF였다. 직원들이 "전화 한 통화로 쭉쭉 해고당하는 모습"을 보면서 "이거 봐라?" 하는 생각에 1998년 노조위원장을 맡았다. 그 뒤 상급노조인 서비스연맹 위원장을 맡아 6번 연임하면서 조합원을 11만 명으로 늘리고 조직을 성장시키는 데 온몸을 바쳤다. 강규혁의 동료인 서비스연맹 사무처장 김광창은 학생운동에서 시작해 노동운동가가 됐다. 그에게 노동운동은 "그냥 온전한 삶을 책임지는" 일이었다. 노조 간부가 된 그는 "유령처럼 살던 사람들이 노조를 만들며 당당한 노동자가 되는 일에 헌신할 수 있어 뿌듯하다"고 말했다.

김선영은 2001년 5월 현대자동차 안산중앙대리점에 입사했다. 기본급도 없고 4대 보험도 안 된다는 사실은 나중에 알았다. '특수고용직노동자' 신분이었기 때문이다. 노동자성이 인정되지 않았고, 대리점 대표가 "너 내일부터 나오지 마" 하면 그냥 잘렸다. 그 현실을 바꾸기 위해 2015년 8월 노동조합을 설립했지만 대리점 대표들은 협상은커녕 노조 탈퇴를 강요했고, 거부하자 폐업했다. 결국 일자리를 잃었다. 2018년 법원이 노동자임을 인정하며 대리점 대표들에게 단체교섭에 응하라고 판결했지만 대리점 대표와 현대자동차는 서로 공을 떠넘기며 지키지 않고 있다. 여전히 해고노동자인 그는 어느덧 10년째 국회 앞에서 천막농성을 하고 있다. 1999년부터 현대자동차 대리점 영업사원으로 일한 장석관은 2010년

'수유너머 앤N'에서 인문학을 공부하며 삶에 변화가 시작됐다. 처음엔 단순한 호기심으로 시작했지만 8년 동안 공부하며 노동 현실을 새롭게 보게 됐다. 공부가 깊어질수록 "너는 왜 가만히 있느냐?"는 내적 갈등이 시작됐고, 2018년 10월 노조에 가입했다. 2023년 대리점 폐업으로 해고되면서 투쟁에 나섰으며 1,000일을 넘긴 장기 농성자가 됐다.

임경택은 16살부터 부산에 있는 공장에서 일했다. 그런데 "일하던 신발공장(국제상사)이 전두환의 정책으로 폐업"했다. 하루아침에 일자리를 잃은 노동자가 됐고, 그것을 사회문제로 인식하기 시작했다. 서울로 와서는 택시기사가 됐다. 노조 활동을 통해 작업 환경을 개선하려고 했지만 오히려 해고를 당했다. '전국해고자복직투쟁위원회(전해투)' 활동을 시작했다. 가끔 대리운전을 하면서 남은 시간은 모두 장기 투쟁 사업장이나 해고 사업장에 "연대"하러 다닌다.

1998년부터 노동운동에 몸담은 이용덕은 학생운동 시절부터 4번이나 감옥에 갔다. 2003년 수감됐을 때 2명의 동료를 잃은 기억이 뼈아프다. 아산에 있는 세원테크에서 "노조를 만들고 싸우는 과정에서 1명이 머리가 함몰되는 사고를 당해서 투병하다가 죽었다". 고인을 그렇게 보낼 수 없었던 조합원들이 장례를 치르러 본사를 찾았는데 지회장이 그곳에서 분신을 했다. 감옥에 있던 그는 아무것도 할 수 없었다. 그는 "조금만 눈을 돌리면 가난한 사람들이 보이고, 착취받고 억압받는 사람들이 보인다"고 했다. "나 혼자

잘산다면 그게 큰 의미가 있을까?" 오랜 시간 일관되게 그를 행동하게 만든 힘이다.

첫 질문의 시간 – 학교에서 배운 세상

12·3시민들에게 시민으로서 자각은 어느 날 갑자기 생겨나지 않았다. 그것은 교과서 속 역사가 아니라 고등학교나 대학 시절 일상에서 느낀 작고 낯선 '불편함'에서 시작됐다. 억압적인 규율, 부당한 권위, 침묵을 강요하는 분위기에서 그들은 '왜?'라고 질문하기 시작했다. 그 물음은 세상에 대한 첫 비판이었고, 동시에 자신을 깨우는 첫 각성이었다.

한현우의 삶을 "없는 사람 몫을 하는 것"으로 이끈 계기는 1991년 5월이었다. 고 3이던 김철수 학생이 "학교는 자기만을 위한 사회를 만들기를 강요하고 있다"며 스스로를 불사르고 운명했다. 한현우는 친구들과 '참교육의 불꽃 김철수 열사 추모사업회'를 만들었다. 지금껏 추모사업을 하며 "19살 이전의 삶보다 더 많은 인생을 그와 함께 살아오고 있다". "이미 가신 분을 기다리는 것은 이룰 수 없는 꿈이다. 그래서 마음먹었다. 세상을 바꿀 수밖에 없구나." 열사를 통해 세상을 바꾸는 일이 자신한테 "주어진 임무"라고 생각한다. 권용석은 수능을 마치고 '발레오공조코리아' 노동자들이 점거 파업을 하던 현장에 간 일이 있다. 그는 파업 노동자로부터 "내가 바라는 게 뭐 대단한 게 아니고, 아침에 출근해서 저녁 때 퇴근하면 아들이랑 〈무한도전〉 보면서 놀고, 주말에 아들이랑 축구"하는 거라면서 "그냥 그런 삶을 다시 살고 싶다"고 하는 말을 들으며 "이건 누군가의 삶을 지켜주는 일"이라고 생각했다.

진주의 고등학생 김인환은 박근혜 탄핵 집회 때 혼자 광화문까지 와서 자유 발언을 했다. 그는 "지금 내가 하고 있는 말은 내가 직접 다 쓴 것이다. 난 박근혜처럼 누구한테 맡기지 않는다"고 말해 큰 박수를 받았다. 그 뒤로 "민주주의는 교과서로 배우는 게 아니"라고 생각해왔다. 지금은 국회의원 보좌진이 되어 시민들이 체감할 수 있는 정책을 만들려고 노력하고 있다. 김예은은 고등학교 때 시청 앞 쌍용자동차 해고노동자 분향소를 지나다녔다. 그날도 아침 등굣길에 분향소를 지났다. 점심 때 '경찰이 분향소를 철거했다'는 뉴스를 봤다. 쉬는 시간에 갔더니 분향소를 다 밀고 그 자리에 화단을 갖다놓았다. "뭔가 너무 기이"했다. "사람의 일하는 가치가 너무 약하다. 꽃보다 싸다"고 생각했다. 그는 대학 입학 후 사회문제에 관심이 깊어졌고, 대학원에 가서 1990년대 사회운동을 연구해보고 싶다.

정보공개센터 활동가 김조은은 고등학교 시절 '청소년 인권 세미나'에 참석하며 청소년 인권운동가들과 교류했다. 그 친구들과 '두리반'[10]을 갔는데, "아, 이런 세상이 있구나" 깨달으며 '두리반 연대인'이 되어 더 넓은 세상을 만났다. 같은 단체 활동가 김예찬도

---

10. 두리반은 홍대입구역 근처에 있던 칼국수 집이다. 경의선 역사가 생기면서 인근 건물을 철거하기 시작했는데, 2009년 12월 두리반 사장은 강제철거에 저항하며 입구를 봉쇄하고 농성을 시작했다.

군대에서 만난 친구를 통해 두리반 농성장을 방문했다가 사회문제에 관심을 갖게 됐다. 그곳에서 그는 평등 문화를 배웠다. 그들은 2011년 두리반 농성이 승리하자 명동의 상가 세입자 철거 반대 농성으로 연대활동을 넓혔다. 홍희진은 고등학교 시절, 성적으로 학생을 차별하는 관행을 바로잡기 위해 학생회장에 출마했다. 여러 활동을 통해 관행이 바뀌는 걸 보면서 "목소리를 내면 실제 변화를 일으킬 수 있다"는 것을 깨달았다. 차별을 당하는 것은 "당연한 일이 아니고, 누구도 겪으면 안 된다"는 생각이 굳어졌다. 대학에 입학한 이래 진보당원으로 활동하고 있다.

김민석은 대학 시절 '근로장학생'으로 경비실에서 일하며 경비 노동자들과 친해졌다. 학교가 경비 노동자 감축 계획을 추진하자 노동자들이 도움을 요청했다. 그는 학교 친구들과 '모닥불'이라는 조직을 만들어 경비 노동자, 더 나아가 학교 비정규직 노동자들의 권익을 위해 싸웠다. 정의당 활동을 하다가 지금은 대학원에 다니며 녹색전환연구소에서 일한다. 이찬민은 대학 입학 뒤 학내 비정규직 노동조합 조직화, 쌍용차 농성장 철거 반대 시위 참여, 세월호 분향소 설치 등을 경험하며 사회문제에 대한 인식을 심화했다. 그는 "스스로 생각하는 힘을 기르며 사람들과 관계를 맺는 것 자체가 운동"이라고 생각한다.

폭력의 기억, 감수성의 기원

사람은 부당한 대우와 차별의 작동 방식을 몸으로 이해할 때 타인의 고통에 더 깊이 공감한다. 사회 속 폭력의 구조를 감각적으로 인식하고 "폭력은 언제나 은폐 속에서 반복된다"는 사실을 배운다. 12월 3일 국회 앞으로 향한 시민들 가운데에도 그런 경험을 지닌 이들이 많았다. 그들은 차별을 겪을수록 "연대가 필요하다"고 말했다. 가장 강력한 국가폭력이 작동한 '계엄의 밤'에 일상의 폭력을 통과해온 시민들이 결연히 나선 광경은 깊은 울림을 주었다. 어둠 속에서도 길을 찾으려 애써온 이들이 "당신은 나처럼 아프지 않기를" 바라며 서로의 손을 잡는 순간이었다.

김동현은 어린 시절 "친족들, 힘없는 사람이 겪었던 폭력"을 알았다. 집 안에서 뭔가 부서질 때 "도와주세요" 하고 마을에 외쳤지만 "아무도 도와주지 않고 침묵하는 광경"을 보며 그 침묵이 또 다른 폭력이라고 느꼈다. "타인에게 선을 긋고 돌보지 않는 사회에서 벗어나고 싶었다." 대학 입학 후 그는 "약자와 배제된 사람들"과 연대하는 활동에 참여했다. 그는 12월 3일 밤 국회로 향하던 택시에서 창문을 열고 외쳤다. "계엄입니다, 국회로 모여주세요!" 그의 외침은 "서로가 서로를 지킨", "서로 연결된 순간"으로 이어졌다.

변지선에게 유년기는 늘 "주눅 든 모습"이었다. "몸도 약하고, 질병도 앓았던" 그는 주변의 시선에 익숙해졌다. 고등학교 시절, 자신처럼 어려움을 겪는 친구들을 만나며 깨달았다. "내가 문제가 아니다." 사회복지학을 전공했고, 청소년 노동자들을 돕고 있다. "누군가에게 도움을 줄 수 있다"는 걸 참 다행이라고 생각한다. 앞으로 장애인 복지에도 더 관심을 기울일 생각이다. 조범석은 유년 시절

아버지의 폭력을 겪었다. 공무원이던 어머니는 "아직 우리 사회가 이혼한 여성에 대해 관대하지 않다"며 이혼을 꺼렸다. 그는 유능했지만 유리 천장에 갇힌 어머니의 삶을 통해 가부장제의 현실을 보았다. 폭력은 오래도록 흉터를 남겼지만 "어떤 폭력도 정당화해서는 안 된다"는 생각이 자리 잡았다. 대학 시절 '노사모' 활동을 하며 그 생각을 확장시켜왔다.

박민선은 오빠의 잦은 폭력을 견디며 자랐다. "어머니는 늘 오빠 편이어서 아무도 도와주지 않는 환경에서 홀로 견뎌야 했다." 그렇게 자란 까닭인지 소수자, 약자에게 더 마음이 갔다. 학교 다닐 때 왕따를 당하던 친구가 있었다. 수련회에서 둥글게 서서 모두가 손을 잡을 때 "쟤랑 닿으면 감염된다"고 말하는 아이들 사이에서 그는 그 친구의 손을 잡았다. 그때 자신이 "부당하고 억울한 일을 보면 그냥 있지 못하고, 참지 못하는 걸" 알았다.

홍록기는 초등학교 시절 학교폭력을 겪으며 "내가 뭘 잘못해서 아파야 하는가, 굉장히 근본적인 질문"을 했다. 그것은 곧 "불평등을 인식하게 된 씨앗"이었고, 그가 "청소년들에게 인문학 교육을 하는 데 시간을 많이 쓴" 이유였다. '호레이'는 그가 친구들과 만든 '연대 음악을 하는 브라질리언 퍼커션 앙상블'이다. 호레이의 트레이드 마크는 '크리킨디'라는 작은 벌새. 남미 안데스에서 유래한 이야기다. 숲이 불타기 시작했다. 숲에 사는 동물들이 앞다퉈 도망치는 와중에 벌새 크리킨디 혼자 작은 부리로 물을 한 방울씩 물어다 불을 끄고 있었다. 도망가던 동물이 왜 그렇게 무의미한 짓을 하냐고 물었다. 물방울을 입에 문 채 크리킨디가 마음으로 외쳤다. "난 내가 할 수 있는 걸 하는 거야!" 홍록기와 호레이는 "더 나은 세상이 될 것"이라는 믿음으로 "할 수 있는 걸" 하려고 한다. 그날 밤, 그는 "사랑하는 사람들을 챙기기 위해" 국회로 향했다.

전다인은 고등학교 시절 독학으로 기타도 치고 작곡도 시작한 인디음악가다. 2015년 데이트 폭력을 겪은 뒤 세상을 다르게 보게 됐다. SNS에서 쏟아지는 여성들의 목소리를 들으며 "이건 구조의 문제"라는 걸 깨달았다. 그는 페미니즘을 배우고 "여자들끼리 사회적인 메시지를 내는 밴드를 만들자"는 생각으로 '향우회'를 결성했다. 음악으로 여성에 대한 억압과 폭력에 저항하는 목소리를 내려고 한다. 윤OO은 다니던 대학원을 1년 만에 그만뒀다. "모욕이 일상이 된 조직문화는 내 삶과 맞지 않았기" 때문이다. 정신적으로 지쳐 있던 그는 "적게 벌어도 내 몫의 즐거움이 있는 일을 하자!"고 결심했다. 그 후 공연 스태프로 일하며 예술의 길로 들어섰다. "자유롭게 일하며" 스스로 존엄을 지키는 것이 삶의 목표다.

부산에서 중학교를 다니던 박수현은 정치에 관심이 많았다. 2008년 서면에서 열린 '광우병 반대 촛불집회'에 참가했다. 고등학교 때는 친구와 정치 이야기를 하다 "너 빨갱이냐? 간첩이냐?" 하는 말을 들으며 따돌림을 당하기도 했다. 괴로웠지만, 다짐했다. "나는 나를 괴롭힌 사람처럼 되지 말아야겠다." 그는 약자를 향한 폭력을 보면 "버튼이 눌린 듯" 참지 못한다. 대안문화연대 활동에 참여하며 "내 삶과 현대사가 연결"되어 있다는 것을 깨달았다.

불평등을 보는 눈

"살면서 차별받은 경험이 있나요? 그게 나한테 준 영향이 있나요?"

이 질문에 시민들은 다양한 차별의 경험을 말했다. 특정 지역 출신이라는 이유로, 여성이라는 이유로, 혹은 다수의 기준에서 벗어났다는 이유로 크고 작은 차별을 경험했다. 부당함은 분노나 수치로 남지 않았다. 사회 속에서 작동하는 차별을 배웠고, '정의'가 무엇인지 질문하기 시작했다. 불평등을 바라보는 눈은 그 질문에서 시작했다. 그리고 누군가 겪는 차별을 자신의 문제로 인식했다. 시민으로 자각하는 순간이었다.

전라도가 고향인 이들 중 상당수가 "전라도"라서 겪은 차별을 말했다. 대부분의 남성 응답자가 "차별받은 경험이 없다"고 답했지만, "있다"고 답한 이들 중 상당수가 '전라도 차별'을 꼽았다. 그들에게 지역적 낙인은 단순한 불쾌감이 아니라 사회 전체의 차별구조를 직감하게 한 경험이었다. 김민경은 직장에서 "너 전라도 사람이잖아?"라는 말을 자주 들었다. 정치 이야기를 하다 "전라도 사람이니까 넌 민주당이지?" 하는 말도 들었다. "전라도 사람들 사기 잘 치잖아?" 하는 상사도 있었다. "꼭 나대는 애들이 전라도 사람이더라"라는 소리를 들은 적도 있는데, 그때 20살이었다. 그래서 차별당하는 모든 것에 조금 더 마음이 갔다. 차별과 혐오 속에서 연대하는 사람이 더 많아지고 있다는 것에 "엄청난 희망을 가지고 있고,

그래서 더 나아질 수 있다고 생각"한다.

이대선은 "한국 사회에서 가장 오래된 혐오가 지역차별"이라고 말했다. "술자리에서도 전라도 비하 발언이 그냥 나오는데 그건 일상"이었다. 그는 "옛날에는 손가락질이었다면, 이제는 희화화가 됐죠. '전라도 사람들은 사기도 많이 치고, 믿을 수가 없고……', 이런 표현들이 여전히 남아 있는 현실"이 안타깝다. 그런 말은 단순한 편견이 아니라 "자기부정을 넘어 가족을 부정하도록 하는 일"이다. "이건 지역갈등이 아니라 일상 속의 차별입니다. 분명히 차별이죠." 신승현은 고향이 "전라도"라는 것 때문에 전 여자친구의 부모님이 싫어했다. 그 후로 그는 타인에게 고향을 말하지 않았다. 하지만 〈택시운전사〉 같은 영화나 사회의 변화를 보며 생각이 달라졌다. "오히려 전라도 사람이라는 것을 먼저, 일부러 밝혔다." 그는 12월 3일 '광주'가 자랑스럽게 언급되는 걸 보며 "조금씩 더 나아지고" 있다고 느낀다.

김현구는 "지역차별은 여전히 온 국민이 회피하는 문제"라고 생각한다. 광주에서 태어나 서울로 진학했을 때 "다 광주사태라고 표현했고, 고향이 광주라 하면 '너무 무서워!'" 하는 식으로 반응했다. 그는 "우리 사회가 호남에 대한 집단 이지매를 하고 있다"고 느낀다. "니들도 똑같아!" 하며 피해가지만 엄밀히 보면 일방적인 차별이다. 그는 오랜 세월 이런 배제의 구조를 체감하며 사회가 사람을 나누는 방식이 성별, 계급, 지역만 다를 뿐 본질은 똑같다고 느낀다. 그가 젠더 이슈에 관심을 갖게 된 것도, 차별이 사회를 어떻게 갈라놓는지 몸으로 배웠기 때문이다.

많은 여성이 단지 여성이라는 이유로 겪은 차별 경험을 이야기했다. 성장 과정에서 아들과 딸 차별, 대졸 여성인데 남성 직원과 동등한 일이 주어지지 않고 보조적인 역할에 머물러야 했던 경험, 직장 상사의 차별적 발언 등 아주 오래전 이야기 같지만, 그런 경험은 전 생애에 걸쳐 다양한 방법으로 되살아났다. 그림자로 남기도 하고, 삶의 방향이 되기도 했다.

고경리는 대학 졸업 후 입사한 회사에서 "세상에 대졸 남자랑 고졸 여자밖에 없는, 대졸 여자는 할 일이 없는 세상"을 만났다. "중요한 일은 다 남자가 하고, 여자는 보조적인 일을 하는" 회사에서 "아침에 남자보다 일찍 출근해 책상 다 닦고, 커피 타고 이런 일을 나눠서" 해야 했다. 결코 클 수 없는 '유리천장'의 시절을 보냈다. 사진작가 노해인은 광고사진 스튜디오에서 일하며 "군대 같은 위계문화"와 성차별을 경험했다. 여자여서 더 이상 진급할 수 없었다. "제가 아무리 잘 찍어도 넌 여자야"라는 말을 들었다. 그래서 "10년을 일하고 나서 "안 되나보다. 내가 유리창을 못 깨나보다" 하고 손 들고 나왔다.

남편과 함께 학생운동을 했던 이혜경은 결혼하고 출산한 뒤로 육아와 집안일을 도맡았다. "어릴 때는 내가 세상을 변화시키는 사람이 될 줄 알았던" 그는 "남편은 밖에서 끊임없이 자기 나름대로의 운동을 하면서 그렇게 가는데, 나 뭐 하면서 사는 거지?" 자문하며 오래도록 우울해했다. 그러다 맞은 세월호참사는 너무나 큰 충격이었다. 그는 광화문에서 농성하던 유족을 만났고, 진상규명을 외치는 시위를 막는 경찰을 봤다. 다시 일어나 함께하기 시작했다. IT 개발자인 오OO은 "아들 노릇까지 기대를 받고" 자란 K-장녀다. 가정폭력 "생존자"라서 "운동권에 들어가는 건 자연스러운 흐름"이었다. 아버지처럼 "높은 사람에게 잘못했다는 이야기를 하는 것이 허용되지 않은 사회에서 운동권은 그게 허용"됐다. 폭력 경험이 무서운 것은 "한 번이라도 일어나면 그다음에는 소리만 크게 질러도 위협"이 되기 때문이다. 그는 "가정폭력이든 국가폭력이든 다 똑같이 구조화된 폭력"이라고 생각한다.

장애인, 페미니즘, 퀴어 등 소수자 정체성을 자각하는 일은 곧 타인의 고통을 자신의 문제로 받아들이고 연대하는 경험으로 이어졌다. 각자의 일상에서 사회를 다시 보는 계기가 됐고, "모든 사람의 문제는 나의 문제"라는 윤리적 감수성으로 확장됐다. '내가 안전하지 않으면 누구도 안전하지 않다'는 믿음은 시민 정체성의 또 하나의 뿌리인 셈이다.

최보근은 고등학교 때 '학생인권조례' 제정 운동에 참여했다. "학생도 인권의 주체"라는 생각으로 시작한 일이었다. 대학에 진학해서는 학교 인권위원회 위원장을 맡았다. 그러나 활동할 때마다 사이버 공격과 조롱에 시달려야 했다. 인권을 이야기하면 왜 미움을 받는지, 스스로에게 물었다. 그 경험은 권리의 문제가 곧 정치의 문제라는 자각을 남겼다. 임명진은 스스로를 "비혼, 퀴어, 자영업자, 여성"이라고 말했다. "국가나 사회적으로나 뭔가 보호받지 못할 약자" 정체성을 모두 갖추었다는 뜻이다. 소수자 정체성은 국가나 사회 시스템이 자신을 보호해주지 않을 것이라는 불안감과 생존에 대한 문제의식으로 이어졌다. 그 불안은 무력감이 아니라 정치적 감수성으로 바뀌었다. 생존의 문제는 곧 사회의 문제라는 인식이었다. 그는 "세상을 바라보는 시각이 기울지 않고, 정의감을 잃지 않고", 자신이 "일하는 공간에서 몸과 마음이 잘 늙어가고 싶은" 바람이 있다.

박찬희는 중학교 때 자신이 동성애자임을 깨달았는데, 그 사실보다도 사회적 차별과 따돌림이 더 두려웠다. "향할 곳은 없고, 내가 왜 이렇게 태어나야 했는지 원망했어요. 신이 있다면 진짜 저주하고 싶을 정도로 싫었어요." 그는 유학과 국제기구 인턴 경험을 통해 "다른 사람들의 행복을 중요하게 생각하는 사람들"과 함께하며 스스로에게 물었다. "내가 받아들여지면 왜 안 되는 거지?" "소수자로 태어났기 때문에 소수자를 이해할 수 있는 사람이 된 것 같아서" 증오의 마음이 감사함으로 바뀌었다. 그는 "모든 사람의 문제는 다 나의 문제다"라는 문구를 몸에 새겼다. 타인의 고통을 외면하지 않고 살아가겠다는 다짐이었다.

김병태는 장애인으로서 차별의 벽을 온몸으로 겪었다. 차별당한 경험은 "무언가 계속 마음속 응어리로 남았다". 그는 20살 무렵 청계천 신발 도매상에서 일했다. 86년 아시안게임과 88년 서울올림픽을 앞두고 노점상 단속이 한참이던 거리에서 경찰의 폭력을 목격했다. "장애인이 인간답게 살려면 이 사회가 이렇게 돼서는 안 된다"고 생각했다. 그 뒤로 노동운동에 참여하며 세상을 변화시키려 노력하고 있다. 그에게 장애는 한계가 아니라 세상을 직시하게 만든 하나의 렌즈였다.

삶의 가치

시민이라는 자각은 거대한 결단이 아닌 삶의 섬세한 순간에 자란다. 누군가는 페미니즘을 통해 타인과 자신을 새롭게 이해했고, 누군가는 공동체 속에서 관계의 책임을 배웠다. 또 누군가는 책을 통해 사유의 힘을 얻고, 그 깨달음을 삶의 방향으로 삼았다. 이들의 각성은 한 번의 사건이 아니라 지속적인 배움의 과정이었다. 그 배움이 서로의 삶을 이어줄 때 연대는 추상적 구호가 아니라 살아 있는 경험이 됐다.

페미니즘을 알고

폭력과 차별, 불평등을 겪은 시민들은 부당함을 해석하고 극복하는 언어를 페미니즘에서 '발견'했다. 삶에서 부딪히고 깨달은 경험으로 다가온 것이다. 그것은 약자에 대한 연민을 넘어서 누구도 자신의 정체성 때문에 배제되지 않고 '환대받을 수 있는 사회'를 꿈꾸게 했다. 페미니즘은 시민들에게 관계를 맺는 방식을 가르쳤고, 자신과 타인을 존중하는 자세로 자리 잡았다.

"활동가로 살 때 가장 빛난다"고 느끼는 최윤이는 페미니즘을 만나며 세상을 다르게 바라보게 됐다. 그는 아버지의 폭력으로 불행한 어린 시절을 보냈다. 그의 어머니는 아버지의 폭력 속에서도 돌봄노동에 충실하며 가족주의적 역할에 순응했다. 납득할 수 없는 관계는 그가 페미니즘을 알면서 변하기 시작했다. "아버지에게 요구되는 남성성, 어머니에게 요구되는 여성성"을 사회구조적으로 이해하기 시작했다. 그는 "아무리 혐오가 만연한 세상인 것 같아도, 서로 영향을 미치면서 주고받은 사람들끼리 가장 따뜻하게 살아가는 방법"이 페미니즘이라고 믿는다.

이현숙은 고등학교 때 국어 선생님이 전교조로 해직되는 것을 목격했다. 불의하다고 여긴 그는 시위에 참여했다. 반성문을 쓰라는 학교의 요구를 거절하고 자퇴를 선택했다. 나중에 고등학교 교사가 됐지만 구타와 같은 부당한 상황을 목격한 뒤 "여기는 나랑 맞지 않다"고 결단을 내렸다. 불의한 상황에 직면했을 때 그는 늘 정면대결을 선택했다. 결혼 뒤 시댁과 갈등을 겪으며 여성학 공부를 시작했다. 그에게 여성학은 개인의 고통을 사회구조적으로 이해함으로써 치유하는 과정이었다. "어떤 문제와 갈등을 대할 때, 개인보다는 어떤 위치, 포지션으로 보는 태도"나 "구조를 볼 수 있는 눈"을 배웠고, 그로 인해 "관용"하는 태도를 갖게 됐다.

고선도는 N번방 사건을 계기로 스스로를 "페미니스트"로 정체화하며 '행동하는 보통 남자들', '남성과 함께하는 페미니즘' 회원으로 활동했다. 청소년 시기, "여성스럽다"는 말을 듣고 자란 그는 사회에서 인정하는 남자가 되어야 하나 고민했다. 그런 그에게 페미니즘은 "그냥, 너는 너면 된다"고 존재 자체를 인정했다. 페미니즘은 "나를 나답게, 그리고 상대를 상대답게 대할 수 있게, 관계에서 중요한 자세"라고 생각한다.

남성과 함께하는 페미니즘 회원인 정OO은 해외에서 고등학교를 다니며 인종차별을 경험했다. "동양인은 눈이 째져 운전을 못한대~" 같은 밑 느낌의 차별이었다. 2015년 강남역 살인사건이 발생하고 '여성혐오 범죄' 논쟁이 일어날 때, 그는 자신이 겪은 "인종적 소수자로서 느낀 경험과 비슷하다"고 생각했다.

공동체와 관계를 통한 배움

종교 공동체에 참여함으로써 각성과 치유를 경험한 이들도 있었다. 그들은 공동체 활동을 통해 정치가 해결하지 못하는 다양한 문제—도시개발로 인한 원주민 축출, 철거, 소수자 문제—에 연대하고 개입하며 시민의 임무를 다하기 위해 노력하고 있었다. 이들에게 신앙은 권위적 교리가 아니라 타인의 고통에 응답하는 연대의 언어였다.

이찬민은 시민단체 활동을 하다가 "더 이상 마음의 불이 지펴지지 않는" 자신을 느꼈다. 어느 날 동네에 있는 교회를 찾았다. "신은 어디에도 없지만 동시에 모든 곳에 있다"고 여기는 그는 "아, 이 목사님 뭔가 계획이 있는 것 같은데?"라고 생각했다. "마음의 불을 계속 지필 수 있는 엔진이 될 수 있는 것, 내 안에 무한한 사랑을 채울 수 있다는 믿음"으로 작은 행동을 함께하고 있다.

출판편집자 이희도에게도 교회는 배움의 공간이다. 새민족교회에서 '젠트리피케이션' 문제라든지 성소수자 문제 그리고 이태원 참사 유가족 연대활동 같은 다양한 연대활동을 했다. "인문학 서적으로 도피해 찾던 언어"를 교회에서 만난 그는 "쫓겨난 사람들이 버틸 수 있도록" 연대하며 사는 게 가치 있다고 생각한다.

이창준은 대학에서 노학연대 활동을 매개로 '옥바라지선교센터(옥선)'에 참여했다. "쫓겨나는 이들의 곁에 십자가를 세우고, 쫓겨남이 없는 하나님 나라를 만들겠다"는 옥선 동료들과 철거 현장, 농성장을 찾아가 예배를 드렸다. "연대하러 갔는데, 제가 치유됐다." 그에게 옥선은 "안으로는 안전하고 밖으로는 전진하는 사람들"이며, 사람은 "가능성으로 가득 찬 존재"였다.

시민성은 함께 살아가는 관계 속에서 자란다. 대안학교 실험은 민주주의의 기초가 '공동체적 배움'임을 보여준다. 김현지(학생)는 성미산마을 공동체에서 "혼자가 아니라는 감각"을 배웠다. "외롭고 고립돼 있었을 때에도, 내가 선택해 물러났을 때에도, 다시 돌아갈 수 있고 다시 연결될 수 있고, 다른 사람들을 만날 수 있다는 믿음"이 있다. 그 경험은 그를 "나 잘살자보다 같이 살 방법을 고민하는 사람"으로 만들었다. 대학에 들어가서는 기후위기와 불평등 문제로 관심이 넓어졌다. 이현무는 제천 간디학교를 다녔다. "한참, 진짜 사회운동을 한 86세대"인 부모님의 사회 인식과 참여, 가치관은 그가 "주체적으로 살 수 있는 원동력"이었다. 사람을 함부로 대하고 평가하며, 모든 문제의 원인을 개인의 탓으로 돌리는 사회를 경계한다.

보육원에서 자란 김은지는 보호종료 후 하자센터에서 일하다가 성미산마을의 도시락 가게를 거쳐 제천 간디학교 교사가 됐다. 8년간 교단에 선 그는 "부모 복은 없는데 인복은 많다"고 자랑한다. 간디학교는 "인생의 자양분이자 기틀"이었다. "민주주의를 함께 공부했고, 세상은 같이 사는 것임을 배웠다." 그는 "보호종료 아동의 다음을 보여줄 수 있는 어른"으로 살고 싶어한다. "자기를 잘 돌보고, 주변도 잘 돌보면 세상은 변한다."

사람은 관계 속에서 자신이 누구인지 배운다. 돌보는 마음과 회복의 경험은 서로 다른 길에서 시민으로 성장하게 하는 2개의 힘이었다. 누군가는 사랑을 삶의 원리로 삼았고, 누군가는 상처를 돌보는 일에서 자기 삶의 방향을 찾았다. 싱어송라이터 미루는 "사랑의 마음"이 자신을 키웠다고 말했다. 사회복지사였던 어머니는 정부 지원 없던 시절부터 수십 명의 아이를 돌보았다. "태어날 때 언니, 오빠가 한 40명쯤 있었다." 그는 어머니가 실천한 사랑을 삶의 원리로 삼는다. 권용석은 19살이던 대학 1학년 때 '국가보안법 위반'으로 보안수사대에 끌려가 조사를 받았다. 단순 인터넷 게시물 공유였지만 일주일 조사받고 가택수색도 당했다. 놀랐고 움츠러들었다. 그런 그를 "옛날 고문 피해자나 조작간첩 피해자 선생님들"이 펴주었다. "인생은 길고, 언젠가 모든 것은 다 결산이 된다." 그 말은 그에게 방향을 주었다. "삶이 원하는 대로 안 흘러가도 상처 입은 사람들의 이야기를 듣고 돌보는 역할을 할 수 있겠다"는 자신감도 생겼다. '상처 입은 치유자'로 살아간다.

국경을 넘어선 연대—세계 시민으로

시민 가운데에는 다른 나라의 민주주의와 인권 문제에 관심을 가진 이들도 많았다. 그들은 아시아 곳곳에서 벌어지는 저항운동 소식을 전하며 "혼자가 아니"라는 메시지를 SNS를 통해 나누었다. 때로는 대사관을 찾아 항의시위를 하며 폭력에 맞서는 시민들에게 연대의 마음을 보냈다. 그 과정에서 '연대'가 민주주의를 함께 지키는 실천임을 배웠다.

이동현은 미얀마 연대활동을 하고 있다. "혼자 싸우고 있다고 생각하면 많이 두려운데, 혼자가 아니라는 메시지를 주고 싶어서"다. 미얀마 군부는 2021년 2월 쿠데타를 일으키고 아웅산 수치 등 민주 인사를 구금한 뒤 국가비상사태를 선포했다. 시민불복종 운동과 무장투쟁이 일어났다. 2024년 말 기준으로 2만 7,862명이 체포되고 6,046명이 사망했다. 그는 태국과 미얀마의 민주주의는 "우리와도 밀접"하다며, "우리 민주주의를 지키면서 동시에 주변 나라의 민주주의를 위해 연대해나가야" 한다고 생각한다.

대만에서 대학을 다닌 이대선은 그곳에서 천안문 시위 참여자, 홍콩 민주화운동가들을 만나 인연을 맺었다. "국가폭력은 어느 곳에서든 항상 존재하고 있는데, 연대를 계속했어요. 홍콩도 그렇고 미얀마도 그렇고." 그날 밤, "우리나라에서 발생될지는 상상도 못한" 계엄이 일어나자 그는 다른 나라의 계엄을 돌이켜보며 "이걸 막을 수 있는 가능성은 지금이 가장 높다!"고 판단했다.

이현무는 간디학교 선배와 국회로 가면서 "미얀마 군부독재나 터키 장기집권 이야기"를 나눴다. "군부가 비상계엄을 선포해서 정권을 창출하고, 또 비상계엄을 해서 정권을 재창출하고. 그런 시나리오를 생각했죠." 투르키에 대통령은 친위 쿠데타를 통해 지금까지 재임하고 있다. 미얀마 역시 2021년부터 군부가 장악하고 있다. 그런 일이 한국에서는 절대로 일어나선 안 됐다.

디지털 공간의 서재—트위터라는 사회

계엄 선포 직후 트위터에는 관련 게시물이 약 80만 건 이상 쏟아지며 실시간 흐름 1위를 차지[11]했다. 트위터는 시민들이 빠르게 상황을 인지하고 결집하도록 도왔고 위기 속에서 행동의 방향을 제시했다. 리트윗을 통해 순식간에 정보를 반복해서 확산시킬 수 있는 트위터는 마치 '사이렌'처럼 위기신호를 울렸고, 시민들은 그 안에서 서로를 찾아 연결됐다. 그날 밤, 시민들은 트위터 "타임라인을 새로고침하며 초단위로 들어오는 소식을 확인했다".(김아영) 트위터는 "익명 기반의 활동이 일반적이라 정치사회적으로 민감한 의제를 다루기에 적합"(김정아)한 점도 그날 밤 유효한 소통수단이 되기에 충분했다.

---

11. 노도현,「비상계엄에 들썩거린 소셜미디어」, 경향신문, 2024. 12. 4.

2015년 '페미니즘 리부트'(컴퓨터를 다시 켠다는 뜻으로 상태를 초기화하고 새롭게 시작한다는 의미) 이후 트위터는 수많은 젊은 세대가 사회를 배우는 공간이었다. 여성 인권, 성소수자·사회적 약자의 목소리가 이곳에서 재구성됐다. 트위터를 통해 페미니즘을 처음 접하고 여성혐오 살인사건이나 불법촬영 등의 이슈에 문제의식을 갖게 됐다고 말한 이도 있었다. 트위터가 정보의 흐름을 넘어 감정의 공동체이자 시민적 학습의 공간 역할을 한 셈이다. 플랫폼의 명칭이 'X'로 바뀌었지만 "여전히 트위터에는 예전 트위터가 가진 다양성에 대한 존중이나 인권, 진보적인 정치 의제에 대한 이야기가 살아 있다".(김태형) 물론 이 공간에도 한계는 있다. "비슷한 의견을 가진 사람들이 너무 많아서 편향될 수도 있다."(박찬희, 정가은)

313명의 시민에게도 트위터는 정보공유 이상의 도구였다. 친구를 사귀고, 사랑하는 것을 나누고, 생각과 사고를 키우는 요람이자 관념의 집이고, 광장이자 하나의 사회였다.

유예빈은 "거창한 신념은 없지만 부끄럽고 싶지 않은 20대"다. 트위터를 14년 정도 했는데, 거기서 만난 사람들에게 많은 걸 배웠다. 그에게 트위터는 "학교나 사회에서 소속감을 느끼지 못하는 사람들이 모여 서로에게 편안함을 주는 곳"으로, "하나의 사회이자 관념적 의미의 집"이다. 김지용에게는 "자유롭게 얘기할 수 있는 공간이라 숨 쉬듯이 하는 SNS"다. 정준희에게는 "인간관계의 절반 이상을 차지하고 있는, 지금으로선 삶의 일부"다. 김규리(음악인)에게도 트위터는 일상 관계의 중심이다. 친구의 90%가 '트친'이다.

그는 '트친'들과 여의도, 남태령, 한남동에 함께 나가며 "민주주의에서 나라는 존재의 주체성을 행사한다는 감각"을 경험했다. 그와 함께 "대선 당시 (윤석열을 지지한) 사십 몇 퍼센트의 국민들, 그 사람들과 함께 살아야 하는데, 어떤 확신 말고 의심하는 태도로, 확신을 유예하는 태도로 접근해야 하지 않을까" 생각한다. 홍예린에게 트위터는 "요람 같은 곳"이다. "진보적인 쪽으로 이끌었고, 사회화시켜주었고, 더 사람답게, 사람 모양을 할 수 있게 도와준 곳"이다. 그러나 "그 안에서 성장은 하지만 언젠가는 또 벗어던져야 할 일종의 번데기 같은 곳"이기도 하다.

책과 독서의 힘—지적 각성이 삶의 방향을 바꾸다

삶을 바꾸는 힘은 직접 경험에서만 오는 것이 아니다. 한 권의 책, 연극, 하나의 이야기가 인생의 방향을 바꾸기도 한다. 책과 역사 공부 그리고 역사적 인물과의 만남은 시민들에게 사유의 틀을 열어주었다. 그렇게 형성된 가치관의 심연은 평소에는 조용히 잠들어 있다가 결정적인 순간에 제 모습을 드러낸다.

이상희는 고등학교 시절 읽은 『전태일 평전』 한 권으로 "가치관이 확 바뀌었다. 위인의 개념, 훌륭한 사람에 대한 판단, 기준, 가치 이런 것들이 송두리째 바뀌는 계기"가 됐다. 윤재은도 『전태일 평전』을 읽으며 인간의 존엄과 노동의 의미를 진지하게 생각했다. 조근욱은 『난장이가 쏘아올린 작은 공』(난쏘공) 덕분에 "잘나가는 사람들보다는 작고 보잘것없는 사람들의 삶이야말로 인간의 본질에 가깝다"고 느꼈다. 강규혁도 『난쏘공』을 읽고 사회문제에 눈을 떴다. 신OO은 『철의 시대』를 재미있게 읽었고, 이OO은 『아픔이 길이 된다면』을 읽으며 "차별이 내상이 되는 것을 일상에서 깨달았다". 중학교 때부터 『변신』 같은 문학작품을 즐겨 읽은 최영균은 『카라마조프가의 형제들』, 『태백산맥』, 브레히트와 김수영 시인의 시를 읽으며 "사람을 깊이 있게 이해하는 어떤 마음"을 갖게 됐다. 김성은은 『감옥으로부터의 사색』을 읽었다. "인간의 적응력이란 행복의 요람이자 용기의 무덤"이라는 문장이 자신을 늘 움직이게 만든다고 했다.

독서모임을 하며 폭넓게 읽고 의견이 다른 사람과 대화하는 이들도 있었다. 권민성은 지역에서 독서모임을 만들어 20년 넘게 운영하고 있다. "거의 반이 다른 생각을 가진 사람들"이다. 박인희는 『꼭 같은 것보다 다 다른 것이 더 좋아』를 읽으며 "프레임과 굴레에 대한 관점을 바꾸는 책"에 관심을 갖게 됐다. 지금은 독서모임에서 사회적 이슈를 토론한다. "함께한다는 것은 무조건 같아야 된다는 게 아니라 넓게, 느슨하게, 그래도 같이 있는 거"라고 생각한다. 박혜정은 초등학교 때 본 다큐멘터리에서 '매 맞는 아내'의 이야기를 보고 "왜 맞는 남편 이야기는 없을까?" 의문을 가졌다. 페미니즘에 대한 관심의 시작이었다. 이후 독서모임을 통해 "젠더 이슈도 다루고 사회적 약자에 대해서도 얘기"한다. 아쉬운 것은 "지금 한국 사회에 사랑이 사라지는 것"이다. "여성이나 공동체, 돌봄, 그 모든 건 사랑 위에 서야 한다"고 생각한다.

임유현은 『레미제라블』을 "청소년기를 지배한 작품"으로 꼽는다. 프랑스혁명 이야기도 좋아한다. "프랑스 대혁명 중에 샹드마르스 학살 사건이 있었어요…… 왕을 믿던 파리 시민들이 샹드마르스에 모여 왕한테 얘기하려고 했어요. 우리 얘기를 들어줄 것이라고 생각한 거죠. 그런데 왕은 군대를 보내서 그 시민들을 다 죽여요. 그게 파리 시내거든요." 그날 밤, 그 학살이 떠올랐다. "그래도 어디 끌려가 죽는 것보다 여의도 한복판에서 죽는 게 낫지 않을까?" 생각했다. 그는 트위터에 급히 적었다. "12월 4일 12시 14분에, 근데 레미제라블과 프랑스 대혁명을 겉멋으로 좋아한 게 아니면 오늘 같은 날에는 국회에 가야 할 것 같았어. 그러면서도 레포트 걱정도 하고."

임○○은 연극〈일리아드〉를 "80번 넘게 관람했고, 초연만 56번을 볼 정도"로 빠졌다. 연극은 트로이아 전쟁을 배경으로 한 호메로스의 『일리아스』를 각색한 작품으로 전쟁의 참혹함과 인간의 존엄성을 다룬다. 역사를 좋아한 그는 나치의 학살을 보며 깨달았다. "나치가 유대인만 죽이면 아리아인들은 다 잘살 거라고 했어요. 근데 그다음이 집시였고, 그다음은 동성애자였어요. 그다음은 장애인, 노인 다 그렇게 끌려갔어요." 권력의 폭압은 소수자에게 더욱 잔혹하다. 그는 계엄이 성공하면 "제가 살아가고 싶은 모습대로" 살아가지 못할 것이라고 생각했다.

시민들이 사회·정치 문제에 처음으로 관심을 가진 계기는 거대한 사건부터 지극히 개인적인 상처 혹은 관계 속 깨달음에 이르기까지 매우 다양했다. 사람의 삶은 단일한 계기나 하나의 사건으로 설명되지 않는다. 누구의 삶이라도 다채로운 빛깔과 질감으로 엮여 있다. 순간과 순간, 경험과 경험이 교차하며 한 사람을 이루고, 그 사람들이 모여 사회를 이룬다.

313명의 시민도 각자의 삶에서 그렇게 변화해왔다. 이 작은 책에 다 담을 수 없는 수많은 순간과 경험이 그들을 만들었다. 그들이 마주했던 순간과 경험을 나열해보면, 결국 우리 사회의 민주주의를 형성해온 흐름과 이어진다.

시민들의 이야기는 부당함에 분노하고, 상식을 지키며, 나와 내 이웃의 존엄을 지키려는 마음의 이야기다. 그들의 서사는 단순한 사실을 넘어 용기와 저항의 증거다. 그 증언은 한국의 민주주의가 개인의 윤리적 각성과 사회적 경험 위에서 자라왔음을 보여준다.

내란의 밤을 막아낸 시민들의 목소리를 따라가며 우리는 한국 민주주의의 회복탄력성을 확인할 수 있었다. 위기의 순간에 자신의 안위를 걸고 저항할 수 있는 시민이 존재한다는 사실, 그것이 한국 민주주의를 지킨 힘이며 앞으로도 지켜낼 최후의 보루다.

**3장
다시 만날 세상**

그날 밤 배운 것

〈진실의 힘〉은 313명의 시민에게 물었다.

"그날 밤 나의 행동을 어떻게 생각하나요?"
"내게 어떤 변화가 생겼나요?"

시민들은 자신의 행동보다 함께 있던 다른 시민의 '행동'과 '마음'에서 정말 중요한 것들을 보았다고 답했다. 위기의 순간에 빛처럼 등장한 용기, 정의, 연대, 역사에 관한 신뢰 같은 것을 경험하고 확인했다는 것이다. 그 경험은 자신에 대한 성찰에서 공동체에 관한 생각, 그리고 우리 사회에 대한 기대와 바람으로 이어졌다.

리베카 솔닛은 멕시코시티, 뉴욕, 뉴올리언스의 여러 재난을 연구한 결과 인간은 위기 속에서 "회복력과 임기응변, 관대함, 동정심, 용기"를 드러낸다고 말했다. 재난 영화가 그리는 공포와 병적 흥분에 빠져드는 인간과는 다른 존재, 재난 속에서도 강렬한 기쁨과 사랑, 연대의식을 느끼는 존재가 바로 인간이라는 것이다. 인간의 그런 본성은 "최악의 상황이 닥쳤을 때 우리가 어떤 존재인지를 말해줄 수 있는 주제"이자 12월 3일 시민들이 발휘한 '정치적 재난 속 인간의 윤리성'을 설명해준다. 다른 인간의 고통을 나의 고통으로 받아들이고, 무너진 공동체를 다시 세우려는 윤리적 책임감을 느끼며 행동할 수 있는 것이 인간이기 때문이다.

예측할 수 없는 두려움 속에서, 한겨울 새벽 추위에 떨면서도 서로의 얼굴을 마주하며, 순간순간 새로운 것을 발견하고 느끼고 확인했다. 그날 밤 시민들은 두려움을 견디며 함께하는 용기를 배웠고, 존재 자체로 서로에게 큰 힘이 된다는 것을 알았으며, 작고 연약한 사람들의 연대가 진정으로 큰 힘을 발휘한다는 것도 체험했다. 그날 밤 시민들이 배우고 느낀 그 빛은 '다시 세워야 할 민주주의는 어떠해야 하는지', '우리는 어떤 마음으로 살아가야 하는지'에 대한 질문으로 이어졌다.

'시민'이라는 이름

"그날 밤 나의 행동을 어떻게 생각하느냐"는 질문에 시민들은 대부분 "시민으로서 당연한 의무"라고 답했다. "머리보다 몸이 먼저 나가고, 계획보다 일단 뛰쳐나가는 것이 너무나 자연스러운 밤"(박지현)이었다. "민주시민으로서 할 일을 했고"(조규호), "누구나 할 일을 했고, 그냥 하던 대로 한 것뿐"(조상기)이며, "시민으로서 지켜야 되는 원칙이자 신념이 시키는 대로 행동했을 뿐"(신윤석)이라고 했다. 박보정 역시 "단지 대한민국 사람이라 그런 거"라며 특별한 행위가 아니라고 말했다.

'시민의 의무'에서 더 나아가 '나'를 새롭게 발견하고, 자신의 행동이 계엄을 막는 데 기여했음을 실감하며 자기효능감을 경험했다고 말한 이들도 있었다. 최시원은 "이런 걸 할 수 있을까?" 생각했는데, 결국 해낸 것에 대해 "스스로 성장한다는 느낌"이 든다고 말했다. 김정아는 자신의 행동을 "1인분"이라고 표현했다. 그는 "1인분 해낸 것에 뿌듯함을 여길 만한 일이 이 이상으로는 없을 것이고, 대학 4년 다닌 것보다 훨씬 더 많이 성장한 것 같다"며 "앞으로 더 큰 사랑으로 무언가를 해내고 살아가야지" 하는 마음도 갖게 됐다. 김진용은 "n분의 1"이라고 했다. 그는 "저도 n분의 1이었지만, 그 n분의 1이 없었다면 어찌 됐을지 모를 일"이라고 했다. 그래서 의미가 있고, 그날 밤 "역사의 한 페이지를 썼다"고 생각한다. 덕분에 "진짜 하느님이 보우하사 잘 넘겼고, 죽은 자가 산 자를 살린 것"이라고 믿는다.

권민성은 "내가 한 행동은 작지만 역사의 현장에 있었다"면서 그 자체로 "뿌듯함"을 느꼈다. 임정민은 그동안 사회 변화를 위해 "내가 할 수 있는 일이라고는 별로 없다"고 생각하고 정치를 멀게만 느꼈는데, "직접 해보니까 내가 할 수 있는 게 있구나" 하는 것을 알았다. 장OO도 "그럴 때 행동하는 인간이라서 다행"이라고 했다.

고경현에게는 "책과 영상, 뉴스나 드라마로만 보던 민주화운동을 직접 경험한 것이 하나의 '사건'이었다." "민주화가 다 됐다고 믿었는데, 그것에 반하려는 사람들이 있다는 것도 놀랐고, 그런 시도를 실패하게 만드는 사람들이 많다는 것도 놀랐다." 그에게는 "큰 힘이 아니더라도 같이 모여서 외치는 것으로 상당한 힘이 된다"는 것을 깨달은 사건이었다.

이찬민도 그날 밤 여러 차례 "놀랐다". "야심한 시각에 많은 사람들이 달려온 용기"에 놀랐고, "피켓, 메가폰, 스피커까지 챙겨온 사람들의 추진력"에 놀랐다. 계엄을 막아냈다는 뿌듯함을 느낄 수 있어서 "가길 정말 잘했다"고 생각한다. 김동휘도 "시민의 힘으로 막아낸 것이기 때문에 민주주의를 가장 직접적으로 체험"했다고 생각한다. 그는 "5·18 때 그 사람들의 마음"을 떠올리며 민주시민의 자세에 대해 새로 생각하게 됐다. 이성록은 "용감하게 달려온 사람들을 보며 역사 책에서만 보던 6월항쟁, 직선제 개헌 같은 일이 어떻게 이루어진 건지를 실감"했다며 직접 경험한 "민중의 힘"에 감격해했다.

그날의 경험을 통해 사회에 대한 신뢰감이 생겼다고 답한 이들도 있었다. "우리나라 집회 문화에 대한 신뢰, 안전함에 대한 신뢰"(김경주)를 느꼈고, "한국 사회의 민주주의에 대한 신뢰"(최선혜)가 생겼다고 했다. 그들은 "시민들은 어떻게든 막을 것이고, 어떻게든 국회를 정상화해 해제하도록 할 것"이라는 믿음으로 대열에 뛰어들었다. 김지수는 "우리나라 사람들이 대단하고 자랑스럽고 멋있다"면서 "이런 정신이 이어지고, 이런 시민성이 계속되면 좋겠다"고 말했다.

이재정도 "그날 밤, 대한민국 시민들은 역시나 위대하다"고 느꼈다. 특히 세대의 변화에 주목하며 "박근혜 탄핵 때는 젊은 세대가 주인공이라는 느낌이 별로 없었는데, 이번 광장에서는 주인공이라고 느꼈다". "모든 것이 다 성숙되고 있다"는 느낌과 함께 "우리가 해냈다"는 승리의 경험은 그에게 특별하게 다가왔다. 백주선은 "우리에게 불의에 항거하는 마음이 강하게 자리 잡고 있다"며 "특정 세대가 아니라 전 세대에 고루 나타났다는 점에서 민주주의의 저력이 있다"고 말했다. 국회 근처에 직장이 있는 박수현도 국회 앞을 지날 때마다 "나와 우리 같은 시민들이 지킨 국회"라는 생각에 "주권자로서 책임을 다했다"는 감회를 느낀다.

다시는 이런 일이 없어야겠지만 "혹시 또 발생한다면?"이라는 질문에 시민들은 잠시의 머뭇거림도 없이 "그때는 좀 더 빨리 가겠습니다"(조규호)라고 답했다. 이수연은 "나는 물론이고 더 많은 시민들이 뛰어갈 것"이라고 했다. 과거 계엄 때는 사람들이 죽고, 감옥 가고 하는 폭력 상황이 벌어졌는데 사람들은 그 기억을 가지고도 모였다. 이번 경험은 "사람이 많으면 더 안전하구나, 이게 한두 명 있으면 쓱싹 처리해도 되는 것을 몇천 명, 몇만 명이면 못한다는 걸 보여줬으니, 서로를 안전하게 지키기 위해서라도 나올 것"이라고 생각했다. 그런 이유로 "우리나라에서는 더 이상 쿠데타가 일어날 수 없다"(채동주)고 단언한 이들도 있었다. "가장 성공 가능성이 높은 친위 쿠데타가 시민들의 저항과 군경의 소극적 행위로 인해 실패"했기 때문이다. 노성철의 생각도 비슷했다. "앞으로 유사한 일이 벌어지면 그렇게 뛰어갈 수 있는 사람들이 있고, 군인이든 경찰이든 국가기관이든 잘못된 명령을 수행하는 경우는 별로 없을 것"이라고 생각한다.

강철섭은 평소 "일제강점기 때 태어났다면 나는 독립운동가처럼 할 수 있었을까?" 자문했다. 예전엔 "못했을 것 같다"고 생각했지만 이제는 "했을 것이다"로 바뀌었다. "고문당하고 무섭겠지만, 선조들이 물려준 DNA이고, 시민들 모두 저항의 DNA를 가지고 있어서 우리나라는 망하지 않았고 지킬 수 있었다."

민주주의라는 DNA—세대가 연결된 순간

시민들은 그날 밤, 간절한 마음으로 위기의 순간을 견뎌내며 서로 이해하고 존경하는 마음을 갖게 됐다고 했다. 젊은 세대는 "무서운 걸 알면서도 나온 어른들"을, 기성세대는 "민주주의 DNA를 이어받은" 청년들을 자랑스럽게 여겼다.

이지혜는 그동안 "중장년층, 광주나 4·19 혁명 때 사람들과 나는 다른 부류의 사람"이라는 선입견을 가지고 있었다. 그러나 이제는 "그 사람들과 내가 연결되어 있다"는 것을 느낀다. 계엄이 무엇인지 몰랐던 그는 "무서움도 모르고" 나갔다. 거기서 나이 든 분들이 입을 모아 "젊은 애들은 살아야지!" 하고 말하는 것을 들었다. "그분들은 다 아는데 나왔잖아요? 다 알고 무서운데도 나온 거잖아요?" 그는 나중에 계엄이 무엇인지 알면서 "소름이 돋았다". 실재하는 공포를 느끼면서도 나왔다는 사실에 정말 감사한 마음이 생겼다. 이윤찬은 "저는 민주화된 나라에서 태어났기 때문에 아무것도 한 게 없는데, 그분들이 이뤄놓은 혜택을 누리고 있다"고 말했다. 안보람도 그날 밤 앞장선 86세대를 보고 "덮어놓고 욕만 하고 이 사람들을 제대로 알지 못했다"면서 "그들의 젊은 시절부터 지금까지 이어지는 원동력이 무엇일지" 궁금해하며 그것이 "우리 세대까지 이어지도록 해야"겠다고 생각했다.

김성은은 그날 밤 "나이가 많으신 어른"들에 대해 편견을 갖고 있었다는 것을 깨달았다. 그는 "직접 겪어보지도 않았는데, 미디어나 자극적 정보 때문에 극우 성향(태극기부대)으로 단정했다"고 말했다. "사람을 사람으로 대하지 않고 이념과 정치색으로 판단하고 있었구나" 반성했다. 그걸 일깨운 건 횡단보도에서 만난 한 할머니의 말이었다. "사람 하나 잘못 뽑아가지고 이게 뭔 사달이냐!" 그 목소리는 세대를 넘어선 분노이자 연대의 언어였다.

중장년층 가운데에서도 젊은 세대를 새롭게 보고 존경의 마음을 갖게 됐다는 이들이 많았다. 세대 간의 미안함과 감사함이 교차하던 그 밤, 민주주의는 연대의 감정으로 다시 태어났다.

황인선은 자신의 가장 큰 변화로 "젊은 세대를 제대로 보게 된 것"을 꼽았다. 평소 젊은 세대를 "자기 위주로 살고, 자기밖에 모른다"고 생각했는데 "우리가 모르는 또 다른 원동력이 있다. 그 세대만의 판단과 방법이 있다는 걸 확실히 알게 됐다"고 말했다. 노성철은 이번 일은 기성세대가 "제대로 된 민주주의를 만들지 못했기 때문에 일어난 것"이라며 "후대 세대한테 이런 일을 겪게 해서 미안하다"고 했다. 하지만 위기의 순간 젊은 층이 참여한 걸 보며 "우리가 민주주의를 위해 쌓아왔던 과정들이 없어진 것이 아니라 우리 사회의 DNA 속에 녹아들어가고 있다"는 걸 느꼈다. "12·3이 아니었다면 몰랐을 특별한 경험"이었다.

함칠성은 그동안 세대 단절을 많이 느꼈는데 비상계엄으로 생각이 완전히 바뀌었다. "정말로 지치지 않는 젊은 세대"를 보며 "하늘에서 신이 내려준 선물"이라고 생각할 정도였다. 성찰도 이어갔다. "저도 '선량한 차별주의자'로 분류되는데, 이 나라에 내재된 성별, 나이, 출신지, 학벌에 의한 갖가지 차별을 '사회 대개혁 과제'로 제시하고 외치는 젊은 세대를 보며 우리 세대보다 한 걸음 더 나갔다"고 생각했다. "고맙고 눈물이 났다."

젊은 세대로부터 안도감을 얻고 위로를 받았다는 시민도 많았다. 최영균은 "한 세대가 끝나고, 하나의 체계가 넘어가고, 이제 젊은 분들이 역사를 이끌겠구나" 느끼며 안심했다. 조상기도 그날 밤 "젊은 친구들이 계속 오는 걸 보고 안심했죠. '끝내준다'는 생각이 들었다"고 했다. 복진오는 젊은 세대들이 "그냥 그 사람들 중의 한 사람이 되기 위해 현장에 있는 걸 보고 그들의 힘과 원동력"을 느꼈다. 그는 "힘을 받고 위로도 됐어요. 이제 486, 586 세대들이 더 이상 '꼰대짓'하지 말고 빠질 때가 됐구나"하고 실감했다. 조규호도 "우리는 이제 뒷방으로 물러나야 한다"고 했다.

김민석은 그날 밤 다른 측면에서 "이 사회를 지탱하는 평범한 사람들의 힘"을 새롭게 깨달았다. 또래보다 늦게 군 입대한 그는 "진짜 평범한 이대남"들과 군생활을 했다. 그들이 그날 밤 활동가인 그에게 연락을 했다. "'형 괜찮아?' 하고 챙겨주더라고요. 군에서도 불의한 일이 있으면 목소리도 내고 그랬던 친구들"이라고 소개했다. 그는 사회를 지탱하는 건 평범한 사람들이라는 사실을 새삼스럽게 깨달았다.

젊은 세대는 자기 또래에 대한 신뢰와 희망도 느꼈다고 했다. 이성록은 평소 또래들이 사회문제에 관심이 부족해 보여 아쉽게 생각했다. 그런데 그날 밤과 그 뒤로 이어진 집회에서 "젊은 사람들이 정말 많아 희망을 느꼈다". 서로 다른 세대를 잇고, 같은 세대를 연결한 그날의 연대는 민주주의의 계승을 넘어 새로이 발견한 민주주의의 토대였다.

삶의 전환점, "민주주의자가 되고 싶다"

그날 이후, '마음의 변화'에 주목한 시민들이 있었다. "이 사람들과 함께 힘을 내서 살아야겠다", "뭔가 다시 시작한 순간이었다", "내 삶의 전환점이었다". 단순한 감상이 아니라 "부서진 마음"(파머 파커)이 세상을 향해 다시 열리는 순간이었다.

고경리는 그날 밤과 이후 이어진 집회에 참여하면서 "세상에 일어나는 일들이 갑자기 궁금해졌다". "젊은 분들의 빛나는 투쟁에 감동했고, 어떤 순간에는 아, 구원을 받는 그런 느낌에 울컥했다. "암울한 세상에서 빛을 발견한 느낌"이었다. 그는 "이 사람들과 함께 힘을 내서 살아야겠다"는 마음을 굳혔다. "우리의 모든 문제가 갑자기 해결되는 건 아니지만 그래도 계속 나아가야 한다는 희망이 생겼다." 전승우는 그날 밤, 시민들의 행동을 보며 "뭔가 다시 시작된 날"이라고 느꼈다. "새벽 1시 반에서 2시 사이에 누가 '오른쪽에서 탱크 온다!'고 소리쳤어요. 순간, 사람들이 아무 말 없이 오른쪽을 향해 걷는 겁니다. 최악의 상황에는 다 같이 죽는 엔딩인데, 그 길로 가는 사람들을 보며 울컥"했다. 그는 그때 "내가 중요하게 여기는 일에 대한 불씨가 다시 살아난 것"을 느꼈다.

김희태에게 그날은 "44년 전 5·18 트라우마가 극복"된 날이었다. 1980년 5월 목포에 살던 10살 소년은 "계엄 해제와 함께 군이 철수하고, 사람들이 승리를 노래할 때" 마음속 트라우마에서 벗어났다. '5월 광주'가 12월 3일의 승리로 부활한 것이다.

그날의 결정이 "삶의 전환점이 됐다"고 말한 시민도 있었다. 박제호는 "세월호참사 이후 많은 담론이 쌓였지만 이태원참사가 또 일어났고, 윤석열과 트럼프가 당선되는 걸 보며 역사의 진보를 믿기 어려웠다. 실망에서 나를 지키기 위한 방법으로 '나는 가치를 지향하며 살 수 있는 사람이 아니다'고도 생각했다". 하지만 국회 앞 경험을 통해 "나도 중요한 순간에 가치를 지향할 수 있는 사람"이라는 걸 깨달았다. 그날 결심했다. "앞으로도 그 맥락으로 계속 살아갈 것이다! 물론 그런 상황이 오지 않기를 진심으로 바라지만."
김지용에게도 그날은 "인생의 분기점이 된 날"이고, 홍준모에게는 "삶의 방향성을 바꾸게 한 사건"이었다. 신하섭 역시 "지난 10여 년 활동가로 살아오면서 쌓인 매너리즘을 다 깨뜨린, 앞으로 두고두고 삶의 이정표가 될 날"이었다. 김형남은 이 경험이 앞으로 삶에서 "우리를 또 다른 미래로 데리고 갈 어느 계기점들이 왔을 때 우리에게 다시 무언가 이뤄낼 수 있는 힘을 주고, 자신감을 부여할 것"이라고 말했다.

박인희는 "민주주의자가 되고 싶은 마음이 생겼다". "그날 밤 먼저 나선 분이 없었다면 무서워서 발걸음을 하지 못했을 거예요. 그런데 앞서 도착해주신 분들이 있었어요. 진짜 대단했죠." 그는 "함께하니까 지키는 거구나" 깨달았다. "우리 사회에 민주주의는 있지만 민주주의자가 없다는 말을 자주 듣잖아요? 그런데 그날 내가 삶의 지향점을 지키려 애쓰는 한 사람이라는 걸 확인했어요. 그래서 떳떳하고 뿌듯했어요."

내란의 밤은 '행동하는 시민'을 '연대하는 시민'으로 만들고 민주주의의 마음을 배우게 했다. 그 마음은 두려움을 견디는 용기, 타인을 신뢰하는 힘, 함께 살아가려는 마음으로 남았다. 그 마음은 언젠가 또다시 어둠이 닥치더라도 우리를 길 위로 이끌 것이다.

우리가 바라는 사회

〈진실의 힘〉은 "현재 한국 사회가 당면한 여러 문제 중에서 '정말 심각하다'고 꼽는 건 무엇인가요?"라고 물었다.

시민들은 가장 시급한 과제로 "내란의 전면적인 진상규명과 명확한 책임자 처벌"을 꼽았지만 윤석열의 내란은 한국 민주주의의 취약성을 입증한 사건이라고 지적하면서 전반적인 제도적 보완이 시급하다고 강조했다.

시민들이 심각하다고 지적한 문제는 정치, 경제, 사법, 교육, 지역 불균등, 차별, 산재, 이주정책, 부동산, 주거정책, 기후위기, 인구위기…… 등으로, 현재 한국 사회가 당면한 문제 전반을 아우르고 있다. 시민들은 12·3 내란을 단지 엽기적인 권력자의 일탈이 아니라 우리 사회에 쌓여온 여러 병적 요인이 발현된 사건으로 보면서 한국의 민주주의를 새롭게 해야 하는 시작점이라고 인식했다. 내란세력을 발본색원하고 처벌해야 하지만 그것으로 끝나서는 안 된다는 것이다. 시민들은 12·3 내란을 지속적 성찰을 요구하는 과제를 제기한 현재진행형의 역사로 인식했다.

연약한 지반 위의 민주주의

시민들에게 비상계엄은 무엇보다 한국 민주주의의 취약성을 드러낸 사건이었다. 시민들은 그동안 당연하다고 여긴 민주주의 제도가 얼마나 허술하고 쉽게 무너질 수 있는지 깨달았고, 큰 숙제를 떠안았다. 적어도 절차적인 측면에서는 한국의 민주주의가 자리를 잡았다는 믿음이 완전히 깨졌다. 군사정권의 비상계엄을 겪어본 기성세대에게는 "이제 다시는 총뿌리로 시민들이 죽을 일은 없을 것이라는 공감대"가 무너졌고, 그런 것을 겪어보지 못한, 민주주의를 "온전히 누린" 젊은 세대에게는 "당연한 것"이 사라졌다. 우민규는 "왜 이런 일이 일어났을까? 단순히 말로만 할 것이 아니라 생각을 해야 한다"며 "우리가 상식이라고 생각했던 게 왜 무너졌는가? 그 점을 근본적으로 고민해야 할 때"라고 지적했다.

민주주의가 "사실은 깨지기 쉬운 유리창 같은 것"(이OO)이라거나 "영원하지 않고, 춥고 지키기 어려운 거"(김인환)라는 표현, "내가 밟고 있는 단단한 것들이 사실은 나약했고, 한 사람에 의해 쉽게 무너질 수 있는 거"(이지혜) 또는 "연약한 지반 위에서 시민들의 힘으로 어렵게 버티고 있었던 것"(안효준)이라는 인식이 시민들의 위기의식을 잘 보여준다. 불안과 공포가 "그라데이션으로 커지는 걸" 느끼기도 하고(이지혜), "우리가 제도로서 민주주의는 안전하다고 말했던 것은 이제 끝난 거 아닐까?"(오정민) 하는 다소 비관적인 질문을 던진 시민도 있었다.

장석관은 "한국의 제도적, 절차적 민주주의가 허술하고 언제든지 총칼을 든 그룹들에게 목숨을 뺏길 수도 있다"면서 이런 일이 "다시는 일어나지 못하게 무엇을 할 것인가? 그게 지금 더 중요하다"고 강조했다. "민주주의를 쟁취한 세대"가 아니고 "온전히 누린" 세대라고 말한 안효준은 "우리는 계속 민주주의를 위해 노력하고, 과거로 회귀하는 것을 경계해야" 한다고 했다.

안김정애는 "일회성 해프닝이 아니라 거의 1~2년 전부터 준비해온 일이었다는 게 충격이었어요. 민주주의를 뿌리부터 뒤엎는 인물이 나타날 수 있다는 게 두렵다"고 말했다. 서도원은 계엄의 동기를 분석하며 "개인의 동기는 진짜 유치하지만, 그럼에도 그걸 가능하게 한 구조가 더 공포"라고 했다. 이대훈에게도 "군 장성들이 불법명령에 순응하고, 비선을 통해 군이 움직였다는 게 충격"이었다. 그는 "군사안보 영역의 민주화 실패, 권력통제 제도의 허점이 여전하다"고 지적하면서 "군이 헌법과 국회의 통제를 받는 제도"로 자리 잡게 하는 것을 제안했다.

양극화와 사회의 균열

시민들은 한국 사회의 심각한 문제로 "양극화(불평등)"를 꼽았다. 경제적 측면뿐 아니라 사회 전반에 걸쳐 양극화가 진행되면서 대립과 갈등이 극단적인 양상으로 번지고 사회적 분열이 심각해지고 있다고 걱정했다.

송란희는 "경제적, 사회적 양극화가 너무 심하고 계급화된 사회로 가고 있다"면서 "소수의 엘리트로 불리는 집단에게 너무 많은 권한이 있다"고 했다. 박다솜은 "부의 양극화도 있고, 지성의 양극화도 크고, 젠더의 양극화도 심하다"고 평가했다. 강지민은 "경제, 사상, 성별 모든 면에서 극단화되고 있다"며 "소통하는 대화의 장이 성립되지 않는" 현실을 짚었다.

오윤석은 정치적 양극화가 가장 심각하다고 지적했다. 마치 "조선시대 숙종 때 당쟁처럼 서인, 남인, 소론, 노론 나뉘어 서로를 죽일 듯 대립"한다는 것이다. 그러다보니 "대화와 타협이 사라지고 비상식이 난무하는 정치적 극단화"가 초래됐다.(박지현) 박서영도 "나와 의견이 맞지 않으면 그냥 그 사람 뭔가 잘못된 사람이라고 호도"하거나 이런저런 활동을 하면 "너무 정치적이라는 공격을 받는다"면서 서로의 이야기를 듣지 않고 더 극단화되는 것을 막아야 한다고 했다.

이 모든 것의 뿌리에는 아마도 "빈부격차" 또는 경제적 불평등이 있을 것이다. 양OO은 "부자들은 계속 부자가 되기 쉽고, 자본만 있으면 꿈을 꿀 수 있지만, 그렇지 않은 사람들은 그냥 계속 가난한 것이 심각하다"고 했다. 장태린에 의하면 "세계적으로 극우정치, 포퓰리즘 정치가 득세하는 것도 결국 불평등 문제"다.

조규호는 비관적인 의견을 내놨다. "양극화가 진행 중이 아니라 이미 끝났어요. 계급이 고착화됐어요." 민주주의를 구하기 위해 자신의 안위를 돌보지 않고 뛰쳐나온 시민들이 한목소리로 양극화를 걱정하는 것은 시사하는 바가 대단히 크다. 경제적 불평등을 넘어 사회 전반이 양극화되어 "서로를 죽일 듯 대립"한다면 민주주의의 존립기반이 흔들릴 수밖에 없기 때문이다.

혐오와 차별을 넘어

한국 사회가 당장 해결해야 할 시급한 과제로 '차별금지법 제정'

을 꼽는 시민들이 많았다. 꾸준히 법 제정에 마음을 모은 이들(정가은, 성윤서, 이현숙, 김병태, 조현주, 한재희, 장태린, 송민호)도 있었고, 내란과 광장의 시간을 통과하며 "계엄 이전과는 전혀 다른 세상"(전장호)을 상상한 시민도 있었다. 전장호는 말한다. "권력을 쥔 이들은 계엄 이전으로 돌아가기만 하면 되지만 시민들은 다른 세상, 다른 일상을 꿈꾼다."

계엄의 밤, 가장 먼저 불안을 감지한 사람들은 사회의 가장자리에 서 있던 이들이었다. 노동단체와 진보정당, 장애인, 여성, 1인 가구, 성소수자, 이주민 등 사회적 소수자에게 계엄은 '헌정질서의 위기'를 넘어 존재 자체에 대한 위협이었다. 제도가 작동하지 않을 때 가장 먼저 고립되고 사라질 수 있는 사람들이며, 역사적으로 그런 경험을 했기 때문이다.

한○○은 중국계 이주민으로 "어릴 때부터 이름 하나 때문에 다르게 불리고, 출석부 맨 아래 영어 이름으로 표시되던 경험으로 늘 숨을 죽였다". 그는 "계엄이 성공하면 외국인이라는 이유만으로 더 위험할 것 같아서 국회로 갔다". 유예빈은 "계엄이 성공하면 성정체성으로 인해 내 존재가 불법이 될 것 같았다"고 말했다. 임명진은 "소수자를 계속 패는 윤석열 정부가 계엄을 성공시켰다면 공포가 현실화되는 속도가 더 빨라졌을 것"이라고 말한다. 박혜정은 "혼자 사는 1인 가구라 인터넷이 통제되면 고립될까 두려웠다". 진보당 당직자인 홍희진은 "포고령에서 '처단'이라는 문구가 충격적"이었다. "나도 처단 대상일 텐데, 혼자 있는 것보단 같이 있는 게 덜 위험할 것 같아 빨리 국회로 갔다."

　그렇게 모인 시민들이 '함께' 내란을 막아냈다. 송화는 "계엄을 막는 싸움에선 우리 모두가 함께 있었다. 그게 진짜 공존의 시작"이라고 했다. 정은애도 "나이와 성별, 경험이 다른 사람들이 함께 모여 있다는 것의 의미를 처음 실감했다".

　시민들은 내란 청산과 민주주의 이행이 선후 문제가 아니라는 점을 지적했다. 민주주의에 대한 위협은 탱크나 총이 아니라 서로 위계를 정하고, 차별하고 배제하는 데서 시작된다는 것이다. 장애 활동가 백인혁은 계엄 다음 날 민주당 기자회견을 떠올렸다. "윤석열 탄핵을 외칠 때는 같은 시민이었는데, 장애인의 권리를 말하는 순간 온갖 혐오와 비난의 말들이 쏟아졌다." 그것은 "주류사회에 속하지 못하는 사람들이 어떻게 민주주의 사회에서 배제되어왔는지를 보여주는 현장이었다". 전장호는 "민주당이 국회 다수당으로서 차별금지법을 반드시 제정해야 한다"고 강조했다. "윤석열 정부가 혐오를 정치의 도구로 쓰게 된 건 문재인 정부가 약자에 대한 과제를 계속 미루고 다음에, 다음에…… 하며 미적거렸기 때문"이라고 진단했다. "윤석열을 파면하는 게 끝이 아니라 그가 옹호한 혐오와 차별까지 함께 파면해야 한다"는 유하영의 말은 시민들의 생각을 대변한다.

　성윤서는 "시민의식은 이미 높아졌는데 제도가 그걸 받쳐주지 못한다"고 지적했다. 그런 정치를 바꾸기 위해 한재희는 "차별금지법 같은 진보적 의제에 힘을 보태야겠다는 생각으로 민주당에 가입"했다. 한해나는 "평등·다양성·포용이라는 말을 현실의 언어로 바꾸는 일, 그게 정치의 몫"이라고 생각한다. 이창준은 "히틀러는 민주주의 절차를 이용해 민주주의를 파괴했다"면서 "그걸 막는 제도가 바로 차별금지법 같은 것"이라고 강조했다.

홍희진은 "차별금지법이 20년 가까이 제정되지 못한 건 우리가 차별을 차별이라고 부를 용기조차 내지 못하고 있다는 뜻"이라고 비판했다. 차별금지법이 필요한 이유에 대해 시민들은 '나와 다른 사람과 함께 살아가기 위한 것'이라고 입 모아 말했다. "차별을 금지하자는 것은 우리가 함께 살기 위한 첫 문장이자 새로운 민주주의의 첫걸음"(정가은), "여성·이주민·노동자·장애인 등 모든 약자를 위한 최소한의 안전망"(송민호)이라는 것이다.

비상계엄은 '종북 반국가세력 척결'을 내세워 자신과 생각이 다른 존재를 제거하려 한 정치적 폭주였다. 12월 3일 시민들이 지켜낸 것은 국회 그 자체가 아니었다. 다른 존재를 인정하고 다양성을 존중하는 사회, 혐오와 차별이 아닌 공존의 윤리 위에 선 민주주의였다. 시민들이 꿈꾸는 '다시 만날 세상'은 타인을 지워버리지 않는 사회, 다양성과 존엄이 함께 숨 쉬는 사회다.

다정과 연민의 정치

윤석열의 집권 이후, 정치권과 종교계를 비롯한 여러 영역의 극우세력이 전면적으로 결탁하면서 극우적 성향이 확산됐다. 특히 젊은 남성 세대가 휩쓸리면서 우리 사회에 심각한 위험요인이 되고 있는 것은 누구도 부정할 수 없는 현실이다. 〈진실의 힘〉과 면담한 시민들도 그 점을 매우 심각하게 바라보고 있었다. 현상을 평가하고 원인을 분석하는 관점에 별다른 이견이 없었다.

이진은 한국 사회가 당면한 가장 심각한 위험요인을 "극우화"라고 단언했다. 그는 "극우화가 여성, 장애 인권 등 다른 의제에 대한 반동(백래시)으로 작용한다"고 지적하면서 "비판적 사유 기능을 잃게 만드는 현상"의 확산이 더 큰 위기라고 본질을 지적했다. 최영균은 현상 진단을 넘어 "지금의 상황은 더 위험한 상황으로 나아갈 징후"에 지나지 않는다고 염려했다. 이대훈도 "한국 사회가 극단주의를 수용하기 쉬운 사회로 변하고 있다"고 봤다. 일본 우익에 관한 책을 번역한 이재우는 "일본의 경우, 우익물 같은 거 보면서 물들어가는 현상이 전조"였다며 "'바람이 작아도 그게 모인다면 나무를 흔들어버린다'는 저자의 말처럼 한국도 지금 극우라는 폭풍에 흔들리고 있다"고 진단했다.

이번 내란의 원인도 그런 맥락에서 파악하고 우려하는 의견이 많았다. 윤석열의 특이한 개인 성향도 작용했겠지만 그보다는 우리 사회 내부의 구조적 문제들이 세계적 상황과 맞물려 터져나온 현상 내지 결과라고 보는 견해가 많았다. 윤석열은 우리 사회 내부에 숨어서 번져가던 "진짜 부패한, 힘센 암덩어리가 쏟아져나온 구멍"(이해승)에 지나지 않는다는 것이다.

결국 이번 내란은 친일과 친미, 반공과 분단에 기초한 전통적 극우 정서를 바탕으로 '혐북嫌北'과 '혐중嫌中' 그리고 반페미니즘과 소수자 혐오를 앞세운 극우세력이 정당과 정치권력을 장악한 결과라고 할 수 있다. 하지만 민주주의 체제를 유지해온 미국에서조차 트럼프 세력이 집권하고, 유럽에서도 극우정당이 득세하는 등 세계적인 정세 변화를 배경으로 하고 있기 때문에 더욱 심각하다는 것이 시민들의 의견이었다.(노경배, 최덕희, 최진영) 시민들은 페미니즘에 대한 반발심과 민주당에 대한 반감을 자양분으로 삼아 페미니즘과 인권 관련 논의 전반을 '위선'으로 규정하고 배척하는 것이 20, 30대 남성 세대의 지배적인 '문화'로 굳어지고 반민주당 세력으로 결집하는 현상을 특히 위험하게 보면서 그 결과를 두려워했다.(박천, 이용진, 이진) '종교'를 앞세운 일부 개신교 세력이 막대한 자금력과 조직력으로 유튜브와 방송을 통해 사회를 적대적으로 분열시키며 혐오세력을 확대하고 '사업화'하는 현상(김재용, 오혁진)을 우려하는 견해도 있었다.

그런 점에서 윤석열의 계엄 선포 담화에서 "국가를 처음부터 뭔가 다시 만들어가고 싶어하는, 지금까지의 모든 것을 다 부정하고 처음부터 자기가 박정희처럼 그렇게 싹 청소하고 싶어한다는 그런 인상"을 받았다는 이찬민의 견해는 윤석열의 행태 또한 개인적 기행奇行이라기보다는 뿌리 깊은 극우적 사고방식의 산물일 가능성을 제기한다. 이번 내란이 그간 윤석열 정권이 보여준 폭력적 행태들—과학기술 연구개발 예산 삭감에 항의하는 청년의 입을 틀어막고 끌어낸 것, 노동자와 노동조합을 '카르텔' 또는 '반국가세력'이라고 공언한 것, 사회적 약자와 소수자를 '적'으로 취급한 것, 각종

단체를 통해 학교교육까지도 극우적 내용으로 오염시키려고 한 것 등—의 "연장선상"에 있다는 견해(송태현, 고선도)도 마찬가지다.

시민들은 사회적 대립과 갈등을 완화하는 대신 오히려 부추기면서 더욱 극단적인 방향으로 몰아가는 정치권의 문제를 심각하게 인식했다. 정치권의 적대적 대립이 확산되며 사회 전체가 서로 적대하는 2개의 진영으로 갈라지고 시민들조차 정치적 성향이 다르면 적대감을 느끼고 대화는 물론 관계까지도 단절하는 행태가 일상화되고 있다는 것이다.(김다인, 김정원, 신현일, 정윤호, 조상기, 서도원, 채동주) 그러다보니 사회적 공론장이 무너지고 모든 문제가 정치적 이해관계에 따른 논쟁거리에 지나지 않는 것처럼 치부되면서 사회를 유지하는 최소한의 기준 내지 합의조차 흔들리게 됐다. 같은 의견을 가진 사람만 모인 성城 또는 섬에 갇혀 유튜브를 비롯한 알고리즘이 유도하는 대로 점점 더 완고해지고 다른 의견을 배척하는 현상이 깊어지고 있다. 시민들은 이번 내란을 별것 아닌 정치적 사건처럼 치부하며 지지하는 극우적 행태도 이런 토양에서 나온 것으로 봤다.(정선영, 서범진, 박제호, 나현필, 이윤찬, 이준해)

시민들은 이런 상황을 조선시대의 '예송논쟁禮訟論爭'이나 붕당정치 행태의 반복(조상기, 오윤석), "총만 들지 않았을 뿐인 내전 상태"(이도영)라고 표현할 만큼 심각하고 불안하게 바라봤다. 더욱 큰 문제는 그것이 정치적 이상이나 경제적 불안, 불평등 같은 국민의 삶의 문제에 대한 의견 차이가 아니라 '적대적 공생관계'를 통해 그들의 이익을 추구하려는 데서 일어난다는 점이다.(김연우, 김준, 김현구, 이찬민, 장태린, 이원영) 시민들은 특히 20, 30대 청년세대를 사회에 다시 통합하는 문제야말로 우리 사회가 직면한 중대한 과제이며, 이것을 해결하지 못하면 "대한민국에 답이 없다"고 단언할 정도로(옥형빈, 오혁진) 고민과 불안이 깊었다.

이 문제를 어떻게 해결할 수 있을까? 완전 해결은 불가능하더라도 점진적으로 개선해나갈 길은 있을까? 우리 사회가 적대적 진영으로 갈라져 '내전 상태'로 빠져드는 것을 막고 민주주의를 지켜갈 수 있는 힘은 어디서 찾을 수 있을까?

손쉬운 해결책이 있을 리 없다. 하지만 시민들은 우리 사회에 극우세력이 급속히 확산된 근본 원인에 주목했다. 경제·사회적 불평등과 양극화, 그리고 그것을 해소할 수 있으리라는 전망의 부재였다. 직접적으로는 불평등과 차별을 오히려 확대하고 상황을 개선하려는 의지조차 회의하게 만든 문재인 정부의 정책 실패였다. 자영업자 등 중간계층 삶의 기반이 흔들리고 청년층이 좋은 일자리를 구할 수 있다는 희망을 포기하게 된 것이 극우세력을 확대하고 "반동적 정권을 불러들인 결정적 원인"이라는 것이다.(권영국, 김예리) 넘어진 자리를 딛고 일어서야만 다시 길을 갈 수 있듯 우리 사회가 실패한 문제를 직시하고 해결하는 길을 찾아야 한다는 것이 이들의 생각이다. 구체적인 방안을 찾고 실행할 수 있는 길을 모색하는 것은 정치인들, 새로운 정부와 국회의 책임일 것이다.

시민들의 시선은 구체적인 정책보다 더 깊은 곳을 향하고 있었다. 그만큼 고민이 깊다는 뜻이다. "윤석열 1명을 끌어내린다고 해도 그 준동이 그치지 않지 않을까?"(김예리)라는 질문이 드러나듯 시민들은 윤석열을 파면한다고 해서 문제가 해결되지 않는다는 데 의견이 일치했다. 김예리는 이탈리아에서 무솔리니가 벌인 파시스트 운동의 경험을 설명하면서 이 문제를 해결하지 못하면 우리 사회가 윤석열 이후 본격적으로 "파시스트화"될 수 있다고 경고했다. 그는 "우리가 어떤 민주주의를 다시 재구축할 것인가, 어떻게 더 나은 민주주의로 재구축해낼 것인가를 훨씬 더 많이 논의할 수 있는 공론장들을 여는 게 중요하다"고 했다.

적절한 사회경제 정책을 통한 정부의 노력이 필수불가결한 전제조건이지만 그 이상으로 사회 전반에 걸친 고민과 노력이 필요하다는 뜻으로 보인다. 시민들은 '극우세력'을 비난하기보다 우리 사회 전반에 만연해 있는 태도 또는 마음의 문제를 지적했다. 모든 갈등을 적대적으로 극단화하는 우리 사회의 어떤 경향이 이 문제를 여기까지 오게 하는 데 기여했다는 인식이고, 그러므로 '우리' 자신도 돌아봐야 한다는 아픈 지적이다.

시민들은 극우정권의 폭력에 맞서 연대하는 시민 안에서도 또 다른 갈등과 배제를 만들어내려는 경향이 있음을 자각하고 지적했다. 당장 윤석열에 대한 탄핵을 촉구하는 집회에서도 비록 과거보다 줄어들기는 했지만 페미니스트와 성전환자를 비롯한 성소수자, 노동자, 일본 국적의 발언자에 대해 차별과 혐오, 야유를 보낸 이들이 있었던 것, 집회 참여자들에게 음식과 음료수를 제공한 '푸드트럭'에 외국인은 안 된다는 문구를 붙인 사례들을 아픈 마음으로 기억했다. 민주당 지지자들이 다른 정당 지지자들을 비난하고 배척하는 태도에 마음이 상한 시민도 많았다. 이렇게 되면 "같이 싸우면서도 같은 편이 아니라는 '양가감정'이 들 수밖에 없다. '우리'의 현실이 아직 그런 것이다".(김한민영, 변현준, 이동현)

"내가 오늘 죽으면 더 많은 사람이 안 죽을 수 있겠다"는 생각으로 〈임을 위한 행진곡〉을 부르며 국회로 간 한승희는 "내가 거기 나갈 수 있었던 것도 굉장한 특권"이라면서 근본적이고 깊은 고민을 이야기했다. 우리 모두가 쉽게 빠져드는 "자기 집단을 무고하게 만들고 싶게 만드는 기질"이 자칫하면 '파시즘화'로 이어지는 길일 수 있다는 것이다. "현재의 포지션이 달라진 상황에서도" "완전무결한 피해자가 되고 싶어서" "우리가 가해자가 될 수 있는 가능성을 전혀 생각하지 않고" 탄압받은 역사만을 내세우는 것이 가진 위험성이다.

> 내부에서 불순한 사람은 걸러서 순수한 결정체, 정말 완전한 피해자가 될 수 있는 존재로 남고 싶어하는 게 있는 것 같아요. 뭔가 페미니즘에서도 그런 기조가 자꾸 보이고 있잖아요? 억압받았던 집단의 피해 경험이 연대의 근거가 돼서 확장의 시초가 되지 않으면, 그래서 그냥 자기 안에만 고여 있으면, 그냥 자기 자신이 가해자가 되기가 정말 쉬운 것 같아요. 그게 대한민국 전체의 극우화로도 영향을 미치고 있는 것 같아요.(한승희)

박보정은 극우화됐기 때문에 정치적 혐오를 하는 게 아니라 "정치적으로 혐오를 하니까 극우에 물들었다"고 지적하면서 "무균실이 쉽게 오염될 수 있다"고 정리했다. 밤 늦게까지 야근하며 혼자 밥을 시켜 먹다가 소식을 확인하고 "어디로 들어가는지도 모르게" 밥을 먹고 국회 앞으로 간 김아영도 "모두가 자신이 피해자이길 바라는 것 같은" 우리 사회의 분위기를 지적했다. 그러다보니 자신이 가지고 있는 "상대방보다 뭔가 더 나은 점"을 오히려 약점으로 여긴다는 것이다. 더 나은 점이 있으면 상대방을 공격할 수 없다고 느끼기 때문이다.

> 모두가 자신이 피해자이길 바라고, 피해자성被害者性을 먼저 선점해가지고 그거를 근거로 상대를 공격하길 바라는 것 같아요. …… 전체적으로, 사회적으로 자신에 대한 연민이 많이 강해지지 않았나 하는 생각을 합니다. …… 그래서 굳이 말하자면 이 염치없는 사회를 만든 건 우리가 아닌가, 그렇다면 우리는 다음 세대에게 충분히 부채감을 느껴도 되는 게 아닌가 생각을 합니다.(김아영)

옥채원은 "세대가 다르다는 이유로, 성별이 다르다는 이유로, 서로 지지하는 정당, 지지하는 이념과 생각, 트랜스젠더에 대한 생각, 이런 것들이 다르다는 이유로 너무 쉽게 상대방을 타자화하고, 너무 쉽게 단절되어버리는 문화"를 지적했다. 이대선은 "내가 싫어하는 사람의 아픔은 아픔이 아니라고 하는 그 마음, 갈등 때문에 타인의 아픔을 공감하지 않으려는 마음"이 사람들 사이의 공감과 연대를 깨뜨린다고 했다.

극우세력을 정치의 전면으로 끌어올리고 그들과 결탁해 내란을 일으킨 윤석열 세력에 맞서 목숨을 걸고 국회를 지키러 나간 12·3 시민들은 극우세력에 대해 어떤 해법을 제시했을까? 뜻밖이라고 느낄 수도 있는 대답이 나왔다.

정윤호는 "극우화된 사람들도 같이 살아갈 수밖에 없는 시민"임을 인정해야 한다고 했다. 그렇다면 "그들과 하나의 공화국을 이루며 살아가기 위해" 우리는 어떤 민주주의를 만들어야 하는가, 라고 질문한 그는 "부당한 차별이 없는 세상, 약자의 편에 무게추를 옮기고, 그 목소리에 귀 기울일 수 있는 세상"을 만드는 노력이 길이라고 했다. 김진현은 "남성 청년 극우화의 원인도 결국에는 기회의 박탈"이며 "일자리도, 미래도 그려볼 수 없는 그런 절망에서 나오는 것"이라고 지적했다.

김예담은 "사람이 사람이라는 걸 잊지 않기 위해 노력"해야 한다고 말했다. "극우 집회를 보면 미워하기 쉽지만" 그런 이들도 "내가 길에서 넘어지면 도와주실 거고, 동네 슈퍼에서 만나면 좋은 사람들일 것"이라고 믿는다. "누군가를 악마화해서 분노하기보다 근본 원인을 탐색해 들어가는 것은 어렵지만 필요하다." 조우찬도 "사람을 너무 미워하지 말자. 사람은 누구나 오판할 수 있다. 그 사람의 환경에 따라서 달라질 수 있다. …… 서로 다른 선택을 비판할 수는 있어도 적어도 존재 자체를 부정해서는 안 된다"고 말했다.

이한솔은 "공동체적 가치를 깨는 행위에 대해서는 단호한 태도가 필요하지만 사람과 사람 사이에서는 너그러워지기가 필요하다"고 했다. 그는 "타인을 날카로운 잣대로 평가하고 비난하는 걸 멈추고, '그럴 수도 있지' 하는 너그러운 마음이 필요하다"고 강조하면서 "약자를 배려하는 일을 불공정 특혜의 잣대로 비판하면 결국 모두가 불행해진다"고 덧붙였다. 시민들은 마사 누스바움이 말했듯 "타인의 인간성을 포용하면서 그들이 저질렀을지 모르는 잘못된 행동만을 반대해야 한다"는 정신을 깊이 체득하고 있었다.

명OO은 역지사지의 마음을 강조했다. "항상 회의적인 시각"을 갖고 "한쪽에 매몰되지 말아야 한다"고 했다. 계엄처럼 명백히 아닌 것도 있지만 한 번쯤은 "이건 왜 이런 걸까?" 객관적으로 의심해보는 태도를 가지고 상대방을 대해야 한다는 것이다. 이용덕은 정부의 정책적 책임을 강조했다. 정부가 "가난이나 실업, 절망에 빠진 대중"의 고통을 해결하지 못하면 다시 더 큰 힘으로 극우를 불러올 수밖에 없는 것"이라며 "세련된 방식, 합리적인 방식을 넘어 삶을 바꾸는" 전환이 필요하다고 역설했다.

김연우는 "선의와 친절하고 다정한 것의 순환이 극단으로 치닫는 것을 막을 수 있다"고 믿는다. "서로에게 더 친절하고 다정하게 말하면 변할 수도 있지 않을까?" 정가은은 평등과 사랑을 강조했다. "우리 모두가 인식을 뜯어고쳤으면 좋겠어요. '우리는 모두 평등하고 서로 사랑한다'는 걸 머릿속에 새기고 살아가면 좋겠어요."

박민상은 "우리 사회의 극우화를 방어해낼 수 있는, 견딜 수 있는 힘은 '다시 남태령으로 돌아가는 것'"이라고 말했다. "신자유주의 사회일수록 연대나 상상이 어려운데, 우리는 그날 연대의 힘으로 승리의 경험을 성취"했기 때문이다. "서로를 동료 시민으로 여기고, 사람을 사람으로 대하는 자세", "연민하는 마음", "누구든 친절하게 대하기"(김준, 김연우, 김지용)처럼 사람을 대하는 일상적 태도에서 민주주의 기초를 찾는 이들도 있었다.

시민들이 말한, 사람을 사람으로 보는 마음, 다정함과 연민, 서로를 포용하는 감정을 가지고 그들이 그렇게 되게 만든 사회경제적 문제를 정책적으로 해결해나가자는 것은 단순한 개인적 미덕에 그치는 것이 아니라 우리 사회의 장래를 깊이 고민한 데서 나온 '정치적' 언어였다. 혐오가 세계를 쪼개는 힘이라면 사랑은 그 세계를 다시 이어붙이는 정치의 언어다.(마사 누스바움) 사랑으로 민주주의를 다시 살려내겠다는 신념, 그것이 12월 3일 시민들을 국회 앞으로 나가게 했고, 앞으로도 민주주의를 지킬 힘이다.

"너는 나다"

12월 3일의 기억은 그날 국회 앞 광장에서 멈추지 않았다. 시민들은 민주주의를 지키는 것이 내란 이전 상태로 복귀하는 것이 아니라 이전 상태를 넘어 고장난 부분을 수리하고 부족한 부분을 새로운 내용으로 채우는 과정이라고 생각했다. 누군가는 고공농성을 하고 있는 노동자에게 시선을 돌렸고, 누군가는 시대의 질문에 응답해야 한다고 다짐했다. 그들의 말과 행동 속에서 민주주의는 다시 '지금 여기'에서 시작된다.

성경헌은 일상에서 "작은 형태의 계엄"을 겪는 사람들을 떠올려야 한다고 강조했다. 하루아침에 삶의 자리에서 쫓겨나고, 날마다 먹고살 걱정으로 눈을 뜨는 사람들, 그런 걱정에서 벗어나고 싶은 작은 소망을 지키려다 공권력에 치이는 이들의 일상이야말로 '계엄'과 다를 바 없다는 것이다. "고공농성이나 여러 현장에서 싸우고 있는 사람들"이 바로 그런 사례다. 군인과 총, 명령은 사라졌을지라도 거리의 천막농성장, 누군가의 삶은 여전히 예외상태에 놓여 있다. 국가의 보호가 작동하지 않고 법이 오히려 처벌의 형태로 다가올 때 그는 이미 계엄 속에 살고 있는 것이다. "예외상태는 통치의 지배적 패러다임이 됐다"는 조르조 아감벤의 말은 계엄이 사라진 뒤에도 법과 제도가 작동하지 않는 영역이 작은 계엄으로 남는다는 사실을 지적한다. '작은 계엄'은 개인의 삶을 옥죄는 구체적 현실로서 '예외상태'를 적나라하게 드러낸 표현인 것이다.

"계엄은 한국을 살아가는 모든 사람한테 질문을 던졌다"는 이진의 말에 의하면 이제 그 질문에 "응답하지 않는 선택지는 불가능하다". 그는 "시대의 부름에 더 예민하게 민감도를 높이고, 일상의 차원에서도 반응을 잘하자"는 다짐으로 응답했다. 유하영은 "12월 3일이 파도가 되어 매일매일 민주주의를 배운 것 같다"고 했다. 그가 생각하기에 "민주주의라는 것은 멀리 떨어져 있는 추상적인 가치가 아니라 내가 일상에서 실천할 수 있는 무엇인 것 같다. 그래서 그거를 좀 더 많이 알리고 싶고, 더 잊지 않고 잘 실천하고 싶은 생각"이다.

12·3시민들이 생각하는 민주주의는 어떤 모습일까? 앞에서 말한 것처럼 극단적인 양극화, 혐오와 차별, 불평등 문제를 비롯해 자신이 살아가는 일상에서 보고 겪은 문제를 진단하는 시민들의 이야기는 구체적이었다. 유OO은 "윤석열이 탄핵된 후, 다양한 계층에서 요구하는 정책들이 있는데, 그걸 말하면 '기다려봐' 하거나 '방해'라고 생각하는 분위기가 있는 것 같다"며 "설사 거기에 완전히 동의하지 않더라도 그런 쪽 얘기를 들으면 좋겠다"고 말했다. 정선영은 더 구체적이었다. "사람들이 자기 눈앞에 있는 사람을 사람으로 안 보는" 점을 지적했다. "카페에 가면 자기가 먹을 메뉴만 생각하지 그걸 혼자 다 만들어야 하는 알바생의 노동조건은 생각하지 않는 무신경"을 예로 들며 "사람을 사람으로 볼 줄 아는 인식"이 중요하다고 강조했다. "어떤 문제가 발생할 때마다 '내가 그 당사자가 될 수도 있겠다'는 생각을 해본다"(박민선), "연대와 투쟁엔 경계가 없다고 생각한다. 그게 광범위하게 이어지면 좋겠다"(송화)는 말은 어떤 위기의 순간에도 우리가 인간으로 살아가려는 자세를 잃지 말자는 다짐이었다.

그런 생각은 행동으로 이어졌다. "12월 3일 국회 앞이 첫 집회 참여"라고 한 시민은 그 경험을 확장해 연대하기 시작했다. 김규리(음악인)는 "시위는 활동가들이 하는 것이고, 나는 관심만 가지면 되는 거"라고 생각했는데, "나가야 바꿀 수 있다는 걸 실감한 그날 밤 이후 장애인 문제 등 소수자 의제에 더 관심을 갖게 됐다". 한O O도 그날이 첫 시위였다. 그는 "많은 사람들이 행동으로 옮겼다는 사실에 큰 감명"을 받았다. 팔레스타인 문제나 성소수자 문제에도 관심이 생긴 그는 누구라도 "존재만으로, 당연하게 죽어도 되는 사람은 없다"고 생각한다.

채윤도 12월 3일이 첫 시위였다. 그날 이후 "타인의 일도 내 일이 될 수 있구나"라고 깨닫고 행동으로 옮겼다. 특정 단체에 속하지 않지만 노동자들의 농성장, 장애인의 투쟁 현장에 누구보다 빠르게 찾아가 연대하기로 한 것이다. 그는 '말벌 동지', '말벌 시민'[12]이라는 호칭이 좋다. 길바닥에서 농성하는 이들을 찾아가 플루트를 연주하는 그를 사람들은 "플룻 동지"라고 불렀다.

〈진실의 힘〉이 면담한 대다수의 시민은 민주주의를 제도 이전에 '사람과 사람의 관계'라는 관점으로 파악했다. 그날 밤, 내란이 허약한 제도 속에서 태어났다면 그걸 막은 것은 시민들의 단결된 힘

---

12. '말벌 동지'는 TV 프로그램 〈나는 자연인이다〉 에피소드에서 유래한 별명이다. 벌 키우는 아저씨가 벌통에 말벌이 다가오면 "저놈의 말벌이!" 하며 튀어나가는 걸 보고 붙은 '말벌 아저씨'의 별명을 본따 만든 것이다. 세종호텔노조와 연대하는 사람들은 '호텔 말벌', 금속노조와 연대하는 이들은 '메탈 말벌'이라고 부르기도 한다. 이들은 특정 단체에 소속되지 않고, 노동자들의 농성장이나 장애인의 투쟁 현장에 빠르게 연대하는 시민들이다. 최보근은 '말벌 동지'의 등장을 "세계사적으로도 유례가 없는 일"이며 "한국 노동운동사의 새로운 획기적인 계기"라고 평가했다.

이었기 때문이다.

김동현은 "그날의 열기와 연결, 그리고 연대와 평등을 잊지 말아야 해요. 그 기억이 불도장처럼 새겨져 다음 변화를 이끌 것"이라고 말했다. 그는 "이 순간의 기억들로 우리는 또 수십 년을 살아갈 것이고, 언젠가는 우리가 더 강하게 밀어붙이고 근본적으로 바꿀 기회가 올 것이라고 믿는다". 황지용은 "그들이 총과 장갑차, 헬리콥터를 가졌지만, 결국 그들을 꺾은 건, 그들이 가장 하찮게 여겼을 시민들의 양심, 응원봉, 깃발"이었다며 "그게 우리 사회를 움직이는 진짜 힘"이라고 말했다. 덧붙여 "한국 사회가 과연 어떤 사회인가, 우리가 살고 있는 사회는 어떤 사회여야 하는가" 근본적으로 고민해야 할 때라고 강조했다.

김태형은 키케로의 말을 떠올렸다. "누구도 홀로 태어나지 않는다. 우리는 연결된 존재예요. 그걸 잊으면 '나만 잘살면 된다'는 착각에 빠져요." 그는 "연결되어 있는 감각을 느끼는 것이 중요하다"고 강조했다. 성윤서는 "대만에 있는 친구가 '나는 네 곁에 있을 거야'라고 메시지를 보냈어요. 그 말이 그렇게 힘이 됐어요. 이젠 우리가 누군가에게 '함께 있을게'라고 말할 차례예요"라고 말했다.

주디스 버틀러는 말했다. "올바른 삶이란 다른 이들과 함께 살아낸 삶, 그들이 없다면 어떤 삶도 아닌 삶." 그 말은 내란의 밤, 국회 앞에 선 시민들의 마음을 가장 잘 설명한다. 유현미는 이렇게 회상했다. "그 공간을 내 살아 있는 몸으로 채웠다는 게 기뻤어요. 나와 같은 또 다른 시민들과 함께 있을 때 기쁘고 거기에는 그냥 평화의 꽃이 피어요." 그에게 그날 밤은 서로의 존재가 더 선명하게 느껴진 시간이었다. 낯선 사람들과 마주 섰지만 그들은 더 이상 낯선 존재가 아니었다. "함께 살아내려는 신체들"이었다.

그는 이어 말했다.

남이 있기 때문에 내가 있다는 거, 그래서 말할 수 있어요. "당신은 나"예요.

'당신은 곧 나'라는 감각은 그날 이후 타인의 고통을 알아차리고, 그 고통에 응답하려는 민주주의의 마음으로 이어졌다. '작은 계엄'은 비상계엄의 축소판이 아니라 일상의 불평등과 차별이 누적된, 민주주의의 경보음이다. 민주주의는 '작은 계엄'을 감지하고 깨뜨리려는 작은 마음과 노력을 통해 다시 시작하고 새로워져야 한다는 것이 12·3시민들의 생각이었다.

5부
12·3시민과 민주주의의 미래

> 새로운 어떤 것을 해석하고
> 시작하는 능력 …… 이 없다면,
> 죽음을 향해 달려가는 인간의 생애는
> 필수적으로 인간적인 모든 것을
> 황폐하게 하고 파괴할 것이다.
> — 한나 아렌트, 『인간의 조건』

1장
12월 3일과 '광주'

자신의 태도를 선택할 자유

2024년 12월 3일 밤, 계엄 소식을 들은 시민들은 처음에는 믿지 못했고, '실제상황'임을 확인한 후에도 충격과 혼란에서 쉽게 헤어 나오지 못했다. 그다음에는 두려움과 공포에 움츠러들었다. 1980년 5월 광주의 기억이 자동으로 떠올랐다. 천박하고 폭력적인 계엄 선포 담화문과 계엄 포고령도 그 점을 노린 것이었다. 하지만 거기까지였다.

시민들의 내면에 깊이 자리 잡은 '광주'는 패배와 굴욕의 기억이 아니라 무도한 폭력에 끝까지 저항한 숭고함과 책임감으로 각인되어 있었다. 비록 현실의 국회 모습이 실망스러울지라도 대한민국이 민주공화국으로 존속하고 있음을 상징하는 국회를 계엄군이 봉쇄한다는 것은 "공동체의 해체와 죽음"을 의미하는 것이었고, '광주'의 기억을 간직한 시민들로서는 결코 용납할 수 없는 일이었다.

아무도 안 싸운다면 부끄러운 일이 아닌가? …… 아무도 안 나가더라도 나는 가겠다.

빅터 프랭클은 인간이 어떠한 상황에서도 끝까지 빼앗기지 않는 유일한 자유가 "자신의 태도를 선택할 자유"라고 말했다. "삶을 의미 있고 목적 있는 것으로 만드는…… 영혼의 자유"는 어느 누구도 빼앗을 수 없으므로 인간은 자신이 추구하는 의미를 선택하고 실천할 수 있다는 뜻이다.

광주 시민들과 마찬가지로 12월 3일의 시민들도 삶을 걸고 선택했다. 두려움과 공포를 넘어서는 실천이성의 각성을 통해 자신의 윤리적 규범을 선택하고 그에 따라 행동했다. 전국 각지에서 수많은 시민들이 동시다발적으로 같은 선택과 행동을 함으로써 거대한 흐름이 만들어졌다.

함께 살아갈 세계

국회로 가는 길, 시민들의 정서는 급격하게 변했다. 다른 시민들을 동료나 지기知己처럼 인식하면서 안도감과 신뢰감이 피어올랐다. "어떤 마음으로 가는지 뻔히" 알기에 말을 걸고 싶었고, 대화가 즐거웠다. 동질감과 연대의식이 솟아났다.

"나 혼자가 아니구나 하는 안도감이 솟구쳤다."
"처음 보는 사람들인데, 어떤 마음으로 가는지 뻔히 아니까 대화가 너무 잘됐다."
"같은 방향으로 뛰는 사람들을 보고 눈물이 났다."

이들의 여정은 그저 몸을 움직이는 단순한 이동이 아니라 윤리적·정치적 행위의 연속이었다. 그들의 발걸음은 무너지는 공동체를 다시 세우는 것을 지향했으므로, '같은 방향으로 움직이는 감각' 속에서 서로의 존재를 인식하고 선한 영향력을 주고받으며 시민적 규범을 공유하는 군중으로 바뀌고 있었다.

민주주의를 지키는 시민의 커뮤니타스

경찰과 대치하고 내란군을 막아내는 국면에서 시민들은 집단적 효능감과 강렬한 연대의식을 느끼고 행동했다. 서로 돕고 배려하며, 약자와 젊은이를 보호하고, 비폭력과 시민적 품위를 자발적으로 실천했다.

"우리는 다 늙었고 살날도 얼마 안 남았으니, 발포하는 상황이 오면 우리가 제일 앞줄에 섭시다!"
"너무 어린데 이렇게까지 나와 있지 마!"

그것은 단순한 용기가 아니었다. 두렵고 불안하지만 주변의 시민들과 선의를 나누면서 '전염'된 도덕적 감정이 다시 더 큰 선의와 용기를 불러일으켜 '도덕적으로 고양'(윌리엄 브래디 외, 조너선 하이트)된 상태에서 이웃과 공동체를 지키겠다는 세계 사랑의 발현이었다.

시민들은 성별·나이·직업·이념·지역과 경제 수준 등 사람을 나누는 모든 경계를 넘어 평등한 존재로 만나고 연대했다. 장년층과 노년층이 앞장서고, 젊은 세대가 함께했다. 서로를 돌보고 보호하며 핫팩과 먹을 것을 나누고, 함께 외치고 노래하는 가운데 '국회 앞'은 헌법과 민주주의를 상징하는 장소가 됐고, 시민들은 자신을 초월해 더 높은 차원의 하나로 녹아들었다. '민주주의를 지키는 시민'이라는 상위정체성(최준영 외)이 형성된 것이다.

"눈물이 났어요. 감동적이고 감사하고 죄송하고…… 별의별 감정이 다 들었어요."
"두려움과 공포가 사라지고 멍하고 아득한 기분이 밀려왔어요."
"그날 역사와 시대가 나를 관통하는 느낌을 받았어요."

이것은 가치를 공유하는 집단 속에서 '나'와 '우리'의 경계가 사라지면서 이타성과 용기 같은 감정이 고조되어 숭고한 상태에 도달하는 것을 보여준다. "장갑차가 밀고 가면 웬만한 건 흔적도 남지 않는다는 걸 알면서도" 계엄군의 장갑차를 막아서는 "영화 속한 장면" 같은 행동은 '민주주의를 지키는 시민'으로 고양된 감정과 신뢰가 두려움과 공포를 몰아냈음을 의미한다.

'커뮤니타스communitas'는 기존의 사회적 위계가 사라진 자리에서 사람들이 평등한 인간으로 서로를 만나며 공동의 감정과 목표와 가치로 연결되어 있음을 느낄 때 생겨나는 강렬한 일체감의 상태를 말한다.(빅터 터너, 강인철) 12월 3일 국회 앞 시민들이 도달한 감정 상태는 '민주주의의 커뮤니타스'라고 할 수 있다. 그것은 민주주의가 무너지는 순간 자발적으로 모인 시민들 사이에 형성된 커뮤니타스를 통해 민주주의가 재생하는 장면이었다.

우리 본성의 숭고함

1980년 5월, 광주 시민들은 인간이 왜 존엄한 존재인지를 증명했다. 그들은 아무리 압도적인 폭력이 가해진다 해도 인간에게는 '저항하는 힘'이 있으며, 그 힘을 통해 인간성을 더 높은 차원으로 고양할 수 있음을 보여줬다. 칸트는 그것을 "우리 본성의 숭고함die Erhabenheit unserer Natur"이라고 불렀다.

인간이 존엄한 것은 가장 평범한 시민들에게도 그런 숭고한 본성이 내재해 있다는 사실, 그래서 모든 인간이 '행위'를 통해 "예상할 수 없는 것" 또는 "매우 불가능한 것"을 수행할 수 있는 가능성을 가지고 있다는 사실 때문이다.(한나 아렌트) 결국 인간의 존엄성이라는 가치는 인간이 자신의 생명보다 더 큰 가치를 실현하기 위해 생명을 걸고 추구하는 행위를 통해 부여되는 것이다.(최정운)

광주 시민들은 민주주의를 지키는 힘이 법전에 인쇄된 검은 글씨나 추상적인 규범에 존재하는 것이 아니라 죽음을 무릅쓰고 저항하는 시민들의 신체를 통해 현실에 물리적으로 존재한다는 사실을 증명했다. 한국의 민주주의는 광주 시민들이 증명한 그 사실이 가진 도덕적 힘을 기억하고 전승하면서 쌓아온 것이었다.

12월 3일에도 많은 시민이 목숨을 걸고 여의도 국회 앞에 나갔다. 그들은 어떤 경계에도 구애되지 않는, 평범한 시민의 연합체였다. 시민들은 자신들을 '영웅'시하는 데 반대하며 불편한 감정을 드러냈다. 자신들을 '영웅'이라고 부르는 건 '추상화해서 다시 타자화하는 것'이라고 지적했다. 평범한 시민들의 공동체를 위한 헌신을 추상화해서 특별한, 영웅적 행동처럼 떠받들면서 정작 그들을 소외시키고 고통에 빠뜨리는 삶의 현실을 개선하는 데에는 관심을 두지 않는 부조리를 말했다. 그들은 "당연히 해야 할 일", "그저 옳다고 믿은 일", "머릿수"나 "쪽수"를 보탠 것, "n분의 1"을 한 것, "시민군 2"의 배역이라고 표현했다. 이것이 '12·3시민'이 인식하는 자신들의 모습이자 실체였다. 이는 오늘 한국의 민주주의를 떠받치는 주체가 '특별한 누군가'가 아니라 명실상부하게 평범한 시민들이며, 광주에 뿌리를 둔 민주주의 정신이 그들의 정체성을 형성하고 있음을 보여준다.

공동체를 지키기 위해 자신의 생명을 던지겠다는 결단으로 연대한 '민주주의를 지키는 시민'의 물리적 존재, 그 존재가 드러내는 숭고한 위엄 앞에서 완전무장한 최정예 병력의 계엄군조차 멈칫거리고 자제할 수밖에 없었다. 그날 내란군의 사기를 꺾음으로써 윤석열의 내란을 실패하게 만든 것 또한 '광주의 기억', 부정의한 폭력에 끝까지 저항한, 방어적 시민권력의 행사 가능성을 내장한 시민의 힘에 대한 기억이었다. 12·3시민들은 그렇게 '80년 광주'를 연대와 공존, 승리와 회복의 서사로 계승했다.

2장
시민들이 본 한국 민주주의

깨지기 쉬운 유리창

시민들은 이번 내란을 윤석열 개인의 일탈로 보는 데 반대하며 우리 민주주의의 기반이 취약하다고 지적했다. 알고 보니 민주주의라는 게 "깨지기 쉬운 유리창" 같은 것이었고, "연약한 지반 위에서 시민들의 힘으로 어렵게 버티고 있었던 것"임을 깨달았다고 했다. "제도로서 민주주의는 안전하다고 말했던 것은 이제 끝"이라고 단언하기도 했다. 이번 내란은 그처럼 취약한 민주주의의 토양에 자리 잡은 부정의한 구조의 증상 내지 결과라는 의견이 많았다. 시민들은 극심한 경제·사회적 불평등과 극단으로 치닫는 정치적 갈등, 그리고 공동체의 연대가 무너진 현실 등을 주요한 원인으로 지적했다.

제일 많이 지목한 것은 경제적 불평등과 양극화였다. 청년세대와 자영업자, 비정규직, 이주노동자, 장애인, 노년층, 여성 등 취약계층의 삶이 점점 불안정해지고 있다고 했다. 이런 상황이 정치적 갈등을 고조시키고 냉소와 분노를 조장해 극우세력이 자랄 수 있는 환경을 조성하는 것을 불안한 징조로 보았다. 시민들은 극우적 경향이 위험수위에 접근하고 있고, 청년계층에서 정도가 더 심해 보이는 상황이 앞으로 어떤 결과를 가져올지 두려워하고 있었다. 내란을 막아낸 시민들이 "지금의 상황은 더 위험한 상황으로 나아갈 징후"라며 불안해하거나 "양극화가 진행 중이 아니라 이미 끝났어요. 계급이 고착화됐어요"라고 비판하는 것은 문제가 얼마나 심각한지 보여준다.

시민들은 정치의 실패도 지적했다. 정치가 공공선을 둘러싼 토론장이 아니라 혐오와 증오를 생산하고 선동하는 진영 싸움터가 됐다는 것이다. 공동체의 합의가 무너지고 옳고 그름, 사실과 거짓의 구별 없이 모든 것이 소모적 말싸움 거리로 전락해 공론장이 폐허처럼 변하고 차별과 혐오의 독버섯이 번지고 있다고 보았다.

또한 소수자와 약자에 대한 차별과 혐오를 우리 사회의 고질적 문제로 봤다. 존엄성을 되찾으려는 약자들의 저항은 더 강한 혐오와 배제를 불러오고, 약자에게만 촘촘하고 엄격한 법의 그물망은 그들의 삶을 더욱 옥죄고 있다. 시민들은 사회적 약자들이 이미 "작은 (형태의) 계엄" 상태에 살고 있다고 했다. 사회적 약자와 소수자에게는 삶 자체가 예외상태에 놓여 있다는 것이다.

비상계엄을 막기 위해 목숨을 걸었던 시민들의 입에서 사회적 약자들의 삶이 이미 '작은 계엄' 상태에 놓여 있다는 말이 나온 것은 놀라운 일이다. 그 말은 결코 쉽게 넘어갈 수 없는 중차대한 의미를 담고 있다.

작은 계엄의 경고

계엄은 비상사태다. 헌법의 일부가 정지되고 군이 통치권을 행사할 만큼 극단적 상황이다. 법의 적용이 중지되는 '예외상태'다. 하지만 모든 법이 정지되는 건 아니다. 어떤 법의 적용은 중지되지만 어떤 법은 더 강력하게 적용된다. 기준은 없다. 예외상태를 선포한 자의 자의적恣意 판단이 법의 이름으로 모든 것을 결정한다.

노동자, 장애인, 이주민, 성소수자, 여성, 비정규직 청년……. 민주주의 제도를 운영하는 나라에서 사회적 약자들이 공권력으로부터 눈에 보이는 폭력을 당하는 일은 드물다. 그들은 차별과 배제, 낙인, 행정적 무관심, 자의적 행정처벌 같은 '합법성'의 외피 속에서 은밀한 폭력에 시달린다. 법의 공백과 법의 과잉 사이에서 삶을 위협받는 것이다. '작은 계엄'이란 아감벤이 말한 "상례화된 예외상태"나 요한 갈퉁이 말한 "구조적 폭력"과 비슷하다.

눈에 보이는 큰 계엄에 저항하는 시민은 많지만 일상의 작은 계엄에 반대하는 이들은 드물고 오히려 외면하거나 부추기기 쉽다. 그리고 그런 작은 계엄이 쌓여 사회 전체를 비상사태로 몰아간다. 큰 계엄은 헌법이 정지되는 사건이다. 작은 계엄은 헌법이 작동하지 않는 일상이다. 작은 계엄은 비상계엄의 축소판이 아니라 일상의 불의와 차별로 결국 '큰 계엄'을 불러온다. 이 말은 단순한 은유가 아니다. 목숨을 걸고 민주주의를 지킨 시민들이 우리 사회에 보내는 경고음이다. 민주주의는 작은 계엄 상태를 감지하고 반대할 수 있는 시민의 눈과 목소리, 그에 반응하는 민주정부의 노력으로 다시 세워야 한다.

대동大同 세상의 꿈

시민들은 자신들이 지켜낸 민주주의가 단지 내란 이전 상태로 회복하는 데 그쳐서는 안 되고, 무너진 시민의 삶을 복원함으로써 새로워져야 한다고 입을 모았다. 다만 그에 앞서 우리의 "민주주의 제도가 얼마나 허술하고 쉽게 무너질 수 있는지"를 자각하고 "총칼을 든 그룹들"이 다시는 나타나지 못하도록 제도를 정비하는 것이 선행돼야 한다고 강조했다.

가장 중요한 것은 극심한 빈부격차의 해소 또는 경제적 정의의 회복이다. 시민들은 정치적 양극화와 극우정치의 확산이 부의 양극화와 깊게 관련되어 있다고 본다. 핵심은 "부자는 계속 부자가 되기 쉽고, 자본만 있으면 꿈을 꿀 수 있지만, 그렇지 않은 사람들은 그냥 계속 가난한" 상황을 바로잡는 것이다. 시민들의 문제의식은 시민의 삶을 안정시키는 것이 "민주주의의 존속 조건"이라는 데 기초한다. 생존의 벼랑에 몰려 '작은 계엄'에 시달리는 시민들이 민주주의에 애착을 느끼고 극우세력에 맞설 이유는 없기 때문이다.

시민들은 소수자와 사회적 약자에 대한 차별과 혐오를 해소하고 그들의 권리를 보장하는 것 역시 민주주의의 토대를 안정시키는 길이라고 보았다. 민주주의는 타인을 자신과 함께 공동체를 구성하고 살아갈 평등한 주체로 인정한다. 소수자와 약자를 차별하고 혐오하는 것은 그들의 인간다움을 부정하는 것으로 민주주의의 정의와 양립할 수 없다. 시민들은 이미 다양한 소수자나 약자와 함께 어울려 살아가고 있으며, 때로는 그들 역시 소수자와 약자에 속하기도 한다. 이들이 "같이 싸우면서도 같은 편은 아니라는 양가감정"을 느끼면서도 언제까지나 민주주의를 위해 싸워주리라 기대하는 것은 비현실적이다.

시민들이 바라는 우리 사회의 모습은 모든 인간 사회가 추구해온 이상적 공동체와 다르지 않다. 동양과 우리나라에는 대동大同사상이 있다. "큰 도가 행해지고, 천하가 공공의 것大道之行也 天下爲公"인 상태, "노인은 여생을 편안히 보내고, 장년은 쓰임이 있으며, 아이는 잘 자라고, 홀아비, 과부, 고아, 병든 자가 모두 보살핌을 받는…… 대동" 세상(『예기』「예운禮運」)은 일제강점기 독립투사들이 꿈꾼 새 나라의 상이었고, 1980년 광주 시민들이 추구한 공동체의 모습이었다.

시민들의 우려와 요청에는 현실적으로나 규범적으로나 충분한 근거가 있다. 시장의 압박 속에 삶이 점점 버거워지고, 개인의 노력으로는 나아지지 않는 현실이 중간계층과 청년세대의 마음을 갉아먹고 있다. "아무리 해도 바뀌지 않는다"는 냉소와 분노가 쌓이면, 타인에게 공감할 수 있는 여유가 사라지고 차별과 혐오, 분노의 감정에 빠지기 쉽다. 그런 감정을 부추기며 '보호'를 약속하는 이들에게 사람들의 마음이 기울어지면 민주주의는 균열의 위기를 맞을 수밖에 없다. '작은 계엄' 상태에서 삶을 위협받는 이들이 '큰 계엄'에 저항하기는 쉽지 않다.

이미 많은 학자들이 이런 현상에 대해 경고해왔다. 칼 폴라니는 1930년대 유럽의 파시즘이 "시장이 사회를 파괴했을 때 나타난 보호의 반동"이라고 지적했다. 시장이 인간의 삶 전체를 경쟁으로 몰아넣자, 사람들은 자신을 지켜줄 질서와 보호를 요구했다. 그러나 그 보호는 사회적 연대가 아니라 배제와 폭력이었다. 토마 피케티가 여러 나라의 데이터를 분석한 결과 소득과 자산이 집중될수록 사람들은 불평등의 책임을 구조적 원인 대신 '타인'에게 돌리는 경향이 있었다. 불평등이 사람들의 인식 구조와 정치적 감정을 왜곡해 소수자와 사회적 약자에게 분노를 터뜨리고 희생양으로 삼게 만든다는 것이다.

사회경제적 불평등이 사람들을 분열시키고, 분열이 다시 불평등을 촉진하며 극단의 정치를 키운다는 것은 역사적 진실이다. 한국이라고 다를 리 없다. 청년세대가 극우화 경향을 보이는 원인을 사회구조에서 찾으며 그들의 삶을 안정시키는 것이 시급하다고 지적한 시민들은 삶의 현실에서 체득한 지혜를 말했을 뿐이다. "불평등은 이데올로기적이고 정치적인 문제다."(토마 피케티) 그러므로 정치를 통해 해결해야 한다.

시민들이 목숨을 걸고 지키려 한 것이 내란 사태 이전 그대로의 국회는 아닐 것이다. 시민들은 현재의 정치 현실에 관해 여야를 가리지 않고 매우 비판적이었다. 시민의 삶을 안정시키는 문제는 도외시한 채 정파적 이해관계와 갈등을 고조시켜 국민을 서로 적대하는 진영으로 몰아넣는 행태에 깊은 실망과 위기의식을 느끼고 있었다. 이런 정치가 "반동적 정권을 불러들인 결정적 원인"이라고 했다. 최근 목도하듯이 심각한 양상으로 번져가는 우리 사회의 극우적 경향도 정치의 실패에서 비롯된 측면이 클 것이다.

시민의 목소리가 가리키는 방향은 결국 하나로 모였다. 내란을 예방하는 길은 시민의 삶을 치유하고 불의한 구조를 바로잡는 것밖에 없다. 그 일을 하는 것이 바로 시민들이 목숨을 걸고 지킨 '국회'의 모습이고, '헌법'을 현실로 만드는 일이다. 시민들은 민주주의 사회가 시민의 삶을 지켜주고 보호하는 윤리적 공동체가 되어야 한다는 믿음으로, 우리 사회가 인간의 얼굴을 회복할 수 있으리라는 희망으로 내란세력에 맞섰다.

솔론의 법이 의미하는 것

스피노자가 말했듯이 민주정은 "인간의 본성과 가장 잘 맞고" "자연 상태에 가장 근접한" 정치체제다. 자기 보존을 넘어 더 나은 삶을 추구하며, 자신이 속한 공동체의 운명을 결정하는 데 참여하려는 인간의 본성을 가장 온전히 반영할 수 있는 체제이기 때문이다. 하지만 민주정은 저절로 유지되지 않는다. 시민들이 자유로운 이성을 발휘하고 정치에 참여할 때만 그 본질을 구현할 수 있다.

기원전 6세기 초, 아테네는 부와 권력을 독점한 귀족계급과 채무노예로 전락하는 시민계급의 대립으로 내전stasis의 위기에 빠져들고 있었다. 입법자로 추대된 솔론Solon은 일련의 개혁을 단행했다. 그의 개혁은 비록 완전하지는 않았지만 사회를 안정시키고 자유시민 계층을 복원시켜 아테네가 민주정으로 이행할 수 있는 기초를 놓았다.

솔론은 제일 먼저 부채를 탕감하고 빚 때문에 노예가 된 시민을 해방했다. 채무노예로 외국에 팔려간 시민을 송환하고, 시민의 신체를 채무 담보로 삼는 것도 금지했다. 시민의 짐을 털어준 것σεισάχθεια(세이사크테이아)이다. 시민계층이 복원돼야 공동체가 유지될 수 있기 때문이었다. 이어서 모든 시민이 법정에서 권리를 주장할 수 있게 하고, 가난한 이들도 민회에서 발언하고 배심원이 될 수 있게 했다.

그런 다음 정치참여 의무를 부과했다. 내전이 벌어질 때 어느 쪽에도 참여하지 않는 자의 시민권을 박탈ἀτιμία(아티미아)하는 법을 제정한 것이다. 플루타르코스가 지적했듯 이 법은 "얼핏 보면 이상하고 부당하게 여겨지지만 일정한 이치가 있다". 시민은 공동체의 운명에 책임을 져야 하므로 내전이 벌어지면 "불의를 당하는 쪽을 돕거나 더 나은 사람들에게 가담"해 내전을 끝낼 의무가 있다. 방관하는 것은 상황을 악화시키며, 결국 "자신의 안전만을 챙"기고 "승자와 강자의 편에 붙을 뿐"이므로 무책임하다. 결국 정치적 무관심은 자유가 아니라 공동체에 대한 의무 위반이라는 논리다.

솔론의 법은 초기 민주주의자들이 공동체와 시민의 관계를 어떻게 이해했는지 보여준다. 내전은 불행한 예외가 아니라 정치공동체에 내재한 본질적 위험으로 시민 모두가 책임지고 극복해야 할 상황이며, 시민에게는 정당한 권력을 수호할 책임이 있다고 보았다.(아감벤) 민주주의를 지키는 것은 참여하는 자유시민이며, 시민의 책임을 다하지 않고 공동체 위기에 자신의 이익만을 챙긴다면 시민의 자격이 없다는 것이다.

80년 광주와 12월 3일의 경험은 2,600년 전 솔론의 입법이 민주주의의 본질을 꿰뚫은 것임을 보여준다. 광주 시민과 12·3시민은 인류 역사에서 가장 오래된 민주정의 정치철학을 실천했고, 그 타당성을 증명했다. 하지만 시민들의 헌신을 상찬하고 끝내기에는 이번 내란이 제기한 과제가 너무나 무겁다.

3장
약속의 정치와 기억의 전승

시민 참여의 책임과 조건

자유로운 시민의 참여와 헌신 없이 민주주의를 지키는 것은 불가능하다. 역사적으로도 그래왔지만, 세계질서가 점차 불안정해지고 경제·사회적 불평등이 커지며 사람들의 삶이 흔들리고 극우세력이 발호하는 상황에서는 더욱 그렇다. 기원전 6세기, 솔론이 내전 상황으로 치닫는 아테네를 구하기 위해 시민들에게 정치참여 의무를 부과하고 내전에서 중립을 지키며 방관하는 이들의 시민권을 박탈하는 법을 만든 것도 그래서였다. 그렇다면 시민은 언제나 참여하고 헌신하고 희생해야 하는가? 과연 시민에게 그러한 것을 기대해도 좋은가?

다시 아테네로 돌아가보자. 입법자가 된 솔론이 시민의 정치참여 의무를 정하기에 앞서 한 제반 개혁에 답이 있다. 부채 탕감과 채무노예 해방 등 시민을 짓누르던 부담에서 해방시킴으로써 삶을 안정시키고 법의 공정성을 확보하며 정치참여의 문을 확대했다.

솔론은 폭력의 시대에 자유시민의 정치적 윤리를 세웠다. 폴리스의 운명이 흔들릴 때 방관자가 되어서는 안 되며, 자유를 누리는 자는 자유의 운명도 책임져야 한다고 요구했다. 하지만 그 전에 그들의 삶을 회복시키고, 권리를 행사할 수 있는 제도 개혁을 단행했다. 그가 아테네 민주정의 윤리적 토대를 놓았다고 평가받는 까닭이다.

오늘날 한국 사회에도 2,600년 전 아테네를 닮은 어두운 그림자가 드리워져 있다. 극단적 양극화와 불평등, 정치적 증오, 소수자와 약자를 향한 차별과 혐오……. 삶의 기반이 흔들리면서 사회적 연대의식은 줄어들고 불안감과 분노가 높아지면서 극우세력이 힘을 얻고 있다. 윤석열의 내란은 그 증상이 이미 민주주의의 존립을 위협하는 지경에 이르렀음을 드러낸 징표였다.

시민들이 제기하는 과제는 그들이 목숨을 걸고 지켜낸 헌법이 약속한 인간의 존엄과 사회경제적 평등을 회복하는 것으로, 부패한 귀족정의 폐해로 내전의 문턱에 선 아테네를 구하기 위해 솔론이 한 개혁과 다를 바 없다. 솔론이 시민의 삶을 안정시키고 평등한 권리를 보장한 뒤에야 내전에 참여하지 않는 자의 시민권을 박탈하는 법을 제정했듯이 오늘 우리 사회도 시민의 삶을 안정시키지 않으면 점점 더 위태로운 상황으로 미끄러져 들어갈 것이다.

민주주의는 과거에 완성된 상태로 주어진 제도가 아니라 계속해서 갱신해가야 하는 윤리적 잠정협정modus vivendi이다. 그 협정을 지키려고 헌신하는 시민들이 존재하는 동안 새롭고 풍부한 내용으로 갱신해야 한다. 새로운 사회계약이 필요한 상황이다. 시민의 삶을 안정시키는 사회경제적 개혁은 민주주의를 지향하는 모든 정치공동체가 반드시 거쳐야 하는 "필수 통과지점"(브뤼노 라투르)이다.

약속의 섬과 기억의 전승

한나 아렌트는 인간을 "새로 시작할 수 있는 존재"라고 했다. 인간의 자유는 억압에 대한 저항이 아니라 새로운 세계를 열어가는 능력에서 나온다. 새로운 세계를 여는 것은 약속을 하고 그 약속을 지키는 인간의 능력을 통해 가능하다. 인간은 약속을 통해 세상의 불확실성과 예측 불가능성을 극복하고 함께 살아갈 수 있는 조건을 만들 수 있다. 그러므로 약속은 미래라는 불확실성의 바다에 인간이 발을 디딜 수 있는 안전한 섬을 만드는 것과 같다. 약속의 섬이 없다면 인간관계를 지속할 수 없고 사회를 건설할 수도 없다.

12월 3일 이후 한국의 민주주의는 더 이상 예전과 같을 수 없게 됐다. 시민이 지켜낸 국회와 그 덕분에 출범한 민주정부는 민주주의를 쇄신하고 지속가능하게 할 수 있는 약속의 섬을 만들어야 한다. 시민의 삶을 안정시키고 민주주의의 토대를 강화할 수 있는 새로운 사회계약이 그 약속의 섬이다. 갈갈이 찢어져가는 우리 공동체의 구성원들을 새로운 사회계약을 통해 민주공화국의 시민이라는 정체성으로 다시 통합해야 한다. 그것이 바로 12·3시민이 요구하는 약속의 정치, 희망의 정치다. 그 일을 외면하는 것은 시민의 열망과 헌신을 배반하고, 민주주의를 또다시 위기로 몰아넣을 불씨를 피우는 일과 같다.

스피노자가 말했듯이 "모든 고귀한 것은 어렵고 또한 드물다". 민주주의는 인간의 본성에 가장 잘 어울리는 자연스러운 체제이지만 시민의 헌신 없이는 유지되지 않는, 역사적으로 드문 성취다. 민주주의를 지키는 일은 언제나 어렵고, 그래서 드물다. 그렇기에 민주주의를 지키는 시민의 행동은 고귀하고 숭고하다. 12월 3일 시민의 결단과 행동은 민주주의가 인간의 본성에 가장 합당한 정치형태임을 다시 한 번 증명했고, 민주주의의 역사에서 어렵고도 드문, 고귀한 실천으로 기억될 것이다.

민주주의를 지키는 실천은 행동으로만 완성되지 않는다. 기록하고, 기억하고, 성찰하고, 전승해야 한다. 12·3시민은 내란을 막는 데 그치지 않고 그 경험을 증언하고 전승하는 기록의 주체다. 시민들은 미래를 바라보고 있었다.

"평범한 누군가가 '나도 다음에 나가야겠다'고 생각하기 바란다."

"우리가 70~80년대 기록을 보며 느꼈던 마음을, 40년 뒤 사람들이 느낄 것이다."

"아무것도 아닌 평범한 사람도 싸울 수 있다."

"1980년 기록이 살아남아 2024년을 구했듯, 우리의 이야기가 미래의 판단기준이 될 것이다."

그들의 증언과 기록은 그들이 느낀 두려움과 공포, 망설임과 주저함, 분노와 결단, 연대의 희열과 커뮤니타스를 세대를 넘어 전승할 것이다. 그 이야기는 미래세대에게 공동체 위기에 자유시민이 어떻게 행동해야 하는지 영감을 줄 것이다. 그들의 정체성이 될 것이고, 민주주의를 확산시키며 반민주적 사고와 행태를 제어하는 규범이 될 것이다.

광주가 12·3시민을 낳았듯 12·3시민의 이야기가 세대를 넘어 이어지고 약속의 정치로 뒷받침될 때, 한국의 민주주의는 스스로 쇄신하며 자신을 구원할 힘을 갖게 될 것이다. 12월 3일의 기록이 '일회적 사건의 연대기'에 머물지 않고 시민의 윤리를 전승하는 이야기가 될 때, 우리는 역사에 대한 책임을 다했다고 말할 수 있을 것이다.

12·3시민 313인이 전하는 한마디

강규혁 내가 모여 우리가 되고, 그래야 세상을 바꿀 힘이 생긴다. 그래, 내가 바로잡아야지!

강지민 이 모자란 나라의 대단한 사람들!

강철섭 한 사람의 힘이라도 보태야겠다. 장갑차가 눈앞에 보였다면 제일 먼저 앞에 나갔을 거예요.

고경리 암울한 세상에서 빛을 발견한 느낌이에요. 이 사람들과 함께 힘을 내서 살아야겠다.

고경현 크지 않더라도 같이 모여 외치면 상당히 큰 힘이 된다는 걸 깨달았어요.

고〇〇 나랑 역사의 한순간에 가지 않겠니? 우리는 굳이 말 안 해도 거기 있어야 할 이유를 알았다.

고선도 손이 덜덜덜덜 떨리면서도 짐을 싸고 있더라고요. 자유, 사랑, 위로를 지키기 위해서.

권민성 나는 지금 역사의 현장에 있다. 이게 민주주의다.

권영국 더 이상 좌고우면할 이유가 없다. 시민들의 힘으로 막아내도록 총력을 기울여야 된다.

권용석 있는 그대로 인정하고 받아들여졌다. 나는 상처 입은 치유자.

금○○ 거기 나가 있는 사람들이 '우리 편이 한 명이라도 더 있다'는 느낌을 갖게 하는 거.

김○○ 그날 밤, 서로가 서로한테 목숨을 빚졌다고 생각해요.

김경신 10만 명이 모이면 우리한테 총을 쏠 수 없을 것이다.

김경주 태어날 아기한테 보여주고 싶어요. 그리고 나는 꼭 사과받고 싶어요.

김광창 나라를 구한 159명의 서비스연맹 조합원을 기록하고 싶습니다.

김규리(대학원생) 망각되지 않으면 좋겠다.

김규리(음악인) 저 영웅하기 싫어요. 소소하게 혼자서 V 하는 정도.

김다인 죽는 것에 무뎌지고 아무것도 할 수 없는 상태가 되는 것이기 때문에 나서야 한다.

김도현 이름 없이 뭔가 바꿔나가는 사람들에게 감사해요.

김동현 몸은 거리에 있어야 한다. 정의든 무엇이든 그걸 구현할 신체 없이는 노래하지 않는다.

김동휘 5·18 때 광주 사람들의 마음이었겠구나!

김래영 불합리하다고 생각하는 거에 대해서 저는 참지 못합니다.

김민경 뭘 해야 될지 모르겠는데 그래도 일단 서 있어볼까? 혼자 사는 세계가 아니다.

김민석 평범한 사람들이 사회를 지탱하고 있구나. 목격자로서 내 책임이 있겠구나.

김OO 우리는 불꽃, 체제의 일부일 수밖에 없는 이 세상에서 어떻게 살아야 할까.

김병년 우리가 어떻게 지켜온 민주주의인데. '행동하는 시민', 이게 저의 모토거든요.

김병태 싸우지 않으면 변화하지 않고, 어떤 희망도 가질 수 없잖아요.

김상수 내 한마디 한마디가 미래 아이들한테 역사의 가르침이 될 수 있다.

김서정 당신이 보고 싶은 이야기가 아직 이 세상에 없다면 그건 당신이 써야 한다.

김석현 내가 무엇을 할 수 있을까, 자문했죠. 그냥 내가 갈 수 있으니까 가자, 가는 게 맞지 않나?

김선 사람은 자기의 운명을 정할 수 있어야 한다. 나는 나의 광장을 찾았다.

김선영 인간다움을 찾고 싶다. 사람답게 살고 싶다.

김선해 서로가 서로에게 방패가 되어주는 그 경험.

김성민 내 20대에 독재정권이 들어서는 꼴을 못 보겠다, 깃발을 들고 싶더라고요.

김성은 나라도 가야겠다. 목격자가 되고 싶었던 거죠.

김숙정 너에게 정치란 뭐냐, 그러면 저는 사람이거든요.

김아영 염치없는 사회를 만든 건 우리 아닌가? 그렇다면 우리는 다음 세대에게 부채감을 느껴야 하는 게 아닌가?

김연우 국가라는 게 권력한테만 있는 게 아니라 시민들 마음속에 있는 거구나.

김영철 더불어 선을 이룬다. 더불어 함께해야 한다.

김예담 사람이 사람이라는 걸 잊지 않기 위해서 노력을 기울여요.

김예리 앞으로 또 계엄이 선포되면 더 빠르게 갈 거예요.

김예은 역사의 진보를 다시 한 번 진짜로 믿게 됐어요.

김예찬 1인분만 하자. 1인분을 하자.

김윤범 이 나라가 어떤 나라인데, 역사 속에서 배운 그런 순간들. 많은 이들이 죽음으로 지킨 민주주의.

김은결 포장했던 말들이 부끄럽지 않게, 포기하지 않고 싸워나가는 사람이 되고 싶다.

김은지 우리의 평범한 하루로 세상을 바꾼다. 평범하지 않았지만.

김인환 민주주의, 백날 교과서로만 배우면 뭐 해요? 이게 진짜 민주주의죠. 인생에 큰 터닝포인트가 됐어요.

김장성 네가 하고 싶지 않은 일을 남이 하게 하지 말라, 정의로운 게 뭔가를 잊지 말라.

김장호 그냥 '나라는 존재가 그냥 거기 있음으로써 함'이지 않을까요?

김재상 역사적인 순간을 함께한 사람들. 어떻게 더 큰 힘으로 발화할 수 있을까?

김재용 역사는 미래다. 과거를 통해 현재 우리가 살아갈 방향을 밝혀주니까.

김전한 멍하니 있는데 심장이 막 뛰기 시작하는 거예요. 이게 뭔 일이지? 일단 국회로 갔죠.

김정빈 나를 믿고 행동하자. 내가 소중하기 때문에 남도 소중해.

김정아 정말 1인분해낸 것이 뿌듯해요. 앞으로 더 큰 사랑으로 무언가를 해내고 살아가야지.

김정원 "국회로 와주십시오"라는 말을 듣자마자 아, 이거 가야 되는 거구나. 지체 없이.

김조은 내가 안전할 거라는 감각은 '이 사람들과 여기 함께 있구나'라는 그 감각.

김종현 자고 일어났는데 세상이 바뀌어 있으면 그걸 못 견딜 것 같았어요.

김준 아니, 21세기에 이게 말이 되나? 취재를 넘어서, 몸으로 막아야 한다고 생각했다.

김준표 신의 숨결과 손길을 느끼며 서로 격려하고 희망을 안고 나아갔으면 좋겠다.

김중기 심장이 계속 뛰는 거예요. 내가 왜 이렇게 심장이 뛰지? 최전선에 서는 사람들은 결국 이들이구나.

김지수 '우리가 남이가?' 크게 이겨야 된다는 절박한 마음으로.

김지영 그럼에도 불구하고 역사는 나아가고 있다.

김지용 민주주의를 지켰어요. 그날 밤이 제 인생의 분기점입니다.

김지희 그날 밤, 그 자리에 있어서 정말 다행입니다. 진짜 역사의 한 페이지를 썼어요.

김진용 진짜 하느님이 보우하사 잘 넘겼고, 죽은 자가 산 자를 살렸다.

김진현 당연한 일이다, 시민으로서. 두렵다고 안 갈 수는 없잖아요.

김태형 그날 밤 던져진 질문. 나는 내가 배우거나 혹은 내가 가르치는 대로 살고 있는가?

김하민 이 사람들이랑 오늘 끝까지 함께 있어야겠다. 사람이라면 최소한 가져야 하는 양심이죠.

김한돌 어떤 논리나 어떤 감정이 우선하지 않더라도 내가 한 발자국 내디뎌야 하는 것 같다.

김한민영 지구 반대편에서 나와 아무 상관없어 보이는 일에도 내가 연루되어 있을 수 있다.

김한솔 진짜구나, 진짜로 뭔가 일어나고 있구나. 어쨌든 어떻게든 나는 가야겠다.

김혁중 나가면서 생각하자. 비록 실패할지라도 우리가 있었음을 보여주자.

김현구 "국민 여러분, 국회로 와주십시오", "시민 여러분, 도청으로 모여주십시오", 80년 5월이 오버랩됐어요.

김현지(학생) 내가 다르다고 느꼈던 사람들이 전부 국회 앞에 와 있구나. 서로를 믿고 있구나.

김현지(회사원) 혼자는 아니었으면 좋겠어요. 특히 혼자 싸우고 있다는 느낌은 최대한 안 받았으면 좋겠어요.

김형남 역사는 발전하고, 이 감각이 우리를 또 다른 미래로 데려다줄 것입니다.

김혜정 여성들의 목소리, 여성들의 역할, 여성들의 바람, 행동력! 민주주의를 바꾸는 밑거름!

김홍민 역사의 행위자로서 살았던 순간인 것 같아요.

김희태 군이 철수하고, 사람들이 승리를 노래할 때 내 마음속 5·18 트라우마가 치유됐어요.

나현필 이게 마지막일 수도 있겠다. '지금 이 순간'이라는 생각이 들었어요.

노경배 이런 상황에서 이렇게 선택할 수 있는 나, 나에 대해서 알게 됐어요. 나라는 사람의 전환이죠.

노성철 지금 즉시 국회로 갈 수 있는 사람들은 가서 민주주의를 사수하자.

노시혁 다른 생각할 여지 없이 바로 국회 앞으로, 국회로 가야겠다.

노태손 진실만큼 큰 힘은 없어요. 언젠가는 다 밝혀지게 돼 있어요.

노해인 니가 뭔데 내 자유를 억압하냐? 행운처럼 그 자리에 있을 수 있었다.

류호성 역사적인 사건에 늘 함께하고 싶었어요. 거기 있었어요.

명OO 정의란 건 없지만, 아닌 건 있다.

명진희 그날 밤, 묵묵하게 국회 앞을 지킨 사람들, 평소에 자기 삶으로 뒤에 선 분들을 잊지 말자.

문아영 조야하지만 장엄한 존재들과 이 지구에서 한 생을 같이 살 수 있어 감사하다.

미루 내일 죽어도 오늘 지켜야 하는 것이 자유입니다.

민OO 과거에 부끄럽지 않게 그냥 지키겠다는 마음으로 일단 행동!

민성기 사람이 많이 모여야 함부로 못한단 말이죠. 당장 올라갔어요, 막으려고.

민희 광장이 계엄을 막았다. 국회의원이 아니라 시민들이!

박다솜 반국가세력은 당신이다!

박다슬 어둠은 빛을 이길 수 없다. 진실은 침몰하지 않는다. 우리는 포기하지 않는다.

박미정 후세대가 우리보다 더 행복했으면 좋겠어요.

박민상 뭔가 믿어야 비로소 존재하게 되는 것도 있다. '아, 가야겠다' 마음먹었다.

박민선 너는 민선이가 아니고 민영이야. 민주주의 영웅.

박보정 내면적인 힘이 갑자기 쭉 차오른다. 내게 영원한 불씨!

박상만 비겁하게 살지 말자. 가오 떨어지게, 쪽팔리게 살지 말자.

박서영 알바 끝나고 이 자리에 왔습니다. 부끄러움 없는 삶을 살고 싶어서.

박세환 미약하지만 뭔가를 해냈다는 데 대해서 굉장히 자부심을 느낍니다.

박수빈 즐거운 마음으로 하는 사람, 난 그런 사람이구나.

박수현 나와 우리 같은 시민들이 지킨 국회다. 역사의 순간이죠. 주권자로서 책임을 다했다는 생각.

박아름 총을 쏘면 내가 맨 앞에서 방패막이를 해야지.

박인희 함께하니까 지키는 거구나. 민주주의자가 되고 싶은 마음이 생겼어요.

박제호 서강대교에서 시민들과 다 같이 내려 국회로 뛰어가던 그때! 아, 이거 되는구나.

박지현 우리가 지켜낸 민주주의는 함께했기 때문에 가능한 일.

박찬희 혼자 서 있지 않으니까 기대도 된다, 서로한테.

박채린 가족이 있어서, 동행이 있어서, 동지가 있어서 그 자리까지 제가 갈 수 있지 않았나.

박천 순리대로 흘러가는 것들의 틈틈에는 시민들의 힘과 참여가 있구나.

박태훈 당당하게 주장해야 무너지지 않는다.

박혜정 우리가 우리 얘기를 하지 않으면 어디에 남겠는가?

배득현 내가 잘하는 걸로 사회에 기여하면서 제도를 바꿔보겠다, 열심히.

배현민 허상의 불안에서 떠는 것보다 직접 그 자리에 있어야겠다 생각했죠.

백경진 저 골이 얼마나 깊이까지 내려갈 뻔했는가? 그냥 우리가 국회를 지켜야 한다.

백인혁 모멸을 주려 했지만 먹히지 않았죠. 지금은 어느 때보다 빛나는 순간으로 기억되고 있어요.

백주선 우리에게는 불의에 항거하는 마음이 자리 잡고 있다. 그것이 우리 민주주의의 저력이다.

변지선 같이 뭉쳐서 두려울 게 없구나!

변현준 내가 만약에 죽는다면, 일찍 죽는다면? 이렇게 죽고 싶었겠지! 인생의 좋은 선택.

복진오 카메라를 들어야 하나, 아니면 계엄군을 막아야 하나, 찍어야 되는데.

상현호 민주주의는 마치 근육과 같다. 꾸준히 운동하지 않으면 쉽게 약해지고 기능을 잃을 수 있다.

서도원 네가 틀렸다는 꼬장꼬장함과 내가 틀렸다는 말랑말랑함을 죽을 때까지 잃고 싶지 않다.

서명숙 우리가 쓰는 모든 것들, 모든 게 누군가와 싸우거나 혹은 누군가가 죽거나 그런 것들.

서범진 올 게 왔구나. 초기부터 반대의 목소리를 분명히 내는 게 너무 중요하다.

서왕천 우리는 중단 없는 전진입니다.

석민주 분노를 노래하소서, 민중이여.

석OO 어떻게든 국회가 계엄령을 무효화할 수 있다면 나는 모든 것을 걸겠다.

성경현 일상에서 작은 계엄을 겪고 있는 사람들에게 고개를 돌려 바라보는 사회가 되면 좋겠어요.

성윤서 그 많은 평범한 사람들이 대단하고 진짜 힘이 됐다, 서로가 있어서.

성태훈 삶과 작품이 일치하는 작가가 좋은 작가다.

송란희 막아야 하는 사람이 필요하다면 내가 그 자리에 있어야겠다.

송민호 장갑차 앞을 가로막을 수 있을까? 서로가 서로를 믿었고, 그 믿음을 체감한 순간!

송인미 과거가 현재를 구했듯이 현재가 미래를 구하지 않을까.

송OO 내 일상이 괜찮으면 좋겠다는 그 마음만으로도 무언가를 할 수 있다.

송태현 가려지고 지워지는 존재들에 대해서 연대하고 싶어요. 눈에 담고 카메라에 담고 싶어요.

송화 연대와 투쟁엔 경계가 없다.

신강희 내가 나를 지켜야 사랑하는 것들을 지킬 수 있다.

신민준 사람들이 있는 그대로 인정받으며 살 수 있는 사회가 됐으면 좋겠어요.

신석진 몸이 가자는 대로 갔어요. 내가 있어야 될 곳이 바로 그곳이라는 확신이 있었어요.

신승현 한 사람이라도 더 모여야 막을 수 있다. 당장 국회로 가는 것이 최선이다.

신윤석 함께해서 고마웠고, 다시 보지 맙시다.

신재형 스스로를 해방시킨 인간이 사회를 해방시킨다.

신지영 그래도 또 이런 일 있으면 가야겠죠? 같이 갑시다, 또!

신OO 이미 왔고, 어쩔 수 없다. 의미를 찾을 수 있는 걸 해야 된다.

신하섭 누군가는 잡혀가고 싸워야 하는데 내가 아니면 누가? 다시 살아도 똑같이 이 지점에 있겠다.

신현일 그게 네 역할이니까 해야지, 당연히 해야지, 대충할 생각하지 마.

심미섭 이야기는 이데올로기보다 허용 폭이 넓다. 우리의 희망은 거기에 있다.

안김정애 여성들이 평화의 칼자루를 쥐어야 세상이 편안하고 민주주의가 발전할 수 있다.

안보람 씨앗처럼 정지하라. 꽃은 멈춤의 힘으로 피어난다.

안성빈 탄핵할 일이 있어서 탄핵합니다

안OO 약자가 잘 사는 세상을 만드는 데 기여하는 일이면 충분할 것 같아요.

안종경 우리 아이들의 미래를 위해 우리 세대가 움직여야 한다고 생각했어요.

안창용 너는 비상계엄을 했냐? 우리 국민들은 널 해고한다!

안홍인 역사 앞에 시민의 힘이 필요한 순간이 있다면 나는 나가겠다, 무조건 나가겠다, 뜨겁게 살자!

안효준 민주주의는 연약한 지반 위에 버티고 있었다. 그래서 우리는 계속 노력해야 한다.

양OO 전쟁도 혐오도 없는 세상을 상상해보세요. 얼마나 아름다울까요?

양두섭 평범한 일상이 정말 소중하다. 이런 일이 다시 안 생겨야 된다.

양신우 애들아, 아빠는 바르게 살려고 노력했다.

여인서 승리는 다 시민들이 만든 거다.

여인영 행동하지 않는 양심은 악의 편이다.(김대중) 가줘서 고맙다.(어머니)

염형철 그날 밤 그들과 함께 있었던 것을 영광스럽게 생각합니다.

예정민 나같이 겁 많은 사람도 사회를 바로잡기 위해 직접 나서서 행동할 수 있어요.

오OO 나는 항상 흔들리는데 그냥 흔들리지 않고 결정할 때가 있어요. 그게 12월 3일이에요.

오세신 사람의 양심은 다 똑같아. 얼마나 숙달되게 실천하고 사느냐가 중요하다.

오윤석 이거는 특종이다!

오정민 많은 사람이 했을 것 같은 행동 중 하나. 활동가들이 할 것 같은 행동 중 하나.

오종길 그날 밤, 특별한 사람은 없었어요, 제가 보기엔. 평범한 사람들이 모여 어떻게든 막아냈잖아요.

오혁진 최후의 반항이라도 해야 되지 않나? 내 자신한테 떳떳하고 싶었어요.

오현옥 제가 가는 게 맞다고 생각했어요. 사회를 알면 알수록, 소외된 사람들의 이익을 대변하는 게 맞으니까.

오흥순 나 정말 괜찮은 사람이다. 나 좀 옛날에 애국자였나봐. 전생에. 하하하. 나라를 구했나봐요. 나라를 진짜 구했나봐.

옥채원 우리가 가지 않으면 이 계엄은 성공할 것이다. 우리가 100% 실패할 것을 예방하기 위해 갔어요.

옥형빈 내 삶에서 잃지 않고 살아야 할 '타협할 수 없는 가치'는 곧 정의다.

용단홍 내가 경험한 시간이 결코 가볍지 않았구나. 함께 뭔가를 만들어내는 것의 가치를 깨달았어요.

우민규 우리가 상식이라고 생각했던 게 왜 무너졌는가? 그 점을 근본적으로 고민해야 된다고 생각해요.

우석균 한 번 열린 판도라의 상자는 쉽게 닫히지 않습니다. 투쟁적 민주주의가 필요한 때입니다.

우지안 지금 안 가면 안 되니까 가는 것.

위대한 역사는 반복이고 이번에 또 반복됐는데, 이 일을 꼭 잊지 않았으면 좋겠어요.

유금문 익명의 시민들의 힘이 제 마음에 남아 있어요.

유길종 나는 어떻게 왜 살아남았을까, 이 세상에서 내가 할 역할은 무엇일까.

유예빈 지워지지 않기 위해 말합니다. 나는 페미니스트고 트랜스젠더다.

유지웅 광주를 바로 떠올렸어요. 취재를 해야 되겠다는 마음보다 막아야 되겠다는 마음이 컸어요.

유○○ 자잘하게라도 착하게 살아보자. 부끄럽지 않게 살아야겠다.

유하영 우리는 윤석열 파면을 넘어 일상의 윤석열도 파면해야 한다.

유현기 세상을 제자리로 돌려놔야겠다. 연민을 갖자. 약자를 보는 시선이 무뎌지지 않기를.

유현미 남이 있기 때문에 내가 있다는 거, 그래서 말할 수 있어요. 당신은 나예요.

유현실 한 명 한 명이 바다를 이루는데, 내가 그 한 명으로 참여해 바다가 되는 거, 몸으로 체득한 거죠.

유현주 위험하다면, 제가 그 앞에 있는 게 낫죠. 살 만큼 살았으니 희생돼도 좋겠다고 생각했어요.

윤상은 계엄군이 국회로 들어오면 '싸워야지' 이거밖에 없었어요.

윤재은 이 조직된 힘을 차별 없는 세상을 위해 또 썼으면 좋겠다.

윤○○ 아직 한국에 가능성이 있다. 인류애가 충전되는 마음.

이강수 총 맞아 죽을 수도 있다. 그래도 가야 한다. 가서 저항해야 한다.

이관훈 이제는 우리가 주인이 되는 시민, 책임을 지는 시민이 되자.

이규정 이 역사적 경험과 공감대는 누구도 깰 수 없다. 시민이 했다.

이규호 아버지, 나라가 잘못 돌아가고 있어요. 저는 민주주의를 지키러 국회로 갑니다.

이남표 자식들에게 비인간적인 시대를 물려줄 순 없다. 막아야 한다.

이대선 어떤 인간, 어떤 무엇의 고통을 공감할 수 있는 것, 삶의 가장 큰 가치.

이대훈 100년을 생각하는 마음으로, 어떻게 하면 민주주의가 흔들리지 않을 것인지 고민하자.

이덕호 비록 힘은 없지만 선두에 선다. 죽더라도 내가 먼저 죽는다. 사회가 필요로 할 때 가만 있지 않았다.

이도영 그날 밤, 그 자리에 있는 것은 역사적인 경험, 광장은 닫혀서는 안 된다.

이동규 지옥과 천당을 왔다 갔다 했던 날, 우리가 이길 거야. 이 힘은 아무도 못 이긴다.

이동현 서로 다른 어제에서 온 우리는 오늘에 머물지 않고 내일로 함께 향할 것입니다.

이병도 우리는 과거 역사로부터 많은 것들을 배웠다. 결국은 이긴다. 국민이 이긴다.

이병준 인생에서 가장 잘한 선택!

이상민 그날 밤 현장에서 함께하는 게 나를 더 살리는 일이라고 생각했어요.

이상희 이제 우리 차례인가? 가야겠다! 시민들이 국회를 엄호해야 한다!

이○○ 연대하자. 왜냐하면 살아 있잖아. 사람이잖아.

이성록 역사가 내 앞에서 일어나고 있구나, 민중의 힘을 느꼈다.

이성태 수많은 것들이 엮이고 엮이고 또 엮여가지고 지금의 내가 있는 거죠.

이○○ 태어나서 이것만큼 간절하게 진짜 온 마음을 다해서 계엄 해제 하라고 소리 질렀던 적이 없어요.

이수연 도대체 나는 뭘 해야 되지? 국회로 달려간 건 내 인생에서 제일 잘한 일.

이용덕 두려움이라는 거는 그림자 같아요. 연대, 단결, 집단, 이런 빛이 커지면 그림자가 줄어들죠.

이용진 민주시민으로 살기 힘들다, 하지만 그럴 만한 가치가 있다.

이원영 억눌려 있던 목소리가 광장에 나와야 해요. 그게 우리 사회의 변화를 만드는 거니까요.

이윤찬 가장 평범한 사람들이 가장 특별한 사람들이었다.

이인식 광주가 생각나고, 일단 가야겠다. 망설임 같은 게 하나도 없었죠. 일도 생각 안 했습니다.

이재승 우리 인생에서 잊을 수 없는 밤이었고, 그 밤의 주인공이 된 것 같네.

이재우 바람이 작아도 그게 모이면 나무를 흔든다.

이재정 이번에는 내 차례다. 내가 책임을 다해야 한다.

이○○ 일상의 평화를 위해 어딘가에서, 누군가가 싸우고 있다.

이OO 평범한 시민들이 나서서 만들어낼 수 있었던 큰 기적.

이준해 상식이 바뀌는 걸 경계해야 한다. 계엄이 잘못됐다는 상식을 유지하려는 노력이 필요하다.

이준형 80년 5월처럼 되지 않게, 출발했어요. 죽은 자가 산 자를 살린 밤.

이중규 거기 있는 사람들이 다치지 않으려면 머릿수라도 채워야 한다고 생각했죠.

이지혜 역사 속 그 사람들이랑 나랑 연결되어 있구나.

이진 시대의 부름에 응해 그 공간에 있었던 것만으로 무엇이든 네, 잘했다고 생각합니다.

이찬민 스스로 생각하는 힘을 기르며 사람들과 관계를 맺는 것 자체가 운동이라고 생각합니다.

이찬용 조금 더 왼쪽에도 사람이 있답니다. '왼쪽 날개', 우리는 세상을 바꾸고 싶어해요.

이창준 너무 잘했다. 너무 잘했다. 잊지 못할 추억, 윤석열이 안겨준 잊지 못할 추억.

이한솔 타인을 날카로운 잣대로 평가, 비난하는 걸 멈추고, '그럴 수도 있지' 하는 너그러운 마음이 필요해요.

이해승 비겁해지는 날이 오면 이 택시 영수증을 보며 조금만 덜 비겁해지자.

이현무 우리 공화국에 대한 도전이라고 생각했어요. 사람이 모여야 돼, 더 많이 모여야 돼!

이현숙 몸이 부서지는 한이 있어도 내가 발판이 돼서 국회의원들을 들여보내줘야겠다.

이혜경 나는 편을 드는 사람이야, 약한 사람의 편을.

이희도 위기에서 사람들이 가만히 있지 않는구나. 동지라는 말이 정말 어울리는 거예요.

임경택 말 못하는 시대로 돌아가는 것은 막아야죠. 없는 힘이지만 나도 말을 해야겠다.

임동균 이재명 대표가 "국민 여러분, 국회로 와주십시오" 하는 거죠. 그럼 가야지, 손님 내보내고.

임명진 여기 이 자리에서 되게 잘 늙고 싶어. 몸도 마음도 잘 늙고 싶어요.

임OO 언젠가 이 순간이 지나가도 그날 밤은 기록으로 남을 것이다.

임유현 레미제라블과 프랑스 대혁명을 겉멋으로 좋아한 게 아니라면 우리는 나가야 해!

임정민 퀴어들은 항상 광장에 있었다. 우리는 항상 광장에 있었는데 보지 않았던 거다.

임채미 참 겁없다. 그래도 저같이 겁없는 사람들이 나가서 그날 안전할 수 있었던 게 아닐까 싶어요.

임한국 같이하는 사람들이 있으니까 그래도 이 사람들이랑 함께하다보면 뭔가 바뀌겠지.

장석관 다만 오늘 매일매일 하루하루 그냥 싸울 뿐이다.

장예지 우리는 타인을 사랑할 수 있는 사람이고, 연대해서 결과를 이끌어낼 수 있는 사람이다.

장주성 광주가 오늘을 살렸다. 비판하지만 비관하지 않는 삶을 살 수 있도록, 치열하게 살 수 있도록.

장진기 여지껏 행동했던 것들의 클라이맥스.

장태린 2030 여성들은 늘 광장에 있었습니다. 당신이 보지 못했다고 하더라도.

장현우 나 내란 진압 중이다.

장○○ 정말정말 나가기 싫었어요. 하지만 나가지 않으면 안 되니까 갔어요.

전다인 여자들의 목소리를 내는 음악이 필요하다.

전승우 그날 밤 내가 중요하게 여기는 일에 대한 불씨가 다시 살아났어요.

전시형 영점 몇 퍼센트라도 보탬이 돼야 하는 거죠. 목소리를 분명하게 내야 될 때가 있는 거죠.

전유섭 공화국의 시민으로서 무엇을 해야 하는가.

전장호 특별하지 않더라도, 빛나지 않더라도 그냥 사는 거죠. 내가 생각하는 가치를 위해.

정가은 서로 사랑하라, 나머지는 다 메타포다.

정석채 유가족들이 법을 다 바꾼 겁니다. 다시는 이런 일이 있어서는 안 되기 때문에.

정선영 사람을 포기하지 맙시다. 사람되기를 포기하지 맙시다.

정우진 때가 왔다. 언젠가 죽어야 한다면 지금인가? 생각했죠.

정원기 국회는 사람이 없을 텐데 얼마나 힘이 필요할까? 연대감을 느끼며 담을 넘었다.

정윤석 계엄 철폐, 독재 타도! 이날 국회에 나간 게 인생 최대 업적.

정윤호 나를 다시 돌려세우는, 더 나은 세상이 됐으면 하는 얼굴들!

정윤희 불의를 보고 눈 감는 비루한 삶은 살지 말자.

정은애 하나의 위기를 넘어서서 우리가 같은 마음으로 지켰다.

정○○ 역사에 이름을 남기고 싶지 않아요. 시민군 2 정도의 배역이 되고 싶거든요.

정준희 내가 나가면 적어도 1명 정도는 덜 잡혀가거나, 덜 죽거나, 덜 다치지 않을까 생각했어요.

조규호 민주시민으로서 할 일을 했을 뿐입니다.

조근욱 21세기에 계엄이 터지는 나라, 내가 여기 있어 부끄럽지 않구나.

조민기 역사에 이름을 새겨야지, 죽어도!

조범석 머릿수 채워야겠다. 내전이 시작됐는데 지면 안 되지.

조상기 저항의 역사는 남겨놔야 하잖아요. 우리가 못 막더라도. 그런데 이게 내 나라구나! 막았구나!

조선옥 감격했죠. 그렇게 많은 시민이 국회 앞으로 왔던 거. 의사당에 이미 와 있던 후배 동료 보좌진들.

조우찬 거기 나온 사람들을 지키고 싶어. 사람들에게 힘이 되고 싶어.

조윤호 과거가 현재를 구할 수 있는가? 우리는 구할 수 있다. 그리고 구했다.

조현주 다들 오래오래 함께 살아가면서 나라를 더 좋게 변화시켰으면 좋겠어요.

조현준 국회는 절대 안 넘어간다는 확신이 있었어요.

채동주 법이 법인 이유는 법전에 있어서가 아니라 모든 사람들이 그걸 법으로 존중하고 따르기 때문.

채윤 계엄이 제 인생을 완전히 바꿔놨네요. 제가 '플롯 동지'가 됐어요.

최덕희 승리의 문이 활짝 열렸다. 한국 시민의 힘으로 저런 것들은 바로 극복할 수 있다.

최보근 탱크가 들어오면 몸으로라도 막아야 한다, 그 역할을 해야 한다.

최선미 젊은이들이 사고당하기 전에, 내가 제일 먼저 가서 맨 앞에서 죽어야겠다는 생각에 서울로 올라갔어요.

최선혜 한국 민주주의는 시민들이 만들어왔어요. 그 목소리를 제대로 받아들이는 게 필요해요.

최시원 할 수 있을까? 결국 해냈으니 스스로 성장한 거죠.

최영균 나무에 칠을 해도 결이 바뀌지 않는 것처럼 신사는 어떤 일이 있어도 그 본질이 바뀌지 않는다.

최윤이 역사를 만든 사람들이 있었다. 나는 그 역사를 이어가는 사람으로 살겠다.

최재란 이 기록의 주인공은 국민들입니다.

최재직 내란의 밤, 현대사 현장에 있었다는 게 자랑스럽습니다.

최진영 기록을 남기기 위해서 충전지 하나 들고 뛰었어요.

최현국 위기 상황에서 움직인 사람들은 민주주의 역사에서 하나의 획을 그은 것입니다.

최효진 가만 안 둬! 가만 안 둬! 진짜 딱 그 마음. 근데 진짜 죽을 뻔했네.

최희윤 80년 광주의 기록이 살아남아서 대한민국을 구해낸 것처럼 산 자들은 죽은 자를 위해서 이 싸움을 포기할 수 없었다.

한승희 나는 나를 믿어야 되고, 내가 믿는 건 옳아야 하고, 내가 믿는 건 이겨야 된다.

한재희 총구는 시간만 늦을 뿐이지, 결국은 나한테 돌아온다고 생각해요. 그러니까 어떻게든 막아야죠.

한○○ 존재만으로, 당연하게 죽어도 되는 사람은 없다

한해나 〈서울의 봄〉처럼 탱크가 막으면 어떡하지? 그럼, 따릉이 타고 가야 되겠다.

한현우 열사들의 희생이 기억되지 않는 사회는 민주사회가 아니다.

함칠성 우리는 대한민국이 위태로울 때 어떻게 행동하는가, 마음속 지침을 가지고 있다.

허우진 용기는, 두려워하지 않는 게 아니라 두려워도 하는 거다.

허원 나는 과연 그들처럼 도청에 남을 수 있었을까? 난 무조건 나가겠다. 나갈 수밖에 없는 거다.

홍기웅 지금 목적지까지 가지 못하더라도, 언젠가 누군가는 또 가지 않겠나?

홍다예 이거 안 나가면 큰일 나겠다. 옛날 사람들로부터 용기를 얻어 나갔습니다

홍록기 더 나은 삶을 꿈꾸는 사람들이 모여 있는 곳이 제 정치적 포지션이죠.

홍○○ 내란의 밤은 지나갔으니 이제 또 해가 뜰 거라고 믿고 살아야죠. 희망을 잃고 싶지 않아요.

홍예린 광주를 다시 한 번 반복할 수는 없다. 나는 꼭 살아남아서 역사에 남을 것이다.

홍은기 내가 감으로써 다른 사람이 용기를 가질 수도 있을 거라고 생각했어요.

홍준모 그냥 나가는 거예요. 뭐가 있어. 그냥 나가는 거지.

홍희진 공동체 구성원으로서 제가 할 수 있는 최선을 다했다고 생각해요.

황인선 남은 인생 좀 더 의미 있게 써야 되겠다. 매 순간 생각하고, 할 수 있는 일을 하고.

황재현 내가 할 수 있는 건 내 말과 약속을 지키는 것뿐!

황준성 역사의 한순간에 있었구나.

황중현 나는 끝까지 간다. 내가 사는 나라가 똑바로 되지 않으면, 사는 게 무슨 의미인가?

황지용 결국 그들을 꺾은 것은 시민들의 양심, 응원봉, 깃발이었어요. 사회를 움직이는 진짜 힘입니다.

황지우 '국회의원을 못 들어가게 막는다니, 그럼 지금이 마지막 기회인가?' 가야 되겠다.

참고자료

도서

강인철, 『5·18 광주 커뮤니타스』, 사람의무늬(2020).
국사편찬위원회, 『조선왕조실록』 「명종실록」, 국사편찬위원회(2025).
국사편찬위원회, 『조선왕조실록』 「인조실록」, 국사편찬위원회(2025).
김대중, 『다시, 새로운 시작을 위하여』, 김영사(개정판, 2024).
_____, 『김대중 자서전 1』, (주)도서출판 삼인(2010).
레베카 솔닛, 정해영 옮김, 『이 폐허를 응시하라』, 펜타그램(2012).
마사 C. 누스바움, 임현경 옮김, 『타인에 대한 연민』, 알에이치코리아(2020).
_____, 박용준 옮김, 『정치적 감정』, 글항아리(2019).
브루노 라투르 외, 홍성욱 엮음, 『인간·사물·동맹』, 이음(2010).
빅터 프랭클, 이시형 옮김, 『죽음의 수용소에서』, 청아출판사(2007).
빅토 터너, 박근원 옮김, 『의례의 과정』, 한국심리치료연구소(2005).
빈센트 베빈스, 박윤주 옮김, 『광장의 역설』, 진실의 힘(2025).
B. 스피노자, 강영계 옮김, 『신학-정치론』, 서광사(2017).
B. 스피노자, 황태연 옮김, 『에티카』, 비홍출판사(2014).
서진선, 『오늘은 5월 18일』, 보림(2013).
이남희, 유리·이경희 옮김, 『민중 만들기』, 후마니타스(2017).
임마누엘 칸트, 백종현 옮김, 『실천이성비판』, 아카넷(2019).

_____, 백종현 옮김, 『판단력비판』, 아카넷(2009).
전남사회문제연구소 편, 『윤상원 평전: 들불의 초상』, 풀빛(1991).
조르조 아감벤, 김항 옮김, 『예외상태』, 새물결(2022).
_____, 조형준 옮김, 『내전』, 새물결(2017).
존 로크, 문지영·강철웅 옮김, 『통치에 관한 두 번째 논고』, 후마니타스(2023).
주디스 버틀러, 김응산·양효실 옮김, 『연대하는 신체들과 거리의 정치』, 창비(2020).
최정운, 『오월의 사회과학』, 오월의봄(2012).
_____, 『한국인의 발견』, 미지북스(2016).
카를 야스퍼스, 이재승 옮김, 『죄의 문제』, 엘피(2014).
칼 폴라니, 홍기빈 옮김, 『거대한 전환』, 길(2009).
토마 피케티, 안준범 옮김, 『자본과 이데올로기』, 문학동네(2020).
파머 J. 파커, 김찬호 옮김, 『비통한 자들을 위한 정치학』, 글항아리(2012).
플루타르코스, 이성규 옮김, 『플루타르코스 영웅전 전집』(상), 현대지성(2016).
한강, 『소년이 온다』, 창비(2017).
한나 아렌트, 이진우 옮김, 『인간의 조건』, 한길사(2019).
_____, 김선욱 옮김, 『정치의 약속』, 푸른숲(2011, 초판 2쇄).
한홍구, 『5·18민주화운동』, 창비(2020).
황석영, 이재의, 전용호, (사)광주민주화운동기념사업회 엮음, 『죽음을 넘어 시대의 어둠을 넘어』, 창비(2017).
Bourdieu, Pierre, *On the State: Lectures at the Collège de France 1989–1992*, Polity Press(2015).
Staub, Ervin, *The Roots of Goodness and Resistance to Evil*, Oxford University Press(2015).

논문

진태원, 「세월호라는 이름이 뜻하는 것—폭력, 국가, 주체화」, 『팽목항에서 불어오는 바람』, 현실문화연구(2015).
최준영, 박상희, 구본상, 「정서적 양극화 줄이기: 상위정체성과 협치의 효과에 관한 두 개의 실험」, 『한국정치학회보』 58권 3호(2024).
Brady, William J. 외, "The MAD Model of Moral Contagion: The Role of Motivation,

Attention, and Design in the Spread of Moralized Content Online", *Perspectives on Psychological Science*(2020).

Haidt, Jonathan, "Elevation and the positive psychology of morality", in C. L. M. Keyes & J. Haidt (eds.), *Flourishing: Positive psychology and the life well-lived*, American Psychological Association(2003).

Rachimoellah, Muhammad, "Digital Activism and Political Change: Challenges of Social Digital Activism and Political Change: Challenges of Social Media's Impact on Political Development Media's Impact on Political Development", *Journal of Middle East and Islamic Studies* Vol. 11 No. 2(2024).

Schaaf, Marlene and Quiring, Oliver, "The Limits of Social Media Mobilization: How Protest Movements Adapt to Social Media Logic", *Media and Communication* Vol. 11, Issue 3(2023).

Volkan, Vamik D. (2005). "Mass Traumas, their Societal and Political Consequences and Collective Healing," UNESCO Slave Route Project.

기사 및 기타

국윤진, 「계엄 직후 네이버 트래픽 1320% 폭증」, 세계일보, 2024. 12. 24.

김기중, 「500만명 TV로 '계엄선포' 지켜봐… 'MBC' 가장 많이 시청」, 서울신문, 2024. 12. 4.

김시연, 「707특임단 작전관 "코브라 타이, 포박용 맞다", 〈오마이뉴스〉 보도 사실 확인」, 오마이뉴스, 2025. 2. 21.

_____, 「계엄군 케이블타이로 '기자포박', 국회 CCTV에 잡혔다」, 오마이뉴스, 2025. 4. 2.

김화빈, 「윤석열 '2차 계엄' 들은 방첩사 장교, 현장에서 쫓겨났다」, 오마이뉴스, 2025. 7. 16.

노도현, 「비상계엄에 들썩거린 소셜미디어」, 경향신문, 2024. 12. 4.

박소희, 「'이재명 체포조장'의 혼란 "이거 아닌 것 같다, 속도 줄여라"」, 오마이뉴스, 2025. 6. 5.

_____, 「'특전사 헬기' 서울 진입 세 번 막은 대령 "계엄 선포, 가짜뉴스인 줄"」, 오마이뉴스, 2025. 9. 15.

_____, 「'국회의원 들여보내자' 건의한 경찰 "간절히 계엄해제 기다렸다"」, 오마이뉴스, 2025. 9. 18.

_____, 「비상계엄 때 군경과 대치한 비서관 "계엄군은 그날 국회를 침탈했다"」, 오마이뉴스, 2025. 11. 12.

성정은, 「간밤 휩쓴 '계엄령'에 SNS 들썩… 게시글 수백만개 쏟아져」, 매일경제, 2024. 12. 4.

이나영, 「특전사 헬기 서울 날아오자 김대령은 "응급환자 후송이냐" 물었다」 한겨레, 2025. 10. 30.

이명동, 「[전문]한림원 "작품 속 한강, 부드러운 목소리로 잔인함과 상실 말해"」, 뉴시스, 2024. 12. 11.

이문영, 「"살 만큼 살았잖아" 세 자매는 내달렸다… 내란 막은 시민들의 그날 밤」, 한겨레, 2025. 2. 28.

이은기, 「"대통령이 화가 나셨나…" 12·3비상계엄 해제 늦어진 이유」, 시사IN, 2025. 3. 7.

참여연대(주간 내란재판 리포트 14화), 「계엄군에 "당당히 맞서야겠다" 다짐한 국회의장 경호대장」, 오마이뉴스, 2025. 7. 25.

김현태 등 7인에 대한 공소장(국방부검찰단 보통검찰부 2024년 형제169-5, 169-6, 2025년 형제9, 14-1, 14-2, 15-1, 24, 29호, 2025. 2. 28).

윤석열에 대한 공소장(서울중앙지검 2025형제5770, 2025. 1. 26).

한덕수에 대한 공소장(내란특검 2005형제8, 96, 142, 2025. 8. 29).

갤럽, 〈한국갤럽 데일리 오피니언〉 제605호 2024년 12월 1주.

〈미디어몽구〉, '계엄령 선포, 국회 안 상황 8시간 생중계 장면', 2025. 9. 18. 검색.

〈이재명TV〉 라이브 스트리밍(https://www.youtube.com/watch?v=OsoX2NDwsow)

〈KBS 그날 그곳〉 '그날 그곳에 있었습니다'

_우원식 국회의장이 절차를 지키며 비상계엄을 해제한 이유(https://www.youtube.com/watch?v=O91QQDkcrMc)

_'물러서시오!' 김민기 국회 사무총장이 계엄군에게 소리친 이유(https://www.youtube.com/watch?v=Go-V4sFsFI0)

〈TV허재현〉, '작전 철수 중 시민에게 미안하다고 인사하는 계엄군', 2025. 8. 29. 검색.

감사의 말

이 책을 만드는 과정에서 많은 분들의 도움을 받았다.

시민들의 이야기를 듣고 기록하기 위해 〈진실의 힘 12·3내란 기록팀(기록팀)〉(강문민서, 김현우, 손가영, 송지혜, 유지영, 이하늬, 정윤하, 최나영)이 6개월에 걸쳐 큰 수고를 했다. 313명의 시민을 면담하고, 그들의 이야기를 한마디도 놓치지 않기 위해 정성껏 녹취록을 만든 〈기록팀〉의 수고에 감사의 인사를 전한다.

사진작가들(이정용, 허란, 주용성, 정운)은 민주주의를 지킨 시민들께 드릴 기념패를 만들 수 있도록 면담 때마다 수십 번 셔터를 눌러 아름다운 장면을 찾아냈다.

12월 4일 새벽, 국회 앞을 지킨 시민들의 〈시민자유발언〉을 녹음해주신 시민 김석현 씨, 그 녹음을 정성껏 풀어준 박근용 씨에게도 고마움을 전한다.

대한성공회 교무원은 이 사업의 취지에 공감하고 시민들과 면담할 장소를 제공해주었다. 교무원 관계자들께 깊이 감사드린다.

　엄청난 양의 녹취록을 앞에 놓고 쩔쩔매는 상황에서 AI를 이용해 분석하는 방법을 제안하고 안내해주신 김경달 더코어The Core 대표이자 블루닷Bluedot AI 이사께 특별한 인사를 전한다. 김 대표의 조언과 격려가 없었다면 이 책을 완성하는 것은 불가능했다.

　재단법인 〈진실의 힘〉 이사회는 이 사업을 지원해주셨고, 공미경, 서재왕, 서수정 씨는 촉박한 일정 속에 최선을 다해 편집과 교정, 디자인과 행정업무를 진행했다.

　〈진실의 힘〉을 믿고 삶의 이야기를 들려준 313명의 시민께 다시 한 번 깊은 감사의 인사를 드린다. 귀한 이야기를 충분히 담아내지 못한 아쉬움을 넓은 마음으로 이해해주실 것을 부탁드린다. 이 책의 여러 부족함은 오로지 지은이들의 역량이 미치지 못한 탓이다.

　한순간에 나라와 시민의 운명을 벼랑 끝으로 내몰았던 내란의 밤, 고귀한 결단으로 국회 앞에 나가 민주주의를 지키며 새벽을 맞은 12·3시민들은 이 책의 진정한 주인공이자 주인이다. 모든 시민과 함께 말로 다할 수 없는 감사와 존경을 보낸다.

내란의 밤, 시민의 기록

초판 1쇄 발행	2025년 12월 3일
지은이	강문민서·송소연·조용환
펴낸이	박동운
펴낸곳	(재)진실의 힘
출판등록	제300-2011-191호(2011년 11월 9일)
주소	서울시 중구 세종대로 19길 16 성공회빌딩 3층
전화	02-741-6260
홈페이지	truthfoundation.or.kr
대표메일	truth@truthfoundation.or.kr
페이스북	facebook.com/truthfdtion
편집	서재왕
디자인	공미경
제작·관리	서수정
인쇄·제책	한영문화사

ISBN 979-11-985056-8-2 03300
값 22,000원

© 강문민서·송소연·조용환, 2025
이 책 내용의 전부 또는 일부를 재사용하려면 반드시 지은이와 출판사 양쪽의 사전 동의를 받아야 합니다.